The 6th Edition Advanced Level

THE ACTUAL

감정평가실무연습

PRACTICE

For Applied Property Appraisal

PLUS 중급 Practice Tests   김사왕,김승연,황현아 편저

I PRACTICE

會經社

머리말

12월의 영광 이후 감정평가 업계에 들어온지 벌써 10년이 넘었습니다. 감정평가사로서 비교적 많은 일들이 있었고 많은 것들을 배웠습니다. 현재 감정평가로서의 삶에 감사하며 자부심을 가지고 있습니다. 가장 눈부신 청년시절을 신림동 고시촌에서 열정적으로 보냈던 추억은 감정평가업계에 들어와서도 큰 힘이 되고 있습니다. 그 시절 쌓았던 지식과 우정들은 현재 삶의 대부분을 차지하고 있습니다. 이러한 점은 현재 감정평가사를 꿈꾸는 수험생들을 보면서 강사 또는 선배로서의 책임과 의무를 무겁게 느끼게 합니다. 많은 후배들이 더 어려운 상황에서 공부하며 노력하는 모습을 보면서 연민과 애정을 가질 수 밖에 없었고 그들의 합격의 영광을 함께 기뻐하고 업계에서도 자리를 잡아가는 모습을 보면서 강사로서 선배로서 감사함을 느끼게 됩니다.

나름의 노력을 한다고 하지만 항상 부족했던 교재와 강의에 미안함을 전하며 이번 개정판을 집필하면서는 수험에 조금이라도 더 도움이 될 수 있는 교재가 될 수 있도록 노력하였습니다.

최근 감정평가실무 문제를 살펴보건 데 ① 순수 이론을 지양한 실제 현업에서 쟁점이 되었던 논점, ② 시대적 요청에 따른 선진 평가기법과 관련된 논점, ③ "공익사업을 위한 토지 등의 취득 및 보상에 관한 법률" 등 관계법령에 개정 취지와 그 적용과 관련된 논점, ④ 순수 계산 능력보다는 자료의 활용과 문제분석을 중시하는 논점 등이 새로운 출제경향으로 고착화되고 있습니다.

『PLUS 중급 감정평가실무연습』은 다음과 같은 내용으로 구성되었습니다.

1. 「문제편」과 「예시답안편」으로 구분하여 실질적인 연습을 위한 도구로 활용할 수 있도록 하였습니다.

2. 최근의 업계의 트랜드를 담는 수험 실무 문제를 충분히 담고자 노력하였으며, 개념의 이해를 높이기 위해 되도록 복잡한 산식이나 계산은 배제하고자 하였습니다.

3. 출제경향과 유형을 분석하여 향후 출제 가능성이 있는 논점들을 제시하였습니다. 또한, 실무문제의 출제구조를 해석하여 일정한 출제 패턴을 제시함으로써 막연한 실무의 수험 범위를 줄이고, 실전에서의 적응력을 기르기 위한 지표로서 활용하고자 하였습니다.

금번 『PLUS 중급 감정평가실무연습』의 개정과정에서 많은 시간 도움을 주신 모든 분들에게 감사의 말씀을 전합니다.

『PLUS 중급 감정평가실무연습』이 수험의 올바른 방향성을 제시하길 바라며, 여러분들의 건승을 기원합니다.

2022년 03월

편저자 씀

차 례

Chapter 01

3방식 연습문제

Chapter 02 3방식 종합문제

Chapter 03 비가치추계 연습문제

Chapter 04 비가치추계 종합문제

Chapter 05 물건별 평가 연습문제

Chapter 06 물건별 평가 종합문제

Chapter 07 목적별 평가 연습문제

Chapter 08 목적별 평가 종합문제

Chapter 09 보상평가 연습문제

Chapter 10 보상평가 종합문제

3방식 연습문제

토지 3방식 [논점정리]

【연습문제 01】 감정평가사인 당신은 2023.8.31.을 기준시점으로 하는 일반거래 목적 시가참조를 위한 감정평가를 의뢰받았다. 다음의 물음에 답하시오. (30점)

(물음 1) 다음의 주어진 공시지가, 거래사례 등의 해당 평가건과 관련한 가격자료로 서의 채택여부를 판정하여 적정한 가격자료를 선정하되 그 판정 근거를 기재하 시오. (판정기준은 감정평가에 관한 일반법령 및 감정평가의 일반이론을 근거로 함.)

(물음 2) 위에서 선정한 가격자료를 바탕으로 주어진 제반 자료를 활용하여 대상물 건의 감정평가액을 결정하시오.

<자료 1> 대상물건

1. 소재지 : S시 K구 B동 272-43번지

2. 지목·면적 : 대, 200m²

3. 용도지역 : 일반상업지역

4. 이용상황 : 위 지상에 극도로 노후화된 단독주거용 건물(50m², 조적조 슬래브즙)

5. 형상·지세 : 장방형, 평지

6. 도로접면 : 소로한면

7. 주변환경 : 1979년대 토지구획정리사업에 의하여 상업용지로 조성된 토지로서, 해당지역의 대표적인 상업지대임. 또한 건물신축에 소요되는 자본이 없는 일부 획지는 임시적으로 타 용도로 이용하고 있으나, 가까운 시일 내에 상업용으로 이 용될 것으로 전망됨.

8. 기타 : 대상건물의 철거비 및 잔재가치는 각각 22,000원/m², 15,000원/m²으로 추정.

<자료 2> 인근지역 내 공시지가 자료(S시 K구)

(공시기준일 : 2023. 1. 1)

일련 번호	소재지	면적 (m²)	지목		이용상황	용도지역	도로조건	형상·지세	공시지가 (원/m²)
			공부	실제					
1	B동 125	195	대	대	주상용	1종일주	소로한면	장방형 평지	1,500,000
2	B동 290	200	대	대	단독	일반주거	소로각지	장방형 평지	1,300,000
3	B동 243-1	250	대	대	주거나지	일반상업	세로(가)	정방형 평지	2,020,000
4	B동 423	230	대	대	상업나지	일반상업	소로한면	정방형 평지	2,260,000

※ 일련번호1은 2023. 8. 1자로 1,700,000원/m²에 매매된 사실을 평가시점에서 확인함.

※ 일련번호2는 건부감가요인이 10% 존재하는 것으로 판단되며, 건물은 공실상태임.

※ 일련번호3은 50m²가 도시계획도로에 저촉됨. (저촉감가율 : 30%)

※ 일련번호4의 소유자는 2023. 5. 1에 인접한 422번지를 구입한 후, 기준시점현재 두
필지에 하나의 건물을 신축하기 위해 건축허가를 필한 후 기초공사 중에 있다.

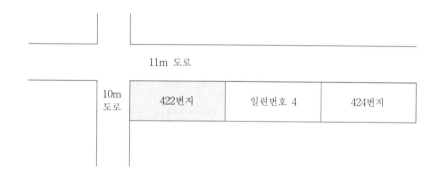

<자료 3> 거래사례자료

1. 거래사례-1

　(1) 토지 : S시 D구 N동 727번지. 300m²

　(2) 건물 : 위 지상 조적조 슬래브즙 상가. 연면적 230m²

　(3) 용도지역 : 일반상업

　(4) 이용상황 : 상업용, 자루형, 소로한면

　(5) 거래시점 : 2022. 12. 22

(6) 거래내역

① 대출금의 미상환잔액 상환과 전세금 반환의무를 매수인이 승계하기로 하고 현금 340,000,000원을 지불함.

② 대출금은 신한은행으로부터 2021. 4. 22자로 대부기간 10년, 연리 10%, 매월말 원리금 균등상환조건으로 400,000,000원을 대출함.

③ 대상건물은 현재 임차인에게 전세금 50,000,000원에 임대 중임(전세계약시점 : 2021. 12. 22, 1년 계약).

④ 시장이자율 : 12%

(7) 기타

사례건물이 현저히 노후화되어 매수자가 매입 후 곧바로 철거할 것을 전제로 매입한 사례로 철거공사비는 5,000,000원, 잔재가치는 3,500,000원 정도가 될 것으로 추정하였다.

(8) 사례토지의 획지상황은 옆의 그림과 같다.

(9) K구, D구에서 정형 표준획지에 대비한 노지(路地)부분과 유효택지부분의 평점은 "정형 표준획지를 100이라 할 때, 노지부분 85, 유효택지부분 95"이다.

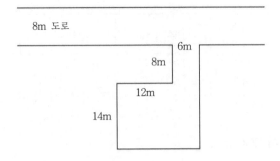

2. 거래사례-2

(1) 토지 : K구 B동 152번지 소재 대지 300m²

(2) 건물 : 위 지상 철근콘크리트조 슬래브즙 5층 건물, 2016. 8. 1 준공

(3) 거래일자 : 2022. 12. 1

(4) 용도지역 : 일반상업지역

(5) 이용상황 : 상업용, 소로한면, 장방형

⑹ 거래금액 등 : 현금 5,000,000,000원을 일시지급한 사례이나 해당 건물은 그 부지와 부적응 상태로 최유효이용에 미달되는 것으로 판단됨.

<자료 4> 분양 사례

1. 사례토지 개황

K구 B동에 소재하는 대지로 북측으로 하천에 접한 노폭 3m 포장도로와 서측으로 노폭 2m의 도로에 접하고 있는 289m² (17m×17m)의 정사각형 토지 위에 다음에 제시된 건축계획(대지면적 256m² (16m×16m), 북측 및 서측4m 도로 확보) 대로 상가를 신축하여 분양을 계획 중인 기준시점 당시 최근 사례임.

2. 건축계획

구 조	철근콘크리트조 슬래브즙
건폐율	75%
법정용적률	450%(각층 바닥면적 동일)
지하층	건폐율 최대적용 면적과 동일
옥 탑	50m²
비 고	해당 건축계획은 사례토지의 최유효사용을 기준으로 설정됨.

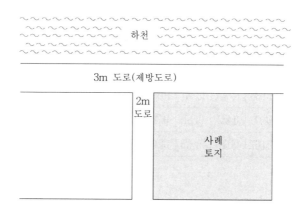

3. 공사비 등(공사기간 : 10개월)

⑴ 공사비지불 : 공사비는 297,000원/m²이 소요되며, 착공 3개월 후 25%, 6개월 후 25%, 준공시 잔액을 지불함.

(2) 분양수입 : 착공 6개월 후 총액의 60%, 준공시 잔액을 수주하게 됨.

(3) 판매관리비 : 분양수입의 15%이며, 착공 6개월 후 40%, 준공시 잔액을 지불함.

(4) 정상이윤 : 공사비의 20%로 준공시 전액 지불되는 것으로 함.

(5) 투자수익률 : 연 12%

4. 분양계획

지상1층의 분양가격을 기준하여 아래의 지역 내 표준적인 층별효용비에 따라 분양함.

층	분양가격(원/m²)	층별효용비	비 고
지하1층	–	60	※ 분양면적은 바닥면적의 75%. (옥탑은 분양면적에서 제외). ※ 예정건물의 지하층과 지상층의 층별 분양면적은 모두 동일함.
1층	2,200,000	100	
2층	–	80	
3층~6층	–	50	

<자료 5> 지가변동률

1. 2022년 12월 지가변동률

행정구역	평균 (누계)	용 도 지 역 별							이 용 상 황 별						
		주거	상업	공업	녹지	관리	농림	자연환경보전	전	답	대		임야	공장	기타
											주거용	상업용			
K구	0.290	1.120	0.292	0.293	0.181	0.222	0.152	0.000	0.206	0.214	0.196	0.287	0.043	0.188	
	11.241	10.342	3.789	5.930	11.747	13.547	19.997	2.872	15.769	18.688	9.176	8.974	11.748	8.716	
D구	0.486	0.175	0.045	0.000	0.452	0.581	0.727	0.396	0.766	0.855	0.312	0.086	0.462	0.174	
	11.434	3.838	1.474	1.667	13.684	15.376	14.343	5.584	16.859	14.262	10.231	4.941	15.373	8.542	

2. 2023년 7월 지가변동률

행정구역	평균(누계)	용 도 지 역 별							이 용 상 황 별						
		주거	상업	공업	녹지	관리	농림	자연환경보전	전	답	대		임야	공장	기타
											주거용	상업용			
K구	0.562	0.434	0.426	0.407	1.054	0.787	0.681	0.268	1.115	0.909	0.541	0.458	0.719	0.527	0.737
	1.859	1.459	1.237	1.426	3.483	2.698	2.290	1.308	3.721	3.181	1.774	1.485	2.425	1.712	1.929
D구	0.457	0.464	0.232	0.406	0.691	0.454	0.431	0.317	0.688	0.606	0.530	0.361	0.495	0.377	0.317
	3.633	3.067	2.477	2.806	6.446	4.709	4.107	2.292	6.714	5.707	3.625	3.011	4.428	3.160	2.962

<자료 6> 요인비교치 등

1. K구 B동은 D구 N동에 비하여 지역적으로 약 2% 우세함.

2. 개별요인비교치

　대상토지와 비교가능성이 인정되어 선정한 비교표준지 및 사례의 경우 개별요인 비교치는 대등한 것으로 봄.

3. 인근지역의 표준지 공시지가는 감정평가사례 및 거래사례등과 비교 분석한 결과 그 밖의 요인 비교치로 1.20을 적용하는 것이 적절한 것으로 분석됨.

공시지가기준법 및 거래사례비교법 [논점정리]

【연습문제 02】 당신은 일반거래 시가참고 목적의 감정평가를 의뢰받았다. 멸실예정인 건축물이 소재하여 건물 철거를 조건으로 토지만의 감정평가액 산정을 요청 받았다. 감정평가액을 산정하시오. (20점)

<자료1> 의뢰 대상 토지

1. 소재지 : S시 D구 L동 25번지

2. 지목 : 대, 200m²

3. 용도지역 : 제2종일반주거지역, 주차장 정비지구, 소로한면에 접함.

4. 건축물 용도 : 철근콘크리트조 슬래브즙 주택 및 근린생활시설

5. 형상 및 지세 : 가장형 평지

6. 기준시점 : 2023. 8. 31

<자료2> 거래사례 1

1. 거래시점 : 2023. 4. 1

2. 소재지 : S시 D구 M동 22번지

3. 거래물건 : 토지 195m²과 건물(주택 및 근린생활시설)

4. 용도지역 : 제2종일반주거지역

5. 거래가격 : 380,000,000원(거래가격 중 1/2은 1년 후에 지불하는 조건으로 거래됨. 시장이자율 12%)

6. 개별요인 : 세로한면 가장형 평지

7. 기타 : 인근지역을 통해 조사한 결과 건물만의 적정 시장가치는 100,000,000원으로 판단되며, 사례의 거래가격은 지인간의 거래로서 시장가치대비 5%의 저가에 거래되었음.

<자료3> 거래사례 2

1. 소재지 : S시 D구 L동 60번지

2. 용도지역 등 : 제2종일반주거지역 내 주상나지

3. 거래시점 : 2023. 1. 1

4. 거래내역
   ⑴ A지 소유자가 B지를 매입한 사례로 현 상태하의 B지의 단가는 A지의 1/2 수준이며, 병합 후 획지의 단가는 현 상태에서의 A지가격의 4/5가 된다.
   ⑵ A지 소유자는 B지를 병합함으로써 발생하는 예상증분가치의 3/4을 B지에 배분한다는 전제하에 구입한 사례로써 B지 지불가격은 260,000,000원이다.

5. 지적상황(등고 평탄한 지대임)

8M 도로

A지 100m²

B지 150m²

<자료 4> 표준지 공시지가

(공시기준일 2023. 1. 1)

일련 번호	소재지	면적 (m²)	지목	이용상황	용도지역	도로교통	형상지세	공시지가 (원/m²)
1	L동 10	150	대	주거나지	전용주거	세로한면	가장형완경사	980,000
2	L동 20	200	대	주상용	2종일주	소로각지	가장형완경사	1,400,000
3	M동 90	210	잡	업무용	준주거	중로한면	세장형평지	1,800,000

※ 기호 2는 10%의 건부감가가 존재하며, 일부(50m²)가 도시계획시설도로에 저촉된다.

※ 상기 표준지 공시지가는 감정평가사례 및 거래사례등과 비교 분석한 결과 적정 시세
  수준을 충분히 반영하고 있는 것으로 분석된다.

<자료 5> 지가변동률(주거지역)

(단위 : %)

구 분		1월	2월	3월	4월	5월	6월
2023년	당 월	2.550	2.700	2.360	2.100	2.500	1.600
	누 계	2.550	5.319	7.804	10.068	12.820	14.625

※ 상기 표에서 "누계"는 해당년도의 1월부터 해당월까지의 누계를 의미한다.

  (예 : 2023년 3월 누계 : 2023년 1월~3월까지의 누계)

<자료 6> 지역요인 및 개별요인

1. L동과 M동은 동일수급권 내 인근지역이며 L동이 M동에 비해 5% 우세하다.

2. 형상 : 세장형 토지는 가장형보다 10% 열세이다.

3. 지세 : 급경사지는 완경사지보다 10%, 평지보다 20% 열세이다.

4. 접면도로(각지는 한면보다 5%우세함)
   맹지(100), 세로한면(105), 소로한면(110)

5. 기타 개별요인평점

구 분	대상	표준지	거래사례 1	거래사례 2
평점	100	101	90	92

6. 도시계획시설도로 저촉에 따른 감가율은 30%를 적용한다.

한정가격, 지역요인 평점 [논점정리]

【연습문제 03】 A토지를 소유하고 있는 ○○건설회사는 소유 토지의 이용방안을 모색하기 위하여 적절한 의견을 구하고자 "2023년 8월 31일"을 기준일로 하여 감정평가사 K에게 자문을 의뢰하였다. 다음 물음에 답하시오. (20점)

(물음 1) ○○건설회사가 B토지를 매입시 매수금액으로 지급할 수 있는 "최대한도액"을 구하시오.

(물음 2) "B토지의 한정가치"를 구입한도액비에 의거 구하시오.

(물음 3) X지역과 동일수급권 내 유사지역인 Y지역을 기준으로 "X지역(A, B토지가 소재하는 지역)의 지역평점"을 구하시오.

<자료 1> ○○건설회사의 소유 토지 이용 계획

해당 토지를 최유효이용을 하기 위해서는 인접하고 있는 B토지를 매입하여 고급빌라를 건축·분양하는 것이라 판단하고 있으며, 감정평가사 K의 의견도 이와 일치한다.

<자료 2> 합병 전 각 토지내용

구 분	소재지	지목	면적(m²)	용도지역	도로교통	형상·지세
A토지	S시 P동	대	624	준주거	소로한면	세장형 평지
B토지	S시 P동	대	416	준주거	소로한면	세장형 평지

※ 합병전 A토지와 B토지의 가격비율(총액)은 42 : 58임. (기준시점 기준)

<자료 3> 합병 후 분양자료

1. 합병 후 토지내용

대, 1,040m² 소로한면, 정방형, 평지

2. 분양예정건물

   (1) 구조 : 철근콘크리트조 슬래브지붕 5층건

   (2) 건축면적 : 620m²

   (3) 건축연면적 : 3,120m²

   (4) 전용면적 : 2,500m²

3. 분양예정가(전용면적기준) : 1,350,000원/m²

4. 개발비용

   (1) 건축공사비 : 700,000원/m²(착공, 중간, 준공시 각각 1/3씩 지급)

   (2) 판매관리비 : 총분양가액의 1%(준공 3개월 전에 50%, 준공시 50% 지급)

   (3) 기업이윤 : 총분양가액의 10%(공사완료시 지급)

   (4) 시장이자율(할인율) : 연 12%(월 1%)

5. 공사 및 분양기간

   (1) 토지매입시점(기준시점)에 바로 착공하여 6개월 후 준공.

   (2) 분양은 준공 3개월 전에 50%, 준공시 50% 이루어짐.

<자료 4> 평가선례

2022년 12월 1일에 B토지가 900,000원/m²에 평가된 선례가 있는 바, 이는 적정가격으로 인정된다.

<자료 5> 지가변동률(S시, 주거지역)

(단위 : %)

2022년 12월	2023년 7월	2023년 1월~7월 누계치
0.470	0.804	4.961

<자료 6> 요인비교자료

1. 지역요인 : Y지역(100)

2. 개별요인

   ⑴ 도로교통 : 소로(95), 세로(100) 각지는 한면에 비하여 10% 우세함.

   ⑵ 형상 : 정방형(100), 세장형(95)

   ⑶ 지세 : 평지(100), 완경사(95)

<자료 7> Y지역의 표준지 공시지가

감정평가사 K는 아래 표준지가 Y지역의 가격수준을 대표할 수 있다고 판단하였다.

"2023. 1. 1 기준 880,000/, 대, 1,000m², 소로각지, 정방형, 평지

한정가격, 원가법 [논점정리]

【연습문제 04】 A획지 소유자는 B획지 소유자의 토지 및 전자공장 1동을 인수하여 자신의 토지와 합병한 후, 재가동하고자 한다. 이에 감정평가사 甲에게 토지와 건물의 적정매입 금액 산정을 의뢰하였다. 주어진 자료에 의거 B 획지에 소재한 토지와 공장의 가격을 다음 물음에 의거하여 산정하시오. (15점)   감정평가사 25회 기출 변형

물음(1) A와 B토지의 합병으로 인한 증분가치를 구하고, B토지의 적정매입 가격을 기여도비율에 의한 차액배분법의 논리로 산정하시오. (합병에 따른 제반 비용은 고려치 아니하기로 함) (10점)

물음(2) B토지 지상의 공장에 대한 적정한 가격을 원가법에 의한 적산가격으로 산정하되, 재조달원가는 소유자 제시자료에 의한 직접법에 따라, 감가수정은 설비의 특성을 고려한 정률법에 의하시오. (10점)

<자료 1> 토지의 상황

각 획지의 형태는 다음의 그림과 같다. 각각의 토지가치를 파악한 결과 A는 9,000,000,000원, B는 4,000,000,000원으로 판단된다. 이때 A와 B를 합병하면 토지의 가치는 그림의 C획지와 유사해 질 것으로 판단되며, C의 가치는 18,000,000,000원으로 조사된다.

획지	면적(m²)	단가(원/m²)	가격(원)
A	15,000	600,000	9,000,000,000
B	5,000	800,000	4,000,000,000
C	20,000	900,000	18,000,000,000

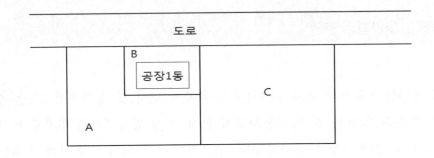

<자료 2> 공장설비에 관한 상황

1. B획지에는 완공된 지 1년이 경과된 공장설비가 소재한다. 이 공장은 전체가 정밀
   전자부품제조를 위한 특수한 '클린룸' 설비로 구성된 공장이다.

2. 재조달원가는 소유자 제시자료에 의거 직접법으로 산정하되, 이의 정산은 기획재
   정부 계약예규 "예정가격작성기준"에 의거 검토할 예정이며, 부가가치세 및 손해
   보험료는 고려치 아니하기로 하였다.

3. 예정가격작성기준의 적용은 평가대상 설비의 특성상 공사원가계산을 적용하기로
   하였고, 재료비, 노무비, 경비는 세부내역을 토대로 검토한 결과 적정한 수준으로
   판명되었다. 다만, 이윤율은 15%이내에서 인정하기로 하여 이에 대한 검토가 요구됨.

4. 본 공장은 정밀설비로 구성되어 내용년수는 20년으로 조사되며, 지난 1년간 사용
   상 특이사항이 없어 잔존내용년수는 19년으로 하였고, 잔가율은 10%로 조사된
   다. 또한 감가수정은 정밀공장의 고유특성상 정률법을 적용하기로 하였다.

5. 지난 1년간 유사 공장(설비)신축에 관한 물가상승률(가격보정지수)은 극히 미미하여
   적용치 아니하기로 하였다.

<자료 3> B획지 소유자 제시 공장의 신축 공사원가계산서(요약)

1. 재료비 : 20억원

2. 노무비 : 10억원

3. 경비 : 10억원

4. 일반관리비 : 일반관리비율은 각종 경비의 5%

5. 이윤 : 4억원

건물 거래사례비교법 [논점정리]

【연습문제 05】 감정평가사인 당신은 건물 감정평가를 의뢰받고 가격자료를 수집하는 중이다. 인근지역에 대상 건물과 유사한 구조 및 용도를 가진 건물의 거래사례 및 건설사례가 있어서 대상 건물의 가격산정에 참고하려고 한다. 아래의 자료를 바탕으로 2023. 8. 31을 기준시점으로 대상건물의 감정평가액을 결정하시오. (25점)

<자료 1> 대상부동산

1. 토지 : S시 K구 B동 154번지 소재 대 300m²

2. 건물 : 위 지상 철근콘크리트조 슬래브즙 2층건 주택, 연면적 420m²

3. 용도지역 : 제1종일반주거지역

4. 도로접면 : 소로한면

5. 주변환경 : 대상 토지가 소재한 지역의 주변은 과거 5년 전 조성이 시작된 실버타운으로 현재는 거의 대부분의 토지가 개발완료되어 있어 타지에 비해 상대적으로 안정적인 상태이다.

<자료 2> 공시지가(S시 K구)

(공시기준일 : 2023. 1. 1)

일련 번호	소재지	면적 (m²)	지목	이용상황	용도지역	도로조건	형상·지세	공시지가 (원/m²)
1	A동 123	300	전	상업용	준주거	소로한면	장방형 평지	600,000
2	A동 1290	260	대	단독	1종일주	소로각지	장방형 평지	400,000
3	B동 232-1	320	대	단독	준주거	세로(가)	정방형 평지	450,000
4	B동 244-4	400	전	주상용	1종일주	소로한면	정방형 평지	470,000
5	B동 198-1	300	전	단독	1종일주	세로(가)	장방형 평지	435,000
6	B동 12	450	대	주상용	준주거	소로각지	정방형 평지	500,000

<자료 3> 거래사례자료

구분	거래사례-1	거래사례-2
토지	S시 K구 A동 332번지. 300m²	S시 K구 B동 245번지. 240m²
건물	철근콘크리트조 슬래브즙 2층건 주택, 연면적 400m²	철근콘크리트조 슬래브즙 2층건 주택, 연면적 336m²
용도지역	제1종일반주거	제1종일반주거
이용상황	단독, 소로한면	단독, 세로한면
거래시점	2023. 4. 25	2023. 5. 13
거래내역	① 거래시점 당시 대상 부동산에는 2021. 9. 25자로 대부기간 15년, 연리 12%, 매월 말 원리금 균등상환조건의 200,000,000원이 이미 대출되어 있었다. ② 저당대출금의 미상환잔액은 매수인이 인수하기로 하고 현금 150,000,000원을 지불함.	① 명목상 거래대금 : 300,000,000원 ② 거래가격 중 1/2은 1년 후에 지불하는 조건임.

<자료 4> 건물에 관한 자료

구 분		대상건물	거래사례-1	거래사례-2	건설사례
준공일자		2020. 5. 9	2021. 3. 4	2020. 8. 1	2023. 7. 10
구 조		철근콘크리트조 슬래브즙 2층건	철근콘크리트조 슬래브즙 2층건	철근콘크리트조 슬래브즙 2층건	철근콘크리트조 슬래브즙 2층건
부지면적		300	300	240	320
건축연면적		420	400	336	450
시공정도		보통	보통	보통	보통
기준시점현재의 경제적 잔존년수	주체부분	47년	48년	47년	50년
	부대부분	12년	13년	12년	15년
설비의 양부		양호	양호	양호	양호
건물과 부지의 관계		양호	양호	양호	양호
건물 개별요인[1]		95	98	99	100
건축비(원/m²)		-	-	-	525,000

1) 건물 개별요인에는 잔가율에 대한 고려가 포함되어 있지 않다.

　※ 건설사례의 건축비는 지역 내 수급상황이 고려된 표준적인 건축비이다.

　※ 주체부분과 부대부분의 구성비율은 8 : 2이다.

　※ 주체부분과 부대부분의 최종잔가율은 공히 0%이다.

<자료 5> 각종 요인비교 자료

1. 지가변동률(S시 K구)

(단위 : %)

구 분	2022		2023년						
	1~6월 누계	7~12월 누계	1월	2월	3월	4월	5월	6월	7월
주거지역	6.3	12.2	0	1.1	0.9	1.5	1	0.9	1.1
상업지역	9.1	21.31	2	1.5	1.7	1.8	1.4	1.3	1.5

2. 건축비지수

2020.1.1	2021.1.1	2022.1.1	2023.1.1
100	105	109	112

3. 토지의 개별요인(도로조건 제외)

대상	공-1	공-2	공-3	공-4	공-5	공-6	거래-1	거래-2
100	100	95	98	100	95	105	95	100

4. 도로조건

세로(불)	세로(가)	소로한면	소로각지	중로한면	중로각지
60	75	80	85	95	100

<자료 6> 기타

1. 上記의 토지건물복합부동산의 거래사례는 시장참가인인 매수자와 매도자 사이에서 "시장성의 사고"에 바탕을 두고 이루어진 계약인바, 거래사례와 건설사례 간의 비교를 통한 적산가액 도출은 불허(不許)한다. 따라서 건설사례는 대상건물의 적산가액 산출에만 사용하고, 거래사례는 다른 적정한 평가방식에 적용할 것.

2. 시장이자율은 연 15%를 적용할 것.

매매사례(대쌍)비교법 [논점정리]

【연습문제 06】감정평가사인 당신은 시장에 매물로 나와 있는 K의 단독주택을 평가하고 있다. 대상부동산의 시산가치를 제시하시오. (10점)

1. 대상주택은 지은 지가 20년 된 벽돌조 건물로서 안정근린지역에 위치하고 있다. 대상주택의 1층에는 4개의 방과 1개의 세탁실이 있으며, 2층에는 4개의 방과 2개의 욕실이 있다. 그리고 3층에는 1개의 침실과 1개의 욕실이 있다. 대상주택의 상태는 보통이며, 배관시설과 부엌시설은 개량되지 않은 상태에 있다. 당신은 근린지역에서 3개의 비교매매사례를 수집했다.

구　분	A	B	C
매매가격	16,000만원	17,000만원	16,500만원
건축골조	목조	목조	목조
1층 방수	3	4	4
1층 세탁실	있음	있음	없음
2층 방수	4	4	3
2층 욕실	2	1	2
3층 방과욕실	없음	있음	없음
부엌개량	함	안함	안함
배관시설개량	함	함	함
매매시점	3년 전	1년 전	2년 전
상태	보통	열등	보통
획지크기	같음	작음	같음

2. 시장가격은 1년 전과 2년 전에 비하여 5% 정도 하락하고 있으며, 3년 전에 비하여 5% 정도 높은 수준을 유지하고 있다.

3. 벽돌조의 건축골조는 목조보다 950만원 정도 높은 가격으로 거래되고 있다. 또한 상태가 열등인 주택은 보통인 주택보다 1,000만원 싼 가격으로 거래된다.

4. 매매사례 B는 획지의 크기가 작기에 매매가격이 1,000만원 정도 낮게 형성됨.

5. 1층과 2층의 방수가 3개인 것은 각각 1,000만원 정도 (−) 요인이 되며, 3층에 별도의 방과 욕실이 없는 것도 1,500만원 정도 (−) 요인이 된다.

6. 2층에 욕실이 하나밖에 없는 경우에는 700만원, 1층에 세탁실이 없을 경우에는 400만원의 가격 차이를 발생한다.

6. 부엌과 온수배관시설의 현대화에 소요되는 비용은 각각 600만원, 400만원이다.

토지 개발법 [논점정리]

【연습문제 07】 감정평가사 K는 일반거래 시가참고 목적의 감정평가를 의뢰받고 다음의 자료를 수집하였다. 제시 자료에 따라 대상부동산의 감정평가액을 결정하시오. (40점)

<자료 1> 의뢰물건의 내용

1. 소재지 : k동 100번지

2. 용도지역 등 : 제1종일반주거지역, 지목 '전', 3,000m²

3. 기준시점 : 2023년 8월 31일

4. 구하는 가격 : 시장가치

5. 대상 현황 및 주위환경 : 대상물건은 도시 근교의 주택지대에 접하고 있는 유휴지(택지 후보지) 상태의 토지로서 주변에는 대상과 같이 용도전환을 대기하고 있는 규모 2,500~4,000m² 정도의 이행지(택지후보지) 상태의 토지가 산재해 있다.

<자료 2> 공시지가 표준지(2023년 1월 1일 기준)

기호	소재지	지번	지목	이용상황	면적 (m²)	용도지역	주변상황	공시지가 (원/m²)
1	k동	100-5	전	전기타	3,700	1종일주	택지후보지	367,000
2	k동	50	대	단독	200	1종일주	구획정리된 주택지	689,000
3	k동	70	답	답	4,000	생산녹지	농경지	100,000
4	j동	25	대	상업용	210	1종일주	주택지역 내 근린시설	828,000

※ 상기 표준지 공시지가는 인근거래사례 및 평가사례 대비 시세에 다소 미달하여 그 밖의 요인 보정치를 1.20을 적용함.
※ 표준지 기호1은 유휴지로 용도지역을 고려할 때 용도전환이 가능한 상태임.

<자료 3> 거래사례 자료

	거래사례 1	거래사례 2
소재지	j동 90-5	k동 200-1
토지	제1종일반주거지역 내 지목 '전', 3,500m²	제1종일반주거지역 내 지목 '대' 180m²
거래금액	18억원	152,000,000원
거래시점	2023. 4. 1	2023. 7. 1
기타	택지후보지 지대 소재 유휴지로서 정상 거래 시례임.	구획정리된 주택지대의 사례로서 거래는 정상적임.

<자료 4> 임대사례의 자료

1. 토지 : j동 300-1 대지 200m²

2. 건물 : 위지상 연와조 슬래브즙 2층건 근린생활시설 연면적 220m²

3. 향후 1년간 임대수지의 내역(최근 계약완료됨)

   (1) 월임대료 : 1,000,000원

   (2) 보증금 : 100,000,000원

   (3) 감가상각비 : 정액법에 의해 산정함.

   (4) 유지관리비 : 건물 재조달원가의 3%

   (5) 공조공과 : 월 50,000원

   (6) 손해보험료 : 750,000원으로 3년치를 임대개시시점에 일괄하여 지급함.

   (7) 공실손실 상당액 : 500,000원

4. 임대시점 사례 건물 재조달원가 : 53,726,000원 (경제적 내용년수 50년, 4년 전 사용승인)

<자료 5> 조성사례의 자료

대상부동산의 인근에 소재하는 잡종지의 조성비 등은 다음과 같으며, 대상토지에 적용해도 무방하다고 판단된다.

1. 조성비 : 5,000원/m²

2. 공공시설부담금 : 구획당 100,000원

3. 판매비 및 일반관리비 : 분양가 총액의 3%

4. 업자이윤 : 분양가 총액의 5%

<자료 6> 대상토지의 조성 및 분양계획

1. 공공시설의 면적 : 전체 토지의 40%

2. 조성획지당 단위면적 : 200m²(잔여지 없이 구획하는 것을 전제함)

3. 상업용 건물의 신축가능 획지수 : 3획지(나머지 획지는 주거용으로 분양함)

4. 공사기간 및 판매기간
   ⑴ 허가일 : 허가 신청일로부터 3개월이 소요됨
   ⑵ 조성완료일 : 허가일 다음날로부터 공사에 착수하여 2개월이 소요됨.
   ⑶ 판매완료일 : 조성완료 다음날부터 판매를 착수하며 2개월 만에 판매 완료가 가능함.

5. 분양대금 회수기간
   판매 개시 2개월 후 계약금으로 20%, 판매개시 3개월 후 중도금으로 30%, 판매 개시 5개월 후 잔금으로 50%를 수령하는 것을 전제로 한다.

6. 투하자본이자율은 월 1%로 한다.

7. 공공시설부담금은 개발허가시에 지급한다.

8. 조성비는 매월말 50%씩 2회에 걸쳐 지급한다.

9. 판매비 및 일반관리비는 분양대금 수령시에 그 비율에 따라 지급한다.

10. 업자이윤은 분양대금 수령과 동시에 실현되는 것으로 한다.

<자료 7> 각종이율

1. 토지의 환원율 : 7%

2. 건물의 상각후환원율 : 8%

3. 보증금운용이율 : 10%

4. 시장이자율 : 12%

<자료 8> 가치형성요인 등

1. 지가변동률 및 건축비 지수 : 보합세

2. 분할조성 전의 경우
   ⑴ k동은 j동에 비하여 지역적으로 8% 열세임.
   ⑵ 개별요인

대상토지	표준지 1	거래사례 1
100	97	103

3. 분할조성 후의 상태를 상정하는 경우
   ⑴ k동은 j동에 비하여 지역적으로 3% 열세함.
   ⑵ 개별요인

구 분	대상토지	표준지 2	표준지 4	거래사례 2	임대사례
주거용획지	100	95	–	97	–
상업용획지	100	–	105	–	103

<자료 9> 기타사항

원가방식으로 평가하는 경우 조성택지의 가격은 자료를 최대한 활용할 것.

토지 3방식 [논점정리]

【연습문제 08】 감정평가사인 당신은 상업지역에 소재하는 노후화된 건물이 소재하는 부동산의 일반거래 목적의 감정평가를 의뢰받았다. 다음 자료를 이용하여 2023년 9월 1일을 기준시점으로 대상물건의 감정평가액을 결정하시오. (30점)

<자료 1> 대상물건

1. 토지 : S시 K구 A동 244번지. 대 500m²

2. 건물 : 위 지상. 시멘벽돌조 슬래브즙 1층건. 주택 100m²

<자료 2> 대상물건에 관한 자료

1. 대상물건은 일반상업지역, 방화지구에 위치하며 기타 공법상 제한사항은 없음.

2. 대상주택은 1975년에 건축(연면적 100m²)되었는바, 노후화가 심하고 유지·관리 상태가 불량하며 인근지역과의 적응성도 많이 떨어지므로 최유효이용의 관점에서 철거하는 것이 합리적이라고 판단됨.

3. 대상물건은 노폭 12m 도로에 한면을 접하는 장방형의 평지임.

<자료 3> 인근지역의 상황

대상물건의 인근지역은 원래 주거지역으로서 단독주택이 많이 분포하는 지역이었으나 지하철이 개통되면서 상업용 건물의 신축이 간간이 이루어지다가 2020. 7. 1에 용도지역이 일반상업지역으로 변경·고시되면서 상업용 건물의 신축이 활발히 이루어지고 있다. 이 지역의 건폐율은 80%이고 용적률은 400%임.

<자료 4> 대상물건의 최유효이용시 개발계획

1. 건축계획

(1) 부지면적 : 500m^2

(2) 건폐율 : 80%

(3) 용적률 : 400%

(4) 건축구조 및 용도 : 철근콘크리트조 슬래브즙 5층, 점포(1~3층) 및 사무실
  (4~5층)

(5) 건축면적 : 400m^2

(6) 건축연면적 : 2,000m^2

(7) 전유면적(분양, 임대가능면적) 비율 : (각 층의) 60%

2. 개발 Schedule

(소요기간 단위 : 월)

구 분	1	2	3	4	5	6	7	8	9	10	11	12
건축허가												
건축공사												
분 양												

3. 분양계획안

(1) 인근지역에 있어서 대상예정건물과 유사한 규모와 구조를 갖는 건물의 분양
  사례를 조사한 결과 최근에 정상적인 분양사례의 1층이 4,150,000원/m^{2}에 분
  양되었음이 확인되었으며 이를 "대상의 정상적인 분양가격"으로 사용하기로 함.

(2) 분양판매금은 분양시작시점에서 분양총액의 20%가, 분양시작으로부터 3개월
  후에 30%가, 분양시작으로부터 6개월 후에 50%가 회수될 것으로 판단됨.

(3) 층별분양가는 지역의 표준적인 층별실질임대료 <자료 7>를 기준으로 대상에
  적용함.

4. 기타

(1) 건축 총 공사비는 현재시점(명목가액) 1,526,568,000원임.

⑵ 판매관리비는 분양총액의 6.5%이며 분양개시시점과 분양완료시점에 각각 50%가 지출됨.

⑶ 건축공사비는 공사착수시에 20%를 지불하고, 그로부터 4개월 후 30%, 그리고 준공시점에 잔액을 지불함.

⑷ 투하자본수익률은 월 1%로 함.

<자료 5> 공시지가자료

(공시기준일 : 2023. 1. 1)

일련 번호	소재지	면적 (m²)	지목	이용상황	용도지역	도로조건	공시지가 (원/m²)
1	S시 K구 B동 124	750	장	주상용	일반상업	중로각지	2,600,000
2	S시 K구 B동 335	961	대	상업용	중심상업	중로각지	3,500,000
3	S시 K구 A동 232-1	370	대	주거용	일반상업	소로한면	1,950,000
4	S시 K구 A동 244-4	441	대	상업용	일반상업	중로각지	2,400,000

※ 상기 표준지 공시지가는 적정시세를 충분히 반영하고 있음.

<자료 6> 거래사례

1. 토지 : S시 K구 B동 204번지 대 450m²

2. 건물 : 위 지상 철근콘크리트조 슬래브즙 5층건 점포 및 사무실(연면적 : 1,800m²)

3. 거래시점 : 2022. 6. 30

4. 현금지급액 : 1,770,000,000원

5. 도시계획관계 등 : 일반상업지역, 중로각지에 접하며 장방형 완경사임.

6. 기타사항 :

⑴ 사례 건물의 준공일자는 2021. 5. 1이며 준공당시 재조달원가는 @679,210원/m²임.

⑵ 거래 당시에 토지 및 건물에는 P보험회사로부터 2021. 6. 30에 근저당권이 설정되어 있었으며 이를 매수인이 인수하는 조건으로 거래됨. (채권최고액은 650,000,000원, 피담보채권액은 500,000,000원, 이자율은 14.5%, 5년 만기로 원금은 만기일시상환이며 이자는 매년 불입하는 조건임.)

<자료 7> 인근지역의 층별 임대료 내역

아래 실질임대료에 포함된 지불임대료 및 보증금(계약기간 기준)운용이익은 S시 K 구에 있어서 정상적·표준적인 것임.

층	1	2	3	4, 5
실질임대료(원/m²)	447,759	298,672	249,398	237,398

<자료 8> 시점수정에 관한 자료

1. 지가변동률

S시 K구 상업지역	S시 K구 주거지역
• 2023.01.01. ~ 2023.09.01. : 5.367% • 2022.06.30. ~ 2023.09.01. : 12.575%	• 2023.01.01. ~ 2023.09.01. : 4.111% • 2022.06.30. ~ 2023.09.01. : 10.000%

2. 건축비지수(S시, 철근콘크리트조)

2021. 1. 1	2021. 7. 1	2022. 1. 1	2022. 7. 1	2023. 1. 1	2023. 7. 1
100	103	100	103	107	111

<자료 9> 요인비교자료

1. 지역요인자료 : A동은 상업지역으로서의 성숙도 등에 있어서 B동보다 5% 우세함.

2. 개별요인자료

(1) 토지의 개별요인(도로조건 제외)

대상	공-1	공-2	공-3	공-4	거래
100	100	95	98	95	106

(2) 도로조건

세로(불)	세로(가)	소로한면	소로각지	중로한면	중로각지
60	75	83	86	100	104

<자료 10> 기타사항

1. 대상토지 지상 건물의 기준시점 현재 철거비는 100,000원/m²이며 잔재가격은 없음.

2. 보증금운용이율 및 시장이자율은 연 12%임.

3. 건축비 지수의 적용은 월할 계산함.

4. 건물 주체부분과 부대부분의 내용년수는 각 50년 및 20년이며, 재조달원가 구성 비율은 60 : 40이고, 감가수정은 정액법에 의한 만년감가로 하며 잔가율은 0임.

개발법에 따른 타당성 [논점정리]

【연습문제 09】 감정평가사인 당신은 토지를 매입하여 택지개발사업을 하고자 하는 모회사로부터 사업의 타당성 검토를 의뢰받고, 실지조사를 거쳐 다음과 같은 자료를 수집하였다. 다음 택지개발사업의 타당성을 검토하시오. (25점)

<자료 1> 대상토지의 내역

1. 소재지 : D시 S구 N동 100번지

2. 지목 및 면적 : 전, 5,500m²

3. 기준시점 : 2023년 8월 1일

4. 기타 : 대상 토지는 제1종일반주거지역 내 소로한면에 접하고 현황 잡종지(유휴지, 이행지)로 이용중인 토지로서 500m²가 도시계획도로에 저촉됨.

<자료 2> 개발계획

1. 조성공사비 : 95,000원/m²

2. 일반관리비 : 총 분양수입의 5%

3. 개발이윤 : 총 분양수입의 10%

4. 감보율 : 35%

5. 필지별 분양면적 : 200m²(미달되는 필지는 10% 할인하여 분양함) 각 필지는 소로한면에 접함.

6. 사업일정
   기준시점으로부터 1월 후에 사업인가를 취득하며, 그 후 2개월의 공사 후 준공인가를 받고, 준공인가 후 분양을 개시하여 2개월 후에 분양이 완료됨.

7. 자금조달계획

(1) 조성공사비와 일반관리비는 준공인가시에 지급함.

(2) 택지분양은 분양개시 1월 후에 1/3, 개시 2월 후에 2/3이 판매된다.

(분양가격은 준공인가 시점(2023.11.01.)을 기준으로 산정함)

(3) 개발이윤은 분양완료시에 발생하는 것으로 함.

(4) 할인율은 월 1%임

<자료 3> 공시지가자료(2023. 1. 1)

기호	소재지	면적(m²)	지목	도로교통	이용상황	용도지역	공시지가 (원/m²)
1	N동 180	200	대	중로한면	단독	1종일주	400,000
2	G동 315	5,500	전	소로한면	전	1종일주	50,000
3	N동 413	5,000	전	소로각지	전기타	1종일주	100,000
4	G동 501	1,500	전	소로한면	답	1종일주	40,000

<자료 4> 거래사례

1. 사례 1

(1) 토지 : D시 S구 G동 108번지, 답, 3,500m²

(2) 거래일자 : 2023. 4. 1

(3) 거래금액 : 37,000원/평

(4) 기타 : 제1종일반주거지역 내 소로한면에 접하고 정상적인 거래임.

2. 사례 2

(1) 토지 : D시 S구 N동 460번지, 주거나지, 대 200m²

(2) 거래일자 : 2023. 7. 1

(3) 거래금액 : 90,000,000원

(4) 기타 : 제1종일반주거지역 내 중로각지에 접하고 거래에 특별한 사정은 없음.

3. 사례 3

　(1) 토지 : D시 S구 G동 7977번지, 잡종지(전기타) 4,000m²

　(2) 거래일자 : 2023. 7. 1

　(3) 거래금액 : 375,000,000원

　(4) 기타 : 제1종일반주거지역 내 소로한면에 접하고 친인척간의 거래사례로 시장
　　가치의 10% 저가로 거래된 사례임.

4. 사례 4

　(1) 토지 : D시 S구 N동 125번지, 주거나지, 대 4,300m²

　(2) 거래일자 : 2023. 7. 25

　(3) 거래금액 : 350,000원/m²

　(4) 기타 : 제1종일반주거지역 내 중로각지에 접하고, 정상적인 거래사례임.

<자료 5> 시점수정치(지가변동률 기준)

- 2023.01.01. ~ 2023.08.01. : 1.01929
- 2023.07.01. ~ 2023.08.01. : 1.00463
- 2023.01.01. ~ 2023.11.01. : 1.03279
- 2023.07.01. ~ 2023.11.01. : 1.01794

<자료 6> 요인비교자료 등 기타사항

1. D시 N동은 G동에 비해 2% 열세이다.

2. 토지의 개별요인 평점(도로조건 제외)

　(1) 조성 전

대상	표1	표2	표3	표4	거1	거2	거3	거4
98	98	97	101	98	99	100	100	99

　(2) 조성 후

대상	표1	표2	표3	표4	거1	거2	거3	거4
100	98	97	101	98	99	100	99	99

(3) 도로조건 평점

세로(불)	세로(가)	소로한면	소로각지	중로한면	중로각지
60	75	80	85	95	100

(4) 기타

　　도시계획시설도로 저촉부분은 저촉되지 않은 토지에 비해 30%의 감가요인이 있으며 택지개발 후 기부채납되는 부분임(감보율에 포함)

3. 개발계획에 따른 개발 이전 상태에서는 계획된 도시계획시설 저촉에 따른 감액을 반영하지 않을 수 있으나, 심사평가사는 해당 도시계획시설 저촉은 해당 개발사업과 무관할 수 있다는 의견으로 현 개발전의 가치 산정시 30% 감액은 반영할 것을 요청하였음.

4. 제시된 표준지 공시지가는 인근의 거래사례 및 평가사례의 시세수준을 반영하고 있는 것으로 분석됨.

감가상각(시장추출법) [논점정리]

【연습문제 10】 감정평가시점의 발생감가상각(Accrued Depreciation)은 거래사례비교법으로도 계산이 가능하다. 다음 물음에 대하여 답하시오. (15점) 감정평가사 10회 기출

(물음 1) 거래사례비교법에 의한 발생감가액 산출방법을 설명하시오.

(물음 2) 다음 자료를 참고로 하여 대상부동산 중 건물의 연간감가액과 연간감가율을 거래사례 비교법으로 구하시오.

<자료 1>

감정평가사 S씨는 2023년 6월 1일 주거용 부동산에 대한 감정의뢰를 받고 사례조사를 한 결과 유사지역 안에 소재한 동 유형의 거래사례를 수집하였다.

<자료 2> 사례부동산

1. 소재지 : B동 175번지

2. 매매일자 : 2023.5.1

3. 매매가격 : 540,000,000원

4. 토지면적 : 360m²

5. 건물면적 : 300m²

6. 구축물면적 : 80m²

7. 기타 : 도로접면은 세로각지, 향은 남향임

<자료 3> 지가변동률

1. 2022년 4/4분기 : −5%

2. 2023년 1/4분기 : −2%

<자료 4>

본 토지의 2022년 1월 1일 기준 개별공시지가는 750,000원/m²이고 2023년 1월 1일 기준 개별공시지가는 확정되지 않았다. 또한 사례부동산의 토지규모 및 건축면적 등은 대상부동산과 매우 유사하나 가로조건만 대상부동산이 약 5% 정도 불리한 것으로 조사되었다.

<자료 5>

사례부동산의 토지가격은 700,000원/m²으로 평가하여 거래하였고 현재시점에서 상각자산의 총 재조달원가는 420,000,000원으로 파악되었다. 재조달원가 중 구축물에 귀속되는 부분은 10% 정도인데 거래시 구축물은 재조달원가의 50%를 잔존가치로 인정한 것으로 조사되었다.

<자료 6>

사례부동산은 대상부동산과 동일한 건축업자가 2013년 4월 1일 동시에 준공하였으며, 현재의 관리상태 등 제반현상은 양호한 편이다.

시장추출법 및 분해법 [논점정리]

【연습문제 11】 감정평가사인 당신은 2023년 6월 1일을 기준시점으로 주거용 부동산에 대한 감정의뢰를 받고 건물에 대한 감가수정을 위하여 분해법과 거래사례비교법을 적용하기로 하고 대상건물의 현재 상태와 각종 구성항목별 가격자료를 수집하였으며, 거래사례에 대한 조사를 한 결과 유사지역 안에 소재하는 동 유형부동산의 거래사례를 수집하였다. 감정평가시점의 발생감가상각(Accrued Depreciation)은 감정평가 3방식 중 거래사례비교법으로도 계산이 가능하다. 다음 물음에 답하시오. (30점)

(물음 1) 제시된 건물경비내역 등을 바탕으로 평가대상 건물의 기준시점 현재의 재조달원가를 구하시오.

(물음 2) 감가수정방법으로 "거래사례비교법"과 "분해법"을 적용하여 대상건물의 감정평가액을 구하시오.

<자료 1> 거래사례

1. 소재지 : B동 175번지

2. 매매일자 : 2023. 6. 1

3. 매매가격 : 920,000,000원

4. 토지면적 : 450m²

5. 건물연면적 : 400m²

6. 기타 도로접면은 세로각지, 향은 남향임.

7. 사례부동산은 대상부동산과 동일한 건축업자가 "2019년 6월 1일" 동시에 준공한 건물로 현재의 관리상태 등 제반현상은 대상부동산과 유사한 편이며, 거래사례부동산의 토지가격은 1,050,000원/m²으로 평가하여 거래하였음.

<자료 2> 대상건물의 건축비 내역 등

내　용	원가(원)	내　용	원가(원)
1. 직접비		• 배관	13,500,000
• 터파기 및 정지	2,400,000	• 배관설비 *	5,600,000
• 기초	9,000,000	• 전기배선 *	11,200,000
• 외벽	113,000,000	• 전기설비 *	6,300,000
• 지붕틀	15,000,000	• 난방장치 *	27,000,000
• 지붕마감 *	10,100,000	• 울타리	1,050,000
• 골조(frame)	41,000,000	• 조경	2,000,000
• 바닥틀	28,000,000		Tot. : 379,450,000
• 바닥마감 *	7,200,000		◦ 주체 : 297,950,000
• 천장 *	11,000,000		◦ 부대 : 81,500,000
• 내벽	73,000,000	2. 간접비·기업이윤	직접공사비의 30%
• 도장(내·외부) *	3,100,000		

※ * 표시는 단기내용년수항목(부대설비)

※ 내용년수는 주체부분이 50년이고 부대설비부분이 15년이다.

※ 본 원가자료는 대상건물의 건축당시 건축업자가 직접 작성한 것이나, 감정평가의 자료로서
　적정한 자료인지 여부에 대한 구성내역별 판단이 추가적으로 요구된다. (대상건물의 재
　조달원가산정시 불필요한 항목은 제외할 것.)

<자료 3> 대상건물에 관한 사항

1. 대상건물은 내·외부 도장상태가 일부 불량하여 재도장이 요구되고 있으며, 그 비
　용은 900,000원이 소요된다. 또한 지붕누수 보수에 850,000원이 소요된다.

2. 대상건물은 공기조화설비를 갖추지 못하고 있음에 따라 연간 500,000원의 실질
　임대료손실이 나타난다. 현재 공기조화설비를 갖추는 데는 1,500,000원이 소요되
　며, 건물준공시 이러한 설비를 갖추는 데는 1,300,000원이 소요된다.

3. 대상건물의 전기설비 중 일부는 110V이나 주위건물들의 일반적 설비규모는
　220V이다. 이러한 규격차이로 인하여 연간 600,000원의 운영경비의 추가지출이
　나타나고 있다. 기존 구식설비의 기준시점현재 적정한 재조달원가는 2,000,000원
　이며, 220V로의 전환비용은 2,200,000원이 소요된다. 현재기준으로 준공당시

220V로 시공했다면 2,050,000원이 소요되었을 것이다. 현 전기설비의 장래내용 년수는 11년이고, 신규설비의 전내용년수도 기존설비와 동일하다.

4. 대상건물은 유류보일러설비를 갖추고 있으나, 최근 인근지역에 도시가스 설비가 갖추어짐에 따라 인근 도시가스보일러가 갖추어진 건물에 비하여 연간 250,000원 의 실질임대료 손실을 입고 있다. 기존 보일러의 재조달원가는 1,100,000원이고, 이러한 도시가스보일러로의 시설교체비용은 2,000,000원이다. 기준시점현재 대상 유류보일러의 폐재가치는 500,000원으로 판단되며 만약 준공당시에 도시가스로 시공했다면 1,200,000원이 든다. 현보일러의 장래내용년수는 11년이고, 신규설비의 전내용년수는 기존과 동일하다. (모든 비용은 기준시점 기준임)

5. 대상건물은 승강기가 없는 관계로 연간 2,500,000원의 실질임대료손실을 보이고 있으나, 대상건물은 현재 구조적으로 승강기를 추가할 수 없다. 그러나 현재시점 에서 신축시 승강기를 설치한다면 5,000,000원의 비용이 소요된다.

6. 대상건물은 층고가 약 4.5m인데 비하여 인근의 일반적인 층고는 4m이다. 이러한 층고 차이로 인하여 연간 150,000원의 난방비를 더 소모하고 있다. 층고 차이에 따른 해당부분의 기준시점현재 재조달원가는 15,500,000원으로 판단된다.

7. 본건 건물이 속하는 가로의 인접거리에는 신축된 지 28년이 지난 창고가 있다. 이 창고는 관리소홀로 인하여 매우 노후화되어 본건 부동산에 불리한 영향을 주 고 있으며, 이로 인하여 본건 부동산의 순영업소득 수준은 이러한 영향으로부터 완전히 독립적인 동유형의 다른 부동산에 비해 연 160,000원 정도 낮게 형성되고 있다.

<자료 4> 기타자료

1. 부동산의 표준적 가격구성비율 : 거래사례의 거래시점 당시 토지·건물비율에 준함.

2. 건물의 환원율(r_B) : 10.5%

3. 토지의 환원율(r_L) : 6%

4. 시장의 전형적인 조소득승수(PGIM) : 7.5

5. 경제적 타당성 분석시, 건물의 환원율 또는 조소득승수에 의한 타당성을 검토하되, 환원율적용시는 직접법으로 적용한다.

6. 건축시점부터 현재시점까지의 연간 건축비상승률은 3%로 이러한 변동추세는 건축비 구성의 개별항목에도 대체적으로 균일하게 적용되는 것으로 조사되었다.

분해법 [논점정리]

【연습문제 12】 다음 부동산에 대해 감정평가사인 당신은 일반거래 목적 하의 시장가치를 산정하고자 한다. 다음의 자료를 바탕으로 감정평가액을 결정하시오.(30점)

<자료 1> 대상물건

1. 기준시점 : 2023년 8월 1일

2. 평가목적 : 일반거래(시장가치)

3. 토지내역 : S시 K구 B동 100번지, 대 400m²(정방형평지임)

　　　　　　본 토지는 동향의 소로각지이며 전망이 양호함.

4. 건물내역 : 위지상 철근콘크리트조 슬래브즙 3층건, 연 960m²

　　　　　　(지층 300m², 1~3층 각 220m²)

5. 임대가능면적 : 750m²(지층 200m², 1층 170m², 2~3층 각 190m²)

6. 인근지역의 상황

　　일반주거지역 내에 속하며, 주변은 최근 4~5층의 원룸형 주택을 신축하여 분양 및 임대하고 있으며 거래는 매우 활발하여 분양 개시 후 3개월 정도면 분양 및 임대가 완료되는 것으로 조사되었음.

<자료 2> 최유효사용

본건은 주변의 환경과 부동산 시장의 추세로 보아 최유효사용 층수에 미달하는 것으로 보이며 yk평가사의 조사분석에 의하면 5층 건물을 신축하는 것이 최유효사용이라 판단된다. 만약 본건이 5층 주거용 건물로 건축되었다면 임대가능면적은 380m²이 증가될 것이며, 그로 인한 영향은 공사비, 세금 등 제비용을 감안하더라도 현재가치를 능가할 것으로 판단되었으며, 증축면적이 갖는 지가배분율은 19%이다.

<자료 3> 대상건물의 건축비 내역

1. 신축시점 : 2020. 8. 1

2. 내용년수 등 : 주체부분 50년, 정액법 만년감가함.

3. 공사비내역

구 분	원 가	비 고
1. 직접비		
터파기 및 정지	1,390,000	
기초	4,680,000	
외벽	53,270,000	
지붕틀	7,900,000	
* 지붕마감	5,050,000	<직접공사비의 내용>
골조	19,900,000	• 주체 : 143,110,000원
바닥틀	13,000,000	• 부대 : 41,120,000원
* 바닥마감	3,590,000	• 계 : 184,230,000원
* 천정	5,500,000	
내벽	36,400,000	
* 도장(내외부)	1,520,000	* 표는 단기내용년수
배관	6,570,000	항목임(부대설비)
* 배관설비	2,860,000	
* 전기배선	5,600,000	
* 전기설비	3,150,000	
* 난방 및 공기조절장치	13,850,000	
계	184,230,000	
2. 간접비 및 기업이윤	직접공사비의 27%	

<자료 4> 기준시점 현재 대상 건물의 현장조사 결과

1. 물리적 사항

구 분	재조달원가	경제적내용년수
배관설비	4,023,000	20
전기배선	7,878,000	25
기타 단기내용년수 항목		15

※ 상기 표는 대상 건물의 단기 내용년수 항목에 대한 비용자료임.

※ 본 건물은 관리상태가 소홀하여 내부 도장상태가 불량하고 이에 따른 재도장이 요구되며, 그 비용은 900,000원으로 추정된다.

2. 기능적 및 경제적 사항

(1) 건물의 전기설비 중 일부는 구식설비로서 이를 현대식으로 교체하기 위한 비용은 1,250,000원으로 추정되며, 이러한 설비를 교체하는 경우 연 187,000원의 절감효과가 예상된다. (신축당시 설치했더라면 설치비용은 기준시점 현재 790,000원이 들었을 것이다. 구식설비의 기준시점에서의 재조달원가는 800,000원이며 폐재가치는 100,000원이다)

(2) 본 건물의 난방설비는 유류보일러이나 인근 일대의 대체적인 추세는 도시가스를 이용하고 있다. 유류보일러는 도시가스를 이용하는 것보다 연 150,000원의 추가비용이 필요하며, 이를 현시점에서 교체한다면 2,400,000원의 비용이 소요될 것이다. (유류보일러의 기준시점에서의 재조달원가는 1,500,000원이고 폐재가치는 200,000원이며 적절한 보일러를 신축당시 설치했더라면 설치비용은 기준시점을 기준으로 600,000원이다)

(3) 본 건물의 층고는 4m로 인근의 표준층고인 3.5m에 비해 높다. 이로 인하여 인근의 표준적인 부동산보다 난방비가 매년 500,000원이 더 소요된다. 대상 건물은 층고가 3.5m인 건물의 건축단가보다 m²당 2,000원이 더 소요된다.

(4) 본 건물은 냉방시설이 없으며, 냉방시설을 설치함으로써 매년 1,000,000원씩 총임대료를 올릴 수 있다. 냉방시설의 설치비용은 현재 6,000,000원이다. 만일 건축당시에 설치했더라면 4,000,000원이 들었을 것이다. (단 전형적인 GRM은 7임)

⑸ 본 건물의 인접 건물은 신축된 지 30년이 지났으며 관리소홀로 인하여 매우 노후화되어 본건 부동산에 불리한 영향을 주고 있다. 이로 인하여 본건 부동산의 실질임대료 수준은 인근 유사부동산에 비해 연간 121,000원 정도 낮게 형성되고 있다.

<자료 5> 환원율 등

1. 건물의 환원율(상각 전) : 12.5%

2. 토지의 환원율 : 6%

3. 정기예금이자율(할인율) : 10%

4. 운영경비 등 : 실질임대료의 45%

5. 부동산의 표준적인 가격구성비(토지건물비) : 6 : 4

<자료 6> 공시지가자료(2023. 1. 1 기준)

기호	소재지	면적 (m²)	지목	도로 교통	이용 상황	용도 지역	형상·지세	공시지가 (원/m²)	비고
1	B동 90	420	대	소로한면	주거용	일반주거	정방형 평지	1,300,000	동향
2	B동 80	450	대	중로한면	상업용	일반주거	장방형 평지	3,200,000	동남향
3	B동 85	570	대	소로각지	주거용	일반주거	정방형 평지	1,850,000	남향
4	B동 99	300	대	소로각지	상업용	일반주거	정방형 평지	2,700,000	동향

※ 기호 1과 기호 3은 전체면적의 50%가 도시계획도로에 저촉되며, 저촉부분은 일반적으로 30%의 감가요인이 있음.
※ 상기 표준지공시지가는 적정 시세를 반영하고 있어 별도의 그 밖의 요인 보정을 필요치 않음.

<자료 7> 시점수정자료

1. 건축비변동률
   • 2020년 8월 1일~2023년 8월 1일 건축비 변동 누계치 : 17.085%

2. 지가변동률
- 2023년 7월 지가변동률 : 0.984%
- 2023년 1월 1일~7월 31일 지가변동률 누계치 : 5.421%

<자료 8> 개별요인비교

1. 도로교통비교

구 분	세로	소로	중로	대로
세로	1	1.14	1.25	1.4
소로	0.87	1	1.08	1.22
중로	0.8	0.92	1	1.12
대로	0.71	0.82	0.89	1

※ 각지는 한면에 비해 15% 우세하다.

2. 지형 및 지세비교

구 분	정방형(장방형)	제형	부정형
정방형(장방형)	1	0.8	0.6
제형	1.25	1	0.75
부정형	1.67	1.33	1

※ 평지는 완경사에 비해 10% 정도 우세하다.

3. 본건이 현재 최유효이용 층수인 5층에 미달하여 3층으로 사용하고 있어, 4층 및 5층에 귀속되는 지가배분율 19%는 토지가액 산정 시 개별요인비교 중 기타조건에 반영하여 감액하고, 토지의 경제적 감가는 이미 표준지 공시지가에 반영되어 별도 고려하지 않는다.

4. 건물의 경제적 감가요인 적용 시 대체시설의 치유가 불가능 한 경우에는 기존 설비의 잔존가치는 반영하지 않는다.

지역요인비교, 표준지선정, 그 밖의 요인 보정 [논점정리]

【연습문제 13】 감정평가사 L씨는 2023년 9월 1일에 금융기관 KEB증권의 C차장으로부터 일반거래(시가참고용)목적의 감정평가를 의뢰받고, 동년 동월 5일에 현장조사를 마친 후 다음과 같은 자료를 수집하였다. 아래의 물음에 답하시오. (40점)

(물음 1) <자료 5>를 활용하여 K시의 A동, B동, C동 상호간의 지역적 격차를 대상부동산이 소재하는 "대상지역(B동)"을 기준으로 평점화하여 제시하시오.

(물음 2) 의뢰된 토지의 평가시 기준이 되는 비교표준지를 선정하고 그 사유를 설명하시오.

(물음 3) 국토교통부령인 감정평가에 관한 규칙 제14조 제2항 제5호에서 말하는 '그 밖의 요인 보정'에 대하여 설명하시오

(물음 4) 의뢰된 토지의 평가시 적용할 '그 밖의 요인 보정치'를 <자료 7> 등을 활용하여 산정하시오.

(물음 5) 대상부동산의 감정평가액을 산정하시오.

<자료 1> 평가의뢰 부동산의 개요

1. 소재지 : K시 B동 277-44번지

2. 토지
　가. 지목 : 대
　나. 면적 : 350m²
　다. 도시계획관계 : 전체면적 중 60%는 제2종 일반주거지역에, 나머지 40%는 준주거지역에 속함.

라. 지적도 등본

마. 도로접면상황 : 본건은 남동측으로 18m도로에 접하고 있으며, 북동측으로는
　　사실상 통행이 불가능한 지적도상 약 4m의 지목 '도'에 접하고 있음.

바. 지형지세(고저) : 본건 및 주위의 토지는 간선도로보다 높고 경사도가 12°을
　　약간 초과하는 지대에 위치하고 있음.

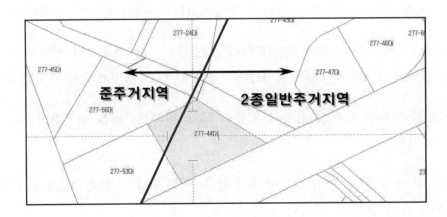

사. 기타 : 대상 토지는 남동측 일부 약 5m²가 현황도로와 겹쳐 있음.

3. 건물

가. 구조 : 철근콘크리트조 슬래브지붕, 지하 1층, 지상 5층

나. 용도 : 제2종근린생활시설로 이용 중이며, 이는 인근지역에서의 표준적인 이
　　용상황임.

다. 연면적(지상 / 지하) : 600m²(480m² / 120m²)

<자료 2> 표준지 공시지가 자료

1. 감정평가사 L씨는 현장조사를 완료한 후 비교가능한 표준지를 선정하기 위하여 1차적으로 아래의 표준지(2023년 기준)를 선별하였음.

일련 번호	소재지 지번	면적 (m²)	지목	이용 상황	용도지역	도로교통 방위	형상 지세	공시지가	계획시설 (저촉률%)
40000 - 1967	K시 A동 275	173	대지	상업용	2종일주	소로한면	사다리 평지	1,214,000	
40000 - 1975	K시 B동 270-4	520	대지	상업용	준주거	중로한면	부정형 평지	1,550,000	도로 (14%)
40000 - 1982	K시 C동 329-26	(일단지) 147	대지	주상용	준주거	소로한면	사다리 평지	714,000	
40000 - 1980	K시 C동 329-52	250	대지	*아래 참조	2종일주	소로한면	가장형 평지	1,321,000	도로 (23%)
40000 - 1984	K시 C동 329-16	602	대지	상업용	2종일주	소로한면	사다리 평지	1,004,000	공원 (72%)

2. 표준지에 대한 부가설명자료

　가. 일련번호 40000-1975, 1980, 1984 표준지는 공시기준일 현재 도시계획시설에 일부가 저촉되어 있다.

　나. 일련번호 40000-1980 표준지는 상업용 건물이 도로를 따라 들어서고 있는 제2종 일반주거지역 내 노선상가지대에 위치하는 나지상태의 토지로서 2022년 12월 2일자로 향후 건물 신축을 위한 J씨의 지상권이 토지 전체 면적에 대하여 설정되어 있으며, K씨 표준지 담당 감정평가사인 S씨와의 통화 결과 공시기준일 현재 해당 지상권의 가치는 토지의 시장가치 대비 30% 수준인 것으로 확인되었음.

<자료 3> 대상 건물에 대한 자료

1. 신축시점의 건축소요공사비

구 분	공사비 구성비	잔존내용년수	단가	비 고
주체설비	70%	46년	560,000원/m²	최종잔가율은 공히 0%이며,
부대설비	30%	11년	240,000원/m²	지상층 기준 자료임.

2. 건물 공사비구성 내역

구 분	비율(%)	내역
설계비 등	4.0	감리비, 설계비용
기본건축비	25.0	기초 및 골조공사비 등
내외장공사비	24.0	미장, 창호공사 등
집기시설비품비	3.0	비품, 소모품 등 동산
기계설비비	19.0	냉난방, 엘리베이터 등
전기설비비	19.0	전기 및 통신공사비 등
일반관리비	4.5	일반관리비 등
운영자금	1.5	초기운전자금
이윤, 기타	5.0	이윤, 건설이자 등
개업준비금	3.0	개업 전 인건비, 판촉비 등
총계	100.0	

3. 기타

가. 상기 공사비 내역 및 구성항목은 대상 건물 사용승인일인 2019년 7월 1일자를 기준으로 작성된 자료임.

나. 상기의 잔존내용년수는 기준시점에서의 유효잔존내용년수임.

다. 지상층과 지하층의 공사비 구성비 및 구성항목은 같으며, 소요공사비의 경우 지하층은 지상층의 80% 수준임.

<자료 4> 시점수정 자료

1. 지가변동률 자료

상업지역	주거지역
• 2023.01.01. ~ 기준시점 : 1.700 % • 2023.01.18. ~ 기준시점 : 1.620 % • 2023.02.15. ~ 기준시점 : 1.410 %	• 2023.01.01. ~ 기준시점 : 2.701 % • 2023.01.18. ~ 기준시점 : 2.621 % • 2023.02.15. ~ 기준시점 : 2.416 %

2. 건축비 변동률 : 대상 신축시점부터 기준시점까지 건축비 상승률은 30.0%임.

<자료 5> 지역요인 자료

1. 본 자료는 감정평가사 L씨가 K시 A동, B동, C동에 대한 지역적 가격수준을 파악하기 위하여 수집한 최근의 거래사례로서 모든 금액은 L씨가 직접 비교기준시점으로 적절히 시점 수정하였고, 각 사례별로 이용상황, 도로조건, 형상, 지세 등 제반 개별요인 격차 항목에 의한 금액 차이 또한 보정 완료하였음.

2. K시 A동의 사례자료

	사례 1	사례 2	사례 3	사례 4
소재지	K시 A동	K시 A동	K시 A동	K시 A동
거래시점	2023년 4월 20일	2023년 5월 5일	2023년 4월 24일	2023년 1월 3일
거래금액	1,050,000원/m²	950,000원/m²	900,000원/m²	1,000,000원/m²
사례부동산	토지 320m² 가장형 평지 소로한면	토지 350m² 가장형 평지 소로한면 건물 150m² 벽돌조	토지 300m² 가장형 평지 소로한면	토지 300m² 가장형 평지 소로한면 건물 100m² 벽돌조
이용상황	상업용	주거용	상업용	주거용
기타사항	해당 이용은 최유효이용임.	해당 이용은 최유효이용이며, 친인척간의 거래임.	해당 이용은 최유효이용이며, 해당 거래는 계열회사관계에 있는 Q㈜와 A㈜간 거래사례임.	해당 이용은 최유효이용임.

3. K시 B동의 사례자료

	사례 5	사례 6	사례 7	사례 8
소재지	K시 B동	K시 B동	K시 B동	K시 B동
거래시점	2023년 4월 24일	2023년 7월 5일	2023년 4월 30일	2023년 2월 3일
거래금액	토지 및 건물 16억	토지 및 건물 15억	5억3천2백만원	4억8천1백만원
사례 부동산	토지 320m², 가장형 평지 중로한면 건물 200m², 철근콘크리트조	토지 350m² 정방형 평지 소로한면 건물 800m² 벽돌조	토지 400m² 정방형 평지 중로각지	토지 370m² 세장형 평지 소로한면
이용상황	상업용	상업용	상업용	상업용
기타사항	상기금액은 토지면적당 거래금액(토지건물합산 가액)이며, 해당이용은 최유효이용에 미달됨.	상기금액은 토지면적당 거래금액(토지건물합산 가액)이며, 해당이용은 최유효이용임.	해당 이용은 최유효이용임.	해당 이용은 최유효이용 미달임

4. K시 C동의 사례자료

	사례 9	사례 10	사례 11	사례 12
소재지	K시 C동	K시 C동	K시 C동	K시 C동
거래시점	2023년 3월 20일	2023년 7월 5일	2023년 4월 30일	2023년 2월 3일
거래금액	1,350,000원/m²	1,370,000원/m²	700,000원/m²	2,000,000원/m²
사례부동산	토지 400m² 가장형 평지 중로한면	토지 350m² 정방형 평지 소로한면	토지 190m² 정방형 평지 중로각지	토지 900m² 세장형 평지 소로한면
이용상황	상업용	상업용	상업용	상업용
기타사항	해당이용은 최유효이용임.	해당이용은 최유효이용임.	해당이용은 최유효이용 미달임.	해당이용은 최유효이용 미달임.

5. 지역분석 방법

A동, B동, C동에 대한 지역분석은 우선 사례로서의 적정성을 검토하고 해당가격 수준(사례금액의 평균)으로 각 동간 지역적 격차 정도를 파악하기로 하되, 가장 유사한 지역을 동일수급권 내 유사지역으로 적용함.

6. 기타사항

상기 자료는 지역요인 분석을 위한 자료로만 활용함.

\<자료 6> 개별요인 자료

감정평가사 L씨는 각종 개별요인 비교시에 활용하기 위하여 다음의 자료를 정리하였다.

1. 도로접면

	중로한면	중로각지	소로한면	소로각지
중로한면	1.00	1.04	0.93	0.97
중로각지	0.96	1.00	0.89	0.93
소로한면	1.08	1.12	1.00	1.04
소로각지	1.03	1.08	0.96	1.00

2. 고저

	평지	완경사	급경사	고지
평지	1.00	0.78	0.63	0.62
완경사	1.29	1.00	0.81	0.80

3. 형상(주거, 공업용)

	정방형	장방형	사다리형	부정형	자루형
정방형	1.00	1.00	0.99	0.96	0.95
장방형	1.00	1.00	0.99	0.96	0.95
사다리형	1.01	1.01	1.00	0.97	0.96
부정형	1.04	1.04	1.03	1.00	0.99
자루형	1.05	1.05	1.04	1.01	1.00

4. 형상(상업용, 주상복합용)

	정방형	가로장방	세로장방	사다리형	부정형	자루형
정방형	1.00	1.02	0.99	0.99	0.96	0.95
가로장방	0.98	1.00	0.97	0.97	0.94	0.93
세로장방	1.01	1.03	1.00	1.00	0.97	0.96
사다리형	1.01	1.03	1.00	1.00	0.97	0.96
부정형	1.04	1.06	1.03	1.03	1.00	0.99
자루형	1.05	1.07	1.04	1.04	1.01	1.00

5. 도시계획시설

	일반	도로	공원	운동장	혐오	위험	도살장
일반	1.00	0.85	0.60	0.85	0.85	0.85	0.85

6. 공공용지

	일반	도로	공원	운동장	하천	혐오	위험	도살장
일반	1.00	0.33	0.33	0.70	0.33	0.33	0.70	0.70

<자료 7> 그 밖의 요인 관련 자료

1. 감정평가사 L씨는 해당 부동산의 평가에 활용하기 위하여 아래의 가격자료를 수집하였음.

기호	소재지번	기준시점	지목	이용상황	용도지역	토지단가 (원/m²)	개별특성요인	비고
1	K시 A동 320	2023.1.18	대	상업용	2종일주	1,600,000	가장형, 평지, 중로한면	경매평가액
2	K시 A동 280-12	2023.2.15	대	상업용	준주거	2,200,000	사다리, 평지, 중로한면	일반거래가격
3	K시 B동 203	2023.2.18	대	상업용	1종일주	1,835,000	사다리, 평지, 중로한면	일반거래가격
4	K시 C동 320-3	2023.1.18	전	상업용	2종일주	1,800,000	세장형, 평지, 중로각지	일반거래가격
5	K시 C동 322	2023.1.18	대	주상용	2종일주	1,750,000	사다리, 평지, 중로한면	담보평가액

2. 기타사항

　상기자료는 그 밖의 요인 보정치의 산정을 위한 자료로만 활용함

<자료 8> 기타사항

1. 평가가액의 단가는 천원미만에서 반올림하여 결정함.

2. 시점수정치 계산시 백분율로 소수점 이하 넷째자리에서 반올림하여 결정하며, 지수를 통한 시점수정치의 계산시 미고시분에 대한 추정이 필요할 경우 월단위로 계산함.

3. 개별요인비교치는 제반 요인에 대하여 상승식을 적용하여 별도로 산정함.

4. 지역요인, 개별요인, 그 밖의 요인 보정치는 백분율로 소수점 둘째자리에서 반올림하여 결정함.

5. 지역평점을 산정하기 위한 사례 선정 시 제시된 <자료5>의 보정항목(시점수정, 이용상황 등)에 유의할 것.

재조달원가 산정 [논점정리]

【연습문제 14】 감정평가사 K씨는 DY㈜로부터 자회사 법인이 소유하고 있는 부동산에 대한 일반거래 목적 감정평가를 의뢰받았다. 다음 물음에 답하시오. (45점)

(물음 1) 토지의 감정평가액을 결정하시오.

(물음 2) <자료 9> 부대설비보정단가를 기준으로 <자료 13>의 서식에서 제시한 "부대설비보정단가 산출내역서"를 작성하시오.

(물음 3) 대상 건물의 재조달원가를 결정하되, 그 판단 근거를 설명하시오.

(물음 4) 의뢰된 대상물건의 감정평가액를 결정하시오.

<자료 1> 대상부동산(토지)

1. 소재지 : S시 K구 D동 1000-12번지

2. 지목 : 대

3. 면적 : 2,100m²

4. 현장조사사항(2023년 9월 3일 조사)

대상부동산은 지하철 S역 남동측 인근에 위치하는 빌딩부지로서 부근은 북측의 T대로와 서측의 Y대로를 따라 중·고층의 업무용 빌딩이 산재하고 업무용 빌딩 사이로 중층규모의 상가 건물들이 입지하고 있으며, 남서측의 6m도로를 통하여 본건으로의 차량 진출입이 가능한 상태로서 반경 200m 이내에 지하철역 및 시내외로 통하는 노선버스의 정류장이 소재하여 제반교통사정은 양호한 편임.

5. 토지이용계획확인원

지목	대	면적	2,100m²
공시지가	5,890,000원(2023/10)		
「국토의 계획 및 이용에 관한 법률」에 따른 지역·지구 등	도시지역, 제2종일반주거지역, 공용시설보호지구		

<자료 2> 대상건물 조사사항 Ⅰ : 기본사항

1. 건물의 구조 및 면적

   철골철근콘크리트조 평슬래브지붕 지하4층, 지상 9층건 연면적 13,000m²으로서, 외벽은 화강석 및 페어그래스로 마감되었음.

2. 이용상태 및 사용승인일

   사용승인일은 2011.09.01. 이며, 업무시설로서 지하1층 이상은 사무실로, 지하2층 이하는 주차장, 창고, 전기·기계실로 이용 중임.

3. 부합물 및 종물 : 없음.

4. 공부와의 차이 : 없음.

<자료 3> 대상건물 조사사항 Ⅱ : 부대설비 관련

1. 대상건물은 일반적인 업무용 빌딩에 준하는 위생설비(①), 방송설비(②) 및 TV공시청설비(③)를 갖추고 있음.

2. 건물소방방재시스템으로 화재탐지설비(④)를 비롯하여 각층 2개 이상으로 전체 30개소의 옥내소화전(⑤)이, 1,600헤드의 스프링클러(⑥)가 설치되어 있음.

3. 대상건물 전체에서 사용하는 전력은 1,400KVA로서 이에 부합하는 수변전설비(⑦)가 전기실에서 정상 가동 중이고, 비상시를 대비하여 320Kw 가스발전기(⑧)를 준비하고 있음.

4. 건물에는 15인승(1,000kg)의 엘리베이터(⑨) 3대가 운행 중에 있음.

5. 냉난방설비(⑩)는 닥트 및 팬코일 방식을 사용하고 있음.

<자료 4> 인근지역 토지 개황도

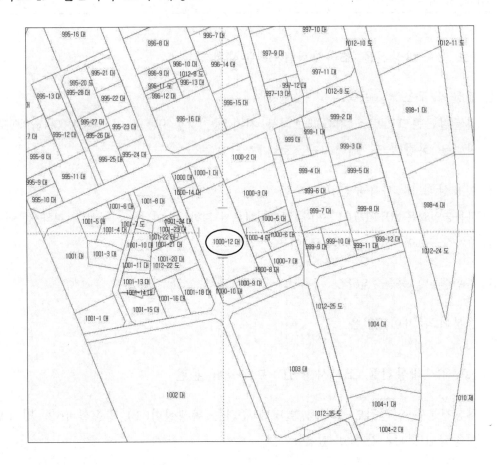

<자료 5> 표준지 공시지가

구분	소재지	면적 (m²)	지목	이용 상황	용도 지역	용도지구	도로 교통	형상 지세	2023년	2021년
									2022년	2020년
1	D동 993-2	1,424 일단지	대	상업용	3종일주	중심지미관지구 일반미관지구	광대 소각	정방형 평지	12,400,000	10,600,000
									11,000,000	8,600,000
2	D동 995-21	393.4	대	업무용	3종일주	공용시설보호지구	중로 각지	정방형 평지	9,100,000	8,200,000
									8,700,000	7,000,000
3	D동 996	744.7	대	업무용	일반상업 3종일주	공용시설보호지구 중심지미관지구	광대 소각	세장형 평지	17,600,000	14,200,000
									16,000,000	12,800,000
4	D동 1000-1	375.7	대	상업용	2종일주	공용시설보호지구	중로 한면	정방형 평지	9,000,000	8,200,000
									8,700,000	7,000,000

<자료 6> 거래사례

1. 개요

   다음은 최근 7월 5일에 거래된 사례로서 거래금액은 14,156,000,000원이며 거래금액은 적정한 것으로 판단됨.

2. 소재지 : S시 K구 D동 1000-2번지

3. 토지관련사항

   가. 토지특성 : 대 1,100m², 사다리형, 중로각지

   나. 용도지역 / 용도지구 : 제2종일반주거지역 / 공용시설보호지구

4. 건물관련사항

   가. 사용승인일자 : 2015. 9. 1

   나. 구조 : 철근콘크리트조 평슬래브지붕, 연면적 57m²

   다. 이용상황 : 주차관리시설

5. 기타

    가. 사례부동산은 필지 외곽에 메쉬형 담장을 설치하고 토지 바닥에 아스콘 포장을 하여 주차장으로 영업 중임.

    나. 매수인은 지상 건물 등을 @15,000원/m²(토지면적 기준)에 제거하고 업무용 빌딩을 신축할 계획이며 계약시 총 매매금액의 10%를, 6개월 후 30%를, 그리고 1년 후 잔금을 매도인에게 현금으로 지불하기로 하였음.

<자료 7> 대상빌딩 공사도급계약서 - 의뢰인 제시 도급계약서'에서 발췌

제3조 [공사계약금액]

① 공사 도급금액은 다음과 같이 적용한 금액으로 한다.

(단위 : 천원)

구 분	면적(m²)	단가	도급금액	비고
지상층	××××.××	—		— 2015년 9월 기준
지하층	××××.××	—		— 건축허가조건 공사 한정
계	××××.××	1,400	××,×××,×××	— 설계감리비 등 제반 건물 관련비용 포함

<자료 8> 건물신축단가표

1. 사무실(8-1-7-8, 1급수)

분류번호	용 도	구 조	급수	표준단위(m²)	내용년수
8-1-7-8	사무실	철골철근콘크리트조 슬래브지붕	1	1,550,000	55(50~60)

2. 사무실(8-1-7-8, 2급수)

분류번호	용 도	구 조	급수	표준단위(m²)	내용년수
8-1-7-8	사무실	철골철근콘크리트조 슬래브지붕	2	1,380,000	55(50~60)

<자료 9> 부대설비 보정단가

1. 전기설비

가. 기본설비

건물용도	단위	화재탐지설비	방송설비	TV공시청설비
점포상가	원/m²	8,000	3,500	4,000
사무실, 오피스텔	원/m²	12,000	6,000	6,000

나. 기타

설비명	규격		단위	보정단가
발전설비	디젤엔진발전기		원/Kw	200,000
	가스발전기		원/Kw	750,000
수변전설비	특고압(정식) 22KV, 22.9KV	1,000KVA~ 3,000KVA	원/KVA	200,000
	특고압(간이수전) 22KV, 22.9KV	500KVA 이하	원/KVA	150,000
		1,000KVA 이하	원/KVA	120,000

2. 위생설비

건물용도	단위	보정단가	비고
점포상가, 예식장, 사무실(5층 이하)	원/m²	40,000	
사무실(6층 이상), 오피스텔	원/m²	50,000	

3. 냉난방설비

건물용도	단위	팬코일	닥트	닥트 및 팬코일
사무실, 교회	원/m²	110,000	140,000	170,000
콘도미니엄, 호텔, 오피스텔	원/m²	100,000	140,000	170,000

4. 소화설비

설비명	단위	보정단가	비고
옥내소화전설비	원/개소	4,000,000	
스프링클러설비	원/헤드	170,000	

5. 승강기설비

용량		단위	보정단가	비고
13인승	900kg	천원/대	67,000	
15인승	1,000kg	천원/대	69,000	

<자료 10> 각종 비교자료

1. 지가변동률(S시 K구, 단위 : %) : 보합세

2. 건설공사비지수(해당년도 초일 기준, 2019=100)

구 분	2015	2016	2017	2018	2020	2021	2022	2023
주택건축	89.2	91.7	94.9	97.7	106.3	120.5	125.9	130.2
비주택건축	90.5	92.5	95.5	98.3	105.8	119.0	124.4	129.5
건축보수	89.9	91.9	95.3	98.2	105.9	120.1	125.5	130.9

3 토지 개별요인비교 : 대상은 비교표준지 대비 9.2% 열세하고 거래사례 대비 12.4% 열세함.

<자료 11> 대상건물에 관한 추가 고려 사항

1. 대상빌딩은 최고급 빌딩에 비하여 설계, 내외장 마감상태, 유지보수 등에서 다소 부족한 부분이 있는 빌딩으로서 시장 내 업무용 빌딩군(1급~3급) 내에서 일반적인 등급으로 분류됨.

2. 대상건물은 내·외벽 관리상태가 일부 불량하여 이에 대한 수리비용으로 35,000천 원이 소요될 것으로 예상되고, 또한 주차공간이 부족한 상태로서 인근 유사규모 빌딩에 일반적으로 설치된 수직순환주차시설(Tower Parking)을 갖추지 못하고 있음에 따라 연간 2억원의 실질임대료손실이 나타나고 있는데, 현재 동 설비를 갖추는 데는 6억원이 소요되며, 건물준공시 이러한 설비를 갖추는 데는 5.2억원이 소요됨.

3. <자료 8> 건물신축단가표와 <자료 9> 부대설비보정단가의 기준시점은 2020년 4월임.

4. <자료 8>의 표준단가는 순수 건축공사비에 제경비, 설계감리비 등이 포함된 금액이며, 부대설비는 별도 보정하여야 함.

5. 주체부분과 부대부분의 가격구성비율

　가. 대상빌딩의 감가수정시 주체부분과 부대부분의 가격구성비율은 "주체 : 부대 = 77.7 : 22.3"

　나. 주체부분과 부대부분의 내용년수는 55년과 20년이며, 최종잔가율은 공히 0%임.

<자료 12> 감정평가사 K씨의 표준지 공시지가 검토 의견

해당 지역 내 정상적인 매매사례, 평가선례 등을 바탕으로 한 현실적인 지가수준은 표준지 공시지가에 비하여 2020년, 2021년의 경우 20% 정도, 2022년, 2023년의 경우 25% 정도 높은 것으로 판단됨.

<자료 13> '부대설비 보정단가 산출내역서' 서식 예시

일련번호	설비명	단가(원/m²)
①	위생설비	
②	방송설비	
:		
합계		×××,×××

<자료 14> 기 타

1. 시장의 전형적인 조소득승수(PGIM)는 7.5, 종합환원율(R)은 10.5%, 적정할인율은 0.7%(월)임.

2. 건물의 감가수정은 만년감가에 의함.

3. 비교표준지와 비교거래사례 선정시 지리적 위치, 용도지역 등 공법상 제한사항 및 제반 토지특성에 유의할 것.

4. 1동 전체부동산. 대상 건물의 자산가치 산정시 감정평가에 관한 규칙에서 규정하고 있는 주된 방식인 원가법만을 적용함.

경비내역서 [논점정리]

【연습문제 15】홍길동은 자신이 소유하고 있는 원룸아파트를 담보로 A은행으로부터 7억원의 융자를 받으려 하고 있다. 은행에서는 감정평가사인 당신에게 대상부동산의 수익가액을 산출하고, 이를 근거로 하여 융자의 타당성을 검토해 주기를 요청하고 있다. 주어진 자료를 활용하여 평가목적의 경비내역서를 작성하고, 대상부동산의 최대 가능 저당대부액을 구하시오. (15점)　　　감정평가사 9회 기출

<자료 1> 저당대부 자료

최근 금융기관에서는 담보로 제공되는 부동산의 수익력을 중요시하고 있다. A은행에서는 유사부동산에 대해 기간 20년, 이자율 14%의 저당대부를 제공하고 있는데, 부채감당률은 150%, 대부비율은 수익가액의 최대 60%를 적용하고 있다.

$(1 + 0.14)^{20} ≒ 13.74349$

<자료 2> 수입자료

평가대상인 원룸아파트에는 7평형이 20개, 10평형이 15개 있다. 임대료는 각각 월 20만원과 30만원이며, 보증금은 1,000만원과 1,500만원이다. 이 같은 임대료와 보증금은 전형적인 시장자료와 일치하고 있다.
현재 대상아파트의 공실률은 10%이지만, 시장에서의 유사부동산의 전형적인 공실률은 15%이다. 보증금 운용이율은 12%이다.

<자료 3> 지출자료

기준시점을 기준으로 과거 1년간 임대자가 부담한 대상아파트의 경비내역은 다음과 같다. 주어진 것 이외의 경비항목은 없으며, 경비내역은 시장에서의 전형적인 그것과 일치한다고 가정한다.

(단위 : 만원)

이자	477만원
수도료	170만원
전기료	380만원
연료비	720만원
감가상각비	2,000만원
보험료	210만원
재산세	650만원
소득세	150만원
페인트칠	320만원
신규장비 구입	
냉장고 3개	150만원
가스레인지 2개	60만원
수선비	120만원
소모품비	40만원
소유자 급여	1,200만원
개인적 잡비	60만원
	6,707만원

<자료 4> 경비의 수정사항

원룸아파트의 각 방에는 가스레인지와 냉장고가 설치되어 있는데, 이것들을 10년마다 교체되어야 한다. 2년 전에 800만원의 비용을 들여 설치한 보일러의 내용년수는 8년으로 추정되며, 아파트 외벽에 대한 페인트칠은 매 4년마다 하는 것으로 되어 있다.

유사아파트에 대한 전형적인 관리비는 유효총수익의 8%이다. 보험료, 재산세, 수선비, 연료비는 지난해에 비해 10% 정도 오를 것으로 소유자 급여는 100만원이 하락할 것으로, 그리고 나머지 항목들은 그대로일 것으로 판단된다.

환원율(Ellwood) [논점정리]

【연습문제 16】 아래의 자료를 이용하여 토지와 건물로 구성된 복합부동산의 종합환원율(R_o)을 Ellwood방식으로 구하시오. (15점)

<자료 1> 대상부동산

1. 토지 : S시 K구 A동 140번지. 대 520m²
2. 건물 : 위 지상 철근콘크리트조 슬래브즙 6층건 사무실 건축연면적 2,870m²

- 준공시점은 2018. 8. 1이며, 내용년수는 50년임.
- 준공시점의 재료비 : 인건비 비율은 6 : 4임. (인건비와 재료비 외의 항목은 인건비에 포함)
- 감가상각은 정액법에 의하며, 내용년수만료시 잔가율은 0임.

3. 구입가격 : 총 2,400,000,000원
   (1) 토지가격 : 1,800,000,000원 (75%)
   (2) 건물가격 : 600,000,000원 (25%)
4. 구입시점 및 기준시점 : 2023. 8. 1

<자료 2> 대상부동산의 투자내역 등

1. 투자금액 : 자기자본 600,000,000원

2. 차입금 : 총 1,800,000,000원
   (1) 1번 저당 : 1,200,000,000원(20년간 연리 9%로 매년말 원리금균등상환조건)
   (2) 2번 저당 : 600,000,000원(15년간 연리 12%로 매년말 원리금균등상환조건)

3. 보유예정기간 : 10년

4. 지분수익률(y) : 15%

<자료 3> 토지, 건물의 가치변화에 관한 자료

상기의 자료는 인근지역의 평균치로서 대상의 자산가치변화율 추계를 위하여 사용 가능한 것으로 조사되었다.

지가상승률	건축재료비상승률	인건비상승률
연간 3%	연간 2%	연간 3%

<자료 4> 구체적인 산출 방법

환원율 산출 기본환원율과 자산가치변화율을 각각 산정하여 합산하는 방식을 적용 하되, 자산가치변화율은 토지와 건물의 가치변동률을 구입가격 비율에 의한 가중평 균으로 산출한다.

지분환원율(지분배당률) [논점정리]

【연습문제 17】 다음과 같은 현금흐름(Cash flow)이 예측되는 부동산을 시중의 금융 조건을 기준으로 구입하여 5년 후 매도하고자 한다. 이 경우의 "자기자본에 대한 직접환원율(R_E)"을 산정하시오. (15점)

구 분	1기	2기	3기	4기	5기	6기
가능조소득(PGI)	230,000,000	230,000,000	250,000,000	250,000,000	270,000,000	270,000,000
공실 및 대손충당금 (V&LA)	PGI의 7%	PGI의 7%	PGI의 6%	PGI의 6%	PGI의 5%	PGI의 5%
영업경비(OE)	EGI의 30%	EGI의 30%	EGI의 25%	EGI의 25%	EGI의 25%	EGI의 25%

1. 시중에서 가용한 금융조건은 초년도 순영업소득(NOI_1)을 기준으로 DCR 1.3을 적용하고 있으며, 연리 12%에 대출기간은 10년(원리금균등상환조건)이다.

2. 순수한 시간의 가치를 반영하는 무위험률(R_f ; risk free rate)은 12%이고, 해당 투자자가 대상 부동산에 대한 투자에서 부여하는 위험할증률(risk premium)은 3%이다.

3. 보유기간말 "6기 순영업소득(NOI_6)"에 적용되어 재매도가치(Resale Value)를 구하는 기출환원율(going-out capitalization rate)은 18%로 추산된다.

4. 매기 지분소득 추계시, 할인현금수지분석표(DCF Analysis table)를 그릴 것.

5. 자기자본에 대한 직접환원율은 DCF법에 의한 지분가치와 1기의 BTCF의 비율로 산정한다.

건물잔여법 [논점정리]

【연습문제 18】 부동산 투자자 甲은 금융기관의 저당대부를 이용하여 건물을 매입하고자 한다. 이하 자료를 근거하여 대상 건물의 감정평가액을 수익환원법으로 결정하시오. (15점)

<자료 1> 대상부동산에 관한 사항

1. 토지 : S시 A동 150번지, 대 300m² 1종일주

2. 건물 : 위지상 철근콘크리트조 3층건 업무시설 임대면적 600m²

3. 기준시점 : 2023년 8월 1일

<자료 2> 거래사례

1. 사례부동산
   (1) 토지 : S시 A동 87번지, 대 150m² 1종일주
   (2) 건물 : 위지상 벽돌조슬레트즙 2층건, 근린생활시설 연면적 200m²

2. 거래가격 : 최근에 정상적으로 매매된 사례로서 거래가격은 200,000,000원.

3. 기타
   (1) 지상건물의 가격은 50,000,000원으로 조사되었으며 토지는 최유효사용에 미달되는 관계로 최유효이용 대비 10%의 건부감가 요인이 있음.
   (2) 대상 토지와 사례토지는 지역요인은 동일하지만, 개별요인은 사례토지가 대상토지보다 5% 정도 열세인 상태로 파악된다.

<자료 3> 투자자 甲의 계획

투자자 甲은 대상 건물을 월지불임대료 20,000원/m²에 10년 동안 장기임대차할 임차자를 확보하고 있으며, 매입가격의 50%를 이자율 연 12%, 10년간 월단위 원리금 균등상환 조건으로 대출을 받을 수 있다. 그리고 대상 부동산을 5년 정도 보유한 후 매각할 계획을 하고 있다.

<자료 4> 기타사항

1. 대상건물의 기준시점 현재 유효잔존내용년수 20년이나 건물가치는 직선적으로 체감하는 것으로 추정됨. 그러나 토지는 5년 후 기준시점보다 20%정도 가격상승이 있을 것으로 기대된다.

2. 운영경비비율 : 30%

3. 자기자본이자율 : 연 15%

조소득승수법 [논점정리]

【연습문제 19】 (10점)

(물음 1) 소득접근법으로 대상 건물의 가치를 구하라. 자본회수는 직선법으로 할 것.

(물음 2) 비용접근법으로 건물가치를 구하라. 이때 감가상각은 미래수명법으로 할 것.

(물음 3) 주어진 자료에서 감가상각법 이외의 다른 모든 평가기법은 충분히 신뢰할 만하다고 가정할 때 사용된 감가상각법에 어떤 문제가 있다고 할 수 있는가?

<자료 1> 대상부동산의 내역

1. 토지 : 접면너비 45m × 깊이 35m

2. 건물 : 체적 40,500m³(지은 지 25년 되었으며, 잔존수명은 40년임)

3. 내역 : 대상 건물은 임대용아파트로서 총 36戶 중 12戶는 방이 4개이며, 24戶는 방이 5개이다. 대상부동산은 최유효이용 상태에 있는 것으로 판단된다.

<자료 2> 대상부동산의 전형적인 임대료 현황

1. 가능조소득
   (1) 방이 4개인 아파트 : 각호당 보증금 1,000만원에 월 20만원
   (2) 방이 5개인 아파트 : 각호당 보증금 1,200만원에 월 30만원

2. 공실 및 불량부채에 의한 손실 : 가능조소득의 5%

3. 영업경비 : 유효조소득의 30%

4. 자본수익률 및 보증금운용이율 : 8%

<자료 3> 기타자료

1. 보증금은 임대차계약만료시 일시에 반환된다.

2. 기준시점 현재 재생산비용 : m^3당 30,000원

3. 접면너비당 노선가 : m당 8,000,000원

경비, 환원율 [논점정리]

【연습문제 20】 주택을 소유하고 있는 A씨는 상업용 부동산 소유자인 B씨로부터 부동산을 교환하자는 제의를 받았다. 이에 A씨는 감정평가사 K씨에게 교환의사결정을 위한 평가를 의뢰하였다. 교환의 타당성을 검토하시오. (40점)

<자료 1> 대상 및 교환부동산

1. 대상부동산

소재지	C구 D동 56번지	
평가목적	일반거래/교환	
기준시점	2023. 7. 2	
토지에 관한 사항	－ 지역개황 : 대상토지는 전형적인 주택지역에 속하며 쾌적성, 시장성 등이 우수하여 수급 상황이 안정적이다. － 용도지역 : 1종일주 － 접면도로상태 : 대상전면은 6m도로이나, 연접한 다른 인근토지들은 8m도로에 접하여 있다. 또 대상 후면에는 2m도로가 있다. 	

2m 후면 도로		
	대상토지	
8m 도로	6m 도로	8m 도로

	－ 지목 : 대, 면적 : 500m² － 형상, 고저 : 가장형, 평지	

건물에 관한 사항	준공년월일	2021.8.1
	구조	벽돌조 4층건
	건축연면적(m²)	912
	시공의 정도	중급
	기준시점현재 내용년수	39
	건물과 부지의 적응성	최유효이용

2. 교환부동산

소재지	E구 F동 88번지
평가목적	일반거래/교환
기준시점	2023. 7. 2
토지에 관한사항	— 지역개황 : 교환부동산은 주간선도로와 연계되는 보조간선도로변에 소재하며, 인근지역은 현재 상권이 잘 형성되어 있는 성숙한 노선상가지대임. — 용도지역 : 일반상업지역 — 접면도로상태 : 남측으로 15M도로에 동측으로 2M 정도의 골목길에 양면 접함. — 지목 : 대, 면적 : 480m² — 형상, 고저 : 세장형, 평지

건물에 관한사항	준공년월일	2023. 1. 1
	구조	철근콘크리트조
	건축연면적(m²)	2,100
	시공의 정도	중급
	기준시점현재 내용년수	45
	건물과 부지의 적응성	최유효이용

<자료 2> 공시지가자료(2023년 1월 1일)

기호	소재지	면적(m²)	지목	용도지역	이용상황	도로교통	형상지세	공시지가 (원/m²)
1	C구 D동	450	대	1종일주	주거용	중로한면	가장형 평지	1,200,000
2	C구 D동	420	대	1종일주	업무용	중로각지	세장형 평지	1,400,000
3	E구 F동	500	대	중심상업	상업용	소로한면	가장형 평지	2,500,000

<자료 3> 사례자료(C구 D동)

구 분	건설사례	거래사례1	거래사례2
용도지역	1종일주	1종일주	1종일주
건물구조 등	벽돌조	벽돌조 4층	벽돌조 2층
용도	주택	주택	주택
준공년월일	2023.7.1	2017.5. 1	1988.10. 1
거래시점		2023.3.10	2022.12.20
기준시점 현재 잔존 내용년수	40	34	10
건물과 부지의 적응성	최유효이용	최유효이용	부적응
건물개별요인 비교평점	104	100	85
토지 형상 등	–	중로각지, 가장형, 평지	중로각지, 가장형, 평지
토지의 규모	–	494m²	480m²
건축연면적(m²)	900	880	500
시공의 정도	중급	중급	하급
사례의 특징	정상적 건설사례	토지 건물 일체로 정상적인 거래가 성립됨.(거래시점 토지, 건물의 가격비는 65 : 35 임)	–
거래가격	–	1,380,000,000원	850,000,000원
건축비(건축시점)	900,000원/m²		

※ 1. 대상 건물개별요인 평점은 100기준임.

※ 2. 감가수정은 정액법에 의한 만년감가에 의하되 잔가율은 0으로 함

※ 3. 건설사례의 건축비는 C구에 있어서 정상적이고 표준적인 것임

<자료 4> 시점수정 자료

1. 지가변동률(단위 : %)

C구	E구
• 2023.01.01. ~ 기준시점 : 3.832 % • 2023.03.10. ~ 기준시점 : 2.840 %	• 2023.01.01. ~ 기준시점 : 2.000 % • 2023.03.10. ~ 기준시점 : 1.800 %

2. 건축비상승률
- 2017.05.01. ~ 기준시점 : 15.20 %
- 2023.03.10. ~ 기준시점 : 3.64 %

<자료 5> 요인비교자료

1. 지역요인

C구 D동은 E구 F동보다 5% 우세하다.

2. 개별요인

(1) 중로는 소로에 비해 5% 우세하며, 각지는 한면에 비해 5% 우세하다.

(2) 정방형 > 가장형 > 세장형 > 기타 순으로 우세하며 정방형을 100으로 볼 때 각각 5%의 차이가 있다.

<자료 6> 교환부동산의 임대 및 경비내역

1. 임대수입(임대기간 3년)

(1) 지불임대료 : 20,000,000원/월

(2) 보증금 : 80,000,000원

(3) 권리금 : 40,000,000원

2. 경비내역(원/년)

저당지불액	2,000,000	인출금계정	2,000,000
동산세금	1,000,000	부채충당금	500,000
종합토지세	15,000,000	개인적 업무비	1,450,000
건물세	9,500,000	연간 수선비	700,000
도시계획세	9,000,000	소유자 봉급	10,000,000
!소득세	2,000,000	비품 등 대체준비비	1,200,000
법인세	780,000	부가물 설치비용	8,000,000
전기사용료	5,000,000	보험료	3,500,000

난방 등 연료비용	4,000,000	개인적 잡비	600,000
수도사용료	3,500,000	지붕수선	3,000,000
공구 및 소모품비	800,000	페인트칠	1,500,000
유지관리비	1,600,000	청소용역비	900,000
감가상각비	15,000,000	정상운전자금이자	1,400,000
임차자교체비	200,000	자기자금이자상당액	2,700,000

※ 상기의 비용은 건물관리자협회의 표준경비에 따라 조정한 것이며 기타 수정사항은 이하를 참조한다.

3. 경비의 수정사항

　(1) 상기의 종합토지세는 대상토지분에 해당한다.

　(2) 보험료는 기초에 3년치를 일시에 지불한 금액이다.

　(3) 지붕수선은 향후 10년을 보장한다.

　(4) 페인트칠은 3년마다 행해진다.

　(5) 본 건물은 소유자가 직접 관리경영하고 있으나 만약 용역회사에 관리를 위탁하는 경우 총소득의 8%에 해당하는 관리비가 소요될 것으로 판단됨

　(6) 인근지역 내 일반적인 공실률은 총소득의 5%로 추정함

<자료 7> 교환부동산 평가를 위한 인근지역의 사례부동산 등의 분석자료

1. 사례 1~5

구 분	분석내용
사례1	교환부동산과 유사한 부동산으로서 토지와 건물의 가격구성비율이 7 : 3이다. 토지환원율은 9%이고, 건물의 환원율은 상각 후 환원율만 산정 가능한 바 11%로 분석되었다. 사례부동산은 교환부동산과 건축시기 및 규모 등에서 대체성이 인정된다
사례2	인근에 소재한 S은행에 의뢰한 결과 사례2 부동산의 경우 65%의 저당대출이 가능하며 연 이자율 10%, 저당기간 25년, 매월 원리금균등상환조건이 부가된다. 사례부동산의 분석결과 매년의 순영업소득은 87,000,000원, 매년의 저당원리금은 58,000,000원으로 분석된다.

구 분	분석내용
사례3	기준시점 현재 건물이 준공된 사례로 인근의 임대시장을 분석한 결과 매년 118,000,000원의 임대료를 받을 수 있을 것으로 기대된다. 사례는 유지, 관리 등의 비용으로 유효조소득의 15%가 지출되며(공실 및 대손충당금은 연 6,000,000원), 기준시점 현재 시장에서의 정상거래가격은 850,000,000원이다.
사례4	과거 투자분석이 이루어졌던 부동산으로서 대출은 60%가 가능하며 예상보유기간은 10년이다. 첫 번째 저당은 부당산가치의 40%를 20년간 연 9%로 매년 원리금을 균등상환하는 조건이고 두 번째 저당은 부동산가치의 20%를 15년간 연 12%로 균등상환하는 조건이다. 10년 후 부동산 가치는 현재보다 20% 정도 상승할 것으로 예상되며 자기자본수익률은 13%이다.
사례5	20%만 현금으로 지불하고 나머지는 이자율 10%로 30년간 매월 원리금 균등상환 조건으로 거래되었다. 이러한 거래는 타당성 분석을 통해 적정한 것으로 판단되며 매수인의 자기자본환원율은 12%이다.

2. 사례 6

(1) 사례부동산의 내역

순수익(원)	총수익(원)	거래가격(원)	토지건물 가격구성비
230,000	322,000	2,100,000	2 : 1

(2) 각 부동산에 대한 투자성 판단요인별 비교표

요인	수익성	환가성	안정성	시장성	증가성
교환부동산 평점	90	95	90	100	90
사례 6 평점	100	85	80	90	100
요인구성비(%)	20	20	15	20	25

(3) 사례부동산과 교환부동산의 잔존내용년수는 동일하며 교환부동산의 토지 건물 가격구성비는 7 : 3이다.

3. 순수이율 등(조성법)

구 분	분석내용
순수이율 (무위험율)	국공채, 지방채, 금융채 및 정기예금 등의 이율을 고려 9%로 결정
비유동성	교환부동산이 속한 지역은 거래가 빈번하지 못하여 환금성이 떨어지는바 2%로 함
관리의 난이성	예금, 주식 등에 비해 징수나 유지수선 등 관리에 많은 시간과 비용이 소요되는 관계로 1.5%로 결정
자금의 안전성	도난, 멸실, 인플레이션 해지정도를 고려 3%로 결정
위험성	유사부동산의 매매사례를 분석한 결과 다음과 같은 내부수익과 각 매매사례별 주관적 판단에 따른 수익률의 범위를 아래와 같이 측정하였는바 각 부동산이 가지는 위험률의 단순 산술평균치를 위험률로 반영한다. 표 아래 참조

내부수익률(%)	수익률의 범위(%)		
14	확률	75	15	10
	수익률	14.0	12.0	16.0

4. 기타사항

위의 모든 사례의 용도지역은 일반상업지역으로서 교환부동산과 비교가능성이 높은 사례들이고 기준시점을 기준으로 분석된 자료들로써 적정한 것이다. 사례 6의 경우 사례의 상각 후 환원율을 구한 뒤 대상의 상각 전 환원율을 결정한다.

<자료 8> 기타자료

1. 일시금의 운용이율, 시장이자율 : 12%

2. A씨는 자신의 부동산 평가시 토지 건물의 개별평가와 일체로서의 가격을 산정하여 시장가치를 결정하여 줄 것을 요구하고 있다.

리 츠 [논점정리]

【연습문제 21】 베스트부동산투자회사는 주식발행과 차입을 통해 회사를 설립하면서 오피스 빌딩 2동을 매입, 임대하여 얻은 소득을 주식소유자에게 배당할 계획이다. 다음 제시 자료를 활용하여 물음에 답하시오. (20점)   감정평가사 17회 기출 변형

(물음 1) 매입부동산의 1차년도 현금흐름을 예상하고 1주당 예상 배당수익률을 사정하시오.

(물음 2) 각 오피스 빌딩의 1차년도 지분배당률(equity dividend rate)을 계산하시오.

<자료 1> 매입 예정 부동산

구 분	대상부동산 A	대상부동산 B
토지면적(m²)	1,500	1,200
건물연면적(m²)	6,000	3,600
잔존 경제적 내용년수(연)	50	45
기준시점	2023.8.27	
매입금액(원)	8,835,000,000	5,134,200,000

<자료 2> 부동산 투자회사 설립에 관한 사항

1. 주식발행 : 액면가 5,000원, 1,000,000주

2. 오피스 빌딩 매입가격 중 주식발행액으로 부족한 자금은 차입하여 조달

3. 대출조건 : 시장 평균 조건

4. 배당가능금액의 95%를 배당 예정

5. 경비비율-총소득 기준

구 분	영업경비(%)	위탁수수료(%)	기타 관리비용(%)
대상부동산 A	40	5	2.5
대상부동산 B	35	5	2.0

6. 배당가능금액은 순영업소득에서 지급이자를 차감한 것임

<자료 3> 대상부동산 시장임대료

1. 시장임대료는 월세 형태로 건축 연면적 기준으로 징수하며, 관리비 등 다른 부대경비는 지불하지 않음.

2. 대상부동산의 공실률은 모두 0%라고 가정하고, 순영업소득 산정시 자연공실률을 고려하지 말 것

3. 대상부동산 임대내역 등은 다음과 같음

구 분	대상 A	대상 B
월임대료(원/m²)	19,500	15,500

<자료 4> 시장 이자율 등

1. 시장 할인율 : 8%

2. 시장 평균 이자율 : 6.5%

3. 시장 평균 대출조건 : 만기 5년, 연 1회 이자지급, 만기일시원금상환

4. 인근지역의 지난 1년간 오피스 빌딩 가격 연평균 상승률 : 6%

<자료5> 기타

1. 오피스 빌딩의 지분배당률을 구할 때 종합환원율 공식은 원금을 만기에 일시 상환하는 대출관행을 고려해 Ross의 방법을 적용할 것

2. 각 대상부동산에 대한 지분 및 차입금 투자비율은 동일한 것으로 가정할 것

3. 배당은 매년 8월 27일 실시한다고 가정할 것

미수입기간에 대한 보정 [논점정리]

【연습문제 22】다음의 [자료 등]에 기재된 부동산(대상부동산)에 관하여 [지시사항] 및 [자료 등]에 근거한 부동산의 감정평가액을 결정하시오. (15점)

[지시사항]

수익환원법(토지잔여법)의 적용에 관하여는 대상부동산에 공동주택(경량 철골조 아파트)을 건축하여 임대하고 있는 것으로 상정하고, 건물의 경제적 내용년수만료시에 건물을 철거하여 나지화하는 일련의 흐름을 라이프사이클로써 파악하여, 이 라이프사이클을 반복함으로써 임대사업이 영구히 계속된다고 가정하여 수익가액을 구한다.

토지잔여법에 의한 토지의 수익가액을 구하는 방법은 다음의 산식에 의한다. 또한 이 경우 임대료는 일정률로 변동하는 것으로 하고, 건물에 귀속되는 순수익도 임대료의 변동률과 동률로 체증(감)한다고 가정한다. 또한 임대사업의 라이프사이클에 관하여 건물의 건축시 및 철거시에는 수익이 발생되지 않으므로 해당기간을 고려해야 한다.

$$P_L = \frac{a_L \times \alpha}{r - g}$$

P_L : 토지의 수익가액

a_L : 토지에 귀속하는 초년도 순수익

α : 수익이 발생되지 않는 기간에 대응하는 수정률

r : 기본이율 (할인율 : 토지, 건물공통)

g : 임대료의 변동률 (단 $r > g$)

또한 수익가액을 구하는 순서는 다음과 같다. 그 밖에 필요사항은 [자료]를 참고한다.

1. PGI

　가. 연지불임대료

　나. 보증금 운용익

　다. 권리금의 운용익 및 상각액(상각기간 2년, 이율 5%로 원리금균등상환율에 의한다.)

2. OE

　가. 수선비 : 총수익의 5%로 한다.

　나. 유지관리비 : 연지불임대료의 3%로 한다.

　다. 공조공과 : 토지, 건물의 합계액은 연간 2,149,000원이다.

　라. 손해보험료 : 건물재조달원가의 0.1%로 한다.

　마. 대손준비금 : 보증금에 의해 담보되어있으므로 계상하지 않는다.

　바. 공실등에 의한 손실상당액 : 총수익의 1/12로 한다.

　사. 건물등의 철거비용의 적립금 : 건물재조달원가의 0.1%로 한다.

3. 수익가액

　수익이 발생되지 않는 기간을 고려한 토지에 귀속하는 순수익을 토지환원율로 환원하여 대상부동산의 수익가액을 구한다.

[자료 등]

Ⅰ. 의뢰내용

　본건은 현재 나지로 이용 중인 대상부동산에 관하여 매매참고로서 2023년 8월 1일을 기준시점으로 하여 현황으로써의 경제가치의 판정을 위해 전문가의 감정평가를 요청하였다. 대상부동산은 매각준비를 위해 건물을 철거하고 현재 공지로 되어 있어 소유권이외의 권리는 아무것도 설정되어 있지 않다.

Ⅱ. 대상부동산

1. 등기사항전부증명서

T도 S시 K동 1동 3-5   (토지)

【표제부】 (토지의 표시)			작성 200X O월O일	지도번호	여백
【지번】	【지목】	【면적】	【원인 및 그 날짜】	【등기일자】	
3-5	대	150.00m²	3-1번지로부터 분필	2001년 3월 19일	

2. 대상부동산의 실측면적은 등기사항전부증명서의 기재된 면적과 동일하다.

Ⅲ. 상정건물의 임대조건 및 환원율등

1. 상정건물 및 임대조건

(1) 상정건물

1) 구조 및 용도 : 경량철골조 2층건 아파트(4실)

2) 연면적 : 148m²(옥외 계단 등을 제거함)

3) 재조달원가 : 207,000,000원(소비세 및 지방소비세를 포함하지 않음)

(2) 임대조건

임대료(월액)

201호실	202호실	101호실	102호실
660,000원	660,000원	650,000원	650,000원

(주1) 임대료의 지불은 당월분을 당월말지불로 한다.

(주2) 보증금은 임대료의 2개월분으로 하고, 권리금은 임대료의 1개월 분으로 한다.

2. 환원율 등

수익환원법(토지잔여법)의 적용에 관하여는 이하의 수치를 이용한다.

(1) 기본이율 : 5.0%

(2) 임대료의 변동률 : 0.5%

(3) 보증금운용이율 : 5.0%

(4) 원리균등상환률 : 0.5378(상각기간2년, 이율5%)

(5) 건물환원율 : 0.0728

(6) 미수입기간을 고려한 수정률 : 0.9678

㈜ 환원율은 상각전순수익에 대응한 것이다.

개별물건기준 및 일괄감정평가 [논점정리]

【연습문제 23】 감정평가사 甲은 부동산투자자 乙로부터 대상부동산 투자에 관한 "갑"은 A빌딩을 매입하고자 한다. A빌딩의 2023년 6월 30일을 기준시점으로 하는 감정평가액을 결정하시오(30점)

<자료 1> A빌딩의 개요

1. 토지상황
   - 지목 : 대
   - 면적 : 1,000m²
   - 용도지역 : 제2종일반주거지역
   - 접면도로 : 중로한면

2. 건물상황
   - 용도 : 업무시설 및 근린생활시설
   - 구조 : 철근콘크리트조 슬라브지붕 5층
   - 연면적 : 3,000m²
   - 신축일자 : 2017.9.26.

3. 대상 부동산 임대내역

층별	임대면적 (m²)	전유면적 (m²)	보증금	월지불임료 (m²당)	비고
1층	400	250		100,000	
2층	600	300		7,000	
3층	600	300	합계 200,000,000원	5,000	
4층	600	300		5,000	현재 공실 상태임
5층	600	300		5,000	
합계	2,800	1,450			

<자료 2> 비교표준지의 현황

일련 번호	지목	면적(m²)	이용상황	용도지역	접면도로	공시지가(m²)	공시기준일
101	대	879	상업용	2종일주	중로한면	1,050,000	2023.1.1
102	대	1,000	상업용	2종일주	광대한면	1,350,000	2023.1.1

<자료 3> 토지에 대한 사례자료

아래의 사례는 인근지역에 소재하고 있으며 적정한 것으로 판단됨.

구분	사례의 종류	사례 시점	면적 (m²)	용도 지역	이용 상황	접면도로	사례금액(원)	비고
사례(1)	매매	2023.4.1	800	2종일주	상업용	폭 12m	3,300,000,000	건물B가 소재함.
사례(2)	경매 평가	2023.1.1	1,000	2종일주	상업용	폭 12m	1,160,000,000	토지만의 평가액임.
사례(3)	매매 임대	2023.6.1	1,000	2종주거	상업용	폭 25m	7,000,000,000	건물C가 소재함
사례(4)	임대	2023.6.1	1,000	2종일주	상업용	폭 12m	-	건물D가 소재함.

<자료 4> 건물에 대한 자료

건물명	구조	연면적 (m²)	개별요인 (신축단가 기준)	신축일자	신축단가 (원/m²)	비고
A	철근콘크리트조 슬래브지붕5층	3,000	105	2017.9.26	-	3%의 기능적 감가요인이 있음
B	철근콘크리트조 슬래브지붕4층	3,000	100	2023.2.1	800,000	최근 신축한 건물로서 최유효이용 상태임
C	철근콘크리트조 슬래브지붕5층	3,200	100	2023.2.1	-	최근 신축한 건물로서 최유효이용 상태임
D	철근콘크리트조 슬래브지붕5층	3,000	105	2018.6.29	-	최유효이용 상태임

<자료 5> 임대에 대한 자료

건물명	구조	임대면적 (m²)	단지 외부요인	단지 내부요인	개별요인	임대면적 당 월지불임료(원/m²,월)
A	철근콘크리트조 슬래브지붕5층	2,800	100	100	105	–
C	철근콘크리트조 슬래브지붕5층	3,000	110	100	100	20,000
D	철근콘크리트조 슬래브지붕5층	2,800	100	100	100	10,500

<자료 6> 인근 빌딩의 임료수준 등

- 인근 빌딩의 적정한 보증금과 월지불임료 수준은 A빌딩의 현행 임대료 수준과 차이가 있음.

- 인근 표준적 빌딩의 보증금은 월지불임료의 10배 수준임.

- 인근 빌딩의 적정 공실률(대손 포함)은 5%로 조사되고 있으며, 이는 향후에도 지속될 것을 전제로 분석함.

- 제반 영업경비는 연간 실질임료의 30% 수준임.

- 철근콘크리트조 슬래브지붕 사무실에 적용하는 내용년수는 50년으로 함.

<자료 7> 지가변동률 등

지가변동률은 매월 0.001% 상승, 임대료변동률 및 건축비변동률 보합세

<자료 8> 보증금운용이율 등

• 보증금 운용이율 : 연 5%

• 지분환원률 : 연 9%

• 저당대출이자율 : 연 7%

• 보증금을 월세로 전환할 경우에 적용하는 이율은 통상적으로 연 10%인 것으로 조사되었음.

<자료 9> 기타

• A빌딩의 기능적 감가는 재조달원가를 기준으로 발생하는 것으로 가정함.

• "갑"은 A빌딩의 현행 임대보증금을 그대로 인수하고, 매입 후 즉시 인근빌딩의 임료수준으로 재계약할 예정으로 해당 사항은 수익환원법에 의한 시산가액에 반영되어야 할 것으로 심사평가사의 의견이 있었음.

• 도로접면에 따라 부동산 가격 및 임대료수준의 차이가 있으나 부동산 가격과 임대료의 비율은 유사성을 가지는 것으로 분석됨.

• "갑"은 A빌딩의 매수시 매입가액(또는 감정평가액의) 50%를 저당대출금으로 충당하고 저당대출 원금은 빌딩 매각시 일시에 상환할 예정임.

• 시장추출법에 의한 환원율 결정시에는 건물의 잔존년수를 고려할 것.

• 건물 및 월지불임료 단가는 천원미만 절사, 최종 시산가액은 유효숫자 세자리까지로 함.

조소득승수법 [논점정리]

【연습문제 24】 감정평가사인 당신은 어느 도시의 번화가에 위치하고 있는 대상 부동산을 조소득승수법으로 평가하고 있다. (15점)

(물음 1) 현재의 상태에서 대상부동산에 적용할 수 있는 가장 합리적인 조소득승수를 구하시오. (결정시 판단근거를 제시할 것)

(물음 2) 조소득승수법으로 부동산을 평가하는 경우 지켜져야 할 가정에는 어떠한 것이 있으며, 또 어떤 부동산에 적정한 평가방법인가를 기술하시오.

<자료 1> 대상부동산

1. 대상부동산의 내역

지하실이 있는 단층 건물로서, 4개의 점포가 있으며, 이 중 하나는 8년 전부터 고정임대료 430만원에 기간 10년으로 장기임대차되고 있다.

2. 임대상황

대상부동산 전체 연간 임대소득은 장기임대차의 고정임대료를 포함하여 연 3,000만원이다. (인근의 일반적인 임대차는 단기 임대차 유형임)

<자료 2> 비교부동산 A

1. 비교부동산의 내용

지하실이 있는 단층 건물로서 여기에는 5개의 점포가 있으며, 하나는 식품체인점에, 나머지는 지역의 중소상인에게 임대되고 있다.

2. 매매 및 임대내역

해당 부동산은 3개월 전에 3억 5천만원에 매도되었으며, 매도 당시 조소득은 4천만원이었다.

<자료 3> 비교부동산 B

1. 비교부동산의 내용

    지하실이 있는 단층 건물로서 5개의 점포를 가지고 있으며, 이 부동산은 위치 및 크기면에서 비교부동산 A와 흡사하다. 5개의 점포는 모두 비율임대차(percentage rent)에 의해서 임대되고 있다.

2. 매매 및 임대내역

    지난해의 연간 조소득은 4,600만원으로 비교부동산 A보다는 높은 편이었다. 비교부동산 B의 조소득이 이렇게 높아진 것은 임차자들이 지난해 추징임대료(overage rent)를 지불했기 때문이다. 비교부동산 B는 최근에 3억 8천만원에 매도되었다.

조소득승수법 [논점정리]

【연습문제 25】 (10점)

(물음 1) 감정평가사인 당신은 아래의 저당대부요청을 어떻게 처리하겠는가? 직선환원법을 이용하여 대상부동산의 가치를 산정하라. 최대 저당대부액은 얼마인가?

(물음 2) 상기의 사례에서 비용접근법이 다른 방법에 비해 신뢰성이 결여되는 이유를 고찰하고, 신규건물에도 감가상각이 발생할 수 있는지를 기술하시오.

<자료 1> 저당대부요청

김씨는 4억원의 상업용지를 소유하고 있으며, 여기에 11억원을 들여서 사무실 건물을 신축하려 은행에 9억원의 융자를 신청하고 있다.

<자료 2> 기타 소득경비자료 등

1. 소득 : 가능조소득은 1억 7,500만원이며 순영업소득은 가능조소득의 65%임.

2. 건립예상건물의 경제적 수명 : 50년

3. 투자자의 전형적인 수익률 : 10%

4. 은행의 내규에 따른 대부비율 : 가치의 70% 한도 내

조소득승수법 [논점정리]

【연습문제 26】 다음의 제시된 자료를 바탕으로 물음에 답하시오. (15점)

(물음 1) L씨는 1가구 층분할형 빌라를 비용접근법으로 평가하고 있다. 주어진 자료를 기초로 하여 층분할형식에 따른 치유불가능한 기능적 감가액을 추계하시오.

(물음 2) 평가대상은 아파트 건물로서, 대상부동산의 최유효이용이 12가구 아파트라고 할 때 해당 건물의 외부적 감가액을 추계하시오.

<물음 1에 대한 자료>

<자료 1> 인근지역의 상황

인근지역에서는 현재 1가구 복층형 건물이 전형적이며, 1가구 층분할형 건물은 시장의 수요에 부응하지 못하여 더 이상 건축되지 않고 있다. 평가대상 건물은 층분할형으로서 시장기호와의 부적합에 따른 기능적 감가가 발생하고 있는 것으로 판단된다.

<자료 2> 최근의 임대사례

구 분	경과년수	상 태	월임대료(가구당)	형 식
대상부동산	34년	보통	4,050,000원	층분할형
사례 A	24년	보통	4,750,000원	복층형
사례 B	19년	양호	4,550,000원	층분할형
사례 C	32년	보통	4,350,000원	복층형

<자료 3> 매매사례

구 분	매매시점	매매가격	월임대료(가구당)	형 식
사례 1	5년 전	740,000,000원	3,300,000원	층분할형
사례 2	2년 전	860,000,000원	3,950,000원	층분할형
사례 3	1년 전	770,000,000원	3,500,000원	층분할형

<물음 2에 대한 자료>

<자료 1> 처리계획

쇠퇴지역 내의 감가의 정도가 심한 작은 아파트 건물을 비용접근법으로 평가하고 있는바 외부적 감가를 측정하기 위하여 쇠퇴인근지역과 인접하고 있는 안정지역 내 유사 아파트에 대하여 다음과 같이 매매사례, 임대사례 등 시장조사를 하였다.

<자료 2> 시장조사 내역

1. 임대료손실 : 쇠퇴인근지역과 안정지역의 임대료 수준은 유사하다.

2. GRM(연간) : 쇠퇴인근지역(3.0), 안정지역(4.5)

3. 토지가격 : 안정지역에 비하여 가구당 2,000,000원 정도 낮다.

4. 현행임대료 : 12가구 중 6가구는 각각 월 300,000원, 나머지 6가구는 각각 월 200,000원에 임대되고 있다.

노선가법 [논점정리]

【연습문제 27】 보통상업지역 내에 일면이 가로에 접하고 있는 다음과 같은 삼각지가 있다. 아래 자료를 이용하여 대상획지의 단가를 구하라. (5점)   감정평가사 1회 기출

<자료>

① 정면 노선가 : 1,000,000원

② 최소각이 대각인 경우의 각도
   보정률 : 0.93

③ 면적 보정률 : 0.93

④ 30m 깊이 가격체감률 : 0.93

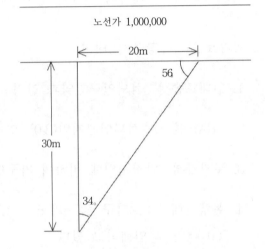

회귀분석법 [논점정리]

【연습문제 28】서울시 관악구 신림동의 향후 20년간 지가변동추이는 과거 10년간의 신림동 지가변동 추이를 크게 벗어나지 않을 것으로 추정되며, 이러한 지가변화 양상은 시간의 변화와 선형관계에 있음을 확인할 수 있었다. 다음은 서울특별시 관악구 신림동 상업용 대표 필지의 지난 10년간 지가변화 추이이다. 이를 고려하여 기준시점(2023.1.1)으로부터 향후 20년간의 시점수정치를 산정하시오. (5점)

기 간	단위면적당 가격(원/m²)	기 간	단위면적당 가격(원/m²)
2013.1.1	5,170,000	2018.1.1	6,680,000
2014.1.1	5,440,000	2019.1.1	7,000,000
2015.1.1	5,730,000	2020.1.1	7,400,000
2016.1.1	6,030,000	2021.1.1	7,750,000
2017.1.1	6,350,000	2022.1.1	8,200,000

골프장 [논점정리]

【연습문제 29】 토지 소유자인 甲 법인은 보유 토지를 골프장(27홀)으로 개발하여 운영 한다. 甲법인의 골프장 개발계획은 순조롭게 진행되어 2023. 1. 1에 준공하였다. 감정평가사 K씨는 甲 법인으로부터 2023. 1. 1자 甲 법인 소유 토지에 대한 가치산정을 의뢰 받았다. 甲 법인 소유 자산의 평가방법에 대해 서술하고 주어진 자료를 활용하여 감정평가액을 결정하시오. (20점)

<자료 1> 토지목록(甲 법인)

기호	소재지	지번	지목	면적(m²)	용도지역
1	A군 B면 C리	200	전	1,000	계획관리
2	A군 B면 C리	200-1	전	2,600	계획관리
3	A군 B면 C리	200-2	전	1,550	계획관리
4	A군 B면 C리	200-3	답	2,350	계획관리
5	A군 B면 C리	200-5	전	1,300	계획관리
6	A군 B면 C리	200-6	전	1,600	계획관리
7	A군 B면 C리	201	전	1,750	계획관리
8	A군 B면 C리	202	답	3,700	계획관리
9	A군 B면 C리	산 100-1	임야	4,500	계획관리
10	A군 B면 C리	산 100-2	임야	1,500,000	계획관리
11	A군 B면 C리	산 100-3	전	900	계획관리
계				1,521,250	

※ 사업승인면적은 1,450,000m²이며, 나머지는 산 100-2번지 일부로서 자연림 상태의 원형을 유지함.

<자료 2> 제 비용

1. 인허가 관련비용 :

인허가 비용	1,500,000,000원
제반부담금	2,500,000,000원
제세공과등	3,500,000,000원
계	7,500,000,000원

2. 골프장 조성(개발)공사 비용 : 홀당 1,400,000,000원

<자료 3> 표준지 공시지가

(2023. 1. 1)

일련 번호	소재지	지번	면적(m²)	지목	이용 상황	용도 지역	도로 교통	형상 지세	공시지가 (원/m²)
1	A군 D면 E리	14 (××골프장)	201,000 (일단지)	임야	골프장	계획 관리	소로 한면	부정형 완경사	50,000
2	A군 B면 C리	190	4,627	전	전	계획 관리	세로 (가)	부정형 완경사	30,000
3	A군 B면 C리	210	1,096	답	답	계획 관리	세로 (불)	부정형 완경사	20,000
4	A군 B면 C리	산 110	32,000	임야	임야	계획 관리	세로 (불)	부정형 완경사	12,000

※ 상기 표준지 공시지가는 2023 1. 1 고시된 것으로 봄

<자료 4> 요인비교

1. 본건 준공된 골프장과 일련번호 1 비교표준지는 제반여건이 유사하나 접근성 등에서 본건이 약 2% 우세함

2. 소지상태로서의 본건은 일련번호 2~4와 비교시 지목별로 대체로 유사하나 본건 "전"은 표준지 대비 3%, 본건 "답"은 표준지 대비 2%, 본건 "임야"는 표준지 대비 1%씩 각각 우세함

3. 주변 거래사례나 평가선례를 분석하여 보면 표준지 일련번호 1은 그 밖의 요인 보정이 필요 없으나 표준지 일련번호 2, 3은 10%, 표준지 일련번호 4는 20% 그 밖의 요인 보정이 필요함

<자료 5> 주변사례 및 시장동향

주변 유사 골프장의 사례를 보면 연간 9홀 기준으로 20억원의 영업이익이 발생하는 것으로 조사되었으며, 향후 매년 영업이익증가율은 1% 정도 일 것으로 추정됨. 그러나 시장을 예측하여 보면 연간 9홀 기준으로 22억원이 한계점인 것으로 조사됨

<자료 6> 기타

1. 클럽하우스 등 건물은 고려하지 아니함

2. 인허가 및 개발에 관한 제 비용은 준공일에 투입된 것으로 가정하며, 영업 이익의 발생시점은 매년 초에 발생하는 것으로 가정함

3. 준공 후 제반세금은 고려하지 아니하며 영업이익은 현금유입액으로 봄

4. 본건 투자에 있어 타인자본은 고려하지 아니함

5. 현금흐름(cash flow)에 적용된 할인율은 연 7%로 조사되었음

6. 기말복귀액 산정시 영업이익과 골프장 가치에 적용할 환원이율은 연 8%로 조사되었음

7. 본건 주변 표준지 공시지가의 향후 10년 후 예상상승률은 10% 정도임

8. 골프장 운영기간은 10년임

<자료 7> 시간가치율

1. 현재 가치율(7%)

1기초	2기초	3기초	4기초	5기초	6기초	7기초	8기초	9기초	10기초	10기말
1.000	0.9346	0.8734	0.8163	0.7629	0.7130	0.6663	0.6227	0.5820	0.5439	0.5083

2. 미래 가치율(2%)

1.02^0	1.02^1	1.02^2	1.02^3	1.02^4	1.02^5	1.02^6	1.02^7	1.02^8	1.02^9	1.02^{10}
1.00	1.0200	1.0404	1.0612	1.0824	1.1041	1.1262	1.1487	1.1717	1.1951	1.2190

3. 미래 가치율(1%)

1.01^0	1.01^1	1.01^2	1.01^3	1.01^4	1.01^5	1.01^6	1.01^7	1.01^8	1.01^9	1.01^{10}
1.00	1.0100	1.0201	1.0303	1.0406	1.0510	1.0615	1.0721	1.0829	1.0937	1.1046

3방식 종합문제

토지건물(토지 3방식) [논점정리]

【종합문제 01】 감정평가사 P는 토지와 건물로 구성된 복합부동산에 대한 감정평가 의뢰를 받고 사전조사 및 현장조사를 한 후 <자료 1>~<자료 11>을 수집하였다. 주어진 자료를 활용하여 순서에 따라 다음 물음에 답하시오. (30점) 감정평가사 13회 기출

(물음 1) 현장조사시 확인자료에 대하여 설명하시오.

(물음 2) 공시지가를 기준으로 감정평가할 경우 비교표준지의 선정원칙을 설명하고 대상토지의 가격결정에 있어 비교표준지의 선정이유를 설명하시오.

(물음 3) 감정평가가격을 다음 순서에 따라 구하시오.
　　가. 토지가격의 산정
　　　　⑴ 공시지가를 기준한 가격
　　　　⑵ 거래사례비교법에 의한 비준가액
　　　　⑶ 수익환원법에 의한 수익가액
　　　　⑷ 토지가격의 결정 및 그 이유
　　나. 건물가격의 산정
　　다. 대상부동산의 토지와 건물가격

<자료 1> 감정평가의뢰내용

1. 공부내용
　가. 토지 : S시 S구 B동 100번지, 대, 2,000m²
　나. 건물 : 철근콘크리트조 슬래브지붕 10층, 점포 및 사무실, 건물연면적 11,200m²
　다. 소유자 : N

2. 구하는 가격의 종류 : 시장가치

3. 감정평가목적 : 일반거래(매매)

4. 기준시점 : 2023.8.25

5. 감정평가의뢰인 : N(소유자)

6. 접수일자 : 2023.8.22

7. 작성일자 : 2023.8.26.

<자료 2> 대상부동산에 대한 자료

1. 본건의 용도지역은 일반주거지역이고 기타 공법상 제한사항은 없음

2. 현장조사결과 토지와 건물 모두 공부와 현황이 일치함

3. 지목, 이용상황, 도로교통, 형상 및 지세 : 대, 상업용, 중로한면, 가장형, 평지

4. 대상물건은 최유효이용상태로 판단됨.

5. 건물은 5년 전 준공되었으며 총공사비가 6,840,000,000원이 투입되었으나, 공사 중에 설계변경이 있어 정상적인 공사비보다 다소 과다한 것으로 조사됨

<자료 3> 인근의 공시지가 표준지 현황

(공시기준일 : 2023.1.1)

일련 번호	소재지	면적 (m²)	지목	이용상황	용도지역	도로교통	형상 및 지세	공시지가 (원/m²)
1	S구B동101	2,000	대	상업용	일반상업	중로한면	정방형평지	3,500,000
2	S구B동105	2,200	대	상업용	일반주거	중로한면	가장형평지	3,000,000
3	S구B동110	1,800	대	단독주택	일반주거	소로한면	가장형완경사	2,000,000

<자료 4> 거래사례

1. 물건 내용

① 토지 : S시 S구 B동 113번지, 대, 1,980m²

② 건물 : 철근콘크리트조 슬래브지붕 7층, 사무실 / 건축연면적 8,100m²

③ 지목, 이용상황, 도로교통, 형상 및 지세 : 대, 상업용, 중로한면, 정방형, 평지

2. 거래가격 : 11,205,000,000원

3. 거래일자 : 2023.4.1

<자료 5> 임대사례

1. 물건내용

① 토지 : S시 S구 B동 124번지, 대, 2,100m²

② 건물 : 철근콘크리트조 슬래브지붕 8층, 점포 및 사무실, 건축연면적 9,200m²

③ 지목, 이용상황, 도로교통, 형상 및 지세 : 대, 상업용, 소로한면, 정방형, 완경사

2. 최근 1년간 수지상황

운영경비(연간)		임대수입(연간 및 월간)	
감가상각비	218,459,520원	보증금운용익(연간)	100,000,000원
유지관리비	50,000,000원	월임대료수입	85,000,000원
제세공과금	80,000,000원	주차장수입(월간)	15,000,000원
손해보험료	20,000,000원		
대손준비금	20,000,000원		
장기차입금이자	50,000,000원		
소득세	100,000,000원		

※ 주1) 본건 사례물건은 100% 임대중임

　　주2) 손해보험료는 전액 소멸성임

<자료 6> 건설사례

1. 수집된 건설사례는 표준적인 자료로 인정됨.

2. 기타사항은 <자료 8>을 참고하시오

<자료 7> 지가변동률 및 건축비지수

1. 지가변동률(S시 S구)

　가. 용도지역별

(단위 : %)

구 분	주거지역	상업지역	공업지역	녹지지역	관리지역
2023년 1/4분기	2.54	1.24	4.24	3.20	1.20
2023년 2/4분기	3.00	2.36	1.24	2.40	3.26

　나. 지목별

(단위 : %)

구 분	전	답	대		임야	공장용지	기타
			주거용	상업용			
2023년 1/4분기	3.12	2.98	3.02	1.26	2.46	3.96	2.24
2023년 2/4분기	2.34	2.46	3.12	2.46	3.12	2.12	2.21

2. 건축비지수

연월일	2018.4.25	2018.8.24	2020.4.25	2023.4.1	2023.8.25
건축비지수	100	105	120	125	130

<자료 8> 대상 및 사례건물개요

항목＼건물	대상건물	거래사례	임대사례	건설사례
준공년월일	2018.8.24	2020.4.25	2018.4.25	2023.8.25
건축연면적	11,200m²	8,100m²	9,200m²	9,300m²
부지면적	2,000m²	1,980m²	2,100m²	2,050m²
시공정도	보통	보통	보통	보통
기준시점현재 잔존내용년수 주체부분 부대설치	45 10	48 13	45 10	50 15
도시계획사항	1종일주	1종일주	1종일주	1종일주
건물과 부지와의 관계	최유효이용	최유효이용	최유효이용	최유효이용
기준시점 현재 신축단가의 개별요인비교치	98	100	97	100

※ 주1) 주체부분과 부대설비부분의 가액비율은 75 : 25
　주2) 감가수정은 정액법에 의함
　주3) 건설사례의 재조달원가는 720,000원/m²임

<자료 9> 토지에 대한 지역요인 평점

구 분	대상물건	거래사례	임대사례
평점	100	102	85

<자료 10> 토지특성에 따른 격차율

1. 도로접면

구 분	중로한면	소로한면	세로가
중로한면	1.00	0.83	0.69
소로한면	1.20	1.00	0.83
세로가	1.44	1.20	1.00

2. 형상

구 분	가장형	정방형	부정형
가장형	1.00	0.91	0.83
정방형	1.10	1.00	0.91
부정형	1.21	1.10	1.00

3. 지세

구 분	평지	완경사
평지	1.00	0.77
완경사	1.30	1.00

<자료 11> 기타사항

1. 2023년 2/4분기 이후의 지가변동률은 2023년 2/4분기 지가변동률을 유추 적용한다.

2. 지가변동률은 토지보상평가지침에 의거 소수점 넷째자리에서 반올림한다.

3. 토지단가는 토지보상평가지침에 의거 100,000원 단위 이상일 때 유효숫자 셋째 자리, 그 미만은 둘째자리까지 표시함을 원칙으로 하되 반올림한다.

4. 건물단가는 천원미만을 절사한다.

5. S시 S구의 일반주거지역 상업용에 적용되는 토지의 환원율 : 연 10%

6. 건물의 환원율(상각 후 세공제 전) : 연 12%

7. 건물의 내용년수 만료시 잔가율 : 0

8. 건물의 감가는 만년감가를 한다.

9. <자료8>의 건물 잔존 내용년수는 모두 기준시점 기준으로 전 내용년수 산정은 "기준시점 잔존년수 + 기준시점 경과년수"로 산정함.

토지건물 3방식 [논점정리]

【종합문제 02】 감정평가사 홍길동은 의뢰인 벽계수씨로부터 부동산 매입타당성 검토를 의뢰받고 예비조사와 실질조사를 통하여 <자료 1>~<자료 2>를 수집하였다. 주어진 자료를 활용하여 다음 물음에 답하시오. (40점) 감정평가사 14회 기출

(물음 1) 감정평가 3방식을 적용하여 대상부동산의 시장가치를 구하시오.

(물음 2) 대상부동산에 대하여 ○○은행에서 제시하는 조건의 저당대출을 받을 경우 cash equivalence(금융조건을 고려한 대상부동산의 가치)를 구하시오.

(물음 3) 저당대출을 받을 경우의 대상부동산에 대한 매입타당성 여부를 검토하고 그 이유를 설명하시오.

<자료 1> 대상부동산의 기본자료

1. 소재지 : A시 B구 C동 100번지

2. 토지 : 지목 : 대, 면적 : 600m²

3. 건물
   - 구조 및 용도 : 철근콘크리트조 슬래브 지붕 7층 점포 및 사무실(상업용), 건축연면적 : 3,200m²
   - 건물은 2018.8.31에 준공되었으며, 총공사비는 2,000,000,000원이 투입되었으나 시공회사와 건축주의 분쟁으로 정상적인 공사비보다 다소 과다한 것으로 조사됨.
   - 건물의 물리적 내용년수는 55년이며 경제적 내용년수는 50년으로 판단됨.

4. 토지이용계획확인서상의 도시계획사항
   - 일반상업지역, 도시계획도로에 접함

5. 임대수지내역

임대수입(연간)		운영경비(연간)	
보증금 운용이익 지불임대료	50,000,000원 384,000,000원	장기차입금이자 유지관리비 제세공과(토지, 건물) 손해보험료(소멸성) 대손준비금 감가상각비	15,000,000원 8,000,000원 2,500,000원 1,000,000원 10,000,000원 직접 산정할 것

6. 대상부동산에 대한 저당대출 조건

    가. 벽계수씨는 저당대출을 받는 조건으로 3,900,000,000원에 대상부동산의 매수 제안을 받았음.

    나. 저당대출 조건

        1) 대출금액 : 감정평가액의 60%

        2) 대출이자율 : 6%/년

        3) 대출기한 : 30년(만기까지 존속)

        4) 상환방법 : 매년 원리금 균등분할상환

        5) 시장이자율 : 12%/년

7. 가격조사 완료일 : 2023.8.25

8. 조사결과 대상부동산의 임대수지는 인근수준 대비 적정하며 앞으로도 현 수준을 유지할 것으로 파악됨.

<자료 2> 인근의 표준지공시지가 현황

(공시기준일 : 2023.1.1)

일련번호	소재지	면적(m²)	지목	이용상황	용도지역	주위환경	도로교통	형상지세	공시지가(원/m²)
1	A시B구C동103	500	대	상업용	일반상업	상가지대	중로한면	정방형 평지	3,800,000
2	A시B구C동107	550	대	상업용	일반주거	주택 및 상가지대	중로한면	가로장방형 평지	2,900,000
3	A시B구C동109	600	대	단독주택	일반주거	주택 및 상가지대	소로한면	정방형 평지	2,200,000

<자료 3> 거래사례(㉮)

1. 물건내용

   가. 토지 : A시 B구 D동 98 대 580m², 일반상업지역

   나. 건물 : 철근콘크리트조 슬래브 지붕 2층 점포 및 사무실, 건축연면적 700m²

2. 거래가격 : 2,100,000,000원

3. 거래일자 : 2022.4.1

4. 기타사항

   가. 위 건물은 1979년에 준공된 노후 건물로 최유효이용상태에 미달하여 매입 직후 철거되고 현장조사일 현재 6층 건물을 신축중임.

   나. 계약당시 매수인은 건물의 잔재(폐재)가치를 20,000,000원, 건물의 철거 및 잔재처리비를 50,000,000원으로 예상하고 이를 매입하였음.

   다. 건축업자가 건물신축 후 분양을 위해 신속한 명도조건으로 시장가치보다 5% 높게 매매한 것임.

<자료 4> 거래사례(㉯)

1. 물건내용

    가. 토지 : A시 B구 D동 113 대 500m², 일반상업지역

    나. 건물 : 철근콘크리트조 슬래브 지붕 6층 점포 및 사무실, 건축연면적 2,500m²

2. 거래가격 : 4,150,000,000원

3. 거래일자 : 2022.8.31

4. 기타사항 : 본건 거래사례는 대상부동산에 비해 개별요인(수량요소 포함)에서 5% 우세하며, 이 부동산의 과거 1년간 가격상승률은 10%임.

<자료 5> 임대사례(㉰)

1. 물건내용

    가. 토지 : A시 B구 D동 115 대 550m², 일반상업지역

    나. 건물 : 철근콘크리트조 슬래브 지붕 6층 점포 및 사무실, 건축연면적 2,700m²

2. 임대시점 및 기간 : 2023.1.1부터 2년간

3. 임대수지 내역

    가. 총 임대수입(연간) : 430,000,000원

    나. 운영경비 : 총 임대수입의 20%임(감가상각비 포함)

4. 기타 : 본건 사례물건은 100% 임대 중임

<자료 6> 건설사례(㉱)

1. 인근지역에서 대상물건과 시공재료·구조 등 제반 물적 사항이 유사한 상업용 건물의 건설사례를 조사한 결과 기준시점 현재 표준적인 건축비용은 평당 2,500,000원으로 파악되었음.

2. 기타사항은 <자료 7>을 참고할 것

<자료 7> 대상 및 사례건물 개요

항목 \ 건물	대상건물	거래사례(㉯)	임대사례(㉰)	건설사례
준공일자	2018.8.31	2021.3.31	2019.6.30	2023.8.31
대지면적	600m²	500m²	550m²	520m²
건축연면적	3,200m²	2,500m²	2,700m²	2,200m²
시공정도	보통	보통	보통	보통
기준시점 현재 잔존내용년수	45	48	47	50
도시계획사항	일반상업지역	일반상업지역	일반상업지역	일반상업지역
건물과 부지와의 관계	최유효이용	최유효이용	최유효이용	최유효이용
기준시점 현재재조달원가 (신축단가)의 개별요인비교치	98	96	100	100 (2,500,000원/평)

※ 감가수정은 정액법에 의하며 만년 감가함. (잔가율=0)

<자료 8> 지역요인 비교

비교표준지	대상물건	거래사례(㉮)	거래사례(㉯)	임대사례(㉰)
100	100	102	105	110

<자료 9> 개별요인 비교

비교표준지	대상물건	거래사례(㉮)	거래사례(㉯)	임대사례(㉰)
100	90	100	—	100

<자료 10> 지가변동률, 임대료지수, 건축비지수

1. 지가변동률

   <A시 B구>

(단위 : %)

구 분	주거지역	상업지역	대		기타
			주거용	상업용	
2022년 1/4분기	5.12	3.12	5.10	5.50	3.12
2022년 2/4분기	2.35	3.26	2.20	3.30	1.56
2022년 3/4분기	9.01	7.91	7.0	10.10	5.95
2022년 4/4분기	6.23	3.28	5.30	7.15	2.01
2023년 1/4분기	2.25	2.50	2.80	3.10	2.10
2023년 2/4분기	2.00	2.20	2.12	2.15	1.60

2. 임대료지수

연월일	2021.01.01	2022.01.01	2022.07.01	2023.01.01	2023.08.31
임대료지수	100	110	115	120	127

3. 건축비지수

연월일	2020.01.01	2022.01.01	2022.07.01	2023.01.01	2023.08.31
임대료지수	100	129	133	137	141

<자료 11> 보증금운용이율 및 환원율

보증금운용비율	B구 상업지역 상업용 토지의 환원율	상각 후 세공제 전 건물 환원율
5%/년	8%/년	10%/년

<자료 12> 복리현가계수, 연금현가계수, 저당상수

1. 복리현가계수$\left(\dfrac{1}{(1+r)^n}\right)$ (r=연이율, n=년)

n＼r	0.06	0.12
1	0.9433	0.8928
30	0.1741	0.3337
60	0.0303	0.0011

2. 연금현가계수$\left(\dfrac{1-(1+r)^{-n}}{r}\right)$

n＼r	0.06	0.12
1	0.9433	0.8928
30	13.7648	8.0551
60	16.1614	8.3240

3. 저당상수$\left(\dfrac{r}{1-(1+r)^{-n}}\right)$

n＼r	0.06	0.12
1	1.0600	1.1200
30	0.0726	0.1241
60	0.0618	0.1201

<자료 13> 기타

1. 지가변동률은 백분율로서 소수점 이하 셋째자리에서 반올림함.

2. 토지 및 건물의 단가와 금액은 천원 미만을 절사함.

3. 토지에 귀속하는 순이익의 시점수정은 임대료지수를 활용할 것.

4. 기준시점은 의뢰인이 제시한 2023.8.31임.

토지건물(개별물건기준과 일괄평가) [논점정리]

【종합문제 03】 감정평가사 K씨는 복합부동산에 대한 감정평가를 의뢰받고 사전조사와 현장조사를 통해 다음과 같은 자료를 수집하였다. 주어진 자료를 활용하여 다음 물음에 답하시오. (40점) 감정평가사 15회 기출

(물음 1) 토지와 건물 각각의 가격을 산출하여 복합부동산의 가격을 구하시오.

(물음 2) 현금흐름할인분석법(DCF법)에 의하여 토지와 건물의 일괄평가 가격을 구하시오.

(물음 3) 시산가액의 조정을 통한 평가액 결정시 각 평가방법에 내재되어 있는 특징을 통하여 가격결정의견을 제시하고, 복합부동산의 일괄평가에 확대 적용할 수 있는 산정기법 및 유의사항을 서술하시오.

<자료 1> 평가대상물건 개요

1. 토지
   1) 소재지 : S시 K구 A동 100번지
   2) 용도지역 : 일반상업지역
   3) 토지특성 : 대, 820m², 가로장방형, 평지, 소로한면

2. 건물 : 철근콘크리트조 슬래브지붕 지하 1층 지상 5층

	면적(m²)	이용상황
지하 1층	287	점포 및 주차장
지상 1층	574	점포
2층	574	점포
3층	574	병원
4층	574	병원
5층	574	학원
계	3,157	

3. 조사기간 : 2023년 8월 24일~2023년 9월 1일

4. 감정평가목적 : 일반거래(매매참고용)

<자료 2> 공시지가 표준지 내역(2023.1.1)

(S시 K구)

번호	소재지 지번	면적 (m²)	지목	이용상황	용도지역	도로교통	형상지세	공시지가 (원/m²)
1	A동 80	89	대	상업용	일반상업	중로한면	사다리평지	3,200,000
2	A동 90	800	대	상업용	일반상업	세로(가)	정방형평지	2,100,000
3	B동 70	120	대	주상용	준주거	세로(가)	정방형평지	2,100,000
4	B동 75-1	750	대	주상용	준주거	소로한면	가장형평지	1,800,000
5	B동 90-2	900	대	상업용	일반상업	세로(가)	사다리평지	2,500,000

주) 2번 표준지는 일부(30%)가 도시계획시설(도로)에 저촉되고 있음.

<자료 3> 거래사례

1. 거래사례 1

   1) 토지 : S시 K구 B동 200번지, 대, 750m², 일반상업지역, 사다리, 평지, 소로한면

   2) 건물 : 위 지상 조적조 기와지붕 단층 창고, 면적 180m²

   3) 거래일자 : 2023년 6월 1일

   4) 거래금액, 거래조건 등

   ① 채권최고액을 7억5천만원으로 하는 근저당권이 설정되어 있으며, 매수인이 미상환 대부액 4억원을 인수하는 조건으로 18억3천만원을 현금으로 지급함.

   ② 저당대출조건

   • 대출기간 : 2021.6.1.~ 2027.5.31.

   • 원리금 상환방법 : 매년 원리금 균등상환

   5) 기타사항

   거래 당시 지상에 소재하는 창고의 철거에 따른 비용 12,000,000원은 매도인이 철거 용역회사에 지불하기로 함.

2. 거래사례 2

　　1) 토지 : S시 K구 C동 150번지, 대, 900m², 일반상업지역, 정방형, 평지, 세로(가)

　　2) 건물 : 위 지상 철근콘크리트조 슬래브지붕 상업용 건물(지하 1층, 지상 5층),
　　　　지하층 315m², 지상층 연면적 3,150m²

　　3) 거래가격 : 48억원

　　4) 거래일자 : 2022년 10월 5일

　　5) 기타사항 : 매도자의 급한 사정으로 약 5% 저가로 거래되었음.

3. 거래사례 3

　　1) 토지 : S시 K구 C동 250번지, 대, 780m², 일반상업지역, 세장형, 평지, 소로한면

　　2) 거래가격 : 23억 5천만원

　　3) 거래일자 : 2021년 8월 1일

　　4) 기타사항 : 별도의 사정보정 요인이 없는 정상적인 거래임.

4. 거래사례 4

　　1) 토지 : S시 K구 D동 240번지, 대, 750m², 일반상업지역, 사다리, 평지, 중로한면

　　2) 거래가격 : 16억원

　　3) 거래일자 : 2023년 5월 10일

　　4) 기타사항 : 별도의 사정 보정요인이 없는 정상적인 거래임.

<자료 4> 조성사례

1. 소재지 등 : S시 K구 B동 50번지, 대, 700m², 일반상업지역, 세로장방형, 평지, 소로한면

2. 조성 전 토지매입가격 : 2,000,000원/m²(토지매입시 지상에 철거를 요하는 조적조 슬래브지붕 2층 건물 연 240m²가 소재하여 이를 매수자가 철거하는 조건으로 거래하였으며, 매입당시 예상철거비는 50,000원/m², 예상폐재가치는 5,000,000원이었으나 실제 철거비는 60,000원/m², 실제 폐재가치는 4,000,000원이 발생된 것으로 조사됨)

3. 조성공사비 : 4억5천만원(매분기초에 균등분할지급)

4. 일반관리비 : 조성공사비 상당액의 10%(공사 준공시 일괄 지급)

5. 적정이윤 : 조성공사비 상당액과 일반관리비 합계액의 8%(공사 준공시 일괄 지급)

6. 공사일정 등

   1) 조성 전 토지 매입시점 : 2021년 8월 1일

   2) 공사착공시점 : 2022년 1월 1일

   3) 공사준공시점 : 2023년 1월 1일

   4) 토지매입비는 공사착공시의 조성원가로 함.

<자료 5> 최근 임대사례

1. 토지

   1) 소재지 : S시 K구 D동 70번지

   2) 용도지역 : 일반상업지역

   3) 토지특성 : 대, 920m², 사다리, 평지, 소로한면

2. 건물

   철근콘크리트조 슬래브지붕 지하 1층 지상 6층, 상업용 건물 연면적 3,400m²

3. 임대수입자료

   1) 보증금 : 3,000,000,000원

   2) 지불임대료 : 660,000,000원(3년분이며 임대개시시점에 일시불로 지불하는 조건임)

4. 영업경비자료

   1) 손해보험료 : 30,000,000원(3년분이며 일시불로 기초에 지불하고, 그 중 40%는 비소멸성이며 보험만료기간은 3년임)

   2) 공조공과 : 20,000,000원/년

   3) 공실손실상당액 : 2,500,000원/월

   4) 유지관리비 : 50,000,000원/년

5. 자본회수기간

　1) 임대사례 인근지역에서 표본 추출하여 분석한 표준적인 상업용 부동산의 자
　　본회수기간은 다음과 같음.

표　본	자본회수기간(년)	표　본	자본회수기간(년)
가	9.9	라	10.0
나	9.7	마	10.2
다	10.3	바	9.6

　2) 위 자본회수기간은 상각 전 순이익을 기준으로 한 자료임.

<자료 6> 지가변동률 등

1. 지가변동률

	평균	용도지역별(%)				이용상황별(%)						
		주거	상업	공업	녹지	전	답	대		임야	공장용지	기타
								주거	상업			
2020년	2.10	1.87	1.76	2.73	1.28	2.93	3.28	1.36	1.02	2.02	2.63	2.04
2021년	1.84	2.15	1.71	1.19	0.27	3.05	2.65	1.54	1.15	2.44	1.76	1.91
2022년	3.88	4.20	3.30	4.00	3.20	5.10	5.60	3.40	2.70	3.10	2.73	1.80
2023년 1/4분기	1.21	1.20	1.36	0.50	0.84	1.92	1.50	0.70	0.71	0.42	0.77	0.30
2023년 2/4분기	1.12	1.15	1.22	0.60	0.76	1.58	0.52	1.21	1.37	0.59	0.92	1.27

주) 2023년 3/4분기 지가변동률은 미고시 상태임.

2. 생산자물가지수

시점	2021.1	2022.1	2023.1	2023.7
지수	130	132	139	141

3. 건축비지수

시점	2021.1	2022.1	2023.1	2023.7
지수	102	109	114	117

<자료 7> 지역요인 비교자료

1. K구 같은 동의 사례는 지역요인이 동일함.

2. K구 A동과 B동은 인근지역으로서 지역요인 동일하나, A동 또는 B동을 기준으로 한 C동과 D동은 동일수급권 내 유사지역으로서 지역요인이 상이하고 그 격차를 알 수 없음.

3. 건물의 경우에는 지역격차를 별도로 고려하지 아니함.

<자료 8> 개별요인비교자료

1. 도로접면

	광대한면	중로한면	소로한면	세로(가)
광대한면	1.00	0.93	0.86	0.83
중로한면	1.07	1.00	0.92	0.89
소로한면	1.16	1.09	1.00	0.96
세로(가)	1.20	1.12	1.04	1.00

2. 형상

	정방형	가로장방형	세로장방형	사다리형	부정형	자루형
정방형	1.00	1.05	0.99	0.98	0.95	0.90
가로장방형	0.95	1.00	0.94	0.93	0.90	0.86
세로장방형	1.01	1.06	1.00	0.99	0.96	0.91
사다리형	1.02	1.08	1.01	1.00	0.97	0.92
부정형	1.05	1.11	1.04	1.03	1.00	0.95
자루형	1.11	1.16	1.10	1.09	1.05	1.00

3. 지세

	평지	완경사	급경사	고지	저지
평점	1.00	0.97	0.92	0.90	0.96

<자료 9> 표준건축비 등

1. 표준건축비와 내용년수

	목조	조적조	철골조	철근콘크리트조
지상층의 표준건축비(원/평)	1,800,000	2,000,000	1,700,000	2,500,000
물리적 내용년수	60	60	60	100
경제적 내용년수	45	45	40	50

주) 지하층의 표준건축비(재조달원가)는 지상층의 70% 수준임.

2. 건물의 개별격차 등

	거래사례2 건물	임대사례 건물	대상 건물
사용승인일자	2021.5.10	2020.12.5	2020.10.20
개별요인비교	97	105	100

주) 건물개별요인은 지하층과 지상층을 포함한 것이고, 잔가율은 미반영된 것임.

<자료 10> 대상부동산의 임대자료

1. 대상부동산은 현재 최유효이용상태이고, 대상부동산은 조사한 결과 최근에 계약 갱신된 4층(병원)의 임대자료가 포착되었으며 이는 적정한 것으로 판단됨.

2. 4층 임대자료

   1) 4층 전체의 연간 지불임대료는 165,000원/m²이며, 해당 지역의 일반적인 공실률은 3% 수준임.

   2) 부가사용료 및 공익비는 적정수준이며 지불임대료와는 별도로 징수하고 있음.

3. 4층 각종 지출내역

지난 1년간 소유자가 4층 부분에 지출한 내역은 다음과 같고, 향후에도 동일한 수준에서 지출될 것으로 조사됨.

1) 부가물설치비 : 10,000,000원

2) 수도료 : 50,000원/월

3) 전기료 : 150,000원/월

4) 연료비 : 200,000원/월

5) 소유자급여 : 1,500,000원/월

6) 손해보험료 : 3,000,000원/년(보험료 중 2,500,000원은 비소멸성)

7) 소득세 : 2,500,000원/년

8) 수선비 : 1,500,000원/년

9) 건물관리자 급여 : 1,300,000원/월

10) 저당이자 : 2,500,000원/월

11) 기타 영업경비 : 1,000,000원/월

<자료 11> 층별효용비 등

1. 저층시가지에 있어 본건과 유사한 건물의 층별효용비는 다음과 같음. 이는 건물가격과 토지가격의 입체분포가 같은 것을 전제로 한 것임.

	지상1층	지상2층	지상3층	지상4층	지상5층
효용비	100	60	42	38	36

2. 임대면적과 층별면적은 동일한 것으로 하고, 지하층은 별도로 고려하지 아니함.

<자료 12> 수익변동자료 등

1. 순영업소득은 향후 5년간 매년 5%씩 상승하다 6년차부터는 매년 2%씩 상승할 것으로 추정되며, 이는 적정한 것으로 판단됨.

2. 적정가격 도출을 위하여 보유기간을 5년으로 상정함.

\<자료 13\> 시장이자율 등

1. 보증금 및 지불임대료 운용이율 : 연 10%

2. 시장이자율 : 연 8%(분기당 2% 별도 적용 가능)

3. 자본수익률 : 8%

4. 저당대부이자율 : 연 6%

5. 보험만기 약정이자율 : 연 4%

6. 5년 후 재매도시 적용할 환원율 : 12%

\<자료 14\> 기타유의사항

1. 환원율, 수익률, 이자율, 시점수정치 등의 산정시 백분율로 소수점 셋째자리에서 반올림할 것.

2. 지역요인 및 개별요인 격차율은 백분율로 소수점 둘째자리에서 반올림할 것.

3. 각 단계의 가격(금액) 산정시 천원 미만은 반올림하고, 최종 감정평가액은 유효숫자 네 자리까지로 함.

4. 주어진 자료를 충분히 활용하여 가격을 산출하되, (물음 1)에 대하여는 \<자료 2\>~\<자료 9\>를, (물음 2)에 대하여는 \<자료 10\>~\<자료 12\>를 주로 활용하고, \<자료 13\>은 공통으로 활용할 것.

5. 비교표준지, 거래사례 등의 선정시와 각 단계의 시산가액 결정시에는 그 논리적 근거를 명기할 것.

<자료 15> 복리증가율표 등

1. 복리증가율표

$$(1+r)^n$$

n	r = 2%	r = 4%	r = 6%	r = 8%	r = 10%
1	1.020	1.040	1.060	1.080	1.100
2	1.040	1.082	1.124	1.166	1.210
3	1.061	1.125	1.191	1.260	1.331
4	1.082	1.170	1.262	1.360	1.464
5	1.104	1.217	1.338	1.469	1.611
6	1.126	1.265	1.419	1.587	1.772
7	1.149	1.316	1.504	1.714	1.949
8	1.172	1.369	1.594	1.851	2.144
9	1.195	1.423	1.689	1.999	2.358
10	1.219	1.480	1.791	2.159	2.594

2. 복리현가율표

$$\frac{1}{(1+r)^n}$$

n	r = 2%	r = 4%	r = 6%	r = 8%	r = 10%
1	0.980	0.962	0.943	0.926	0.909
2	0.961	0.925	0.890	0.857	0.826
3	0.942	0.889	0.840	0.794	0.751
4	0.924	0.855	0.792	0.735	0.683
5	0.906	0.822	0.747	0.681	0.621
6	0.888	0.790	0.705	0.630	0.564
7	0.871	0.760	0.665	0.583	0.513
8	0.853	0.731	0.627	0.540	0.467
9	0.837	0.703	0.592	0.500	0.424
10	0.820	0.676	0.558	0.463	0.386

3. 복리연금현가율표

$$\frac{(1+r)^n - 1}{r \times (1+r)^n}$$

n	r=2%	r=4%	r=6%	r=8%	r=10%
1	0.980	0.962	0.943	0.926	0.909
2	1.942	1.886	1.833	1.783	1.736
3	2.884	2.775	2.673	2.577	2.487
4	3.808	3.630	3.465	3.312	3.170
5	4.713	4.452	4.212	3.993	3.791
6	5.601	5.242	4.917	4.623	4.355
7	6.472	6.002	5.582	5.206	4.868
8	7.325	6.733	6.210	5.747	5.335
9	8.162	7.435	6.802	6.247	5.759
10	8.983	8.111	7.360	6.710	6.145

4. 연부상환율표

$$\frac{r \times (1+r)^n}{(1+r)^n - 1}$$

n	r=2%	r=4%	r=6%	r=8%	r=10%
1	1.020	1.040	1.060	1.080	1.100
2	0.515	0.530	0.545	0.561	0.576
3	0.347	0.360	0.374	0.388	0.402
4	0.263	0.275	0.289	0.302	0.315
5	0.212	0.225	0.237	0.250	0.264
6	0.179	0.191	0.203	0.216	0.230
7	0.155	0.167	0.179	0.192	0.205
8	0.137	0.149	0.161	0.174	0.187
9	0.123	0.134	0.147	0.160	0.174
10	0.111	0.123	0.136	0.149	0.163

5. 복리연금증가율표

$$\frac{(1+r)^n - 1}{r}$$

n	r = 2%	r = 4%	r = 6%	r = 8%	r = 10%
1	1.000	1.000	1.000	1.000	1.000
2	2.020	2.040	2.060	2.030	2.100
3	3.060	3.122	3.184	3.246	3.310
4	4.122	4.246	4.375	4.506	4.641
5	5.204	5.416	5.637	5.857	6.105
6	6.308	6.633	6.975	7.336	7.716
7	7.434	7.898	8.394	8.923	9.487
8	8.583	9.214	9.897	10.637	11.486
9	9.755	10.583	11.491	12.488	13.579
10	10.950	12.006	13.181	14.487	15.937

6. 상환기금률표

$$\frac{r}{(1+r)^n - 1}$$

n	r = 2%	r = 4%	r = 6%	r = 8%	r = 10%
1	1.000	1.000	1.000	1.000	1.000
2	0.495	0.490	0.485	0.481	0.476
3	0.327	0.320	0.314	0.308	0.302
4	0.243	0.235	0.229	0.222	0.215
5	0.192	0.185	0.177	0.170	0.164
6	0.159	0.151	0.143	0.136	0.130
7	0.135	0.127	0.119	0.112	0.105
8	0.117	0.109	0.101	0.094	0.087
9	0.103	0.094	0.087	0.080	0.074
10	0.091	0.083	0.076	0.069	0.063

토지건물(개별물건기준과 일괄평가) [논점정리]

【종합문제 04】 감정평가사인 당신은 토지와 건물로 구성된 복합부동산의 평가를 의뢰받고 예비조사 및 실지조사를 거쳐 다음의 자료를 수집하였다. 개별 평가한 금액과 일괄로 평가한 후, 감정평가액을 결정하시오. (30점)

<자료 1> 기본적 사항

1. 대상물건

    (1) 토지 : 서울시 관악구 신림동 255-112번지 대 520m²

    (2) 건물 : 위 지상 철근콘크리트조 슬래브즙 9층건 사무실

     건축연면적 −2,460m²(1층 200m², 2~9층 248m², 지하 276m²)

    (3) 구하는 가격의 종류 : 시장가치

    (4) 평가목적 : 일반거래

    (5) 기준시점 : 2023년 8월 31일

<자료 2> 대상부동산의 현황

1. 토지 : 도시관리계획상 상업지역에 속하고, 기타 제한사항은 없음.

2. 건물

    (1) 물리적 감가

    ① 기준시점 현재 건물의 외벽에 페인트칠이 요구되며, 수선비는 2,100,000원이 소요된다. 동 수선에 따른 효용은 비용보다 적지만, 다른 항목의 가치하락을 비용이상으로 방지가 가능하다. 건축 당시 페인트칠(주체항목)의 재조달원가는 1,000,000원이다.

    ② 관리소홀로 대상건물의 경제적 잔존내용년수는 주체시설은 42년, 부대시설은 12년으로 추정된다.

    (2) 기능적 감가 및 경제적 감가는 없는 것으로 본다.

<자료 3> 거래사례

1. 토지 : 서울시 관악구 신림동 255-340번지 대 470m²

2. 건물 : 위 지상 슬레트즙 1층건 연면적 250m²

3. 거래가격 : 517,000,000원

4. 거래일자 : 2022. 6. 20

5. 기타 : 건물의 노후화로 최유효사용에 현저히 미달하여 매수자가 철거를 전제로 구입한 사례로서, 약 10% 정도 고가로 거래되었으며, 철거비는 거래시 인근의 적정한 철거사례를 바탕으로 12,000,000원을 예상하였으나, 15,000,000원이 소요되었음.

<자료 4> 공시지가 자료(2023년 1월 1일)

기호	소재지	지목	이용상황	공시지가 (원/m²)
1	관악구 신림동	대	업무용	1,020,000
2	상동	대	단독주택	800,000
3	상동	대	아파트	900,000
4	상동	대	아파트	950,000

<자료 5> 임대사례

1. 사례의 기본적 사항
   (1) 토지 : 서울시 관악구 봉천동 600번지, 대 520m²
   (2) 건물 : 위 지상 철근콘크리트조 슬래브즙 8층건 점포 및 사무실 1동 건축연면적 2,700m²

2. 임대개시시점 : 2022년 8월 31일

3. 임대수입

   ⑴ 보증금 : 160,000,000원

   ⑵ 지불임대료 : 23,500,000원/월

   ⑶ 주차장수입 : 연지불임대료의 2%

   ⑷ 권리금 : 80,000,000원

4. 운영경비(손해보험료 및 감가상각비 제외) : 147,500,000원

5. 기타사항

   ⑴ 손해보험료는 매년 5,500,000원을 지불하기로 약정계약을 체결하였으며, 5년
       후, 이자율 5% 복리로 계산하여 환급하는 약관이 부가되어 있다.

   ⑵ 임대기간은 5년, 사례부동산은 100% 임대 중이며 최유효사용상태에 있음.

<자료 6> 건물관련 자료

구 분	대상	임대사례	건설사례
준공연월일	2018년 7월 10일	2019년 8월 15일	2022년 8월 1일
건축연면적	2,460	2,700	2,550
재조달원가 평점	95	97	100

※ 주체 및 부대시설의 가격구성비는 8 : 2이다.
※ 임대사례 철근콘크리트조의 내용년수는 주체 55년, 부대 20년임.
※ 건설사례의 신축당시 건축비는 636,000,000원임.

<자료 7> 시점수정 및 요인비교

1. 지가변동률(%)

2018년	2019년	2020년	2021년	2022년	2023. 1. 1～ 2023. 7. 31
11.11	12.24	10.59	12.01	9.87	6.75

2. 건축비지수

2017.1.1	2018.1.1	2019.1.1	2020.1.1	2021.1.1	2022.1.1	2023.1.1	2023.7.1
100	139	155	168	200	236	259	280

※ 15일 미만은 1월로 보지 않으며, 월할 계산한다.

3. 요인비교자료

구 분	대상토지	거래사례	임대사례	표준지
지역요인	100	100	99	100
개별요인	97	105	100	97

<자료 8> 기타 참고사항

1. 공시지가는 인근의 적정시세를 반영하는 바 그 밖의 요인 보정치는 1.00을 적용함.

2. 서울시 상업지역의 환원율 : 토지 12%, 건물 18%(상각 전)

3. 토지건물의 순수익 구성비율은 대상이 6 : 4이며, 사례는 4 : 6이다.

4. 일시금의 운용이율 : 연 12%

토지건물(일괄 감정평가)   [논점정리]

【종합문제 05】 감정평가사인 당신은 S시 K구 A동에 소재하는 업무용부동산 매입에 대한 투자자문을 의뢰받았다. 주어진 자료를 바탕으로 투자자문에 대한 컨설팅 보고서에 포함될 "대상부동산의 적정가격의 범위"를 제시하시오. (25점)

<자료1> 해당 평가건의 처리계획

당신은 의뢰인의 요구에 부응하기 위하여 "2023년 8월 31일"을 기준시점으로, 현재 이용상황의 토지·건물 일체가격을 산정하고자 한다. (따라서 해당 평가에서는 토지와 건물을 개별적으로 평가하지 아니하고, 토지·건물을 일체로 현황대로 평가할 것) 그리고 이 때 산정된 적정가격은 특정한 투자자의 개인적인 사항이 고려되지 않은 해당 부동산이 속한 시장 내에서 일반적으로 성립가능한 거래가능가격의 성격을 갖도록 한다.

<자료2> 대상부동산

1. 토지 : S시 K구 A동 330번지. 1,250m²

2. 건물 : 위 지상 철근콘크리트조 슬래브즙 지하 1층 지상 8층. 연면적 8,820m²

3. 기타사항 : 대상부동산은 상업지역에 속하며, 인근지역의 표준적인 이용형태에 비해 이용효율이 떨어지는 것으로 파악되었다.

4. 임대현황

(임대시점 : 2022년 1월 1일)

층수	용도	바닥면적(m²)	임대면적(m²)	연간임대료수익(원/m²)
B1	식당	980	750	120,000
1	업무용	980	550	150,000
2~5	업무용	980	800	160,000
6~8	업무용	980	750	155,000
계		8,820	6,750	

<자료 3> 거래사례

1. 거래사례-1

(1) 토지 : S시 K구 A동 300번지. 1,300m²

(2) 건물 : 위 지상 철근콘크리트조 슬래브즙 지하 2층 지상 10층. 연면적 11,280m²

(3) 거래시점 : 2023년 4월 12일

(4) 거래가격 : 7,000,000,000원

(5) 기타사항 : 본 사례는 거래의 비정상적인 요소의 개입이 없으며, 인근지역의 표준적인 사용범위 내의 최유효이용 층수의 사례로서 "토지·건물의 가격구성비" 및 "내부요소 간의 균형상태" 등에서 대상지역의 전형적인 것으로 조사되었다.

(6) 임대현황

(임대시점 : 2023년 1월 1일)

층수	용도	바닥면적(m²)	임대면적(m²)	연간임대료수익(원/m²)
B2	주차장	960	—	—
B1	식당	960	800	130,000
1	업무용	960	600	150,000
2~6	업무용	960	850	165,000
7~10	업무용	900	800	160,000
계		11,280	8,850	

2. 거래사례-2

(1) 인근지역에 소재하는 나지상태(1,000m²)의 거래사례가 포착되었는데, 이는 "부동산

투자자 L씨와 자산관리공사간의 수의계약"에 의한 거래임이 밝혀졌다.

⑵ 거래시점 : 2023년 3월 18일

⑶ 거래내역 : 수의계약에 의한 사례이나 정상적 사례로서, 명목상가액 2,500,000,000원으로 거래가 이루어졌다.

⑷ 기타사항 : 사례는 전형적인 대출을 통해 매입한 사례로서 거래금액의 지불시기, 대출조건 및 대출금액 등을 고려한 거래금액의 현금등가액은 2,323,301,000원임.

<자료 4> 인근지역에 대한 향후 전망

인근지역은 최근까지 업무지구로서 활발히 개발되어 급속한 성장기를 거쳐, 현재는 매우 안정적이고 성숙한 지역특성을 갖추게 됨으로써 향후 20년간 토지가치는 실질 물가상승률과 같은 수준으로 유지되어 보합세로 전망된다. 그러나 그 이후 10년간 경쟁지역의 발달로 인하여 매년 1.5%씩 실질가치가 감소하고, 그 다음 10년간에는 쇠락단계에 접어들어 실질 토지가치는 매년 2%씩 감소하리라 예상된다.

<자료 5> 대상부동산과 거래사례#1 부동산과의 비교자료

1. 지출부분

(단위 : 원)

항 목	대상부동산	거래사례#1
유지관리비	150,000,000	170,000,000
감가상각비	80,000,000	90,000,000
재산세(토지, 건물)	49,000,000	60,000,000
손해보험료	50,000,000	59,000,000
대손충당금	35,000,000	43,000,000
공실손실충당금	65,000,000	69,000,000
장기차입이자	89,000,000	85,000,000
정상운전자금이자상당액	45,000,000	50,000,000
자기자금이자상당액	34,000,000	50,000,000
대체준비금	30,000,000	50,000,000

※ 상기 내역은 대상과 거래사례#1 모두 해당 임대시점 기준으로 추계된 것임.

2. 토지

구 분	대상	거래사례#1	거래사례#2
개별요인 평점	105	100	99

※ 대상토지는 기준시점현재 기준이며, 사례토지는 거래시점 현재를 기준한 평점임.

3. 건물

구 분		대상	거래사례#1
준공일자		2013. 12. 15	2019. 5. 30
바닥면적		8,820	11,280
임대면적		6,750	8,850
기준시점 현재 경제적 잔존내용년수	주체부분	40	46
	부대부분	11	16
건물개별요인		103	100

※ 대상 및 거래사례#1 건물 잔가율 비교치는 0.828이며, 면적요소는 불포함됨.

<자료 6> 시점수정자료

1. 지가변동률(S시 K구, 상업지역)
   - 2023.3.18.부터 2023.4.12. : 0.768%
   - 2023.3.18.부터 2023.8.31. : 5.653%
   - 2023.4.12.부터 2023.8.31. : 4.524%

2. 임대료변동률(순임대료, 인근지역, %)
   - 2022.1.1.부터 2023.8.31. : 12.922%
   - 2023.1.1.부터 2023.8.31. : 5.251%

3. 건축비변동률(철근콘크리트조, 2023.4.12부터 2023.8.31.) : 3.88%

<자료 7> 기타자료

1. 인근지역의 표준적인 최유효이용상태에 대한 대상부동산의 비효율적인 이용에 따른 토지·건물 복합부동산의 품등저하는 "단위 임대면적(m^2)당 순영업소득(NOI)의 차이"로 구체화된다.

2. 시장이자율 : 12%

3. 거래사례비교법 적용 시 토지·건물 가격구성비는 사례의 최유효이용 층수 상태를 기준으로 하는바, 거래사례#1의 거래시점 당시의 가격구성비를 적용(사례의 토지가격을 우선 산정하여 결정)하고 일체 품등비교는 대상과 사례의 임대면적 당 NOI를 기준으로 비교한다.

4. 대상부동산의 토지·건물 일체의 수익가액은 "잔존 내용년수 동안 NOI의 현가"와 "내용년수말 토지가치의 현가"의 합으로 산정한다.

토지4방식 [논점정리]

【종합문제 06】감정평가사인 당신은 기준시점 현재 지상건물의 건축 중에 있는 토지의 감정평가를 의뢰받았다. 이에 당신은 3방식병용 규정에 의거 가격자료를 수집하여 다음과 같이 정리하였다. 제시된 자료를 바탕으로 대상토지의 감정평가액을 결정하시오. (30점)

<자료 1> 기본적 사항

1. 평가대상토지(지적공부상) : 아래 중 거래가능한 적정면적
   (1) S시 K동 113-1번지 전 420m²
   (2) S시 K동 113-2번지 전 50m²

2. 평가목적 : 일반거래

3. 기준시점 : 2023년 2월 1일

<자료 2> 대상토지

1. 용도지역 : 관리지역

2. 도로교통 : 세로(가)

3. 지형 및 지세 : 부정형 평지

4. 기타사항
   (1) 대상토지는 2020년 10월 20일 ㈜K에서 공장신설용 부지로 사용하기 위해 현지인으로부터 250,000원/m²에 매입한 것으로 전체 470m² 중 50m²는 진입도로 개설을 조건으로 건축허가를 득하였다. (도로개설 후 S시에 기부채납)
   (2) 현재는 토목공사 등 제반 조성이 완료되어 건물신축을 위한 기초공사가 진행 중이다.

⑶ ㈜K는 2020년 10월 20일 해당 토지를 구입하여 2021년 10월 20일자 농지전용 허가를 득하였으며, 2022년 4월 20일에 조성 완료하여 2023년 1월 26일자로 건축허가를 득한 것으로 조사되었다.

<자료 3> 공시지가

(공시기준일 : 2022년 1월 1일)

기호	소재지	면적 (m²)	지목 공부	지목 실제	용도지역	도로 교통	형상·지세	공시지가 (원/m²)
1	S시 K동 59-10	513	장	장	관리	세로(가)	제형평지	490,000
2	S시 K동 71-3	328	전	전	관리	세로(불)	부정형평지	272,000
3	S시 K동 209-14	601	장	장	일반공업	세로(가)	제형평지	650,000

※ 공시지가는 인근 적정시세를 반영하고 있음.

<자료 4> 거래사례

	거래사례 A	거래사례 B
소재지	S시 K동 100-7번지 전 409m²	S시 K동 18-1번지 공장용지 520m²
거래시점	2022년 3월 3일	2022년 5월 10일
거래가격	120,000,000원	346,000,000원
거래내역	정상적인 거래로서, 거래 당시 전으로 사용중	실수요자간에 정상거래된 사례임
토지특성	관리지역, 세로(가), 부정형 완경사	관리지역, 세로(가), 부정형 평지

※ 사례B 지상에 블록조 슬레이트 공장건물(연면적 300m²)이 소재하며, 이는 2016년 4월 10일에 신축된 것임. (내용년수 : 40년)

<자료 5> 조성에 소요되는 비용자료

1. 토지조성비용 : 100,000원/m²

2. 농지보전부담금 : 4,700,000원

3. 제세공과 : 1,200,000원

4. 도급인의 정상이윤 : 조성비용의 15%

5. 공사비지급조건 : 공사비는 공사착공시 20%, 3개월 후 40%, 조성공사 완공시 40%를 지급하며, 부담금 등 제세금은 공사착공시, 이윤은 완공시 발생하는 것으로 함.

<자료 6> 건물신축단가

(기준시점 현재기준)

구 분	용 도	신축단가(원/m²)
블록조 슬레이트	공장	400,000
경량철골조 판넬	공장	300,000

※ 건축비용은 지난 2년간 변동이 없음.

<자료 7> 임대사례

1. 임대기간 : 2022년 1월 1일~2022년 12월 31일

2. 임대내역

(1) 토지 : S시 K동 36-4번지 공장용지 485m²

(2) 건물 : 경량철골조 판넬지붕 공장(연면적 310m²)

(3) 임대수입

1) 보증금 : 50,000,000원

2) 지불임대료 : 80,000,000원(3년)

※ 지불임대료는 3년치 일시불을 임대개시시점에 지불하는 조건임.

(4) 운영경비(연간)

1) 보험료 : 1,300,000원(3년분 기초지급)

2) 공조공과 : 200,000원

3) 공실손실상당액 : 500,000원

4) 유지관리비 : 1,200,000원

3. 기타사항

　(1) 본 건물은 2020년 12월 1일에 신축되어 ㈜T에 임대 중이며, 임대료수준은 적정한 것으로 판단됨. (건물 내용년수 : 30년)

　(2) 본 임대사례 부동산의 소유주는 2021년 12월 1일에 해당 부동산을 매입하였으며, S은행으로부터 60%, H은행으로부터 나머지 40%의 자금을 융자받아 매입자금을 지불하였음. (이는 기준시점 현재에도 동일한 지역관행임)

　(3) 금융조건

　　1) S은행 : 30년 원리금균등분할상환, 이자율 11.5%

　　2) H은행 : 40년 원리금균등분할상환, 이자율 12.1%

　(4) 본 사례와 같은 임대 부동산의 경우 30년 이상 보유함이 인근지역의 일반적 관행임.

　(5) 임대사례토지의 용도지역, 개별요인 등은 대상토지와 동일함.

<자료8> 지가변동률(S시, 관리지역, %)

- 2022.1.1.부터 2023.2.1. : 8.729%
- 2022.4.20.부터 2023.2.1. : 6.509%
- 2022.5.10.부터 2023.2.1. : 6.102%

<자료 9> 개별요인 비교치

1. 이용상황

구 분	공장용지	전	대	임야
평점	110	60	100	40

2. 도로교통

구 분	소로	세로(가)	세로(불)	맹지
평점	115	100	95	70

※ 각지는 한면에 비하여 5%우세함.

3. 지형·지세

구 분	정방형	장방형	제형	부정형	자루형
평점	100	100	90	85	70

※ 평지는 완경사에 비해 5% 우세함.

<자료 10> 기타사항

1. 시장이자율 및 할인율 : 8.5%

2. 건물은 일반적으로 내용년수 만료 후 잔존가치를 0으로 처리함.

3. 최근의 지가변동추이로 보아 거래가 다소 활성화되고 개발이 지속되어 앞으로 30년 동안 매년 3.2% 정도의 지가상승이 유지될 것으로 예상되며, 이는 수익방식의 적용을 위한 자료로만 사용함.

4. 환원율은 엘우드법을 응용하되 토지환원율과 건물환원율을 구분하여 산정하고 자산가치변동률을 제외한 기본율은 토지와 건물이 동일한 것으로 봄.

토지건물(개별물건기준과 일괄평가) [논점정리]

【종합문제 07】 감정평가사인 당신은 2023년 8월 22일 ㈜국민은행으로부터 대상부동산의 담보평가를 의뢰받아 다음 자료를 수집하였다. ㈜국민은행은 담보평가시 수익가액을 참고하도록 요구하고 있으므로, 수집된 자료를 활용하여 담보평가액을 결정하시오. (25점)

<자료 1> 평가의뢰 부동산의 공부 및 실지 조사사항

1. 토지 조사사항

   (1) 관악구 봉천동 88번지, 대, 450m²

   (2) 일반상업지역 내 소로각지, 가장형, 평지

2. 건물 조사사항

   (1) 위 지상 철근콘크리트조 슬래브지붕 지하 1층, 지상 8층, 연 5000m², 사무실

   (2) 2015년 6월 30일에 건축허가를 받아 2016년 3월 1일에 완공하였으나, 준공일(사용승인일)은 2017년 3월 30일이다. 부대설비로는 각층에 화재탐지설비, TV공시청설비, 방송설비, 위생설비, 냉난방설비, 11인승 E/V설비 1대가 있는 것으로 현장 조사결과 확인되었다.

3. 공법상제한사항

   (1) 토지이용계획확인원 확인사항

   도시지역, 일반상업지역, 도시계획시설도로 저촉

   (2) 현장조사결과 대상토지의 30%, 건물의 25%가 도시계획도로에 저촉되는 것으로 확인하였음. 사업인정 후 담보취득 시 채권확보 문제가 발생할 수 있으나 본 평가에서는 의뢰인의 요청에 따라 담보취득을 하는 것으로 결정하였으며 보상이 확실시 됨에 따라 인근 시장에서는 도시계획시설 저촉에 따른 감가요인이 없이 거래되고 있음..

4. 기타

(1) 평가의뢰일 : 2023년 8월 22일

(2) 공부 및 자료 수집일 : 2023년 8월 23일~8월 24일

(3) 가격조사 및 현장조사일 : 2023년 8월 31일

(4) 감정평가서 작성일 : 2023년 9월 1일

<자료 2> 대상 임대내역

1. 건물이용상황

층	B1	1~2	3~5	6~8
바닥면적(m²)	650	600	550	500
임대면적(m²)	440	450	440	430

2. 임대내역(1층)

(1) 임대기간 : 2023년 1월 1일부터 2년간

(2) 지불임대료 : 월 7,000원/m²

(3) 보증금 : 월 지불임대료의 12월분을 임대개시시점에서 수령하였고, 이 중 50%는 기말에 반환하며, 반환할 때 별도의 이자는 없다.

3. 영업경비(연간)

(1) 유지수선비 : 가능조소득의 15%

(2) 제세공과금 : 70,000,000원(대상분의 종합부동산세 20,000,000원이 포함됨)

(3) 공실 및 불량부채에 대한 충당금 : 가능조소득의 5%

(4) 손해보험료 : 5,000,000원/년 손해보험료는 계약기간 2년으로 50%는 소멸성 (50%는 적금식으로 2년 후 5%이자로 돌려받는 조건임)

(5) 소득세 : 30,000,000원

(6) 저당지불액 : 25,000,000원(전액 이자지급분)

4. 기타 : 이러한 임대수준은 서울시 관악구 업무용빌딩의 표준적 임대료 수준인 것으로 조사됨

<자료 3> 인근지역의 표준지 공시지가(2023.1.1)

번호	소재지	면적(m^2)	지목	이용상황	용도지역	도로교통	형상지세	공시지가(원/m^2)
1	봉천동 20	600	대	상업용	일반상업	소로한면	정방형 평지	4,050,000
2	봉천동 39	300	대	업무용	일반상업	중로각지	세장형 평지	1,850,000
3	봉천동 2	2,250	대	업무용	일반상업	세로각지	정방형 평지	3,000,000
4	신림동 18	480	대	업무용	관리지역	소로각지	정방형 평지	1,900,000
5	신림동 23	520	대	업무용	일반상업	소로각지	정방형 평지	2,500,000

※ 1은 임시주차장부지로 이용중임
※ 2는 문화재보호구역 내의 토지임
※ 5는 지상권이 설정된 토지임(지료 2,500,000원/월, 향후 20년간)

<자료 4> 거래사례자료

1. 사례 1

    (1) 토지 : 관악구 봉천동 대 500m^2, 일반상업지역 중로한면 가장형 평지

    (2) 건물 : 위 지상 철근콘크리트조 슬래브지붕 업무용 지상 8층 연 4,800m^2

    (3) 거래일자 : 2022년 11월 30일

    (4) 거래내역 : 현금 15억원과 시중은행으로부터 6억원을 대출받아 거래대금 충당함

    (5) 기타 : 저당이자율은 11%이고, 저당기간은 10년이며, 매년 원리금 균등상환조건임. (거래일자에 저당대부를 설정한 것으로 확인됨)

2. 사례 2

    (1) 토지 : 관악구 봉천동 대 560m^2, 일반상업지역 소로각지 장방형 평지

    (2) 건물 : 위 지상 철근콘크리트조 슬래브지붕 상업용 8층 연 5,000m^2

    (3) 거래일자 : 2023년 7월 31일

    (4) 거래가격 : 66억원(건물가격은 3,600,000,000원이 적정가격임)

    (5) 기타 : 토지와 건물은 최유효이용상태로 판단되고, 거래가격은 급매로 인하여 5%저가로 거래되었음(토지면적 중 30m^2가 도시계획도로에 저촉됨)

3. 사례 3

  (1) 토지 : 관악구 신림동 대 520m², 일반상업지역 중로한면 장방형 평지

  (2) 건물 : 위 지상 벽돌조 시멘와즙 2층 건 연 250m²

  (3) 거래일자 : 2023년 8월 1일

  (4) 거래가격 : 15억원

  (5) 기타

    1) 거래가격 중 5억원은 저당대출로 충당하기로 함.

    2) 거래일자에 12%이자율로 대출을 설정한 저당은 매매시점 이후 3년 동안 매년 말 일정액을 균등상환하고, 저당이자는 매월 말 미상환잔금에 대하여 지불하는 조건이었음.

    3) 매수인은 지상 건물을 철거 후 8층 업무용 건물을 건축할 계획임.

    4) 철거비는 매수인이 전액 부담하기로 하였으며 5,000,000원이 예상되었으나, 실제로는 5,500,000원이 소요됨. (예상 폐재가치는 500,000원임.)

4. 사례 4

  (1) 토지 : 관악구 신림동 대 520m², 중심상업지역 중로각지 세장형 평지

  (2) 건물 : 위 지상 철근콘크리트조 슬래브지붕 업무용 10층

  (3) 거래일자 : 2023년 6월 20일

  (4) 거래가격 : 18억 4천만원

  (5) 기타 : 최유효이용으로 판단되고. 토지 건물가격구성비는 1 : 3이 전형적이다.

<자료 5> 기준시점 건축비자료

1. 업무용 건축비 기본단가(사무실, 원/m²)

구 조	단가(원/m²)
블록조 목조지붕틀 스레이트기와 잇기	423,000
시멘트벽돌조 슬래브지붕	529,000
철근콘크리트조 슬래브지붕(5층 이하)	605,000
철근콘크리트조 슬래브지붕(6~15층)	796,000
철골철근콘크리트조 슬래브지붕	868,000

2. 부대설비 보정단가(원/m²)

건물용도	화재탐지	방송설비	TV공시청	피뢰침	위생설비	냉난방
일반주택	–	–	2,200~8,200	–	30,000~45,000	50,000~75,000
점포상가	5,700~9,200	1,000~1,500	1,500~2,400	–	40,000~50,000	70,000~95,000
사무실	6,000~9,000	3,000~5,000	850~1,700	–	25,000~45,000	65,000~80,000
백화점	6,500~10,000	5,500~6,500	1,200~1,800	–	20,000~30,000	–

3. 승강기 설비(승객용, 60m/min, 천원/대)

층수	용량		보정단가
8	11인승	750Kg	32,000~34,000
	15인승	1,000Kg	36,000~38,000
10	11인승	750Kg	38,000~39,000
	15인승	1,000Kg	42,000~43,000

4. 건물의 경제적 내용년수는 35년이고 잔가율은 10%이다.

<자료 6> 시점수정자료

1. 지가변동률(관악구, %)

구 분	평균	용도지역별					이용상황별				
		주거	상업	녹지	관리	농림	전	답	주거	상업	임야
2023년 6월	0.196	0.000	0.262	0.404	0.234	0.175	0.425	0.057	0.041	0.414	0.197
	2.544	5.116	1.555	3.068	2.087	2.689	3.838	2.246	2.736	2.692	1.136

※ 하단은 해당 월까지의 누계임.

2. 건축비지수(부대설비도 동일적용)

2022. 9	2023. 1	2023. 2
108	109	111

3. 임대료상승률

2023.1.1 이후로 매월 1%씩 임대료수준이 증가하는 추세임

<자료 7> 토지개별요인 비교자료

표1	표2	표3	표4	표5	거1	거2	거3	거4	임대사례	대상
97	99	105	95	98	90	105	108	88	96	100

<자료 8> 기타자료

1. 표준지 공시지가는 인근거래사례 및 평가사례와 비교 검토한 바 적정시세를 반영하고 있음.

2. 대상부동산의 순수익은 향후 30년 동안 매년 3%씩 증가할 전망이나, 물가상승률 및 건물 감가상각 등을 고려할 때 30년 후 부동산 가치는 현재보다 약 20% 정도 하락할 것으로 예상된다.

3. 대상부동산 소유자는 관악구청과 도시계획도로 저촉부분에 대한 보상협의를 사실상 결론지은 상태로서, 보상금 지급이 10월 중으로 예정되어 있다.

4. 대상 건물에는 재조달원가 기준 기능적 감가가 5% 정도 존재하는 것으로 판단된다.

5. 지하부분에 대한 건축비는 지상부분(부대설비 포함)의 약 75% 수준의 건축비가 일반적이다.

6. 시장이자율, 보증금운용이율, 할인율, 자본수익률은 모두 10%이다.

7. 인근 층별효용비

층	B1	1-2	3-5	6-8
효용비	90	100	106	110

토지건물(개별물건기준과 일괄평가) [논점정리]

【종합문제 08】 감정평가사 K는 H은행 B지점으로부터 담보감정평가를 의뢰받고 사전조사 및 실지조사를 다음과 같은 자료를 수집·정리하였다. 개별물건기준 원칙과 일괄감정평가 방법을 적용하여 대상부동산의 감정평가액을 결정하시오. (40점)

<자료 1> 대상부동산의 개황

소 재 지	A시 B구 C동 197번지
평가목적	담보
기준시점	2023.06.06

<자료 2> 대상부동산 관련 공부

1) 등기사항전부 증명서

　① 토지

[표제부]

소재지번	지목	면적
A시 B구 C동 197번지	대	500m²

[갑구]

순위번호	등기목적	접수	등기원인	권리자 및 기타사항
2	소유권이전	2023.02.01	2023.01.03. 매매	소유자 김○○ 매매목록 2023-1××

[을구]

순위번호	등기목적	접수	등기원인	권리자 및 기타사항
1	근저당권 설정	2023.02.01	2023.02.01 설정계약	채권채고액 금11억 채무자 김○○ 근저당권자 IBK은행 공동담보 건물 A시 B구 C동 197번지

② 건물

[표제부]

소재지번 및 건물번호	건물내역
A시 B구 C동 197번지	철근콘크리트조 슬래브 지붕 11층 근린생활시설 1층 ~10층 각각 120m² 11층 60m²

[갑구]

순위번호	등기목적	접수	등기원인	권리자 및 기타사항
2	소유권이전	2023.02.01	2023.01.03. 매매	소유자 김○○ 매매목록 2023-1××

[을구]

순위번호	등기목적	접수	등기원인	권리자 및 기타사항
1	근저당권설정	2023.02.01	2023.02.01. 설정계약	채권채고액 금11억 채무자 김○○ 근저당권자 IBK은행 공동담보 토지 A시 B구 C동 197번지

2) 토지대장

소재지	지번	토지표시		
		지목	면적(m²)	사유
A시B구C동	197	대	300	2010.12.28. : 분할되어 본번에 -1을 부함
A시B구C동	197-1	대	200	2010.12.28. : 197번지에서 분할
A시B구C동	197	대	500	2013.12.28. : 197-1 번지 합병

3) 건축물대장 :

대지위치	A시 B구 C동 197번지	주구조	철근콘크리트조
주용도	근린생활시설	연면적	1260m²
건 축 물 현 황			
층별	구조	용도	면적(m²)
1층	철근콘크리트조	근린생활시설	120
----(중 략)----			
10층	철근콘크리트조	근린생활시설	120
11층	적벽돌조	기숙사	60

주차장	옥외 자주식 34.5m²	착공일자	2011.09.01
관련지번	-	준공일자	2012.09.20
변 동 사 항			
변동일자	변동내용 및 원인		
2019.5.3	증축 11층 적벽돌조 슬래브 기숙사 60m²		

4) 토지이용계획확인원 : 제3종일반주거지역, 도시계획시설 도로(저촉)

5) 지적도 :

<자료 3> 대상부동산 실지 조사사항

1) 토지에 관한 사항
- 개황 : 대상토지 서측에 접한 160(잡)은 완충녹지로 결정된 상태이며, 인근지역은 현재 상권이 잘 형성되어 있는 성숙한 노선상가지대임
- 접면도로상태 : 남측으로 15m도로에 동측으로 2m 정도의 골목길에 접함
- 형상, 고저 : 세장형, 평지
- 약 35m²는 도시계획시설 도로에 저촉됨

2) 건물에 관한 사항
- 건물 총 공사비 : 670,000,000원(공사비 중 50,000,000원은 기초 터파기공사시 예상치 못한 지하암반 노출로 이를 제거하는데 소요된 공사비임)
- 부대설비 : 냉난방설비, 승강기, 화재탐지설비
- 증축부분을 제외한 기존 건물은 관리상태가 다소 불량하여 3년 정도의 관찰감가를 요함.

3) 현행 임대 내역

- 임차인 갑이 건물 전체를 임대중임으로 임대차 계약 내용은 아래와 같으며 임대료 수준은 기준시점 당시 적정 수준임.
- 임대기간 : 2023.01.01.부터 2026.12.31. 까지
- 월임대료 m2 당 8,000원, 보증금은 월임대료의 10배.
- 임대에 따라 발생하는 제경비(재산세 및 각종 경비포함)는 임차인 부담.
- 11층 기숙사는 임대목적물에 포함하되 무상 사용함.
- 보증금운용이율 : 연 3.0%

<자료 4> 인근 표준지 공시지가(고시기준일 : 2023.01.01)

(단위 : 원/m²)

기호	소재지	지번	지목	이용 상황	용도 지역	도로 교통	형상 지세	주위환경	공시지가
1	C동	161	잡	상업 나지	3종 일주	광대 중각	세장형 평지	노선상가지대	1,970,000
2	C동	187	대	상업용	3종 일주	중로한면	가장형 평지	후면상가지대	830,000
3	C동	195	전	상업용	3종 일주	중로한면	가장형 평지	노선상가지대	900,000
4	C동	199	대	상업용	3종 일주	중로각지	세장형 평지	노선상가지대	850,000
5	C동	208	대	상업 나지	3종일주 근린상업	중로한면	가장형 평지	노선상가지대	1,240,000

㈜ 상기 표준지는 도시계획시설 저촉 없음.

\<자료 5\> 시점수정치

1) 용도지역별, 이용상황별 지가변동률 (단위 : %)

구분	평균	주거지역	비도시지역
2021년 누계	2.000	3.193	3.004
2022년 누계	2.000	2.158	1.167
2023년 4월 누계	1.000	1.124	1.757
2023년 1월	0.333	0.136	0.324
2023년 2월	0.333	0.519	0.813
2023년 3월	0.333	0.328	0.193
2023년 4월	0.000	0.137	0.426

㈜ 2021년도와 2022년도의 지가는 연중 균등하게 상승하였다.

2) 오피스 수익률(자본수익률. 단위%)

2022년 3/4분기	2022년 4/4분기	2023년 1/4분기
1.08	1.05	1.00

\<자료 6\> 가치형성 요인비교

1) 지역요인비교치 : 제시된 표준지 및 사례는 지역요인 격차가 없음.

2) 도시계획 저촉여부에 따른 개별요인표

미저촉	저촉
1.00	0.85

3) 건물 개별요인표

대상	사례1	사례2	임대사례
1.00	0.95	0.10	1.00

㈜ 상기 건물 개별요인비교는 증개축 사항, 감가상각 정도를 반영한 수치임.

<자료 7> 사례자료

구분	거래사례		조성사례	임대사례
	사례 1	사례 2	사례 1	사례 1
소재지번	196번지	185번지	165번지	208번지
용도지역	3종 일주	3종 일주	3종 일주	3종일주/근린상업
비교치 (대상지/사례지)	1.00	1.05	0.97	1.00
건물구조 등	철근콘크리트조 슬래브지붕 11층	철근콘크리트조 슬래브지붕 2층	–	철근콘크리트조 슬래브지붕 12층
용도	근린생활시설	단독주택	–	업무시설
부대설비	승강기 화재탐지설비 스프링쿨러 냉난방설비	승강기 화재탐지설비 냉난방설비 스프링쿨러	–	승강기 화재탐지설비 스프링쿨러 냉난방설비 주차타워
내용년수	주체부분 : 40년 부대설비 : 20년	주체부분 : 40년 부대설비 : 20년	–	주체부분 : 40년 부대설비 : 20년
준공시점	2014.09.27	1980.10.17	2022.01.01	2017.05.05
거래시점	2022.10.01	2023.01.01	2022.07.13	–
사례의 특징	정상거래로 인근 근린생활시설은 건물연면적 당 단가를 중심으로 거래되는 특성이 포착되었음.	정상거래로 철거 예정 노후건물이 소재하고 매수자는 철거비1천만원을 예상하였으나 실제 2천만원이 소요됨.	토지매입비 : 900,000,000원 조성공사비 : 400,000,000원 공사비는 착공시점(2020.01.01)에 1/2지급, 2021.01.01에 1/2지급 판매관리비 및 부대비용 : 조성공사비의 20%(준공시점에 지급) 토지매입시점 : 2019.01.01 공사착공시점 : 2020.01.01 공사준공시점 : 2022.01.01. 공사비 등은 표준적이며 시장 이자율은 연 8%를 적용	<후첨> 임대내역 참조
토지 건물의 규모	대지 : 500m² 건물연면적 : 1,300m²	대지 : 400m² 건물연면적 : 300m²	대지 : 1,770m² 건물연면적 : 3,321m²	대지 : 450m² 건물연면적 : 1,200m²
거래가격	1,100,000,000원	380,000,000원	–	–

㈜ 상기 비교치는 건물특성 비교는 반영되지 아니하였고 일괄 비교시 단지 내부요인의 항목으로 볼 수 있음.

<자료 8> 환원율 결정자료 : 임대사례 임대내역(기준시점 당시)

1) 임대내역

(단위 : 원)

지출항목(연간)		수입항목(연간)	
유지관리비 :	6,000,000	보증금 운용익 :	10,000,000
제세공과금 :	8,000,000	임료 수입 :	144,000,000
손해보험료 :	2,000,000	주차료 수입 :	14,000,000
대손상각액 :	1,000,000		
자본적지출 :	6,400,000		
장기 차입이자 :	1,500,000		

㈜ 1. 손해보험료는 소멸성임.

2) 상기 임대 사례는 표준지 일련번호 5번 지상에 소재하고, 임대내역은 적정수준임.

<자료 9> 그 밖의 요인 보정자료

1) 인근지역의 평가사례

소재지	평가목적	기준시점	평가액 (원/m²)	비고
A시 B구 C동 195번지	담보	2023.06.01	1,050,000	적정가격으로 판단됨
A시 B구 C동 197번지	담보	2023.01.01	950,000	적정가격으로 판단됨

2) 대상토지와 유사한 이용가치를 지닌 인근 토지의 가격시점 현재 적정 지가수준은 1,000,000원/m²~1,100,000원/m² 정도임.

3) 상기 자료로 산출된 그 밖의 요인 보정치는 모든 표준지에 적용가능함.

\<자료 10\> 건물신축단가

	재조달원가(원)	내용년수	잔가율
철근콘크리트조	600,000	40년	10%
적벽돌조 슬래브	510,000	35년	10%

\<자료 11\> 건물부대설비 보정단가

부대설비 구분	적용단가	비고
승강기	50,000원/m^2	12층 미만
	60,000원/m^2	12층 이상
화재탐지설비	4,000원/m^2	
스프링쿨러	6,000원/m^2	
냉난방설비	65,000원/m^2	
주차타워	150,000,000원/식	12층 미만
	180,000,000원/식	12층 이상

\<자료 12\>기타사항

1) 단가는 백원 단위에서 반올림하여 천원 단위까지 구함.

2) H은행과 업무협약 사항으로 상업용 부동산은 수익방식을 필수적으로 적용하도록 되어 있음.

3) C동 내 소재 모든 수익성 부동산의 환원율은 동일·유사한 수준으로 분석되며, 백분율로 소수점 둘째자리에서 반올림할 것.

토지(공부, 지역요인비교치, 시점수정) [논점정리]

【종합문제 09】 감정평가사 K씨는 소유자 LEE씨의 토지만의 감정평가 의뢰함에 따라 시장조사를 거쳐 아래의 자료를 수집 하였다. 다음 물음에 따라 대상 토지의 평가액을 산정하시오. (40점)

(물음 1) 본건에 대하여 감정평가에 관한 규칙에 근거 기본적 사항을 확정하고 감정평가를 하는데 표준지 및 거래사례자료로 채용하기가 적당하지 않은 것이 있으면 그 부호를 들고 이유를 기술하시오.

(물음 2) 다음 자료를 근거로 감정평가방식을 적용하여 나지상정 토지의 각 시산가액을 산정하시오.

(물음 3) 대상부동산(토지)의 감정평가액을 결정하시오.

<자료 1> 대상부동산 관련 공부

1. 토지대장

소재지	지번	지목	면적	소유자	기타
A구 B동	100번지	대	960m²	KIM	

2. 토지등기사항전부증명서

소재지	지번	지목	면적	소유자	기타
A구 B동	100번지	잡종지	950m²	LEE	

3. 토지이용계획확인서

소재지	지번	국토이용	도시계획사항
A구B동	100번지	도시지역 960m²	제2종일반주거지역

4. 지적도

소재지	지번	토지의 형태	기타사항
A구B동	100번지	장방형, 평지	남측도로(인도 2m, 차도 6m) 서측도로(2m)에 접함

5. 건축물관리대장

소재지	지번	용도	구조	소유자	면적	기타
A구B동	100번지	주택	블록조	KIM	연면적 200m²	1990.1.1 신축

6. 건물등기사항전부증명서

갑구(소유권)				
순위번호	등기목적	접수	등기원인	권리자 및 기타사항
1번	보존	접수 2020년 1월 2일(제12344)		KIM의 주소 : A시 B구 C동 10-130
2번	소유권이전	접수 2021년 5월 3일(제14235)	매매	LEE의 주소 : A시 B구 C동 123

<자료 2> 지역분석 및 개별분석

대상지역은 A구 B동(인근지역)의 초등학교 북측 인근에 위치하는 근린생활시설 등의 이용지로서 본건 주위는 동측으로 대단지 아파트 단지와 인접 위치하고, 여타 주변은 단독주택, 연립주택 등이 혼재하고 있으며 그 주위환경은 보통으로 판단된다. 본 건은 토지위에 제1종근린생활시설로 2880m²의 규모 이용하는 것이 지역요인 및 개별요인의 판단에 따라 최유효이용이라 판단되며, 공부상 내용과 일치되는 것으로 판단된다. 지상 건축물은 철거함이 타당하다 판단된다.

또한 A구 B동(인근지역)은 P구 C동(유사지역)과 경계를 이루고 있으며 양 지역은 유사한 지역특성을 갖는 지역으로 판단된다.

<자료 3> 공시지가 자료(공시기준일 : 2023. 1. 1)

일련 번호	소재지	면적 (m²)	지목	이용 상황	용도 지역	도로교통	형상, 지세	공시지가 (원/m²)
1	A구A동 100	850	대	상업용	2종일주	소로	정방형	2,300,000
2	A구B동 123	400	대	주거용	2종일주	소로	장방형	1,330,000
3	A구B동 산478	250	임야	상업용	2종일주	세로(각지)	정방형 완경사	1,850,000
4	P구C동 150	300	잡	상업용	준주거	중로	장방형 완경사	2,100,000

※ 기호 3은 건부감가요인이 존재하며, 그 정도는 20% 존재함.

※ 기호 4는 일부 도시계획도로에 저촉됨(저촉면적 : 30m²).

<자료 4> 수집된 거래사례 및 임대사례 자료

연번	거래시점 (임대시점)	소재지	이용 상황	용도 지역	면적등 (m²)	부지의 형상 및 접면도로	거래가격 (천원)	기타
1	2022.1.1	A구 A동 117	상업	2종 일주	부지 : 950 건물 : 연 2,700	북측 9m, 남측 4m 정방형, 평지	4,750,000	<자료5> 참조
2	2022.4.1	A구 B동 225	상업	2종 일주	부지 : 750	서측 16m 장방형, 평지	1,572,000	<자료5> 참조
3	2022.12.1	A구 B동 1145	상업	일반 상업	부지 : 550 건물 : 연 4,400	서측 22m 장방형, 평지	5,060,000	<자료5> 참조
4	2020.4.1	A구 B동 433	나지	2종 일주	부지 : 1,200	동측 13m 정방형, 완경사	1,440,000	<자료5> 참조
5	2023.8.1	A구 B동 178	상업	2종 일주	부지 : 800 건물 : 연 400	북측 15m 장방형, 평지	2,040,000	<자료5> 참조
6	2023.5.1	P구 C동 320	상업	2종 일주	부지 : 860 건물 : 연 2,300	북측 15m 장방형, 평지	4,050,000	<자료5> 참조
7	2023.8.1	P구 C동 75	주거	준주거	부지 : 400 건물 : 연 600	남측 7m 정방형, 완경사	920,000	<자료5> 참조
8	2023.7.1	P구 C동 330	나지	2종 일주	부지 : 400	동측 11m 북측 5m 장방형, 평지	<사례8> 참조	<자료5> 참조
9	2023.1.1	A구 B동 400	상업	2종 일주	건물 : 연 2,700	–	임대명세는 <자료6> 참조	임대사례
10	2023.1.1	P구 C동 250	상업	2종 일주	건물 : 연 2,400	–	임대명세는 <자료6> 참조	임대사례
11	2023.4.1	A구 B동 410	상업	2종 일주	부지 : 800 건물 : 연 1,300	북측 18m 장방형, 평지	임대명세는 <자료6> 참조	임대사례
12	2023.8.1	P구 C동 220	상업	2종 일주	부지 : 950 건물 : 연 2,850	동측 22m 장방형, 평지	임대명세는 <자료6>참조	임대사례

<자료 5> 거래사례 거래조건

① <사례 3>

1) 거래시점당시 대상부동산에는 2020. 12. 1자로 대부기간 15년, 연 12%, 매년 원리금 균등상환조건의 2,000,000,000원이 이미 대출되어 있다.

2) 저당대부를 매수인이 인수하기로 하고 나머지는 현금으로 지불한다.

② <사례 5>

1) 대출금의 미상환 잔액과 전세금을 매수인이 인수하기로 하고 나머지는 현금을 지불함

2) 대출금은 K은행으로부터 07. 8. 1일자로 대부기간 10년, 연리 12%, 매년말 원리금 균등상환조건으로 5억원을 대출함

3) 대상건물은 현재 임차인에게 전세금 400,000,000원에 임대중임(전세계약시점 : 2022. 8. 1, 2년 계약)

4) 기타 : 대상은 주변환경을 고려할 때, 상업용 건물부지로 이용됨이 타당하다고 보인다.

③ <사례 7>

준주거지역 내 사례로서 매도자의 특별한 사정으로 인하여 15%저가로 구입한 사례이다.

④ <사례 8>

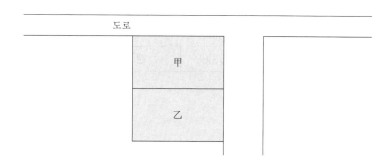

인근 乙토지 소유자가 병합사용하여 근린생활시설을 건축할 목적으로 甲토지를 구입한 것으로, 乙토지만의 시장가치는 510,000,000원, 합병 후의 토지의 시장가치는 2,200,000,000원으로 판단된다. 乙토지 소유자는 甲토지 소유자에게 합병으로 인하여 발생되는 증분가치를 지급한도액비로 배분하여 甲토지의 시장가치에 더하여 한정가격으로 지급하였다. 이때, 지급한도액비로 계산된 甲토지의 기여도는 60%로 계산되었다.

⑤ 기타

<사례 1, 2, 4, 6, 8>은 정상적인 거래로 판단된다.

<자료 6> 임대사례 자료(임대면적 비율 : 80%)

(단위 : 천원)

구 분		<사례 9>	<사례 10>	<사례 11>	<사례 12>
임대개시일 (계약기간)		2023.1.1 (2년)	2023.1.1 (2년)	2023.4.1 (2년)	2023.8.1 (2년)
임대 수입	임대료수입(매월)	28,503	33,220	12,400	28,500
	보증금	–	945,000	200,000	400,000
	선불적 성격의 일시금	270,000	–	–	150,000
지출 명세 (연)	유지수선비	33,000	29,000	33,000	35,000
	관리비	–	–	–	120,000
	손해보험료	5,000	5,000	1,000	8,000
	결손준비금	–	–	–	1,000
	공실손실상당액	3,000	3,000	1,000	4,000
	감가상각액	27,000	24,000	13,000	30,000

<자료 7> 건물에 대한 자료

구 분		대상	<사례 1>	<사례 3>	<사례 5>	<사례 6>	<사 례7>	<사례 9>	<사례 10>	<사례 11>	<사례 12>
준공일자		–	2022.8.1	2020.8.1	1980.5.1	2018.10.1	2018.7.1	2023.1.1	2023.1.1	1994.1.1	2021.5.1
건축연면적(m²)		–	2,700	4,400	400	2,300	600	2,700	2,400	1,300	2,850
부지면적(m²)		–	950	550	800	860	–	–	–	800	950
기준시점현재 잔존내용년수	주 체	–	49	47	–	45	30	50	50	–	48
	부 대	–	19	17	–	15	10	20	20	–	18
개별요인		최유효 이용시 100	98	96	–	94	88	100	100	56	98
최유효이용		최유효미달	최유효 이용	최유효 이용	최유효 미달	최유효 이용	최유효 이용	최유효 이용	최유효 이용	최유효 미달	최유효 이용
건축비(원/m²)								860,000			

<자료 8> 시점수정 자료

1. 지가변동률(%)

기간	A구	P구
• 2022.04.01. ~ 기준시점	11.650	5.004
• 2023.01.01. ~ 기준시점	5.273	3.114
• 2023.05.01. ~ 기준시점	4.333	2.935
• 2023.07.01. ~ 기준시점	2.111	1.431
• 2023.08.01. ~ 기준시점	1.000	0.776

2. 건축비변동률

2022년 1월 1일 이후 보합세.

<자료 9> 지역요인 및 개별요인 산정자료

1. 지역요인

대상부동산이 속한 인근지역(A구 B동)과 유사지역간(P구 C동)에는 일정한 지역 격차가 존재한다. 이는 지역 간의 개발의 성숙도와 지역의 환경 등의 차이에 기인하는 것으로서 이는 비교대상지역(2023.1.1 기준)의 단위면적당 임대료차이(순액기준)에 기인하는 것으로 판단된다. 그 외 A구의 다른 동과는 지역격차 산정이 불가능하다.

2. 개별요인

1) 도로조건

세로(가)	소로한면	중로한면	대로한면
80	90	100	110

※ 각지는 10% 가산

2) 형상 및 지세

형상은 정방형 > 장방형 > 부정형 순으로 정방형을 100으로 기준 5씩 감소하며, 지세는 평지를 기준 완경사는 5% 열세이다.

<자료 10> 기타사항

1. 표준지 공시지가의 시세 반영률을 검토한 결과 인근 거래사례 등의 적정 시세 수준으로 판단됨.

2. 보증금운용이율 및 시장이자율은 연 12%이다.

3. 토지환원율은 8%이며, 건물환원율(상각 전)은 10%이다.

4. 건물의 주체와 부대설비비율은 70 : 30이며, 정액법 감가상각한다. (잔가율 0%)

5. 도시계획도로 저촉 감가율은 30%이다.

6. 지역요인 분석시 적용된 사례는 대상토지의 감정평가액 산정시 제외할 것.

7. 가격조사기간 : 2023.8.1 ~ 2023.9.6

8. 대상과 사례의 총액은 유효숫자 네 자리로 산정.

9. 대상 건물 철거비 @210,000원/m²

토지건물(3방식) [논점정리]

【종합문제 10】감정평가사 K씨는 ㈜ABC의 자산(토지·건물)에 대한 일반거래 목적의 감정평가를 의뢰받고 각종 가격자료를 아래와 같이 조사하였다. 제시된 물음에 대하여 답하되, 비준가액 및 수익가액 산출시 각 사례별로 채택여부에 대하여 사유를 부기하시오. (40점)

(물음 1) 대상부동산의 적산가액과 비준가액을 산정하시오.

(물음 2) 대상부동산의 감정평가시 적용할 순영업소득(NOI; Net Operating Income)을 산출하시오.

(물음 3) 대상부동산의 수익가액을 산정하시오.

(물음 4) 위에서 산정한 시산가액을 비교하여 최종 감정평가액을 제시하되 각 시산가액의 성격 및 특징과 감정평가액 결정에 대한 의견을 적시하시오.

<자료 1> 기준시점 및 평가기준

1. 본건의 기준시점은 소유자의 요청에 의거 2023년 12월 31일자임.
2. 본건 토지는 N동 9-1 번지와 E동 199-2 번지 양 지상 한 동의 건물로 이용하고 있음.

<자료 2> 대상 토지의 개요

1. 소재지 / 면적
   N동 9-1번지 700m², E동 199-2번지 1,050m²
2. 지목 : 대
3. 이용상황 : 업무용
4. 토지이용계획관계 및 공법상 제한상태
   토지이용계획확인서상 공히 "중심상업지역, 방화지구, 중심지미관지구, 제1종지구단위계획구역, 도로(접함)"임.

5. 위치 및 부근의 상황

본건은 "L백화점" 동측 인근에 위치하는 부동산으로 주위는 대규모의 상업 및 업무시설이 소재하는 상업 및 업무지대임.

6. 인접 도로상태

본건 서측으로 로폭 약 40미터 도로와 남측으로 약 5미터 도로와 접함.

<자료 3> 대상건물의 개요

1. 건물의 연면적 및 구조

1984.11.14에 사용승인된 연면적 23,000m²의 철근콘크리트조 슬래브지붕 17층 건물임.

2. 층별 임대면적 및 이용상태

층	임대면적(m²)	이용상태	비고
1층	1,190	업무시설	
2층~17층	15,430	업무시설	
지하층	3,080	업무시설	
합계	19,700	–	

3. 부대설비

위생·급배수설비, 중앙 냉난방설비, 화재탐지설비, 방송설비, 승강기 등을 갖추었음.

<자료 4> 대상 건물의 임대내역

1. 대상 건물 1층의 경우 현재 보증금 @550,000원/m², 월임대료 @55,000원/m²에 임대되어 있음.

2. 대상 건물의 2층 이상부분은 ㈜ABC의 본사 사옥으로 사용되는 관계로 실제 지불 임대료의 자료 수집이 어려움.

3. 대상 건물 내 상주인구 및 유동인구의 주차장 이용에 따른 수입은 가용능력을 고려할 때 최대 월 20,850,000원 수준임.

4. 대상 건물의 관리비는 건물전체에 대하여 @9,900원/m²/월 수준이며, 이는 대상 빌딩의 운영특징, 효율성 등을 고려할 때 적정수준임.

6. 대상 운영경비(Operating Expenses)는 현재 수수되는 총 관리비 수입액의 70% 수준으로 적용함.

7. 공실률(Vacancy Rate)은 시장 내 신규 오피스 공급과 오피스 시장동향 등을 고려 5%로 적용함.

<자료 5> 표준지 공시지가(S시 C구)

일련번호	소재지	면적(m²)	지목	이용상황	용도지역	도로교통	형상지세	2023년 공시지가
1	N동 8-1	244.6	대지	업무용	중심상업	광대세각	세장형 평지	31,800,000
2	N동 12-4	63.1	대지	상업용	일반상업	광대한면	사다리 평지	29,600,000

※ 본건이 접한 로변의 업무용 토지는 @40백만원/m²~@50백만원/m² 수준이고, 후면 상업 및 업무용 토지는 @20백만원/m²~@30백만원/m² 수준으로서 이러한 인근 유사 토지의 가격수준 등을 종합적으로 고려할 때 그 밖의 요인으로 40% 정도의 상향 보정이 요구됨.

※ 대상 및 인근 위치도

<자료 6> 건물 원가 자료

1. 한국감정원 발행 『건물신축단가표』

분류번호	용도	구조	급수	표준단가	내용년수
8-1-5-6	사무실	철근콘크리트조 슬래브지붕 (16층 이상)	3	1,190,000	55(50~60)

2. 표준단가

적용 표준단가는 상기 단가표 및 유사빌딩의 건축시공사례 등을 참고하되 대상 건물의 시공 및 관리상태 등을 고려하여 @1,000,000원/m²로 적용하기로 함.

3. 부대설비 보정단가

부대설비는 전기설비, 난방설비, 위생설비, 승강기 등에 대하여 @120,000원/m²를 적용단가로 함.

<자료 7> S시 C구 내 오피스빌딩의 거래사례

대상이 속한 CBD지역에서 오피스 빌딩은 토지, 건물 일체로 거래되는 관행이 있음.

구 분	사례 1	사례 2	사례 3	사례4
빌딩명	Q빌딩	W빌딩	Z빌딩	X빌딩
소재지	J동 12	S동 541	E동 1581	N동 53
매매가격(백만원)	350,000	960,000	318,500	150,000
연면적(m²)당 매매가격(천원)	4,706	7,229	5,307	4,389
본건과의 직선거리	300m	380m	650m	200m

1. 사례 1

1999년에 신축한 대지면적 7,914m², 연면적 74,375m²(지하 4층, 지상 29층) 규모의 업무용 빌딩으로서 2023.3.15에 거래되었으며, 종전 소유자측인 ㈜HB의 구조조정계획 실행의 일환으로 급매로 진행되었음.

2. 사례 2

1987년에 신축한 대지면적 10,582m², 연면적 132,807m²(지하 2층, 지상 23층) 규모의 업무용빌딩으로서 2023.6.2에 거래되었으며, S시 철도역사 주변에 위치한 상징적인 대규모의 빌딩으로서 매매당시 과도한 경쟁입찰방식의 영향으로 다소 고가에 낙찰되었다는 시장 내 평가를 받고 있음.

3. 사례 3

2016년에 신축한 대지면적 3,822m², 연면적 60,017m²(지하 8층, 지상 23층) 규모의 업무용 빌딩으로서 2023.9.14에 거래되었으며, 거래에 특별한 사정의 개입은 없었음.

4. 사례 4

2021년에 신축한 대지면적 2,732m², 연면적 34,173m²(지하 6층, 지상 19층) 규모의 업무용 빌딩으로서 2023.11.9에 거래되었으며, 대상빌딩과 규모에서 유사하며 거래방식은 일반시장관행에 따라 진행되었음.

<자료 8> S시 C구 내 오피스 빌딩의 기준층(2층 이상) 임대사례

구 분	사례 1	사례 2	사례 3	사례 4
빌딩명	D화학빌딩	H보험빌딩	N빌딩	S화재
주소	N동 43	N동 10-1	E동 6	E동 87
임대료(원/m²)	20,500	29,700	27,200	33,200
본건과의 직선거리	500m	280m	390m	250m

1. 사례1

1997년에 신축한 연면적 29,160m²(B5/20F) 규모의 업무용빌딩으로서 지속적인 리모델링으로 관리상태가 매우 양호하며, D화학㈜의 본사 총괄 사옥으로 이용되어 기준층 자료의 임차인은 관계회사인 D화장품㈜임.

2. 사례2

2015년에 신축한 연면적 50,010m²(B8/23F) 규모의 비교적 현대적인 스타일의 업무용 오피스 빌딩으로서 전문관리회사에 위탁하여 관리되고 있으며 관리회사 직원을 통한 탐문결과 특히 여러 임차자 간의 임대기간 안배, 최신의 업무환경 제공에 중점을 두고 있다고 조사됨.

3. 사례3

1998년에 신축한 연면적 33,450m²(B3/15F) 규모의 업무용 빌딩으로서 대상빌딩과 규모에서 유사하며 임대차 내역은 일반적임.

4. 사례4

2021년에 하반기에 신축한 연면적 55,300m²(B6/23F) 규모의 업무용 빌딩으로서 현재의 임차인 ㈜INVEST는 건물신축과 동시에 입주하였고 최근 임대차계약 종료기일이 다가옴에 따라 계약임대료의 오피스시장 내에서의 적정성 여부를 검토한 후 이주 결정을 한 것으로 탐문조사됨.

<자료9> 보증금 운용이율

임대보증금 운용이율은 주요금리지표와 금리의 변동추이 및 현재의 시장환경 등을 종합적으로 고려하여 6.74%를 적용함.

<자료10> 환원율

본건의 환원율은 인근지역 내 유사빌딩시장에서 추출하되, 기준시점 현재의 침체기에 접어든 시장상황을 고려하여 추가적인 위험률을 약 1%정도 고려하기로 함.
감정평가사 K씨는 아래와 같이 인근지역 내에서 거래사례의 소득자료를 수집하였으나 현재와 같은 부동산 침체기 이전의 매매사례이며, 시장상황 외의 제반 조건은 대상과 동일한 상태로 격차보정을 하였음.

건물명	층수	연면적(m²)	매매금액	순영업소득	비고
A빌딩	지하 5층 지상 15층	13,500	20,000백만원	1,340백만원	
B빌딩	지하 7층 지상 36층	83,800	100,000백만원	6,700백만원	

<자료 11> 층별효용비

1. 감정평가사 K씨는 대상 및 사례의 총수익, 순수익 등의 층간 효용 격차와 시장 내 임대료 수수행태를 분석한 후 아래의 층별효용비를 사용하여 층간 단위당 임대료(원/m²)의 차이를 비교하기로 하였음.

층별	고층 및 중층시가지		저층시가지				주택지
	A형	B형	A형	B형	A형	B형	
15 이상	35	43					
14	35	43					
13	35	43					
12	35	43					
11	35	43					
10	35	43					
9	35	43	42	51			
8	35	43	42	51			
7	35	43	42	51			
6	35	43	42	51			
5	35	43	42	51	36	100	
4	40	43	45	51	38	100	
3	46	43	50	51	42	100	100
2	58	43	60	51	54	100	100
지상1	100	100	100	100	100	100	100
지하	35	30	31	31	35	35	—

2. 위의 표에서 A형은 상층부 일정 층까지 임대료 수준에 차이를 보이는 유형이며, B형은 2층 이상이 동일한 임대료 수준을 나타내는 유형으로서 대상이 속한 지역은 후자의 형태가 일반적이며 상층부 일정층을 기준층으로 하고 있음.

<자료 12> 지가변동률(S시 C구)

	월	12	11	10	9	8	7	6	5	4	3	2	1
평균	평균	−3.296	−2.449	−0.219	0.500	0.565	0.600	0.637	0.690	0.704	0.653	0.524	0.475
	누계	−0.716	2.668	5.246	5.477	4.952	4.362	3.740	3.083	2.377	1.661	1.001	0.475
주거	주거	−2.102	−2.166	−0.197	0.414	0.438	0.433	0.523	0.522	0.589	0.472	0.371	0.269
	누계	−0.488	1.649	3.899	4.104	3.675	3.223	2.778	2.243	1.712	1.116	0.641	0.269
상업	상업	−3.711	−2.547	−0.227	0.530	0.608	0.658	0.677	0.748	0.744	0.716	0.578	0.547
	누계	−0.797	3.026	5.719	5.959	5.400	4.763	4.078	3.378	2.610	1.852	1.128	0.547

<자료 13> 가격자료와의 개별요인 격차 내역

1. 표준지공시지가

구 분	대상	표준지 1	표준지 2	표준지 3
평점	100	95.2	88.6	79.4

2. 거래사례

구 분	대상	사례 1	사례 2	사례 3	사례 4
평점	100	109.4	150.6	112.9	104.8

3. 임대사례

구 분	대상	사례 1	사례 2	사례 3	사례 4
평점	100	70.9	114.4	104.7	114.7

<자료 14> 대상부동산 감정평가시 고려사항

1. 본건 감정평가액 산정을 위한 사례 선정시 인근거리(0~500m 이하) 범위 내에서 선정하기로 함.

2. 오피스빌딩의 거래가격추이는 편의상 지가변동률과 동일한 것으로 가정함.

3. 본건 평가에 적용할 적정 월임대료는 대상 임대료 기준 및 임대사례 기준으로 한 직·간접법을 병용하여 결정하기로 하고 보증금은 월임대료의 10개월분이며 관리비 등은 대상의 자료를 적용함.

4. 제시된 모든 자료에서 m²당 적용되는 보증금, 임대료 및 관리비는 해당 임대부분에 대한 임대면적 기준임.

5. 건물의 감가수정은 만년감가를 적용되, 대상 건물은 신축 후 지속적인 리모델링 관리로 인하여 유효경과년수를 실제보다 12년 정도 작게 책정할 수 있을 것으로 판단됨.

6. 평가가액 및 임대료의 단가는 유효숫자 세자리까지, 총액은 백만원 미만에서 반올림하여 제시함.

집합건물(3방식) [논점정리]

【종합문제 11】 감정평가사 K씨는 SY자산운용㈜로부터 신규로 운용자산에 편입되는 의뢰 부동산에 대하여 관련 법률에 근거한 감정평가를 의뢰받고 현장조사를 완료한 후 다음의 각종 가격자료를 수집하였다. 제시된 물음에 대하여 답하시오. (45점)

(물음 1) 원가법에 의한 시산가액을 도출하시오

(물음 2) 수익환원법에 의한 시산가치를 도출하되, 직접환원법 및 할인현금흐름분석법을 병용하시오.

(물음 3) 대상부동산의 감정평가액을 결정하시오.

<자료 1> 감정평가 용역의 기본적 사항 및 전제

1. 본건의 사용승인일, 임대계약시점 및 기준시점은 2023년 5월 1일임.

2. 집합건물은 각 개별호수별 평가가 원칙이나 본건은 9~11층까지 층별·호별 구별하지 않고 대상 전체에 대하여 일괄 산정함.

3. 예정임차인의 추가 투입 비용에 대한 반영
   대상부동산과 시장분양사례와의 격차자료에는 이미 반영되어 있으나, 건물전체관련사항인 표준건축비 및 부대설비 등의 건물원가자료에는 미고려되어 있는바 원가법적용시 해당 층에 대한 가격배분 후 이를 추가로 반영하기로 함.

4. 보유기간은 계약상 임대기간인 5년으로 하고, 제세금을 포함한 모든 관리비용을 임차인이 부담하며, 향후 보유기간 동안 전체에 대한 임대계약이 확정되어 공실은 없는 것으로 적용하며, 그 이후로도 없는 것으로 가정함.

5. 보유기간 이후 임대료는 일반적인 물가상승률 수준(3.5% 상승)에서 안정화될 것으로 예상되며, 매도비용은 매각가격의 2%임.

<자료 2> 제시목록 및 조사사항

1. 의뢰대상은 A동 18-21외 27필지 상에 소재하는 대지면적 7,753.9m², 건물전체 연면적 71,050.32m²의 철골 철근콘크리트구조 상업용 빌딩의 일부분으로서, 9층 ~11층 전체에 해당하는 판매시설이 감정평가 대상임.

[건물 전체 개요]

소재지	S시 C구 A동 18-21외		
사용승인일자	2023.05.01		
규모	지하 7층 / 지상 16층		
대지면적	7,700.0m²	건축면적	4,646.0m²
연면적	71,000.0m²	주용도	판매시설
주구조	철골 철근콘크리트구조	주차대수	379대

※ 지하 3,4층 일부 및 지하 5,6,7은 주차장임.

[평가 대상 건물개요]

층구분	내역	면적(m²)	전용면적(m²)	공용면적(m²)
9	판매시설	4,206.13	2,610.0	1,598.0
10	판매시설	4,192.31	2,600.0	1,590.0
11	판매시설	1,524.56	945.00	580.0
합 계		9,923	6,155	3,768

3. 토지에 관한 사항

    1) 입지 및 교통상황

       본건 주변은 대형쇼핑몰, 공공기관 및 각종 생활편의시설 등이 소재하는 노선상가지대로서 차량의 진·출입이 용이하며 인근에 버스정류장 및 지하철 3개 노선이 소재하여 주위환경 및 대중교통여건은 양호함.

    2) 형태·이용상황·도로상태

       본건은 28필지 일단의 부정형 평지로서 현장조사일 현재 '상업용 건부지'로 이용 예정이며 남동측 및 남서측으로 광대로와 접하며, 북동측 및 북서측으로 소로와 접함.

3) 토지이용계획관계 및 공법상 제한상태

일반상업지역, 방화지구, 중심지미관지구, 도로(접함), 상대정화구역임.

4. 건물에 관한 사항

1) 대상의 기준시점 현재 1동 전체 건물에 직접 투하된 건축비 :

@1,963,000원/m²(내용년수 : 55년)으로 적정 수준임

2) 대상건물은 사용승인 미필상태이나, 기준시점 현재 사용승인이 날 것을 전제하여 감정평가함. 다만, 감정평가 대상 부분(9~11층)은 '건물 기본설비 보강공사'로 약 20억원, '임차자 개량물'로 약 10억원을 상기 건축비 외 투하되었으며, 기본설비 보강 공사의 경우 건물기본설비 보강 공사로서 효용의 증가가 시장 내에서 인정되며, 투하된 비용만큼 시장가치로 인정될 것으로 판단됨.

5. 임대료 수준

1) 본건과 비교가능한 임대사례를 분석한 결과 연면적 기준 계약 월임대료 @32,000원/m² 수준이 적정한 것으로 판단됨.

2) 대상은 보증금이 월임대료의 18개월임.

3) 임대료는 계약개시 후 초기 3기 소득까지는 매년 1%씩, 그 이후에는 전년 대비 1.5%씩 상승하는 조건임.

<자료 3> 표준지 공시지가

일련번호	소재지	면적(m²)	지목	이용상황	용도지역	주위환경	도로교통	형상지세	2023년 공시지가
1	A동 18-21	102.8 (일)	대	상업용	일반상업	노선상가지대	광대소각	부정형평지	31,800,000
2	A동 18-130	783.5 (일)	대	업무용	일반상업	노선상가지대	광대소각	정방형평지	19,500,000
3	A동 23-3	121	대	상업용	일반상업	후면상가지대	세로(가)	사다리평지	9,740,000
4	A동 34-10	95.9	대	업무용	일반상업	주택 및 상가지대	세로(불)	정방형평지	4,200,000

<자료 4> 평가선례 수집 자료

지목	용도지역	평가단가(원/m²)	평가목적	기준시점
대	일반상업지역	48,100,000	협의보상	2023.02.05

상기 선례지는 상업용 빌딩의 부지로 이용 중인 토지(A동 18-401번지)에서 도로사업에 편입된 관계로 2022년 11월 직권 분할된 토지로서 해당 기준시점 현재 "광대한면 / 부정형 / 평지"이나, 분할 전 토지는 광대로 및 중로에 한 면씩 접하는 가장형, 평지로서 대상 토지 인근에 위치하여 감정평가사 K씨는 이를 표준지 공시지가의 시세반영 수준 검토 자료로서 사용하기로 함.

<자료 5> 지가변동률(S시 C구, 상업)

· 2023.1.1.부터 2023.5.1. : 2.581%

· 2023.2.5.부터 2023.5.1. : 1.940%

<자료 6> 각종 이율관련 자료

1. 주요 금리지표의 추이

(단위 : %)

구 분	예금 / 채권별	2021년말	2022년말	2023년4월말
국고채	3년 만기	5.06	4.82	5.00
회사채	장외3년, BBB-	9.21	7.97	8.25
C P	유통수익률(91일)	4.26	4.9	5.23

2. 국고채 수익률은 유동성위험, 건설비용위험, 자금위험 등이 매우 낮으므로 무위험 이자율에 가깝다고 볼 수 있음

3. 보증금운용이율
   무위험 이자율에 시장의 변동 상황을 고려한 위험할증률 1%를 적용함.

4. S시 오피스빌딩의 환원이율 : 6% 수준

5. 대상부동산 환원이율

판매시설의 특수성을 감안하여 S시 오피스빌딩의 환원이율에 용도변경의 제약, 계약임대료의 변동성 등으로 고려한 추가적인 위험할증률 1%를 적용하여 기입환원율(going-in capitalization rate)을, 여기에 미래의 불확실성, 시장 변동성 등과 같은 추가적인 0.5%를 적용하여 기출환원이율(going-out capitalization rate)을 결정함.

6. 할인율(discount rate)

무위험 이자율에 부동산의 비유동성, 이자율 변동, 부동산 운영상의 위험 등을 고려한 위험할증률 3%를 적용하여 결정함.

<자료 7> 가치형성요인 격차 비교자료

1. 토지 개별요인 격차는 모두 대등한 것으로 봄.

2. 층별효용비 등

지하2	지하1	1층	2층~4층	5층-9층	10층 이상
60	65	100	70	40	35

※ 전체 층수의 층별효용적수의 합계는 2,157,500임

골프장 평가 [논점정리]

【종합문제 12】 감정평가사 K씨는 A도 XX면에 소재하고 있는 SC컨트리클럽(18홀 규모의 골프장)의 개발사업을 진행함에 있어 각 사업의 단계별 감정평가를 의뢰받았다. 주어진 자료를 활용하여 각 물음에 답하시오.(단, 아래의 기준시점과 평가시점은 동일한 것으로 본다) (45점)

(물음 1) 2021년 5월 30일 당시 골프장 부지(사유지) 매입과 관련한 담보평가.

(물음 2) 2022년 3월 30일 당시 공사 중단 된 상태의 보유 토지 경매평가.

(물음 3) 2023년 9월 1일 당시 골프장의 일반거래 목적 평가

<자료 1> 대상부동산 및 의뢰내역 등

1. 소재지 : A도 OO시 XX면 A리 산 22번지 외 2필지

2. 사업부지 매입 대상 목록

구분	소재지	지번	용도지역 및 이용상황	매입 (공부상) 면적(m²)	골프장 편입 면적(m²)	비고
1	XX면 A리	산22	보전관리/임야	1,000,000	947,000	사유지(제외지 분할 후 지번 산22-1)
2	XX면 B리	200	계획관리/전	50,000	50,000	사유지
3	XX면 B리	300	계획관리/전	3,000	3,000	국유지
	계	계		1,053,000	1,000,000	

3. 해당 사업 추진 경위

번호	시 점	내 용
1	2021. 05. 30	대상 부지 중 사유지 매입
2	2021. 08. 16	도시관리계획결정 고시
3	2021. 09. 30	실시계획인가 및 공사 착공
4	2022. 01. 01	공사중단
5	2022. 02. 01	사업자 변경 및 공사 재개
6	2022. 08. 01	공사 완료 및 영업시작
7	2023. 05. 01	국유지 매입

<자료 2> 사업개요 및 개발계획 등

1. 사업 개요(개발계획)

구분	내용
골프장명	SC 컨트리클럽(C.C)-회원제 골프장
법인명	태영관광㈜
소재지	A도 OO시 XX면 산 22번지외
규모	18홀(72파)
코스전장	6,256m
등록면적	1,000,000m²

2. 시설규모 현황 (개발계획)

(1) 조성공사비

구분	공 사 비 (원)	구 성 비 (%)	비 고
재 료 비	6,648,990,351	19%	
노 무 비	2,052,847,945	6%	
경 비	2,186,340,198	6%	
순공사비	20,888,178,494	59%	
일반관리비	1,044,408,924	3%	
조사설계비	1,480,287,794	4%	
기타경비(금융등)	1,226,699,770	3%	
합 계	35,527,753,476	100.0	

조성사례 골프장면적	1,776,388m²
m²당 공사비	20,000

※ 취득세는 조성공사비의 11% 소요됨.

(3) 건축 계획

구분		건축물 구조	건물연면적
건축시설	클럽하우스	철근콘크리트조 아스팔트슁글지붕	5,000
	휴게소		254
	관리동		882
	창고	조적조 슬래브지붕	160
	기사대기실	철근콘크리트조 아스팔트슁글지붕	112
	카대기고		96
	대피소		85
	골프연습실		192
	탱크실	조적조 슬래브지붕	25
합계			6,806

<자료 3> 현장조사 사항

1. 대상의 지리적 위치

   대상은 A도 OO시 XX면 A리 및 B리에 걸쳐 소재하고 있으며 동일 XX면 C리에 대상과 유사한 골프장이 소재함.

2. 2021년 5월 30일 당시 현장조사사항

구 분	내 용
형태 및 이용상황 토지이용관계	주된 방위가 북서측으로 하향완경사진 부정형의 토지이며 "자연림" 및 "전·답"으로 아직 사업계획승인을 득하지 못한 상태임.
	본건 기호1 토지는 보전관리지역, 준보전산지, 자연림 상태이며, 기호2 토지는 계획관리지역 내 "전"으로 이용 중임.

3. 2022년 3월 30일 당시 현장조사사항

구 분	내 용
형태 및 이용상황	사업계획승인 이후 조성공사가 중단된 상태로 감리업체에 공정확인서를 받은 결과 전체 공정률은 80%인 것으로 확인되었다.

4. 2023년 9월 1일 당시 현장조사사항

구 분	내 용
형태 및 이용상황	골프장 공사가 완료된 상태로 정상영업 중이었음.
기타	골프장 공사가 완료된 상태로 정상영업 중이었음.

<자료 4> 2021년 공시지가 자료

1. XX면 소재 표준지 공시지가

일련번호	소재지 지번	면적 (m²)	이용상황	용도지역	도로방위	형상지세	공시지가
1	A리 산65	9,917	자연림	보전관리	세로(불) 남서	부정형 완경사	5,000
2	A리 79-9	620	전	계획관리	세로(불) 남서	부정형 완경사	10,000
3	B리 산19-3	7,636	자연림	보전관리	세로(불) 남서	부정형 완경사	6,000
4	B리 31	645	전	계획관리	세로(불) 남서	부정형 완경사	12,000
5	C리 산12	6,064.0 (일단지)	골프장	계획관리	세로(가) 남서	부정형 완경사	43,000

<자료 5> 2022년 공시지가 자료

1. XX면 소재 표준지 공시지가

일련번호	소재지 지번	면적 (m²)	이용상황	용도지역	도로방위	형상지세	공시지가
1	A리 산65	9,917	자연림	보전관리	세로(불) 남서	부정형 완경사	6,000
2	A리 79-9	620	전	계획관리	세로(불) 남서	부정형 완경사	11,000
3	B리 산19-3	7,636	자연림	보전관리	세로(불) 남서	부정형 완경사	6,000
4	B리 31	645	전	계획관리	세로(불) 남서	부정형 완경사	12,500

※ 골프장 표준지는 이하 별도 기재

2. A도 소재 골프장 표준지공시지가

기호	소재지 지번	면적(m²)	이용 상황	용도 지역	형상 지세	도로교통	공시지가 (원/m²)
5	OO시 XX면 A리 산22	947,000 (일단지)	골프장	계획 관리	부정형 완경사	세로 (가)	21,000
6	OO시 XX면 C리 산12	6,064.0 (일단지)	골프장	계획 관리	부정형 완경사	세로 (가)	43,000

3. B도 소재 골프장 표준지공시지가

기호	소재지	면적 (m²)	이용 상황	용도 지역	형상 지세	도로교통	공시지가 (원/m²)
7	△△시 다동 산22	8,064.0 (일단지)	골프장	계획 관리	부정형 완경사	세로 (가)	33,000

<자료 6> 2023년 공시지가 자료

1. XX면 소재 표준지 공시지가

일련 번호	소재지 지번	면적 (m²)	이용상황	용도지역	도로방위	형상지세	공시지가
1	A리 산65	9,917	자연림	보전관리	세로(불) 남서	부정형 완경사	6,500
2	A리 79-9	620	전	계획관리	세로(불) 남서	부정형 완경사	11,000
3	B리 산19-3	7,636	자연림	보전관리	세로(불) 남서	부정형 완경사	6,000
4	B리 31	645	전	계획관리	세로(불) 남서	부정형 완경사	13,000

※ 골프장 표준지는 이하 별도 기재

2. A도 소재 골프장 표준지공시지가

기호	소재지 지번	면적(m²)	이용상황	용도 지역	형상 지세	도로 교통	공시지가 (원/m²)
5	OO시 XX면 A리 산22	947,000 (일단지)	골프장	계획 관리	부정형 완경사	세로 (가)	31,000
6	OO시 XX면 C리 산12	6,064.0 (일단지)	골프장	계획 관리	부정형 완경사	세로 (가)	44,000
7	□□시 나동 산13	6,007.0 (일단지)	골프장	계획 관리	부정형 완경사	세로 (가)	34,000

3. B도 소재 골프장 표준지공시지가

기호	소재지	면적 (m²)	이용 상황	용도 지역	형상 지세	도로교통	공시지가 (원/m²)
8	△△시 다동 산22	8,064.0 (일단지)	골프장	계획 관리	부정형 완경사	세로 (가)	35,000
9	◑◑시 라동 산33	2,054.9 (일단지)	골프장	계획 관리	부정형 완경사	세로 (가)	45,000

<자료 7> 골프장 거래사례자료

구분	사례A	사례B
소재지	B도 OO군 B리 산 153번지	A도 OO군 C리 산 121번지
홀수	18홀	9홀(퍼블릭)
면적(m²)	942,066	862,626
코스전장(m)	6,142	6,260
회원수(명)	597	307
개장일	2022.03	2017.10
매매시점	2023.08.01	2023.01.07
매매금액	52,000,000,000	54,964,707,900

<자료 8> 그 밖의 요인 보정자료

1. 전,답,임야, 조성중인 골프장의 경우 공시지가가 적정 시세를 반영하고 있음.

2. 골프장 평가 전례

골프장명	동원썬밸리	섬강벨라스톤
소재지	A도 ◆◆시 가동	□□시 나동 산13
홀수	18H	18H
등록면적(m²)	1,090,238	967,921
평가목적	담보	담보
평가시점	2022.04	2021.01
적용단가 (원/m²)	57,000	34,000
공시지가(원/m²)	45,000	27,000
공시지가와의 격차율	1.27	1.26

본건 인근 골프장의 호가수준 및 공시지가와 평가전례와의 가격격차율 등을 고려하여 그 밖의 요인 보정치를 1.30로 적용 결정

<자료 9> 재조달 원가등

1. 한국감정원 발행 건축물 신축단가표를 근거로 본건과 유사한 구조 및 용도의 건물 표준단가에 부대설비를 보정한 대상의 재조달 원가는 다음과 같다.

2. 철근콘크리트조 아스팔트슁글지붕 구조

   클럽하우스의 경우 900,000원/m², 휴게소는 클럽하우스의 2/3 수준, 관리동 및 기사대기실, 카대기소, 대피소, 골프연습실의 경우는 클럽하우스의 1/2수준으로 한다.

3. 조적조 슬래브지붕구조

   창고의 경우 200,000원/m² 탱크실은 240,000원/m²임.

<자료 10> 시점수정 자료

1. 토지에 대한 지가변동률은 보합세로 본다.

2. 골프장 회원권 시세변동률(%)

2022년 누계	2023.1.1 ~ 2023.07.31	2023.08.01 ~ 2023.08.31
8	5	2

<자료 11> 요인비교자료

1. 완공 전 상태 기준
   (1) 행정구역 상 동일 리에 소재하는 경우 비교가능성이 인정되나, 다른 리에 소재하는 경우 지역적 가격 격차가 상이해 그 지역적격차를 파악하기 어려움.
   (2) 표준지에 대한 대상토지의 개별요인(조성정도 무관)은 대등한 것으로 본다

2. 완공 후 상태 기준

(1) 지역요인

골프장은 같은 광역시·도에 소재하는 경우 지역요인이 동일하나, 다른 광역시·도에 소재하는 경우 사례 또는 대상이 속한 광역시·도의 골프장 표준지 전체의 평균단가에 비례하여 지역적 격차를 적용하도록 함.

(2) 골프장용지(토지)의 개별요인은 표준지공시지가와 대등한 것으로 본다.

(3) 골프장 개별요인

항목	세부항목	대상	사례
골프장이용	골프장이용의 용이도	105	100
	회원권의 가격 이용요금		
	이용형태(회원제, 대중제)		
	회원권의 조건		
	골프장 회원수		
골프장입지	도로 등과의 접근성	97	100
	골프장의 주변환경		
골프장개발특성	골프장의 전체규모	100	100
	골프장의 형상·지도·사도		
	지형정 입지특성, 관리상태		
	개발지와 원형보전지 비중		
골프장질적특성	골프코스 설계의 우수성	98	100
	골프장의 전체적인 관리상태		
골프장시설물특성	클럽하우스·티하우스 등 개량물의 상태	100	100
	기계기구등의 상태		

<자료 12> 기타사항

1. (물음 2, 3) 골프장용지의 원가법에 의한 평가시 소지가격은 편의상 (물음 1)에서 산정한 단가를 적용함.

2. 최종가격은 유효숫자 세자리까지 표시하되 네자리에서 반올림한다.

3. 골프장의 거래가격은 회원권 시세 동향과 일치하는 것으로 본다.

물류창고 PF [논점정리]

【종합문제 13】㈜SW개발은 경기도 A시 소재 토지를 물류창고로 개발하고자 예정 부지를 매입하여 지구단위계획을 신청한 상태이다. 아래의 자료를 활용하여 다음 물음에 답하시오. (40점)

(물음 1) 부지 매입 자금을 충당하기 위한 담보목적의 감정평가 (10점)

(물음 2) 물류창고 완공 후 가치에 대한 가치추정(컨설팅)하되, 가치결정 근거를 구체적으로 기술하시오. (30점)

<자료 1> 기본적 사항

1) 소재지 : 경기도 A시 ○○면 방초리 221-5외 소재 토지

2) 기준시점 : 2023. 09. 01

3) 조사기간 : 2023. 08. 07~2023. 09. 01

4) 평가대상

　(1) 토지

순번	지번	지목	매입 예정 면적(m²)	지구단위 편입 면적(m²)
1	221-5	전	27,000	27,000
2	227-1	전	22,000	21,000
3	233	전	500	300
창고(예정) 소계			49,500	48,300
4	233	전	500	150
5	207-8	답	10	10
6	207-27	답	150	140
도로(예정)부지 소계			660	300
총계			50,160	48,600

(2) 토지이용관계 및 기타 공법상 제한

　　토지이용계획은 계획관리지역, 자연보전권역<수도권정비계획법>, 배출시설 설치제한지역임. <수질 및 수생태보전에 관한 법률>

(3) 예정 건물 내역

위 치	경기도 A시 일죽면 방초리 221-5 외	
용도지역	계획관리/유통개발진흥지구/2종지구단위(유통형)	
거래대지총면적	48,600.0m²	
구분	A동	B동
건축면적	15,000.0m²	4,320.0m²
연면적	50,000.0m²	8,640.0m²
지상연면적	50,000.0m²	4,320.0m²
건물규모	지상4층	지상1층, 지하1층
건물용도	냉장/냉동 창고	상온 창고
주차대수	262대	127대
건물구조	프리케스트콘트리트(PC)구조	

<자료 2> 현장조사사항

1) 기준시점 현재 기호1,2,3 토지는 현황 '전'으로 등고 평탄한 지대로 부정형으로 세로한면에 접해 있으며, 기호4,5,6 토지는 현황 '전'으로 등고 평탄한 지대로 부정형으로 세로불에 접해 있음.

2) 유통개발진흥지구, 제2종지구단위계획구역(유통형)은 해당 지자체에 신청하였으며, 각종 인허가가 확실시 되며. 물류창고의 조성후 토지특성은 가장형, 평지, 소로한면으로 계획하였음.

3) 본 계획사업은 물류시설운영업에 속하는 냉장 및 냉동 창고업으로 분류되며, 「물류시설의 개발 및 운영에 관한 법률 시행령」상 단위물류시설(창고 및 집배송센터 등 물류활동을 개별적으로 수행하는 최소 단위의 물류시설)로 주기능은 보관기능임.

<자료 3> 물류 창고 시장 동향

본건이 속하고 있는 경기권역은 경부고속도로 및 영동고속를 통하여 수도권으로의 연계가 가능하여 역시 지리적 장점을 보유하고 있음.

한편, 물동량 증가가 예상됨에도 불구하고 해당권역의 냉동·냉장창고는 평택항 주변에 4~5개소만 입지하고 있어 냉동·냉장 물류시설로서의 경쟁력이 타권역에 비하여 높다고 할 수 있음.

최근 경기권역의 물류센터 거래가 활발하며 거래사례들은 임대료 추세를 반영하여 거래가 이루어지고 있음.

<자료 4> 표준지공시지가(2023.1.1)

기호	소재지	면적 (m²)	지목	이용 상황	용도 지역	도로 교통	형상 및 지세	공시지가 (원/m²)
1	방초리 87-4	1,164	장	공업용	계획관리	소로한면	가장형, 평지	115,000
2	방초리 122	810	전	전	계획관리	세로(가)	가장형, 평지	50,000
3	방초리 322	590	전	전창고	관리지역	세로(가)	가장형, 평지	80,000

<자료 5> 감정평가사례 검토

기호	소재지	평가 목적	가격시점	용도 지역	평가가격 (원/m², a)	개별지가 (원/m², b)	격차율 (a/b)
1	방초리 221-5	담보	2022.04.21	계획관리	124,000	100,000	1.24
2	방초리 221	담보	2022.02.01	계획관리	186,000	130,000	1.43

상기 평가 전례를 검토한 결과 표준지공시지가와 가격격차율 산정치는 1.403로 인근지역 유사 평가사례와 인근지가수준, 경매시장 동향 및 지가동향 등을 종합하여 그 밖의 요인으로 40% 증액 보정함.

<자료 6> 물류창고 거래 및 임대 사례

1) 물류창고 위치도

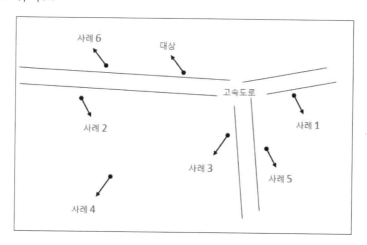

2) 물류창고 건물 내역

구분	사례명	준공일	대지면적	연면적	창고 용도
사례 1	O물류센터	2018.07.10	22,704m²	16,800m²	상온 및 냉장
사례 2	●물류센터	2017.03.11	19,501m²	16,400m²	상온 및 냉장
사례 3	◎물류센터	2018.11.11	32,194m²	10,700m²	상온 및 냉장
사례 4	□물류센터	2019.11.12	21,230m²	23,400m²	상온
사례 5	A물류센터	2019.01.01	17,363m²	17,700m²	일반상온
사례 6	B물류센터	2019.01.01	14,469m²	10,700m²	냉장

3) 물류창고 거래사례 내역

구분	사례명	용도지역	지목	거래시점	거래가격(원)
사례 1	O물류센터	자연녹지	대	2021.05.25	18,984,000,000
사례 2	●물류센터	계획관리	창	2017.04.15	16,006,400,000
사례 3	◎물류센터	계획관리	잡	2022.06.01	9,287,600,000
사례 4	□물류센터	계획관리	장	2022.04.19	19,890,000,000

4) 물류창고 임대사례 내역

구분	사례명	용도지역	지목	임대시점	월임대료(원/3.3m²)
사례 5	A물류센터	자연녹지	대	신규	13,000
사례 6	B물류센터	계획관리	잡	신규	32,500

5) 경기도 물류창고 임대료 추세

(단위 : 원/평)

구분	2020년	2021년	2022년
물류창고 평균임대료	30,000	31,500	33,075

<자료 7> 표준단가(건물신축단가표 : 2023년도 한국부동산연구원)

분류번호	용 도	구 조	급수	표준단가 (원/m²)	내용년수
5-3-5-1	냉동창고	철근콘크리트조 슬래브지붕	1	800,000	45(40∼50)
5-3-6-2	냉동창고	철골조철골지붕틀 샌드위치판넬잇기	1	700,000	40(35∼45)
5-2-5-1	일반창고	철근콘크리트조 슬래브지붕	2	650,000	45(40∼50)
5-1-6-10	일반창고	철골조철골지붕틀 칼라피복철판잇기	2	520,000	40(35∼45)

<자료 8> 수익가액 참고 내역

1) 대상의 수익환원법에 분석기간은 5년을 기준함.

2) 연간임대료상승률 : 2기, 3기는 보합으로 예상되나, 4기 이후 상승률을 4%로 적용함.

3) 관리비 : 관리비는 물류센타 운영에 소요되는 제세공과, 수선유지비 등의 비용으로 m²당 1,000원을 징수하는 것이 일반적이며, 보유기간 동안은 관리비의 상승은 없을 것으로 본다.

4) 공실률 : 2020년 하반기를 기점으로 물류창고의 공실이 크게 줄었고 지속적으로 낮아지는 추나 대상이 속한 시의 경우 현 상태의 공실률을 유지할 것으로 예측된다.

<경기권 물류창고 공실률(%) 추이>

구분	2020년	2021년	2022년
A 시	30	9.4	7.0

5) 영업경비

    – 고정경비 : 연간관리비의 40%

    – 변동경비 : 연간관리비의 40%

6) 대상 할인율 등 적용시 고려사항 : 최근 물류센터의 연간 Investment Rate는 12%, Income Rate는 10%, Capital Rate는 2% 수준이며, 기간말 기출환원율은 운영소득률에 위험할증률 1%를 가산하여 적용함.

<자료 9> 요인비교치 등

1) 토지의 지가변동률은 보합세로 보고, 물류창고의 시점수정치는 경기도 물류창고 임대료 추세를 월할 단위로 적용하기로 함.

2) 토지 개별요인

    ① 도로접면 (각지는 5%가산)

구분	소로한면	세로(가)	세로(불)
소로한면	1.00	0.93	0.86
세로(가)	1.07	1.00	0.92
세로(불)	1.16	1.09	1.00

    ② 형상

구분	정방형	장방형	사다리형	부정형
정방형	1.00	0.99	0.98	0.95
장방형	1.01	1.00	0.99	0.96
사다리형	1.02	1.01	1.00	0.97
부정형	1.05	1.04	1.03	1.00

3) 물류센터 개별요인

조건	항목	가중치 (%)	비교평점			
			대상	거래 사례1,2.3,4	임대 사례5	임대 사례6
외부적 요인	가로조건 및 접근조건	35	110	100	110	110
	환경조건 및 획지조건	35	100	100	100	100
	행정적조건 및 기타	30	100	100	100	100
	외부요인비교치	100				
건물 요인	마감수준 및시공의 질	40	105	100	105	105
	부대시설	30	100	100	100	100
	규모 및 밀도	30	105	100	105	105
	건물요인비교치	100				
개별 요인	수익성	35	100	100	100	100
	관리 및 브랜드	35	100	100	100	100
	구조 및 공간	30	100	100	100	100
	개별요인비교치	100				

호텔, 조건부 감정평가 [논점정리]

【종합문제 14】 ㈜K자산운용은 도시 및 주거환경정비법 상 사업시행인가를 득하고 (2022.05.31)호텔 건축 중인 대상을 완공 전에 호텔의 마스터리스(장기 책임임대차계약)업체를 확보하며 투자자로부터 자금유치에 성공했다. 대상 예정 호텔에 대하여는 SW호텔이 5년의 책임임대차계약을 체결하여 임대수익을 확정하였다. ㈜A감정평가법인 甲평가사는 ㈜K자산운용으로부터 자산편입 등을 위한 감정평가를 의뢰 받았다. 주어진 자료를 활용하여 다음 물음에 답하시오. (45점)

(물음 1) 감정평가에 관한 규칙에 규정된 현황평가 기준 원칙을 검토하고 감정평가 조건을 붙이는 경우 아래의 물음(3), (4)평가시 조건과 관련하여 그 적정성을 검토하시오.(5점)

(물음 2) 토지 일련번호 15(22-23번지)의 종전자산에 대한 평가액을 산정하시오.(5점)

(물음 3) SW호텔의 완공 후 가치를 토지는 공시지가기준법, 건물은 원가법을 주된 방법으로 하는 방식 및 비교방식으로 시산가액을 산정하시오.(15점)

(물음 4) SW호텔의 예상매출등 운영수익 및 마스터리스(책임임대차)계약에 따른 수익방식으로 시산가액을 산정하고 감정평가액을 결정하시오. (20점)

<자료 1> 대상물건의 개요

1. 토지 내역 (서울특별시 G구 ○○동)

No	동	지번	지목	사업면적 (m²)	정비기반 시설면적(m²)	대지면적 (m²)	공시지가 (원/m²)
1	○○동	22-4	대	60.3		60.3	16,500,000
2	○○동	22-6	대	236	28.6	207.4	17,000,000
3	○○동	22-11	대	106.1	27.2	78.9	12,100,000
4	○○동	22-12	대	7.9	7.9		12,100,000
5	○○동	22-13	대	106.5		106.5	11,800,000

No	동	지번	지목	사업면적 (m²)	정비기반 시설면적(m²)	대지면적 (m²)	공시지가 (원/m²)
6	○○동	22-14	대	2		2	11,800,000
7	○○동	22-15	대	162		162	11,800,000
8	○○동	22-16	대	115	0.2	114.8	11,100,000
9	○○동	22-17	대	45.6	15.3	30.3	20,800,000
10	○○동	22-18	대	163.6	21.8	141.8	17,000,000
11	○○동	22-19	대	37.1	28	9.1	20,800,000
12	○○동	22-20	대	101.9		101.9	12,000,000
13	○○동	22-21	대	351.4		351.4	8,870,000
14	○○동	22-22	대	183.6		183.6	8,870,000
15	○○동	22-23	대	300.0	50.0	250.0	11,500,000
계		15필지		1,979	179.0	1,800.0	

2. 공법상 제한 등

사업구역 내 모든 토지는 일반상업지역, 방화지구, 중심지미관지구, 정비구역이며, 일부 토지는 해당 정비구역에 따른 도시계획도로 등에 저촉되어 있음.

3. 사업시행자 제시 사항

평가시점 현재 위 지상의 건물은 모두 철거되었으나, 일련번호 15(22-23번지) 지상에는 철근콘크리트조 근린생활시설 500m2(사용승인 1993.05.01.)이 소재(잔존내용년수 21년)한 내역을 사업시행자가 제시하여 평가를 요청함.

4. 예정 건물개요(건축심의 통과 내역 등)

건물	구 조	철골철근콘크리트조 (철근)콘크리트지붕
	용 도	숙박시설 및 근린생활시설
	건축면적	1,051.96m²
	연면적	25,240.46m²
	층 수	지상 25층/지하5층
	승강기	승객용 5(H사, 1,150kg, 90m/min, 15인) 비상용 1(H사, 750kg, 90m/min, 10인)
호텔 등급		특1급 호텔
객실 구분 (객실수)	Standard	250 개실
	Suite	20 개실
	합계	270 개실

5. 마스터리스 계약임대료(Contract Rent) 관련 자료

  ⑴ 최초년도 계약내용

계약면적	건축 연면적 전체
보증금(원/m²)	220,000
월임대료(원/m²)	22,000
월관리비(원/m²)	10,000

  ⑵ 보증금, 연간임대료, 연간관리비 상승률

    1) 2,3년차 : 2%

    2) 4년차 이후 : 1%

  ⑶ 공실 및 대손충당금

    대상물건은 완공 전에 호텔의 마스터리스(장기 책임임대차계약)업체를 확보하여 최소 계약기간 5년동안은 공실은 고려하지 않는 것으로 본다.

  ⑷ 보증금운용이율 : 연 5%

  ⑸ 영업경비

    1) 고정경비 : 연간관리비의 40%

    2) 변동경비 : 연간관리비의 50%

<자료 2> 비교표준지 등

1. 표준지 공시지가

기호	소재지	용도지역	지목	이용상황	도로접면	형상·지세	공시지가(원/m²) 2022.01.01	2023.01.01	비고
A	○○동 22-15	일반상업	대	상업용	소로한면	세장형평지	11,800,000	—	사업구역 내
B	○○동 73-73	일반상업	대	업무용	광대소각	세장형평지	24,900,000	25,900,000	사업구역 밖
C	○○동 22-6외	일반상업	대	상업용	광대소각	세장형평지	—	25,900,000	사업구역 내

※ 비교표준지와 평가선례 등을 비교한 결과 인근지역의 공시지가는 적정시세를 충분히 반영하지 못하여 그밖의 요인 보정치 2.1을 적용할 필요성이 있음.

2. 시점수정치는 보합세로 가정함.

3. 요인비교

   (1) 도시계획 시설 저촉 감가율 : 15%

   (2) 형상 등 : 대상토지와 비교표준지의 형상, 지세, 접면도로 등은 대등함.

4. 재조달 원가

   (1) 표준단가

분류번호	용도	구조	급수	표준단가(원/m²)	내용연수
7-2-7-2	호텔	철골철근콘크리트조 슬래브지붕	1	1,800,000	50 (45~55)
7-2-5-1	근린생활시설	철근콘크리트조 슬래브지붕	1	1,000,000	50 (45~55)

   (2) 부대설비 보정단가

   호텔의 경우 동종 유사 등급 호텔의 일반적인 부대설비 및 직접비용 등을 감안하여 부대설비 보정단가를 400,000원/m으로 결정함.

<자료 3> 거래사례 등

1. 거래사례 내역

건물명	사례① A호텔	사례② B호텔	사례③ C호텔
거래시기	2022.05.31	2016.05.31	2022.05.31
거래금액(원)	63,500,000,000	87,814,000,000	149,550,000,000
연면적(m²)	15,000.0.	20,000.0	25,000.0
사용승인일자	1967.07.29	2010.03.15	2021.05.04
대지면적(m²)	47,923.3	1,441.5	6,720.1
층수	B2/19F 외	B7/16F	B6/16F
용도지역	1종일반주거지역	일반상업지역	일반상업지역
거래단가(원/m²)	6,290,477	4,519,000	5,982,000
비고	토지 및 건물 전체	토지 및 건물 전체	토지 및 건물 전체

2. 시점수정

　최근 5년간 ADR, 소비자물가지수, 서울지역오피스 임대료변동률을 분석한 결과 최근 1년은 연3.0%의 증가율을 적용하여 시점수정치를 산정하도록 함.

3. 거래사례 개별요인비교

조건	항목	가중치	비교치		
			사례1기준	사례2기준	사례3기준
외부적 요인	가로조건 및 접근조건	35%	1.40	0.9	1.00
	환경조건 및 획지조건	35%	1.25	1.00	1.00
	행정적조건 및 기타	30%	1.60	1.00	1.00
	외부요인비교치	100%			
건물 요인	시공의 질 및 부대시설	40%	0.60	1.00	1.05
	관리상태	30%	1.00	1.00	1.00
	규모 및 밀도	30%	0.90	1.00	1.05
	건물요인비교치	100%			
개별 요인	층, 위치	35%	1.00	1.00	1.00
	전용사용권	35%	1.00	1.00	1.00
	브랜드 등 기타	30%	0.80	1.10	1.00
	개별요인비교치	100%			

<자료 4> SW호텔 예상 수익 관련 자료

1. PGI(Potential Gross Income) 산정 산식

> 가능조소득(PGI) = 객실매출 + 식음료매출 + 기타매출

2. 객실당 평균단가(ADR)추정 자료
   - 서울 및 G구 지역 평균판매요금

구 분	평균판매요금(원)	
	서울	G구
특1등급	130,000	120,000
특2등급	100,000	70,000
1등급	70,000	63,000
2등급	55,000	60,000

3. 식음료 매출 추정자료

식음료 매출은 좌석수, 회전율, 연간이용객수, 식음료 단가를 추정하여 산정한 결과 초년도 532,000,000원으로 추정되며, 객실단가 상승률에 연동하여 매출이 증가할 것으로 판단된다.

4. 기타 매출 추정자료

기준 본건이 속한 서울특별시 G구 소재 본건과 유사한 특2등급의 객실매출 대비 부대매출의 비율이 약 0~16% 범위를 보이고 있으며, 인근 AA호텔의 기타매출 비율을 고려 기타매출 비율을 객실매출의 <15%>로 결정하였음.

5. 매출 상승률

소비자물가지수(총지수), 호텔의 숙박료지수 및 전년 동월대비 변동률과 그 추세를 종합적으로 고려하건데, 숙박요금의 경우 관광객 동향, 객실점유율 등에 민감하게 연동되는 것으로 판단되므로 연간 예상 매출의 상승률은 2.0%로 적용하는 것이 타당할 것으로 판단된다.

6. 객실이용률
   - G구 지역 객실이용률(OCC)

구 분	판매가능 객실수	판매 객실수	이용률(%)
특1등급	372,665	297,343	85
특2등급	495,305	366,734	80
1등급	50,005	45,849	99
2등급	184,325	102,628	56

7. 영업경비비율(임대료 비율)

본건과 유사한 특1급호텔의 경우 영업경비 비율이 약 52.1%~59.6% 수준을 나타내고 있으며, 대상 호텔이 창출할 것으로 예상되는 매출액을 기준으로, 임대차 계약 내용을 반영하여 종합적으로 영업경비비율(임대료 비율)을 <50%> 수준으로 추정하는 것이 적정하다고 판단됨.

<자료 5> 공통자료

1. 할인율(Discount Rate)

   1) 자본자산평가모델(CAPM; Capital Asset Pricing Model), 가중평균자본비용(WACC; Weighted Average Cost of Capital) 등을 종합적으로 검토한 결과 본 감정평가에 적용할 할인율 결정방법은 가중평균자본비용을 적용하기로 하였다.(WACC는 소수점 셋째자리 미만 절사)

   2) 甲감정평가사가 호텔경영에 따른 자기자본수익률은 6.50%, 타인자본수익율은 5.6% 이다. 또한 동시장의 위험할증률(RP)는 1.0%로 판단되었다.

   3) 甲감정평가사가 마스터리스에 따른 유사 부동산 시장에서 조사한 자기자본수익률은 6.2%, 타인자본수익률은 5.6%이다.

   4) 자기자본 : 타인자본=4 : 6

2. 기출환원율(Terminal Cap Rate)

   현재 호텔의 공급이 증가하고 있어, 향후 호텔시장의 가격변동률이 하락될 것으로 예상되어 기출환원율의 결정은 보수적인 입장을 위하는 것이 합리적이라는 판단을 하였고. 기출환원율은 5.0%를 적용하는 것이 타당할 것이라고 판단하였다.

3. 보유기간 및 복귀가격

   보유기간은 5년으로 하고, 재매도비용은 없는 것으로 가정한다. 복귀가격 결정을 위한 PGI 등은 5년차의 PGI 등에 연간 임대료, 관리비 등의 상승률을 적용하여 6년차의 순영업소득(NOI; Net Operating Income)을 기준으로 결정한다.

4. 각 시산가액은 백만원 미만 절사

5. 완공 후 가치는 2023.05.31을 기준시점으로 산정하되, 실제 완공시점 및 임대개시 시점과의 시간적 격차 등은 고려하지 않음.

오피스 [논점정리]

【종합문제 15】 부동산 투자자 甲S은 대상 집합건물을 매수하여 운영을 하려고 한다. 이에 적정 매수가격 결정을 위해 감정평가사 SW에게 매매계약예정일을 기준시점으로 한 일반거래(시가참고) 목적의 감정평가를 의뢰하였다. 그러나 SW는 인근의 집합건물 거래사례를 분석한 결과 적정한 거래사례를 포착하지 못한 상황이다. SW가 수집한 아래 자료를 활용하여 대상의 감정평가액을 제시하시오. (30점)

<자료1> 대상물건의 개요

1. 감정평가 대상 물건 : S시 K구 Y동 838 외 3필지 소재 1동 전체

2. 토지에 관한 사항

　(1) 대지면적 : 3,100m²

　(2) 공법상 제한 : 일반상업지역, 중심지 미관지구, 역사문화미관지구, 도시계획시설(도로접함), 일반미관지구 입안지, 건축선지정(도로경계선 3미터 후퇴)

　(3) 주위환경 등: B사거리 및 K대로 K역 인근에 소재하고

　　남서측 K대로(45m) 및 , 남동측 30m도로, 북서측 8m도로에 접함.

3. 집합건축물 대장 표제부1

규모	지상 22층 / 지하 9층	최고높이 : 99.42m	
건축구조	철골철근콘크리트조	건축면적	1,800.0m²
연면적	51,000.0m²	사용승인	2012년 2월 6일
용도	주용도 : 업무시설 (지하2층~지상 3층 일부 : 근린생활시설)		
주차	300대(옥내 : 300대)		
승강기	승객용 6대(17인승 2대, 20인승 4대), 비상용 1대(13인승), 장애인용 1대(20인승), 화물용 1대(3ton), 에스컬레이터(승객용 1대)		

4. 집합건축물 대장 표제부 2 – 층별면적내역

호 수	전용면적 (m²)	공용면적*1 (m²)	합계 (m²)	비 고
지하 2층	1,800.0	1,600.0	3,400	
지하 1층	900.0	800.0	1,700	
지상 1층	400.0	390.0	790	
----(중략)----				
지상 22층	200.0	190.0	390	
합 계	27,000.0	24,000.0	51,000	

*1. 각층 공용면적에는 지하주차장 등의 공용부분에 대한 면적이 포함되어 있음.

5. 매매계약예정일 : 2023년 9월 20일

(현장조사기간 : 2023년 9월 1일~2023년 9월 6일)

6. 토지에 관한 현장 조사사항

대상물건은 B사거리 각지에 위치하고 있고, 주변지역은 오피스 및 오피스텔이 밀집·신축 중인 업무·상가지역으로 본건의 토지는 일단지로서 세장형으로 대체로 인접지역과 등고 평탄한 지역이며, 838, 838-1, 838-2, 838-3, 838-13을 하나의 일단지로 하여 업무용빌딩으로 이용 중임.

7. 건물에 관한 현장 조사사항

대상 건축물 현장 조사결과 부대설비는 소방설비(소화, 경보, 피난설비 등), 전기설비, 통신설비, 보안설비, 전산장비, 냉온방설비, 위생설비, 자동제어설비, 방송자재를 갖추었음.

<자료 2> 대상부동산 소재 지역에 대한 분석

본건 건물이 위치하고 있는 K구 Y동 838번지 일대는 지하철 K역과 Y역 사이에 간선도로(K대로)가 지나고 있는 지역으로 현재 간선도로변에는 업무용 빌딩이 소재하거나 신축 중이고, 간선도로변의 후면지대는 중소규모의 상업용 빌딩 및 업무용

빌딩이 소재하는 지역임.

K구 Y동 일대의 본건 건물이 위치한 지역의 표준적인 이용상황은 기업체들의 입지 수요와 장래의 동향 등을 종합적으로 고려해 볼 때 오피스 및 오피스텔의 건물이 표준적인 이용상황이라고 판단됨.

<자료 3> Y동 소재 표준지 공시지가

(공시기준일 2023년 1월 1일)

일련 번호	소재지	면적 (m²)	지목	공시지가 (원/m²)	지리적 위치	이용상황 용도지역	주위 환경	도로 교통	형상 지세
1	831-7	458.8	대	10,500,000	K역 남측인근	업무용 일반상업	후면 상가지대	세로 (가)	세장형 평지
2	832-6	366.4	대	8,250,000	B사거리 북동측인근	상업용 일반상업	후면 상가지대	소로 한면	정방형 평지
3	835	1,243.7	대	26,300,000	K역 남측인근	업무용 일반상업	노선 상가지대	광대 소각	세장형 평지
4	837-2	282.9	대	11,500,000	B사거리 북측인근	상업용 일반상업	후면 상가지대	소로 각지	정방형 평지

<자료 4> 표준 건축 단가

구 분	내용년수	신축단가(원/m²)
철골철근콘크리트조 업무시설 10층 이하	55	850,000
철골철근콘크리트조 업무시설 25층 이하	55	1,400,000

<자료 5> 토지 감정평가 사례 분석

소재지	용도지역	이용상황	평가단가(원/m²)	기준시점
800-1	일반상업	업무용	33,000,000	2023.01.01
900	일반상업	상업용	35,000,000	2023.01.31

해당 지역 내 표준지 공시지가는 전반적으로 시세를 적정하게 반영하고 있는 것으로 조사되나, 인근지역의 매매사례, 세평가격, 평가선례 등을 참작하여 볼 때 본건이 속한 상가지대의 경우 20%의 부가적인 증액요인이 있다고 판단됨.

<자료 6> 빌딩의 매매사례 시장분석

1. 시장분석

   인근지역 내 유사빌딩으로서 빌딩매매시장에서는 건물의 연면적을 기준한 단가를 매매시의 일반적인 비교단위로 사용하고 있음. 2022년 1월 이후 시장에서의 적정할인율은 8%임.

2. 사례1(S빌딩) : K구 Y동 647

   (1) 대지면적 : 2,873m²

   (2) 건물규모 등 : 연 49,000m², 지상 22층, 사용승인 2012.01

   (3) 계약금액 및 거래일자 : 2022.11.01., 150,000백만원

   (4) 특이사항 : 계약 당시 부대시설의 보수를 위해 계약금액외 3억원의 지출을 예상하였고 이는 매도인이 하자담보 책임을 부담하는 것으로 하였음.

3. 사례2(A빌딩) : K구 Y동 650

   (1) 대지면적 : 4,015m²

   (2) 건물규모 등 : 연 30,000m², 지상 13층, 사용승인 2008.04

   (3) 계약금액 및 거래일자 : 2022.07.01., 76,000백만원

   (4) 특이사항 : 매수인은 계약당시 자금의 부족으로 인하여 계약시 총 매매금액의 5%를, 6개월 후 30%를, 그리고 1년 후 잔금을 매도인에게 현금으로 지불하기로 하였음.

4. 사례3(Y빌딩) : K구 Y동 891

   (1) 대지면적 : 4,417m²

   (2) 건물규모 등 : 49,000m², 지상 22층, 사용승인 2012.10.

   (3) 계약금액 및 거래일자 : 2022.10.01, 150,000백만원

(4) 특이사항 : 명목상 매매대금 중 60%에 대하여 저당대부액을 저당기간 15년으로 설정하였으며, 기간별로 저당이자율을 차등을 두어 적용하기로 하여 대부시점을 기준으로 매년 지급함. 처음 5년은 7%, 나머지 10년은 8.5%의 이자율이 적용됨.

5. 개별요인 분석 항목

구 분	사례1 (S빌딩)	사례2 (A빌딩)	사례3 (Y빌딩)	대상 (P빌딩)
이용상황 등급분류	업무용 보통	업무용 열세	업무용 보통	업무용 보통
빌딩 지명도	보통	보통	우세	보통
위치·접근성	보통	보통	보통	보통
관리상태	보통	보통	보통	우세
장래의 동향	보통	열세	보통	보통

※ 상기 표의 품등격차는 시장 내에서의 일반적인 비교단위를 기준으로 부여되어 있음.
※ 적용평점은 보통을 중간(100)으로 하여 우세는 "+5%", 열세는 "−5%"를 적용함.
※ 격차율 누계는 아래의 가중치를 고려한 항목별 격차를 합산하여 산정함.

구 분	이용상황 분류	빌딩 지명도	위치 접근성	관리 상태	장래 동향
가중치(%)	20	20	30	20	10

<자료 7> S시 K구의 용도지역별 지가변동률

2023년 8월 및 9월의 지가변동률은 미고시된 상태임(단위 : %)

년	월	평균		주거		상업	
		평균	누계	주거	누계	상업	누계
2023	7	0.504	4.169	0.456	3.858	0.705	5.549
	6	0.611	3.647	0.576	3.387	0.771	4.810
	5	0.655	3.018	0.624	2.795	0.797	4.008
	4	0.704	2.348	0.592	2.158	1.157	3.186
	3	0.604	1.633	0.560	1.557	0.799	2.006
	2	0.545	1.023	0.549	0.991	0.564	1.197
	1	0.475	0.475	0.440	0.440	0.629	0.629
2022	12	0.611	5.444	0.610	5.035	0.628	7.146
	11	0.704	4.804	0.705	4.399	0.727	6.478
	10	0.657	4.071	0.541	3.668	1.107	5.709
	9	0.622	3.392	0.586	3.110	0.792	4.551
	8	0.508	2.753	0.448	2.509	0.752	3.730
	7	0.371	2.234	0.314	2.052	0.617	2.955
	6	0.312	1.856	0.311	1.733	0.339	2.324
	5	0.257	1.539	0.219	1.417	0.397	1.978
	4	0.251	1.279	0.207	1.195	0.408	1.575
	3	0.290	1.025	0.265	0.987	0.383	1.162
	2	0.359	0.733	0.375	0.720	0.308	0.776
	1	0.372	0.372	0.344	0.344	0.467	0.467

<자료 8> 기타사항

1. 빌딩매매가격 추이는 계산 편의상 해당 토지의 가격 추이와 동일하다고 가정함.

2. 토지의 개별요인비교는 모두 대등한 것으로 전제함.

토지건물(지역분석, 시장추출법) [논점정리]

【종합문제 16】박조선씨는 소유부동산을 □□주식회사에 출자하기 위해 S감정평가법인에 감정평가를 의뢰하였다. 감정평가사 이대한씨는 사전·실지조사 등을 통하여 아래와 같은 자료를 수집하였다. 주어진 자료를 활용하여 다음의 물음에 답하시오. (30점)

(물음 1) 대상부동산의 토지가격결정을 위한 지역요인을 분석을 통해 비교표준지를 선정하고 그 이유를 설명하시오.

(물음 2) 대상부동산의 건물평가를 위한 경제적 내용년수를 확정하시오.

(물음 3) 대상부동산의 평가는 「감정평가에 관한 규칙」 제7조 제1항에 따라 대상부동산의 감정평가액을 결정하시오.

<자료 1> 평가 대상부동산의 개요

1. 평가목적 : 일반거래(현물출자를 위한 감정평가)

2. 기준시점 : 2023.6.30

3. 조사기간 : 2023.8.20.~8.28

4. 토지
   ① 소재지 : D시 H구 N동 1455번지
   ② 지목, 면적, 용도지역 : 대, 780m², 준주거지역
   ③ 특성 : 가로장방형, 평지, 중로한면

5. 건물내역
   ① 사용승인일 및 당시 건물신축단가 : 2007.3.30, @321,000원/m²
   ② 철근콘크리트조 슬래브지붕 5층, 교육관련시설, 연면적 1,850m²

<자료 2> 지역분석

1. 대상부동산 속한 인근지역의 주위환경

대상부동산이 위치하는 지역은 상업지대와 주거지대의 완충적 공간을 형성하고 있으며, 학원, 사무실 등 업무용의 3~5층 철근콘크리트조 건물이 표준적 이용이라고 볼 수 있는 노선상가지대로 1층에는 식당, 슈퍼, 화원 등의 근린생활시설이용이 많으나 공실률이 높아 최근 리모델링을 행하고 있는 건물이 많이 소재한 지역임.

2. 지역분석 및 격차 참고

인근지역 및 유사지역에 소재하며 준주거지역 내 각 지역별 표준적 특성을 가지고 있는 부동산의 임대료 표본(연간 평균소득, 평균 영업경비 등)과 각 지역별 표준지 공시지가의 평균치를 산출한 결과 해당 자료를 통해 기준시점의 지역별 가격수준 격차를 나타낼 수 있는 것으로 분석됨. 또한, 조사지역의 환원율은 동일 또는 유사한 것으로 파악되었음

1) 임대료 표본조사(조사시점 : 기준시점)

구 분	H구 L동	H구 M동	H구 N동	Y구 O동	Y구 P동
PGI(원/m²)	125,000	148,000	150,000	136,000	154,000
공실률(Vacancy)	10%	12%	12%	6%	5%
영업경비(원/m²)	46,000	56,000	55,000	47,000	45,000

2) 지역별 상업용 표준지 공시지가 평균치(공시기준일 : 2023.1.1)

	H구 L동	H구 M동	H구 N동	Y구 O동	Y구 P동
평균	425,000원/m²	482,000원/m²	500,000원/m²	510,000원/m²	635,000원/m²

3. 건물의 경우에는 D시내에서 지역격차 없이 거래가 이루어지고 있음.

4. 각 동별 개발시기 및 생애주기가 상이하여 소득과 경비에서 차이가 있음.

5. 같은 동 내에서는 지역요인이 동일함.

<자료 3> 표준지 공시지가내역1(2023.1.1)

기호	소재지(D시)	면적 (m²)	지목	이용상황	용도지역	도로	형상지세	공시지가 (원/m²)
1	H구 L동 217	650	대	업무용	준주거	중로한면	가장형평지	610,000
2	H구 M동 192	890	대	업무용	준주거	소로한면	세장형평지	640,000
3	H구 N동 181	1,200	대	주상용	3종일주	소로각지	정방형평지	420,000
4	Y구 O동 306	960	대	업무용	준주거	소로한면	사다리평지	650,000
5	Y구 P동 912	780	대	업무용	준주거	중로한면	가장형평지	960,000

<자료 4> 거래사례

1. 거래사례 A

  (1) 주위환경

    주위환경 및 표준적 이용이 대상부동산이 속해 있는 지역과 유사함.

  (2) 토지

    ① 소재지 : D시 Y구 O동 300번지

    ② 지목, 면적, 용도지역 : 대, 800m², 준주거지역

    ③ 특성 : 가로장방형, 평지, 중로한면

  (3) 거래내역

    ① 거래일자 : 2023.6.20

    ② 거래금액 : 630,000,000원

    ③ 거래조건 등 : 거래당시 지상 노후 건축물의 철거비용 5,000,000원을 매도자가 부담하기로 되어 있었음.

2. 거래사례 B

  (1) 주위환경 : 표준적 이용이 대상부동산이 속해있는 지역과 유사함.

  (2) 토지

    ① 소재지 : D시 H구 M동 1242번지

    ② 지목, 면적, 용도지역 : 대, 650m², 준주거지역

    ③ 특성 : 가로장방형, 평지, 중로각지

(3) 건물내역

　① 사용승인일 및 당시 건물신축단가 : 2005.3.31, @234,000원/m²

　② 철근콘크리트조 슬래브지붕 4층, 사무실

　③ 연면적 : 1,100m²

(4) 거래내역

　① 거래일자 : 2023.3.31

　② 거래금액 : 현금지불액 700,000,000원

　③ 거래조건 등 : 매도자가 이용하고 있던 다음과 같은 은행의 대출금을 매수자가 인수하는 조건이며, 5년 전 은행의 대출금은 225,490,000원, 대출이자율 연 7.2%, 10년간 매월 원리금을 균등분할하여 상환하는 조건이었으나 매수인의 금융신용도가 낮아 이자율이 7.8%로 상승되었다. 다만, 시장이자율은 12%임.

<자료 5> 지가변동률 및 건축비지수

1. 주거지역 지가변동률(%)

구 분	2022년 2/4	2022년 3/4	2022년 4/4	2023년					
				1월	2월	3월	4월	5월	6월
H 구	0.35	2.36	1.06	0.342	0.468	0.564	1.122	0.260	0.320
Y 구	0.000	0.000	0.000	3.113	3.000	0.000	0.000	0.000	0.000

2. 건축비 상승률 (철근콘크리트조)

기간	시점수정치
2005.3.31. ~ 2023.3.31	2.7928
2005.3.31. ~ 2023.6.30	2.8198
2007.3.30. ~ 2023.6.30	2.2437
2014.6.30. ~ 2023.6.30	1.3165
2014.6.30. ~ 2023.4.30	1.3122

<자료 6> 개별요인 비교자료

1. 도로(각지는 한면보다 5% 우세)

구 분	대로	중로	소로	세로(가)	맹지
비교치	1.10	1.00	0.95	0.78	0.45

2. 형상

구 분	정방형	가장형	세장형	부정형	사다리형
비교치	1.00	0.98	0.94	0.84	0.89

3. 지세

구 분	저지	평지	완경사	급경사	고지
비교치	0.82	1.00	0.96	0.89	0.87

<자료 7> 기타사항

1. 제시된 표준지공시지가는 적정시세를 반영하고 있음.

2. 토지단가 및 건물단가(재조달원가) 산정시 백원단위에서 반올림할 것.

3. 지역요인 격차율은 백분율로서 소수점 이하 첫째자리까지 표시하되, 반올림할 것.

4. 제시된 자료를 충분히 반영하여 대상부동산의 감정평가액을 결정할 것.

대형마트, 감정평가서 작성 [논점정리]

【종합문제 17】 투자자 甲은 자산 취득 목적으로 A도 B시 소재 ABC마트 대형할인점의 평가를 의뢰 하였다. 감정평가사 최하우는 대상 부동산에 대한 감정평가를 의뢰받아 처리계획을 수립한 후 현장조사를 수행하고 아래와 같이 자료를 수집·분석하였다. 아래 물음에 답하시오.(40점)

물음 1) 비교방식, 원가방식, 수익방식에 근거한 평가방법을 적용하고, 시산가액 조정을 통한 최종감정평가액을 결정하시오.(25점)

물음 2) 「감정평가에 관한 규칙」 별표 제1호 "감정평가액의 산출근거 및 의견" 중 <자료 11>에서 제시한 사항에 의거 감정평가서를 작성하시오. (15점)

<자료 1> 기본적 사항

1. 평 가 목 적 : 집합투자업자의 자산 취득

2. 대 상 물 건 : A도 B시 C구 D동 50-1 외 소재 토지 및 건물

3. 목록표시근거 : 등기사항전부증명서, 토지대장, 건축물대장

4. 기 준 시 점 : 2023. 09. 01

5. 조 사 기 간 : 2023. 08. 07 ~ 2023. 09. 01

6. 소유자 및 임차인 : 소유자는 (주)SW이며, ABC마트에서 임차중임.

<자료 2> 대상 부동산의 개요

1. 공부발췌

(1) 토지

기호	지번	지목	면적(m²)	용도지역	개별공시지가(원/m²)
1	50-1	대	1,600.0	일반상업	2,000,000
2	50-2	대	300.0	일반상업	2,000,000
3	50-11	대	100.0	일반상업	2,000,000

(2) 건물

기호	지번	주구조	주용도	규모	연면적(m²)	사용승인일
가	50-1, 50-2, 50-11	일반철골조 기타지붕 (데크플레이트)	판매시설	지상 6층	10,000.0	2017.01.26

2. 토지 조사확인 사항

- 소재지 : A도 B시 C구 D동 50-1외
- 접면도로 : 북측으로 로폭 약 30미터, 서측으로 로폭 약 5미터, 남측으로 로폭 약 8미터, 동측으로 로폭 약 6미터 도로에 각각 접함.
- 형상 및 지세 : 인접도로 대비 등고 평탄한 세장형
- 공법상 제한 : 일반상업지역, 중심지미관지구(노선미관지구), 방화지구, 최저고도지구(8M 이상), 대로2류(폭 30M~35M)(접함), 도로(접함), 소로2류(폭 8M~10M)(접함), 상대정화구역<학교보건법>
- 지적도

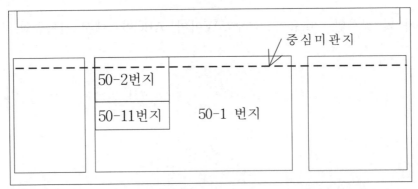

3. 건물 조사확인 사항

- 공통사항
    - 구조 : 일반철골조 기타지붕(데크플레이트)
    - 용도 및 층수 : 판매시설, 지상6층
    - 면적 : 연면적 10,000.0M^2,   매장면적 7,000.0M^2
    - 사용승인일 2017.01.26,
    - 변동내역 : 2022.01.01 6층 1,000.0M^2 증축
- 이용상황

6층	가전, 옥외주차장, 기계실 등
4층~5층	의류, 주차장
3층	잡화, 패션 등
2층	가정, 취미용품, 일용잡화 등
1층	식품, 고객서비스센터 등

- 설비내역 : 소화설비, 냉난방설비, 위생설비, 전기설비, 승강기 설비 등

<자료 3> 지역 개황 분석 등

1. 본건 인근지역 지가형성요인 분석

B시 전체 상권의 중심지역으로 고도 상가, 금융 밀집지역임. B시 전체 인구를 대상으로 하여 전반적 사회적 여건 양호함. 중앙상가, D시장으로 연결되어 형성된 인근은 3~5층 규모의 업무용빌딩, 상업용빌딩. 유흥업소 등이 분포되어 있음.

대부분 상업지대이며, 후면은 주거지대로 주거 및 상업지역이 적정하게 배치되어 있고 후면지역은 식당 등으로 사용되고 있음.

구 B시청사를 중심으로 한 업무지대와 D시장 중심으로 한 고밀도 상가지대, 도로변을 따라 형성된 로변상가지대로 지역성숙도는 완성상태로 판단되는 바, 추가적 개발 전망은 거의 없는 편임. 인근 거래사례 토지단가 수준은 2,000,000 ~ 3,000,000(원/m^2)이며,   최근 지가동향은 보합세를 나타내고 있음.

2. 유통산업동향 분석

최근 대형마트 업계는 상품차별화, 저가격 판매 등 주류마케팅을 강화하는 추세이며, 수입 주류의 경우 한-EU FTA와 한-미 FTA 체력에 따른 관세인하에 따라 경쟁이 심화되고 있는 추세임.

2022년 8월까지의 순수 소매 판매액은 매월 지속적으로 감소되고 있으며, 주요 업태별로는 대형마트가 최하위의 성장세(-0.1%)를 보였으며, 또한 대형마트 주요 3사의 매출은 가전·문화(0.2%) 부문을 제외한 전 부문에서 매출이 감소하여 앞으로 매년 2%의 매출감소가 예상됨.

3. 지적 개황도

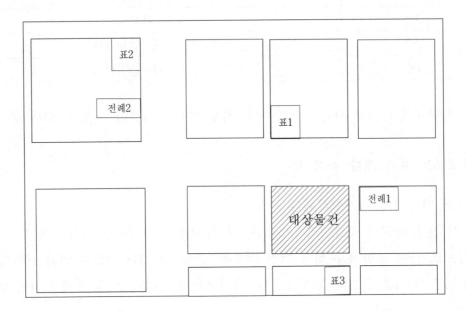

<자료 4> 공시지가 표준지(2023.1.1)

1. 비교표준지 공시지가

기호	소재지	면적 (m²)	지목	이용 상황	용도지역 지구	주위 환경	도로 교통	형상 지세	공시지가 (원/m²)
1	D동 87-4	1,164	대	상업용	일반상업 중심미관,	번화한 상가지대	광대 소각	가장형 평지	2,000,000
2	D동 122	810	대	상업용	일반상업 중심미관	번화한 상가지대	중로 (각)	가장형 평지	1,500,000
3	D동 322	590	대	상업용	일반상업 방화	후면 상가지대	소로 (각)	가장형 평지	800,000

2. 인근 평가전례 분석

기호	소재지	평가 목적	가격시점	지목	용도 지역	평가가격 (원/m²)	표준지공시지가와 평가가격 격차율
1	D동 48-10	일반 거래	2022.04.21	대	일반 상업	2,300,000	1.10
2	D동 51-1	담보	2022.02.01	대	일반 상업	1,860,000	1.20

상기 평가 전례를 검토한 결과 기준시점 기준, 표준지공시지가와 평가선례 가격 격차율 산정치는 상기와 같이 산정되었는바 대상 물건 평가시 적절히 반영할 것.

<자료 5> 유사지역 대형마트 사례 분석

1. B시내 대상과 경쟁관계에 있는 대형마트의 최근 거래사례는 아래와 같음.

구분	대상	사례 1
시장점유 지수 = $\dfrac{\text{매장면적}}{(\text{시간})2}$	48.6	60
택지지구와 거리(km)	2.0	1.0
그밖의 개별요인 평점	115	100
건물 판매시설 면적적당 거래 단가(원/m²)		2,113,000

2. 동일수급권 내에서 통용되는 대형 마트 거래단가 산식은 다음과 같음.

구분	시장점유 지수	택지지구와 거리차이	그 밖의 개별요인 평점
가중치	0.4	0.4	0.2

※ 거래단가
  = 사례부동산 단가 × {가중치 × 시장점유지수 비율 + 가중치
    × (1 + 0.05 × 택지지구와 거리 차이) + 가중치 × 그 밖의 개별요인 비율}

<자료 6> 토지 개별 요인 비교

가장 비교가능성 있는 표준지 또는 사례는 대상과 개별요인은 대등한 것으로 전제함.

<자료 7> 건물가격 산정 자료

1. 표준단가(건물신축단가표 : 2023년도 한국감정원)

분류번호	용도	구조	급수	표준단가 (원/m²)	내용년수
9-1-7-2	대형마트	일반철골구조	3	700,000	50 (45~55)

2. 부대설비 보정단가

구분	내역	가격(원/m²)
소화설비	소화설비, 경보설비, 피난설비, 소화용수설비, 소화활동설비	50,000
전기설비	방송설비, 수변전설비, 발전설비	50,000
냉난방설비	온수보일러, 냉온수기, 냉각탑	50,000
위생·급배수 설비	—	50,000
승강기설비	무빙워크, 장애인용E/V, 화물용E/V	100,000
주차 설비	tower parking (수직순환방식, 엘리베이터식) 50대 기준	5,000,000원/대

3. 건물가격 산정시 단가는 모두 연면적 당 단가인 것으로 적용하고 부대설비 보정에 유의할 것.

<자료 8> 각종 이자율 등

1. 보증금운용이율 : 6%

2. 보증금 전환이율 : 7%

<자료 9> 대상 부동산 수익자료

1. 임대차 계약 내용
   ① 2022년 9월 1일 계약 보증금 : 27억
   ② 연지불임료 : 매출의 2%를 지급 (매출액 461억)
   ③ 보증금증액분 전환임료 : 매년 계약 보증금의 5%를 적립하여 보증금상당액으로 적용하되, 계약 보증금 27억을 초과하는 보증금 상당액에 대하여는 보증금으로 지급하지 않고 별도 지불임료로 전환하여 지급함.
   ④ 지불임료에 해당하는 VAT(부가가치세) 및 공익비는 임차인이 별도로 부담함.

2. 본건의 공실률은 대형마트의 부동산의 성격에 따라 적용하지 않는 것으로 결정함.

3. 영업경비
   ① 간주부가세 : 간주임대료에 대하여 10%의 부가세를 비용으로 계상함.
   ('부동산 보증금 간주임대료 이자율"은 3.4%임.)
   ※ 간주임대료 : 부동산임대용역을 제공하고 임대보증금이나 전세금을 받는 경우 임대보증금 등을 운용하여 발생하리라고 예상되는 이자상당액을 임대료로 간주하여 부가가치세 과세 표준에 산입.

   ② 기타 영업경비는 매년 정액 50,000,000원을 지출함.

<자료10> 환원이율 결정자료

대형마트의 Cap Rate를 조사하기 위해 포착한 사례는 아래와 같고 사례 분석 결과의 평균치를 적용하기로 하였음. 다만, 각 사례의 영업경비 등은 별도 징수로 발생하지 않는 것으로 전제함.

구분	평효율 (원/3.3m²)	임대료율 (%)	건물연면적(3.3m²)	거래가격 (백만원)
			판매시설연면적(3.3m²)	
사례1	10,000,000	4.50%	3,000	15,000
			2,000	
사례2	12,000,000	3.50%	4,000	15,750
			3,000	

※ 평효율 = 사례의 연간 매출 ÷ 판매시설면적(3.3m²)
※ 임대료율 = 판매시설면적 당 임대료(3.3m²) ÷ 평효율

<자료11> 감정평가에 관한 규칙 별표 제1호 발췌

1. 대상물건 개요
   ○ 대상물건의 형상, 이용 상황 및 공법상 제한사항 등
   ○ 기준시점 결정 및 그 이유
   ○ 실지조사 실시기간 및 내용
2. 기준가치 및 감정평가조건
   ○ 기준가치 결정 및 그 이유
   ○ 의뢰인이 제시한 감정평가 조건에 대한 검토
3. 감정평가방법의 적용
   ○ 대상물건에 대한 감정평가방법 적용 규정
   ○ 대상물건에 적용한 주된 방법과 다른 감정평가방법
   ○ 일괄·구분·부분 감정평가를 시행한 경우 그 이유 및 내용

<자료 12> 기타

1. 대상의 기래사례비교법에 의한 시산가격은 건축면적당 단가를 비교단위로 하여 대상의 단가를 결정하여 산정할 것.

2. 대상의 수익환원법에 의한 시산가격은 직접환원법에 의하여 산정할 것.

3. 지가변동률은 보합세로 본다.

4. 대상의 각 시산가격은 백만원 미만 절사함.

비가치추계 연습문제

토지의 최고최선 [논점정리]

【연습문제 01】 감정평가사인 당신은 부동산개발회사 ㈜K로부터 토지에 대한 최유효이용(최고최선의 이용) 판정을 의뢰받고 제 자료를 수집하였다. 다음 물음에 답하시오. (20점)

(물음 1) 최유효이용의 판정기준에 대하여 설명하시오.

(물음 2) 제시된 자료를 바탕으로 대상토지의 최유효이용을 하되, 1층 건축을 전제하여 이용상황을 결정하고, 결정 용도에 따른 개발 층수를 결정하시오.(단, 개발 층수는 1층 건축과 3층 건축 대안을 비교 검토함)

<자료 1> 대상부동산에 대한 자료

1. 소재지 : S시 P구 P동 101-1번지

2. 면적 : 30m × 50m

3. 이용상황 : 나지

4. 도시계획법상
   (1) 용도지역 : 일반상업지역
   (2) 용도지구 : 인근에 중요문화재가 있어, 3층으로 고도제한에 걸려 있음.

<자료 2> 인근지역개황

대상부동산의 인근지역은 최근 상업용 건물과 업무용 건물에 대한 개발붐이 일고 있으며, 이는 장래의 수요를 예측하여 합리적으로 개발되는 것으로 판단됨.

<자료 3> 대안A(업무용)에 대한 자료

1. 수익 및 비용자료(1층기준)

　(1) 보증금 : 월 지불임대료의 12배

　(2) 월 지불임대료 : 8,000원/m²

　(3) 공실 및 대손충당금 : PGI의 10%

　(4) 운영경비 : PGI의 10%

2. 전용면적 및 건축비용

　각 층의 바닥면적은 동일하며, 전용면적은 바닥면적의 80%로 한다.

<자료 4> 대안B(상업용)에 대한 자료

1. 수익 및 비용자료(1층 기준)

　(1) 보증금 : 월 지불임대료의 12배

　(2) 월 지불임대료 : 8,500원/m²

　(3) 공실 및 대손충당금 : PGI의 10%

　(4) 운영경비 : PGI의 10%

2. 전용면적

　각 층의 바닥면적은 동일하며, 전용면적은 바닥면적의 95%로 한다.

<자료 5> 층수에 따른 건축비용

1. 1층 건축시의 건축비용(면적 25m×50m)

　(1) 대안A(업무용) : 270,000원/m²

　(2) 대안B(상업용) : 330,000원/m²

2. 3층 건축시의 건축비용(각층 면적 25m×25m)

　(1) 상기 1층(단층) 건축시 건축비 총액 대비 15%가 더 소요됨.

　(2) 3층 건축시는 엘리베이터를 설치해야하며, 추가 건축비용은 60,000,000원임.

<자료 6> 기타

1. 층별효용비율

구 분	1층	2층	3층	4층 이상
업무용	100	60	60	50
상업용	100	60	60	50

2. 환원율 등

   (1) 자본수익률 : 8%

   (2) 건물의 내용년수 : 50년(감가상각은 정액법에 의한다.)

   (3) 보증금의 운용이율 : 12%

토지의 최고최선 [논점정리]

【연습문제 02】 "토지이용분석(Land use studies)이란, 주어진 토지에 대한 여러 가지 대안적 이용을 분석하고, 어떤 이용이 대상토지의 최고최선의 이용(highest and best use)인지를 판단하는 것"을 말한다. 감정평가사인 당신은 K시 A동에 소재한 다음 토지에 대하여 투자자문을 의뢰받고 아래의 자료를 수집하였다. 다음 물음에 답하시오. (30점)

(물음 1) 대상토지에 관한 "토지이용분석"을 행하여 최고최선의 이용을 판단하시오.

(물음 2) 최고최선의 이용을 상정한 "대상토지의 시장가치"를 추계하시오.

<자료 1> 대상 부동산에 관한 자료

1. 소재지 : K시 A동 200번지

2. 도시계획사항 : 일반상업지역 내의 대

3. 면적 등 개별요인 : 1,000m², 소로한면, 장방형평지

4. 기준시점 : 2023. 9. 1

5. 인근지역의 개황

　대상토지가 속해있는 인근지역은 신도시 중심의 일반상업지역이며 상업용건물과 업무용건물이 혼재하는 지역으로서 개발이 가속화되고 있다.

<자료 2> 대상토지의 대안적(Alternative) 개발사업에 관한 자료

1. Case A : 상업용건물의 건축

　⑴ 임대료 수입 : 월 7,500원/m²

　⑵ 보증금 : 350,000,000원

　⑶ 공실손실 및 대손준비금 : PGI의 10%

(4) 영업경비 : EGI의 10%

(5) 건축연면적 : 5,200m²

(6) 전용면적 : 4,800m²

2. Case B : 업무용건물의 건축

   (1) 임대료 수입 : 월 7,800원/m²

   (2) 보증금 : 450,000,000원

   (3) 공실손실 및 대손준비금 : PGI의 5%

   (4) 영업경비 : EGI의 10%

   (5) 건축연면적 : 4,800m²

   (6) 전용면적 : 4,400m²

3. 상정한 대상건물의 용도별 건축비(2023. 9. 1 현재)

   (1) 상업용 건물의 건축비 : 260,000원/m²

   (2) 업무용 건물의 건축비 : 340,000원/m²

\<자료 3\> 공시지가 자료

(공시기준일 : 2023. 1. 1)

번호	소재지	면적(m²)	지목	용도지역	이용상황	도로교통	공시지가(원/m²)
1	K시 A동 120	1,200	대	일반상업	업무용	소로각지	1,250,000
2	K시 A동 250	1,100	대	일반상업	상업용	소로한면	1,300,000
3	K시 B동 300	800	대	일반상업	주상복합	소로한면	950,000
4	K시 B동 170	850	대	일반상업	업무용	소로한면	1,000,000
5	K시 B동 220	2,000	대	일반상업	골프연습장	중로한면	990,000
6	K시 C동 100	1,200	대	준주거	주상복합	소로한면	810,000

\<자료 4\> 거래사례자료

1. 거래사례-1

   (1) 토지 : K구 B동 140 대 1,100m²

   (2) 건물 : 위 지상 철근콘크리트조 슬래브즙 건물. 업무용. 지하1층 지상 4층

   (3) 거래시점 : 2023. 7. 5

   (4) 거래가격 : 1,244,000,000원

   (5) 거래조건 : 인근지역 내 정상거래사례로서 거래가격은 계약시 60%를 지급하고 나머지 잔액을 6개월 후 지급한다.

2. 거래사례-2

   (1) 토지 : K구 B동 50 대 1,000m²

   (2) 건물 : 위 지상 철근콘크리트조 슬래브즙 건물. 상업용. 지하1층 지상 4층

   (3) 거래시점 : 2023. 2. 1

   (4) 거래가격 : 2,661,000,000원(토지, 건물의 정상적인 거래가격임)

3. 거래사례-3

   (1) 토지 : K구 B동 70 대 2,000m²

   (2) 건물 : 위 지상 철근콘크리트조 슬래브즙 건물. 상업용. 지하1층 지상 5층

   (3) 거래시점 : 2023. 1. 28

   (4) 거래조건 : 해당 거래는 친인척간의 거래로서 3,900,000,000원을 현금지급하고 저당잔금 200,000,000원을 승계하는 조건임. 월 저당상환조건으로서 저당이자율은 11%이며 저당기간은 거래시점으로부터 5년이다.

<자료5> 최유효이용건물의 개발계획

1. Schedule

(기간 : 개월)

구 분	1	2	3	4	5	6	7	8	9	10	11	12	13	14	15	16
설계·허가	■	■	■													
공사·준공				■	■	■	■	■	■	■	■	■	■			
분 양												■	■	■	■	■

2. 분양은 개시일로부터 20%, 분양개시 1개월 후 30%, 분양개시 3개월 후 30%, 분양완료시 20%를 수령하는 것으로 한다.

3. 건축공사비는 공사착공시 40%, 착공 3개월 후 30%, 준공시 30%를 지불한다.

4. 판매관리비는 분양총액의 5%로 계상하고 공사준공시 전액 지불한다.

5. 개발이윤 및 기타비용은 이 방법에 의한 토지가격의 15%로 하며, 공사준공시 발생하는 것으로 한다.

6. 투하자본 수익률은 월 1%이다.

7. 동일수급권내 유사지역(B동)에서 최근에 최유효상정건물과 동일한 용도의 건물의 전용면적 기준의 정상적인 분양가가 700,000원/m²(4층 기준)인 것으로 조사되었다.

8. 분양가는 기준시점을 기준으로 산정하되, 지역·개별(토지·건물) 요인을 감안하여 판정한다.

<자료 6> 건물에 관한 자료

구 분		대상부지의 건축예정건물	거래사례1	거래사례2	거래사례3
준공연월일		–	2019. 2. 1	2021. 7. 1	2020. 5. 8
연면적(m²)		(××××)	5,000	5,200	6,300
전용면적(m²)		(××××)	4,200	4,600	5,800
기준시점 현재 잔존 내용년수	주체부분	50	46	48	47
	부대부분	15	11	13	12
건물과 부지와의 적응성		양호	양호	양호	양호
기준시점 현재 건물개별요인		100	98	102	101

1. 주체 및 부대시설의 공사비 비율은 7 : 3임

2. 감가상각비 산정시 만년감가에 의하며 잔가율은 0임.

3. 대상부지의 건축예정건물의 층별 전용면적의 차이는 없으며 지하 1층, 지상 4층의 건물임.

4. 건축예정건물의 연면적 및 전용면적은 본건 분석결과에 따를 것.

5. 분양사례와 대상 건축예정건물의 개별요인 차이는 없음.

<자료 7> 층별효용비율 자료

층 수	지하1	1	2	3, 4
층별효용비	99	102	101	100

<자료 8> 지가변동률 및 요인비교자료 등

1. 표준지 공시지가는 인근 적정 시세 수준 내에서 결정되어 별도의 그 밖의 요인 보정을 요하지 않는 것으로 봄.

2. 지가변동률 및 건축비지수는 변동이 없는 것으로 전제함.

3. 지역요인 및 개별요인
   (1) 지역요인 : A동은 B동보다 2% 우세하며, B동은 C동보다 5% 열세임
   (2) 개별요인

대상토지	표준지1	표준지2	표준지3	표준지4	표준지5	거래사례1	거래사례2	거래사례3	분양사례
100	96	97	103	105	96	102	101	99	105

<자료 9> 환원율 등

1. 토지환원율 : 10%

2. 건물환원율 : 17%

3. 보증금운용이율, 시장이자율 : 12%

개량물의 최고최선 [논점정리]

【연습문제 03】 최근 인근지역의 상업, 업무용 건물 수요가 증가함에 따라 현재 주상 복합 건물로 이용되고 있는 대상부동산에 대한 용도전환을 행하고자 한다. 2023년 8월 31일을 기준시점으로 하여 대상의 시장가치를 판단하시오. (25점)

<자료1> 대상부동산

1. 대상부동산 현황 공부자료

   (1) 토지대장

   ─소재지 : S시 K구 B동 104번지

지목	면적	사유	변동일자	주소
(08) 대	1,000m²		2020.4.1	

   (2) 건축물관리대장

대지면적	–	연면적	5,200m²	지역	
건축물현황					
구 분	층별	구조	용도		면적(m²)
주	지하1층	철근콘크리트	근린생활시설		650
주	1층	철근콘크리트	근린생활시설		650
주	2층	철근콘크리트	근린생활시설		650
주	3층	철근콘크리트	근린생활시설		650
주	4층	철근콘크리트	주택		650
주	.....	.....	.....		.....
주	7층	철근콘크리트	주택		650
			사용승인일		2011.07.01

   ※ 각층 바닥면적 동일

⑶ 토지이용계획확인서

지역·지구 등 지정여부	「국토의 계획 및 이용에 관한 법률」에 따른 지역·지구 등	도시지역, 일반상업지역, 중로2류

2. 대상 및 주위환경

⑴ 대상은 세장형의 토지로서 대상이 속해 있은 인근지역은 등고 평탄한 지대로서, 최근 임대수요의 상승으로 인한 부동산 개발이 가속화되어 상업·업무용 건물이 밀집하여 형성된 전형적인 상업 업무지대인 것으로 조사되었다.

⑵ 상업용의 경우 리모델링을 통해 용도전환이 가능하나, 업무용의 경우 최근의 인텔리전스 빌딩 수요가 집중되어 철거 후 신축이 필요하다.

⑶ 해당 지역의 표준지는 이행지로서 변화 과정에 있는 지가 수준이 반영되어 있다.

<자료 2> 기준시점 현재 대상부동산의 내역

1. 임대소득

구 분	임대면적(m²)	월지불임대료(m²)	보증금	권리금
6, 7층	580	18,000	−	−
4, 5층	580	20,000	−	−
3층	560	40,000	지불임대료 12월분	지불임대료 6월분
2층	560	45,000	지불임대료 12월분	지불임대료 6월분
1층	540	58,000	지불임대료 12월분	지불임대료 6월분
지하1층	540	43,000	지불임대료 12월분	지불임대료 6월분

※ 각 임대료는 매월말 지급됨(이하 동일).

2. 임대기간

인근지역의 표준적인 임대기간은 5년이며, 대상의 임대기간은 "2023. 8. 31부터 2028. 8. 31"까지로 한다.

\<자료 3\> 인근 공시지가자료

1. 표준지 공시지가(2023년 1월 1일)

기호	소재지	면적 (m²)	지목	용도지역	이용상황	도로교통	형상·지세	공시지가 (원/m²)
1	A동 250	550	대	일반상업	업무용	중로한면	사다리·평지	7,800,000
2	C동 80	420	대	일반상업	주상용	중로한면	가장형·평지	3,700,000

2. 표준지 부가설명 자료

표준지 기호(1)은 공시시점 이후 상업용으로 변경되었으며, 표준지 기호(2)는 건부감가가 10% 발생되고 있은 토지임.

3. 그 밖의 요인 보정

표준지 공시지가와 감정평가 사례 및 실거래가를 비교검토한 결과 별도의 증액 보정을 요하지 않음.

\<자료 4\> 리모델링(상업용)의 경우 임대내역

1. 용도전환비용

자본적 지출 : 2,500,000,000원, 수익적 지출 : 60,000,000원

※ 용도전환비용 중 수익적 지출은 용도전환 후 건물의 잔존내용년수 동안 평준화되어 영업경비로 할당되며, 영업경비에서 이를 고려하고 있음.

2. 임대내역

구 분	임대면적	월지불임대료(원/m²)	보증금	권리금
6, 7층	520	50,000	12월분	6월분
5층	500	55,000	12월분	6월분
4층	500	60,000	12월분	6월분
3층	500	65,000	12월분	6월분
2층	480	70,000	12월분	6월분
1층	480	80,000	12월분	6월분
지하1층	주차장	—	—	—

<자료 5> 영업경비 등(공통자료)

1. 현재 대상부동산 영업경비 : 1,108,000,000원

2. 리모델링 시 영업경비 : 1,580,000,000원

<자료 6> 건물관련자료

1. 대상건물 신축 당시 평균 건축비는 800,000원/m^2이었음.

2. 내용년수 : 대상건물의 경제적 내용년수는 45년임.

3. 감가상각 : 정액법 만년감가, 최종잔가율 5%

4. 철거비용 : 50,000원/m^2

5. 건물가격 고려시 단가를 먼저 산정(천원미만 절사) 후 총액을 고려할 것.

<자료 7> 기타 관련자료

1. 상각 전 종합환원율

주상복합	상업용
10%	11%

2. 보증금 운용이율 : 10%

<자료 8> 각 종 요인비교치

1. 시점수정치
   1) 지가변동률 기준 (K시 B구)

구 분	주거지역	상업지역
2023.1.1.부터 2023.8.31	1.03050	1.02056

2) 건축비지수 기준

구 분	시점수정치
2011.7.1.부터 2023.8.31. 2023.1.1.부터 2023.8.31	1.79586 1.00567

2. 개별요인 비교자료

1) 접면도로

비 고	중로한면	소로한면	세로(가)
중로한면	1.00	0.93	0.86
소로한면	1.08	1.00	0.93
세로(가)	1.15	1.08	1.00

2) 형상

비 고	정방형	가로장방형	세로장방형	사다리형	부정형·자루형
비교치	1.00	1.04	0.95	0.90	0.81

3) 지세

비 고	저지	평지	완경사	급경사	고지
비교치	1.00	1.04	0.95	0.89	0.80

4) 인근지역은 표준적인 토지규모는 $450 \sim 600m^2$임.

개량물 상태의 분석 [논점정리]

【연습문제 04】 현재 개량물 상태의 부동산 가치를 산정하고자 한다. 이에 최고최선의 분석의 이론적 전제 하의 분석이 필요한바, 부동산에 대한 가치를 아래 각 물음의 전제에 따라 산정하시오. (기준시점 2023년 8월 31일) (30점)

물음 1) 토지의 최고최선의 이용을 상정한 가치를 공시지가기준법, 거래사례비교법 및 수익환원법으로 산정하시오.

물음 2) 현황 대상 건물의 가격을 원가법으로 산정하고, 현 상태하의 토지가격은 부동산잔여법으로 산정하시오.

<자료 1> 대상부동산의 자료

1. 대상 토지
   (1) 소재지 : 대전시 서구 내동 100번지
   (2) 지목 및 면적 : 대 470m²
   (3) 용도지역 : 일반상업지역
   (4) 기타 : 대상토지는 소로한면에 접하는 장방형평지임.

2. 대상 건물
   (1) 위지상 철근콘크리트조 슬래브즙 4층건 1동
   (2) 연면적 : 1,200m²(내역 1층~4층, 각층 300m²)
   (3) 기타 : 대상 건물은 2017. 10. 31에 신축한 건물로서 신축당시 3층이었으나 2022. 2. 1에 4층으로 증축하였음.

3. 대상 토지는 대상 건물이 최유효층수인 5층에 미달하므로 건부감가요인이 발생하고 있음.

4. 대상 건물을 철거하는 경우 잔존 폐재가치와 철거비는 동일함.

<자료 2> 표준지 공시지가 자료

(공시기준일 : 2023. 1. 1)

기호	소재지	면적 (m²)	지목	이용상황	용도지역	도로교통	형상지세	공시지가 (원/m²)
1	서구 내동	290	대	주상복합	2종일주	세로한면	장방형평지	985,000
2	서구 내동	430	대	주차장	일반상업	소로한면	세장형평지	1,350,000
3	서구 내동	355	대	상업용	일반상업	소로각지	정방형평지	1,600,000
4	서구 갈마동	380	대	상업용	준주거	세로각지	정방형평지	1,040,000
5	서구 갈마동	1,019	대	상업용	일반상업	중로한면	부정형평지	2,100,000

<자료 3> 거래사례 자료

1. 토지 : 대전시 서구 갈마동 175번지 대 425m²

2. 건물 : 위 지상 철근콘크리트조 슬래브즙 5층건 1동, 연면적 1,750m²(1~5층 각층 350m²)

3. 거래시점 : 2022년 11월 30일

4. 거래가격 : 1,425,000,000원

5. 용도지역 : 일반상업지역

6. 기타사항 : 사례 토지는 소로한면에 접하는 세장형 평지이며, 본건 토지와 건물은 최유효이용 상태이며, 거래는 정상적으로 이루어짐.

<자료 4> 대상부동산의 임대내역(계약기간 : 2023. 1. 1 ~ 2023. 12. 31)

층	연면적(m²)	전용면적(m²)	보증금(원)	월지불임대료(원/m²)
4	300	250	35,000,000	20,000
3	300	250	40,000,000	22,000
2	300	240	40,000,000	25,000
1	300	220	55,000,000	30,000
계	1,200	960	170,000,000	–

* 상기 임대내역은 전용면적을 기준한 것임

<자료 5> 대상부동산에 상정된 최유효이용 건물의 임대내역(기준시점)

층	연면적(m²)	전용면적(m²)	보증금(원)	월지불임대료(원/m²)
5	300	250		21,000
4	300	250		22,000
3	300	250	일괄 217,950,000 원	25,000
2	300	240		28,000
1	300	220		33,000
계	1,500	1,210		—

* 상기 임대내역은 전용면적을 기준한 것임

<자료 6> 영업경비(감가상각비 제외, 기준시점 현재)

구 분	대상부동산의 현황	대상토지상 최유효이용 건물 상정시
유지관리비	월 지불임대료(1개월분)	월 지불임대료(1개월분)
조세공과	토지건물분 61,600,540원	토지건물분 79,538,000원
손해보험료	건물가격의 1%	건물가격의 1%
기타 운영경비	95,000,000원	110,000,000원

<자료 7> 건물에 관한 자료

구 분		대상건물	최유효상정시 대상건물	거래사례 건물
준공연월일		2017. 10. 31	2023. 8. 31	2021. 8. 25
연면적(m²)		1,200	1,500	1,750
기준시점 잔존년수	주체	45	50	48
	부대	10	15	13
건물과 부지의 적응성		최유효이용 미달	최유효이용	최유효이용
기준시점 건물의 개별요인비교치		90	100	98
건축비(준공시점)			650,000원/m²	

※ 건물(1동 전체)의 주체부분과 부대설비부분의 공사비의 비율은 7:3

※ 토지상에 상정된 최유효이용 건물의 건축비는 기준시점에 있어서의 표준적인 건축비이며, 주체 및 부대부분의 최종잔가율은 공히 10%이며, 주체부분은 정액법으로 부대부분은 정률법에 의한 만년감가로 수정함.

<자료 8> 대상부동산의 향후 예상수입 및 예상가치의 변화

1. 전형적인 투자자의 판단에 따르면 대상부동산에 대한 투자계획으로서의 보유기간은 5년이다.

2. 향후 5년간 대상부동산의 상각 전 순수익은 기준시점 현재와 동일하며, 향후 5년간 대상 토지의 가격은 매년 8% 상승할 것으로 예상된다.

3. 5년 후 건물의 가격은 기준시점 현재 대상건물 가격의 4/5 수준이 될 것으로 예상한다.

4. 5년 후 토지의 가격은 현재 토지가격의 상승분을 적용한다.

<자료 9> 지가변동률 등

1. 지가변동률(%)

구 분	지가변동률(%)	구분	지가변동률(%)
2022.11.30.부터 2023.8.31	3.308	2023.1.1.부터 2023.8.31	3.001

2. 건축비지수

구 분	2021. 1. 1	2021. 7. 1	2022. 1. 1	2022. 7. 1	2023. 1. 1
지수	100	111	118	130	141

※ 2023. 1. 1 이후는 추정하여 적용하며, 건축비의 변동률은 월할 계산하며, 15일 미만은 1월로 보지 않음.

3. 실질임대료지수

구 분	2023. 1. 1	2023. 8. 31
평 점	100	102

<자료 10> 지역요인비교치

구 분	내동	갈마동	변동
평점	100	95	105

<자료 11> 토지의 개별요인비교치

1. 도로교통비준표

	소로각지	소로한면	세로각지	세로한면
소로각지	1.00	0.84	0.72	0.64
소로한면	1.19	1.00	0.86	0.76
세로각지	1.39	1.17	1.00	0.89
세로한면	1.56	1.31	1.12	1.00

2. 형상비준표

	정방형	장방형	세장형
정방형	1.00	0.95	0.80
장방형	1.05	1.00	0.84
세장형	1.25	1.19	1.00

3. 지세비교표

구 분	평지	경사지
평점	100	80

4. 획지규모(m^2)비교치

구 분	320 미만	320~360	360~440	440~480	480 이상
평점	90	95	100	103	106

※ 대전시의 표준적인 획지규모인 400m^2을 기준으로 한 비교치이며, 토지면적은 별도로 고려할 것.

5. 기타 개별 요인비교치

구분	대상	표1	표2	표3	표4	표5	거래사례	임대사례
평점	100	103	98	100	96	106	105	100

<자료12> 기타 각종 이율 등

1. 보증금운용이율 : 10%

2. 토지환원율 : 7%

3. 건물의 상각 전 환원율 : 12%

4. 종합환원율(상각 후) : 12%

5. 시장현가율 : 월 1%

투자우위분석(개발법) [논점정리]

【연습문제 05】갑은 주거지역 내 토지를 매입하여 빌라트를 건축할 준비를 진행하고 있다. 다음 물음에 대하여 답하시오. (30점)　　　　　　감정평가사 10회 기출

(물음 1) 본 토지의 2023년 9월 1일 현재의 가격을 구하시오.

(물음 2) 본 빌라트를 분양할 경우와 임대할 경우를 비교하여 투자우위를 판단하고 의사결정 과정을 기술하시오.

<자료 1> 기준일자

기준시점과 의사결정시점은 2023년 9월 1일을 기준으로 한다.

<자료 2> 대상토지에 관한 내용

1. 토지면적 : 3,000m²

2. 매입일자 : 2022. 6. 1

3. 건축부지 : 2,500m²

4. 대상토지 중 일부(500m²)는 도시계획도로에 저촉되어 기부채납하기로 하였음.

<자료 3> 비교표준지의 공시지가

2023. 1. 1. 기준 : 610,000원/m²

<자료 4> 지가변동률

기간		주거지역	상업지역	공업지역	녹지지역
2022년	1/4분기	− 0.68	− 0.45	− 0.22	− 0.60
	2/4분기	− 0.20	− 0.36	− 0.24	− 0.32
	3/4분기	− 0.24	− 0.34	0.00	− 0.28
	4/4분기	− 0.51	− 0.62	− 0.02	− 0.46
2023년	1/4분기	0.75	0.70	0.41	0.56
	2/4분기	0.48	0.64	0.26	0.32

<자료 5> 거래사례 자료

1. 거래사례(A)

    (1) 토지 1,500m² 건물 철근콘크리트조 슬래브지붕 2층 1,200m²

    (2) 매매가격 : 1,200,000,000원

    (3) 사례부동산은 최유효이용에 미달되므로 시장가격에 비해 10%의 건부감가가 반영된 것으로 판단되었음.

    (4) 매매당시 토지와 건물의 가격 구성비율은 2:1로 조사되었음.

    (5) 거래대금 지급조건은 계약시(2022. 9. 1) 계약금으로 20%, 2개월 후 중도금 30%, 다시 1개월 후 잔금 50% 지급으로 하였음.

2. 거래사례(B)

    (1) 토지 1,200m²

    (2) 매매일자 : 2023. 1. 1

    (3) 명목상 거래가격은 900,000,000원이었고 그 중 1/3은 저당대부금으로 대체하였음.

    (4) 저당대부금은 매매시점 이후 3년 동안 매년말 일정액을 균등상환하고, 저당이자는 매월말 미상환 저당잔금에 대하여 지불하는 조건이었음.

<자료 6> 요인비교

구 분	건축예정지	사례지(A)	사례지(B)	비교표준지
지역요인	100	95	104	102
개별요인	100	112	125	106

<자료 7> 빌라트 건축계획

1. 대상토지에 철근콘크리트조 경사슬래브지붕구조로 지하 1층 지상 9층의 빌라트를 건축함.

2. 건축면적 : 연 6,500m²

3. 건축호수 : 18세대(1세대당 280m²)

4. 건축공사비는 준비시점(2023년 9월 1일) 당시 @1,200,000원/m²이 소요될 것으로 예측되었으며, 건축공사착수시 30%, 착수시점부터 3개월 후 30%, 준공시 40%를 지불하기로 하였음.

5. 공사 스케줄

월 구분	2023				2024							
	9월	10월	11월	12월	1월	2월	3월	4월	5월	6월	7월	8월
준 비	←————————————→											
건축공사				←——————————————————————→								
판매				←——————————————————————→								

<자료 8> 빌라트 분양계획

1. 분양가격 및 분양수입 : 분양가격은 세대당 650,000,000원으로 결정하고 판매착수시 20%, 판매착수로부터 3개월이 경과된 때 30%, 준공시 50%의 분양수입이 되는 것으로 함.

2. 판매비와 일반관리비는 분양판매금액의 10%를 계상하되, 판매착수시 1/2, 건물 준공시 1/2을 지불하는 것으로 함.

<자료 9> 빌라트 임대계획

본 빌라트는 준공과 동시에 임대완료되고 상당기간(최소한 1년 이상)동안 공실은 발생하지 않을 것으로 예상되고 있다.

1. 임대료수입
   (1) 월지불임대료 : 세대별 3,000,000원(월말 지불)
   (2) 보증금 : 세대별 250,000,000원

2. 운영경비
   (1) 유지수선비 : 건물가격의 0.7%
   (2) 관리비 : 연 지불임대료의 2%
   (3) 제세공과 : 토지가격의 0.4%와 건물가격의 0.5%
   (4) 손해보험료 : 건물가격의 0.15%로 하되 그 중 50%는 비소멸성으로 함. (비소멸성 보험의 만료기간은 5년)
   (5) 대손준비금 : 실질임대료의 1%

3. 기타
   (1) 임대순수익 산정은 계산의 편의상 DCF분석을 활용하지 않고 수익환원은 직선법을 활용할 것.
   (2) 임대료수입과 비용발생은 연간 단위로 하고, 매출 지불임대료에 대한 이자는 고려하지 아니함.

<자료 10> 각종 이자율, 이율 및 수익률

1. 시장이자율 : 연 12%

2. 상각전 환원율 : 토지 5%, 건물 9%, 토지·건물 7%

3. 저당대부이자율 : 연 14.4%

4. 보험만기 약정이자율 : 연 6%

5. 보증금 운용이자율 : 연 8%

6. 기대수익률 : 10%

\<자료 11\> 계산단계별 단수처리

1. 계산은 소수점 이하 넷째자리에서 사사오입한다.

2. 지가변동률은 소수점 이하 넷째자리까지 선택한다.

3. 각 단계의 모든 현금의 계산은 1,000원 이하의 금액은 절사한다.

4. 기간계산은 월단위로 한다.

5. $1.01^{-2}=0.980,\ 1.01^{-3}=0.971,\ 1.01^{-4}=0.961$
   $1.01^{-6}=0.942,\ 1.01^{-7}=0.933,\ 1.01^{-12}=0.887$

타당성 분석(개발법) [논점정리]

【연습문제 06】 감정평가사 K는 2023년 8월 1일 대규모의 미개발토지를 매입하여 주거용도의 택지개발사업을 시행하고자 하는 OO부동산투자회사로부터 해당 사업의 타당성검토에 대한 투자자문(Consulting)을 의뢰받았다. 해당 사업의 분양 및 개발계획 등의 자료를 바탕으로 "순현재가치(NPV ; Net Present Value)"와 "내부수익률(IRR ; Internal Rate of Return)"을 활용하여 해당 택지개발사업의 경제적 타당성을 검토하시오. (25점)

<자료 1> 대상토지 내역

1. 소재지 : S시 A동 100번지

2. 지목·면적 : 전 5,500m²

3. 기준시점 : 2023. 8. 19

4. 기타참고사항 : 대상토지의 500m²가 도시계획도로에 저촉되고, 실제조사결과 대상토지는 1종일주 내의 소로한면에 접하는 토지로서 실제지목은 잡종지임이 확인됨.

<자료 2> 개발계획

1. 택지조성공사비 : 150,000원/m²

2. 일반관리비 : 총분양수입의 5%

3. 개발이윤 : 총분양수입의 3%와 택지조성공사비총액의 5%

4. 감보율 : 35%(해당 토지의 도시계획도로저촉부분이 포함되어 추계됨)

5. 분양필지면적 : 200m²(미달되는 필지는 10% 할인 분양)

6. 사업일정

(소요기간 단위 : 월)

구 분	1	2	3	4
사업계획~사업인가	▨▨▨			
착공~준공인가		▨▨▨	▨▨▨	
분양개시~분양완료			▨▨▨	▨▨▨

7. 자금수지계획

⑴ 조성공사비는 착공시 20%, 그로부터 1개월 후 40%, 그리고 준공시 잔금을 지급하기로 함.

⑵ 일반관리비는 준공인가시 지급하는 것으로 함.

⑶ 택지분양은 분양개시 1개월 후에 1/3, 개시 2개월 후에 2/3가 판매됨. (분양가는 준공인가시점을 기준으로 산정)

⑷ 개발이윤은 공사준공시에 발생하는 것으로 함.

8. 대상토지는 조성 후 중로각지에 접함.

<자료 3> 거래사례

1. 거래사례-1

⑴ 토지 : S시 B동 108. 답 3,500m²

⑵ 거래일자 : 2023. 4. 1

⑶ 거래금액 : 37,000원/평

⑷ 기타 : 1종일주 내 소로한면에 접하고 정상적인 거래사례임.

2. 거래사례-2

⑴ 토지 : S시 A동 132. 대 200m²(주거용)

⑵ 거래일자 : 2023. 7. 1

⑶ 거래금액 : 88,822,000원

⑷ 기타 : 1종일주 내 중로각지에 접하고 거래에 특별한 사정은 없었던 것으로 조사됨.

3. 거래사례-3

    (1) 토지 : S시 B동 115. 잡종지 4,000m²

    (2) 거래일자 : 2023. 8. 1

    (3) 거래금액 : 346,000,000원

    (4) 기타 : 1종일주 내 소로한면에 접하고, 특별한 사정으로 인하여 정상시가 대비 10% 저가로 구입한 사례임.

<자료 4> 지가변동률

구 분	지가변동률(%)	구분	지가변동률(%)
2023.4.1.부터 2023.8.19	0.601	2023.7.1.부터 2023.11.19	0.200
2023.8.1.부터 2023.8.19	보합세	-	-

<자료 5> 요인비교자료

1. S시 A동은 B동에 비해 2% 열세임.

2. 토지개별요인 평점(도로조건 제외)

    (1) 조성 전 기준

대상	거래-1	거래-2	거래-3
98	100	102	100

    (2) 조성 후 기준

대상	거래-1	거래-2	거래-3
100	99	100	99

3. 도로조건

세로(불)	세로(가)	소로한면	소로각지	중로한면	중로각지
60	75	80	85	95	100

<자료6> 기타

1. 도시계획시설도로 저촉부분은 저촉되지 않는 토지에 비해 30% 감가요인이 있다.

2. 각 단계의 모든 현금의 계산은 1,000원 미만인 셋째자리에서 사사오입한다.

3. OO부동산투자회사의 요구수익률은 월 1%이다.

4. 내부수익률(IRR) 계산시 "보간법"을 사용한다.

타당성 분석(개발법) [논점정리]

【연습문제 07】 사채업자 甲은 최근 경기부양책의 일환으로 건축제한이 완화된 일반 상업지역에서 개발할 부동산을 찾던 중 적절한 대상물건을 발견하였다. 甲은 상호 인접한 A부동산과 B부동산을 구입한 후, 합필하여 상가건물을 신축하고 임대사업을 구상하고 있다. 이러한 개발계획은 공법상 하자가 없으며, 현재 A부동산은 적정가격에 구입이 가능하지만, B부동산 소유자는 17억원을 요구하고 있다. 다음에 제시된 자료를 활용하여 대상부동산에 대한 개발계획이 타당한지 여부를 결정하시오. (기준시점 2023. 9. 1) (25점)

<자료1> 대상부동산의 개황

1. A부동산
   (1) 토지 : 제주시 XX동 200-5번지, 대 600m²
   (2) 건물 : 위지상 철근콘크리트조 슬래브즙 3층건 점포, 건축연면적 1,000m²
   (3) 도시계획 등 : 일반상업지역 내 방화지구로서 중로각지, 장방형, 평지임.
   (4) 건물가격은 기준시점 현재 4억원이 적정가격임.

2. B부동산
   (1) 토지 : 제주시 XX동 200-6번지, 대 900m²
   (2) 건물 : 위지상 철근콘크리트조 슬래브즙 3층건 점포, 건축연면적 1,200m²
   (3) 도시계획 등 : 일반상업지역 내 방화지구로서 중로한면, 정방형평지임.
   (4) 건물가격은 기준시점 현재 5억원이 적정가격임.

<자료2> 건물 신축계획 등

1. 건축구조 및 용도 : 철근콘크리트조 슬래브즙 상가, 지하 3층·지상 10층

2. 건축면적 : 800m²

3. 건축연면적 : 10,400m²

4. 공사기간 : 1년(기준시점에 착공하여 1년 후 준공하며, 준공즉시 입주가능)

5. 건축공사비(철거비 포함) : 500,000원/m²(공사비 지불은 착공시 20%, 준공시 80%임)

6. 수급인의 적정이윤 : 건축공사비의 20%(공사준공시 실현되는 것으로 본다)

7. 기타 부대비용 : 건축공사비의 10%(지불은 건축공사비의 지불시기와 동일)

8. 할인율은 월 1% 복리로 하며, 기존 건물 등의 철거비는 건축공사비에 포함된 것으로 본다.

9. 공사기간은 기준시점으로부터 1년간이며, 1년 후 준공과 동시에 임대를 개시하여, 임대개시 5년 후에 처분할 계획이다

<자료 3> 거래사례

1. 토지 : 제주시 XX동 230-6번지, 대 500m²

2. 건물 : 위지상 철근콘크리트조 슬래브즙 2층건 점포, 건축연면적 600m²

3. 도시계획등 : 일반상업지역 방화지구로서 중로각지, 장방형평지임.

4. 거래일자 : 2023. 6. 20

5. 거래가격 : 10억원(건물가격은 3억원이 적정한 가격임)

6. 금융조건 : 10억원 중 1억원은 1년 후 지급하기로 함(할인율 10%)

7. 기타 : 지인 간의 거래로서 10% 고가로 매매되었음.

<자료 4> 임대수입관련자료

1. 임대시점은 준공시기(기준시점 1년 후)로부터 임대기간 3년으로, 임대수입에 대한 소득세는 고려하지 않는다.

2. 임대가능면적 : 연면적의 70%

3. 예금적성격의 일시금 : 300,000원/m²(보증금운용이율은 15%임)

4. 선불적성격의 일시금 : 200,000원/m²

5. 연지불임대료 : 100,000원/m²

6. 제반 운영경비(감가상각비 제외) : 실질임대료의 30%

7. 임대수요가 충분하여 준공시기의 입주자 모집경비는 없는 것으로 보며, 상기 임대수입은 보유기간 동안 매년 동일한 것으로 판단된다.

<자료 5> 시점수정률 및 요인비교치

1. 2023년 이후 지가는 안정세를 유지하고 있다.

2. 지역요인비교치 : 제주시는 모두 인근지역에 속하고 있는 것으로 판단됨.

3. 토지 개별요인비교치 : 적정하게 선정된 사례와 대상은 대등함.

<자료 6> 할인율 및 기타

1. 자금의 일부는 대출할 예정이다. 전형적인 대부비율은 60%이며, 이자율 10%에 만기는 20년이다. (매년말 이자만 지급하고 원금은 만기에 일시상환함)

2. 자기자본수익률 : 15%

3. 임대시점으로부터 5년간 대상부동산을 보유할 예정이며 5년 후 부동산의 가치는 10% 정도 하락할 것으로 보인다.

4. 임대순수익 산정은 계산의 편의상 DCF분석을 활용하지 않으며, 수익환원은 직접환원법에 의할 것.

5. 건축법상 해당지역의 건폐율(60%), 용적률(1,100%) 적용

레버리지 효과 [논점정리]

【연습문제 08】레버리지 효과 및 부동산 투자와 관련하여 각 물음에 답하시오. (20점)

(물음 1) 재무 레버리지효과란 부동산 투자에서 차입한 금리가 부동산 수익률보다 낮을 때 투자가가 추가적으로 실현할 수 있는 수익률이다. 다음과 같은 투자조건에서 타인자본을 활용함에 따른 투자가의 세전 및 세후레버리지효과를 검토하고, 투자가가 타인자본을 활용하는 이유를 약술하시오. (15점)

투자대상 부동산의 내역

1. 부동산 취득가격 : 총 취득가격은 ₩100,000,000원인데, 건물과 토지가격은 각각 건물 ₩85,000,000원, 토지 ₩15,000,000으로 추정함.
2. 대부내역 : 대부비율 80%, 이자율 10%로 이자지불저당(interest-only mortgage) 방식임.
3. 현금흐름 가정
   NOI   : 매년 ₩12,000,000으로 균등 발생가정
   영업소득세율   : 과세대상소득의 28.00%
   감가상각   : 법정내용연수 31.5년   정액법 가정
4. 예상보유기간 : 5년
5. 보유기간 말 재매도 가격 ₩100,000,000원, 자본이득세율 28% 가정

(물음 2) 세후지분수익률기준(물음 1)에서 5년차의 한계수익률을 구하고 투자자의 재투자수익률이 12%라고 할 때 보유 여부에 대한의견을 기술하시오. 단, 4년차의 재매도 가격은 5년차 순수익을 12%로 자본환원하며 나머지 조건은 동일하다. (5점)

(추가 자료)

$$t년의\ 한계수익률 = \frac{t년\ 세전/후현금수지 + t년\ 후\ 지분복귀액 - (t-1)년\ 세\ 전/후\ 지분복귀액}{(t-1)년\ 세전/후지분복귀액}$$

Sales & Lease back [논점정리]

【연습문제 09】 B社는 A社에게 현재 사옥을 1,250,000,000원에 매도하고 20년 동안 장기임대계약을 하는 것이 유리한지, 아니면 매도하지 않고 앞으로 20년 동안 계속해서 사용하는 것이 유리한 지를 판단하고자 감정평가사인 당신에게 투자자문을 의뢰하였다. 다음 자료를 이용하여 B社에 제시할 결과를 도출하시오. (15점)

<자 료>

1. 장부가격
   (1) 토지 : 110,000,000원
   (2) 건물 : 310,000,000원(건물의 잔존내용년수 20년, 정액법)

2. 20년 후 부동산가격의 예상치 : 2,000,000,000원

3. 장기임대계약시 조건
   20년 동안 임차자 관리비 전액부담조건으로 연 임대료 120,000,000원

4. 세율 : 28%(영업소득세, 자본이득세 동일)

5. 할인율 : 연 10%

간이타당성분석 [논점정리]

【연습문제 10】 부동산투자를 고려하고 있는 A씨는 투자대상부동산의 투자사업의 가능여부를 판단하기 위하여 간이타당성분석을 B평가사에게 의뢰하였다. 이하 설문순서에 따라 다음 부동산의 예비적 타당성분석을 수행하여 하나의 투자대상을 선택하라. (20점)

(물음 1) 투자대상부동산의 취득가액은 각각 얼마인가?

(물음 2) 투자대상부동산의 순영업소득은 각각 얼마인가?

(물음 3) 시장의 상황에 고려하여 투자대상부동산의 투자가능여부 및 그 대상은 어느 것인지 결정하시오.

<간이타당성분석 연구>

1. 전방위접근법

전방위접근법은 대상 프로젝트에 필요한 개발비용 추정으로부터 시작하여 그 프로젝트가 타당하기 위하여 요구되는 임대료 혹은 판매가격을 도출해 내는 것이다. 전방위기법의 마지막 단계에서 중요한 문제는 도출된 최소한의 요구임대료가 시장에서 경쟁력이 있느냐 하는 문제이다.

2. 후방위접근법

후방위접근법은 전방위접근법의 반대로 시장임대료로부터 시작하여 그 프로젝트에 투입할 수 있는 최대 개발비용을 찾아내는 것이다.

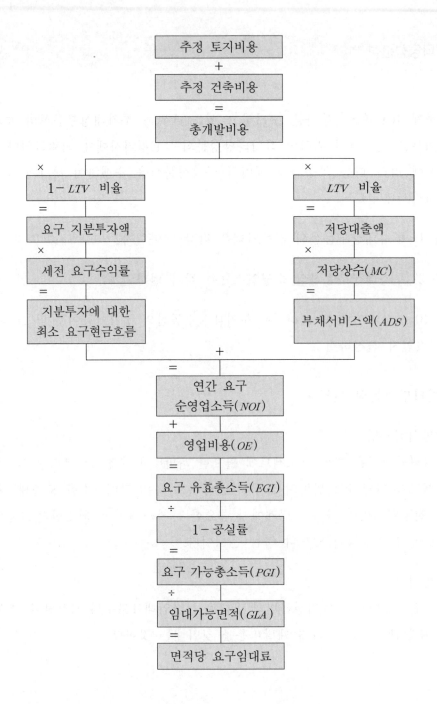

<자료1> 매입 예정 투자대상부동산 현황

구 분	A 부동산	B 부동산
토지면적(m²)	1,500	1,800
건물연면적(m²)	7,500	9,000
잔존 내용연수(년)	50	40
도시관리계획	일반상업	일반상업
이용상황	상업용	상업용

<자료2> 거래사례부동산(인근지역내 일반상업지역 상업용부동산)

구 분	사례1	사례2
토지면적(m²)	1,400	1,900
건물연면적(m²)	7,000	9,500
잔존 내용년수(년)	50	39
거래시점	2023.5.1	2023.6.1
거래조건	거래시점 전액 현금거래	거래시점 전액 현금거래
거래가격(백만원)	15,010	14,720
개별요인 평점 (대상 : 100, 면적비교 포함)	110	95

<자료3> 각종 이율 및 시점수정치

1. 시장할인율 : 6%

2. 세전요구수익률 : 9%

3. 시장 평균 이자율 : 7%

4. 시장 평균 대출조건 : 만기 20년, 원리금균등상환이며, 대출비율은 60%임.

5. 대상과 사례부동산의 상업용 복합부동산의 지난 1년간 연평균 상승률은 7%이다.

<자료 4> 인근지역의 임대시장의 시장상황

인근지역은 각 기업의 본사가 위치할 뿐만 아니라, 벤처기업 및 IT업체가 위치한 지역으로써, 상업용 부동산의 임대업에 대한 수요가 충분한 지역으로써, 지역의 특성상 일정기간 유지될 것으로 예측되고 있으며, 수요에 대응하여 상업용부동산의 공급에 있어서는 공지가 없는 상태로써, 과다공급의 여지는 적은 것으로 판단된다. 이러한 임대시장의 수요공급의 상황을 고려할 때, 인근지역의 시장의 m^2당 월임대료는 35,000원으로 예측되고 있다.

<자료 5> 투자대상부동산의 임대와 관련된 사항

1. 영업경비비율 : 35%
2. 전형적인 공실률 : 5%
3. 임대면적비율 : 65%

<자료 6> 기타사항

1. 투자대상부동산의 취득가액은 시장성 및 대체의 원칙에 근거한 방법에 의하여서만 산정한다.

2. 인근지역에서는 부동산의 가격은 건물의 잔존년수와 토지면적의 유사성에 따라 가격 수준의 일정한 격차가 존재하는 바, 사례 선정 시 해당 사항을 고려한다.

3. 투자대상부동산의 모두 인근지역에 위치한다.

4. 각 산정금액 중 총액은 유효숫자 4자리까지만 표시하며, 단가는 천원미만에서 반올림한다.

5. 투자의사결정의 기준은 2023년 8월 31일을 기준으로 한다.

6. 세금은 고려하지 않는다.

7. 본건은 예비적 타당성 분석으로서, 물음(2)의 순영업소득은 투자예상 대상의 예상가능 소득을 산정하는 것으로서, 시장의 임대료로 판단하지 말 것.

투자수익률 [논점정리]

【연습문제 11】투자자 P는 감정평가사 K에게 부동산투자에 대한 자문을 구하였다. 감정평가사 K는 적절한 자산포트폴리오 구성을 위하여 150,000,000원 규모의 부동산에 향후 3년간 투자하는 것이 적정하다고 자문하고 2023.7.1에 투자부동산을 추천하였다. 다음 부동산의 투자수익률을 산정하고 투자의사결정을 하시오. 단, 부동산은 감정평가액에 매입하는 것으로 가정하고 거래비용은 무시하며 투자 수익률은 아래공식을 활용한다. (15점)　감정평가사 13회 기출

$$r_n = \frac{NOI_{n+1}}{V_n} + \frac{V_{n+1} - V_n}{V_n}$$

Ⅰ. A부동산에 관한 자료

<자료 1> A 부동산의 개요

1. 토지 : C시 D구 E동 50번지, 200m², 제2종일반주거지역

2. 건물 : 각층 바닥면적 100m², 3층, 상업용

3. 기타사항 : 토지와 건물은 해당지역의 표준적 이용과 유사하며 최고최선의 이용 상태에 있는 것으로 분석되었음

<자료 2> A 부동산의 수익자료(2022.7.1~2023.6.30)

1. 2층 임대료 : 매월 5,000원/m², 임대면적은 바닥면적의 90%이며 이는 모든 층에 동일함

2. 기타소득 : 주차장 임대료는 연간 3,000,000원이 발생하고 있음

3. 운영경비(OE) : 유효조소득(EGI)의 40%

<자료 3> A 부동산의 가격자료

A부동산의 적정한 감정평가선례가 있으며 기준시점은 2023. 6. 30이고 감정평가액은 150,000,000원이다.

<자료 4> 기타자료

1. C시 일반주거지역내 상업용부동산의 순영업소득(NOI)과 부동산가치는 향후 5년간 매년 2%씩 상승하는 것으로 추정되어 현재 계약임대료 기준 기초 NOI를 산출하고 연간 상승률을 반영한 신규 임대료를 모형에 적용함.

2. 시장의 전형적인 공실률 : 3%

3. 대상부동산과 유사한 상업용부동산의 층별효용비는 아래와 같음.

(단위 : %)

구 분	1층	2층	3층
층별효용비	100	80	70

Ⅱ. B부동산에 관한 자료

<자료 5> B 부동산의 개요

1. 토지 : F시 G구 E동 120번지, 100m², 일반상업지역

2. 건물 : 연면적 200m², 3층, 상업용, 2022.7.1신축

3. 기타사항 : 토지와 건물은 해당지역의 표준적 이용과 유사하며 최고최선의 이용 상태에 있는 것으로 분석되었음.

<자료 6> B 부동산의 수익자료(2022.7.1~2023.6.30)

B부동산의 순영업소득(NOI)은 10,500,000원이고 해당 시장의 표준적인 수익을 시현하고 있는 것으로 조사되었음.

<자료 7> B 부동산의 토지감정평가자료

나지상태였던 본 토지에 대한 감정평가선례(기준시점 : 2021. 7. 1은 300,000원/m²
이고, 2021. 7. 1~2023. 7. 1간의 지가변동률(2% 상승)로 보정한 가격을 기준시점
현재의 공시지가 및 거래사례 등을 기준한 가격과 비교검토한 바 적정한 것으로 판
단됨.

<자료 8> B 부동산의 건물감정평가자료

1. 본 건물의 2023. 7. 1 감정평가액은 유사거래사례로부터 회귀분석모형을 구축하
   여 도출하는 것으로 함.

$$회귀상수(a) = \frac{(\sum y \cdot \sum x^2 - \sum x \cdot \sum xy)}{n\sum x^2 - (\sum x)^2}$$

$$회귀상수(b) = \frac{n\sum xy - \sum x \cdot \sum y}{n\sum x^2 - (\sum x)^2}$$

2. 유사거래사례자료

   가. 사례건물은 대상건물과 경과년수 요인을 제외한 제반요인이 거의 동일하며,
       건물가격과 경과년수간에는 선형관계가 있고 다른 요인의 건물가격 영향은
       무시함.

   나. 건물거래사례자료

사례	거래가격에서 적절하게 보정된 기준시점의 건물가격(원/m²)	기준시점 현재의 경과년수
1	580,000	3
2	500,000	10
3	520,000	7
4	560,000	5
5	600,000	0

※ 구축한 모형의 R^2(결정계수)값은 충분히 유의하여 모형채택이 가능하다고 봄

<자료 9> 기타자료

F시 상업지역 내 상업용부동산의 순영업소득(NOI)과 부동산가치는 향후 5년간 매년 4%씩 상승하는 것으로 추정되어 현재 계약임대료 기준 기초 NOI를 산출하고 연간 상승률을 반영한 신규 임대료를 모형에 적용함.

투자수익률, 위험 [논점정리]

【연습문제 12】부동산에 투자를 고려하고 있는 투자자가 당신에게 자문을 요청하였다. 투자자가 자문을 의뢰한 부동산은 상업용으로 인근유사지역의 부동산 A,B,C 3건이다. 부동산 A,B,C는 동일한 가격으로 매입할 수 있고 투자자가 투자할 수 있는 현금보유액은 450,000,000원이며 나머지 부족분은 K은행으로부터 대출받아 연간 저당지불액 255,000,000원으로 해결할 계획이라고 한다. 부동산 A를 조사한 결과 첫해의 예상 수익자료를 아래와 같이 얻을 수 있었다.   감정평가사 15회 기출

조사항목＼시나리오	비관적	일반적	낙관적
잠재적총소득(PGI)	500,000,000원	530,000,000원	560,000,000원
공실률(Vacancy)	8%	6%	5%
영업경비비율(OER)	42%	38%	35%
확률(Probability)	25%	50%	25%

다음 물음에 답하시오. (25점)   감정평가사 15회 기출

(물음 1) 확률을 고려한 부동산 A의 자기지분환원율(Re : Equity Capitalization Rates)과 부동산 A의 시나리오별 Re에 대한 표준편차를 구하시오. (12점)

- 공식 : 표준편차(Standard Deviation)$=\sqrt{\text{분산}(Variance)}$

  분산(Variance)$=\sum_{i=1}^{n} P_i (X_i - \overline{X})^2$

  (Pi : Return을 달성할 확률, $\overline{x}$: 분포의 평균, n : 관측의 수)

(물음 2) 부동산 B와 부동산 C도 같은 방법으로 조사 분석하여 다음과 같은 결과를 얻었다.

	가중평균 Re	표준편차(%)
부동산B	11.6%	4.5
부동산C	12.5%	6.2

어느 부동산에 투자하는 것이 바람직한 선택인지를 위험(Risk)을 고려하여 부동산 상호간을 각각 비교 설명하시오. (5점)

(물음 3) 부동산 A 인근에 공공시설이 들어선다는 소문이 사실로 확인될 경우 부동산 A의 시나리오는 확률이 비관적인 경우 10%, 일반적인 경우 60%, 낙관적인 경우 30%로 수정되어야 한다고 한다. 투자자의 선택에는 어떠한 변화가 일어나는가? (4점)

(물음 4) 국내경기의 후퇴에 따라 가계의 유동성이 축소되고 소비여력이 감소하면서 부동산 A는 당초 예상수익자료보다 공실률이 각각 3% 포인트씩 증가하고, 영업경비비율(OER)은 각각 1% 포인트씩 감소하는 것으로 분석되었다. 다른 조건이 동일한 상황에서 자기지분환원률(Re)를 산정한 결과 비관적인 경우 1.7%, 일반적인 경우 10.9%, 낙관적인 경우 18.9%로 나타났다. 이 경우 가중평균 Re가 10.2%, 표준편차는 6.8%인 동일 수급권 내의 부동산 D(매입조건과 금융조건은 부동산 A와 동일)와 비교하여 투자대안을 검토하시오. (4점)

비가치추계 종합문제

시장가치와 NPV법(투자가치) [논점정리]

【종합문제 01】 감정평가사 甲은 부동산투자자 乙로부터 대상부동산 투자에 관한 정보의 제공을 의뢰받고, 관련 자료를 수집·분석하여 乙에게 제공하려고 한다. 제시된 자료를 참조하여 다음 물음에 답하시오. (30점)　　　　감정평가사 27회 기출 변형

물음 (1) 2023년 7월 1일 기준 대상부동산의 시장가치 산정에 적용가능한 감정평가방법에 따른 시산가액을 각각 제시하시오. (15점)

물음 (2) 乙이 대상부동산을 2023년 7월 1일 매입하고 3년간 보유한 후 매각한다고 했을 때, 순현재가치(NPV)를 구하고, 乙의 투자계획에 대하여 전문가로서 제시할 의견을 충분히 기술하시오. (15점)

<자료 1> 대상부동산 현황

1. 토지현황

   1) 소 재 지 : S시 T구 W동 500번지, 501번지

   2) 용도지역 : 일반상업지역

   3) 토지특성(2필 일단의 토지로서, 부정형의 평지이며, 소로한면에 접함)
      - 500번지 : 대, 350m², 세로장방형, 평지, 소로한면
      - 501번지 : 대, 450m², 사다리형, 평지, 소로한면

2. 건물현황

   1) 구조 : 철근콘크리트조 슬래브지붕
   2) 사용승인일자 : 2012년 5월 1일

3) 세부현황 : 500번지, 501번지 양 지상에 위치함

층 별	구 조	면적(m²)	용 도	비 고
지하1층	철근콘크리트조	260	주차장, 기계실	–
지상1층	철근콘크리트조	520	사무실	P은행 임차
지상2층	철근콘크리트조	520	사무실	P은행 임차
지상3층	철근콘크리트조	520	사무실	R회사 임차
지상4층	철근콘크리트조	520	사무실	R회사 임차
지상5층	철근콘크리트조	400	사무실	공 실
계		2,740	–	

3. 기타현황

현재 대상부동산의 소유자는 丙과 丁이 공동소유(각각 50%)를 하고 있으며, 소유자 丙의 명의로 C은행에 근저당권 5억원이 설정되어 있음

<자료 2> 표준지 공시지가 현황(공시기준일 : 2023.01.01.)

기호	소재지 (지번)	면적 (m²)	지목	용도지역	이용상황	주위환경	도로교통	형상지세	공시지가 (원/m²)
1	V동 130	(일단지) 535	대	일반상업	주상용	후면상가지대	소로한면	사다리형평지	2,700,000
2	V동 150	800	대	일반상업	상업용	노선상가지대	소로한면	가장형평지	3,400,000
3	W동 485	420	대	일반상업	상업기타 주차건물	후면상가지대	세로(가)	사다리형평지	2,100,000
4	W동 520	450	대	일반상업	상업용	노선상가지대	소로한면	사다리형평지	3,000,000

<자료 3> 평가선례(공시지가기준법 적용시 그 밖의 요인에 적용함)

구분	평가선례 #1	평가선례 #2	평가선례 #3
소재지(지번)	V동 143	W동 504	W동 522
토지현황	대, 450m² 소로한면, 부정형 평지, 일반상업지역	대, 780m² 소로한면, 사다리형 평지, 일반상업지역	대, 350m² 세로(가), 가장형, 평지, 일반상업지역
건물현황	철근콘크리트조 슬래브지붕, 상업용, 지하1층~지상5층, 연면적 3,300m²	철근콘크리트조 슬래브지붕, 상업용, 지하2층~지상8층 연면적 5,200m²	없음(상업나지)
토지단가	3,600,000원/m²	3,400,000원/m²	3,500,000원/m²
기타사항	기준시점 2023.04.01. 일반거래목적의 정상적인 평가선례	기준시점 2023.01.01. 일반거래목적의 정상적인 평가선례	기준시점 2023.05.01. 담보목적의 정상적인 평가선례

<자료 4> 표준건축비 등

인근지역 상업용건축물(철근콘크리트조 5층 이하)의 표준건축비(부대설비 포함, 지상·지하 건축물에 동일하게 적용)는 770,000원/m²이며, 건물의 잔존가치는 10%, 경제적내용년수는 50년임.

<자료 5> 최근 임대사례

1. 사례물건 : V동 138번지 소재 5층

　1) 토지현황 : 일반상업지역, 대, 950m², 소로한면, 사다리형, 평지

　2) 건물현황 : 철근콘크리트조, 지하1층~지상5층, 연면적 3,200m², 상업용

2. 임대상황

　1) 1~2층 임대사례 : G은행 2023.07.01부터 5년 계약

　　연간가능총소득(PGI) 1층 160,000원/m², 2층 120,000원/m²

　2) 3~5층 임대사례 : H회사 2023.07.01.부터 5년 계약

　　연간가능총소득(PGI) 3~4층 100,000원/m², 5층 90,000원/m²

<자료 6> 시점수정 등 관련자료(T구)

1. 지가변동률

구 분	일반상업지역
2023.01.01.~2023.05.31.(누계)	1.687
2023.04.01.~2023.05.31.(누계)	0.654
2023.05.01.~2023.05.31.(당월)	0.323

※ 2023년 6월부터 지가변동률 미고시, 2023년 6월 지가변동률은 직전월 자료를 적용하고, 변동률의 계산은 백분율을 기준으로 소수점 넷째자리에서 반올림함

2. 임대동향조사 중 소형부동산의 자본수익률

구 분	T구
2023.01.01.~2023.05.31.(누계)	2.113
2023.04.01.~2023.05.31.(누계)	0.895
2023.05.01.~2023.05.31.(당월)	0.356

3. 건축비지수 : 2022년 1월 1일 이후 보합세임

<자료 7> 지역요인, 개별요인 등 품등 비교자료

1. 지역요인 자료

V동과 W동은 S시 T구에 속하며, 간선도로(소로한면)을 두고 맞은편에 위치하고 있음. 최근 V동 남측에 종합유통센터가 개장함에 따라 V동 상권으로 유동인구가 증가하여 V동이 W동에 비해 지역요인이 3% 우세를 보이고 있음

2. 개별요인 자료

1) 도로접면 격차율

구 분	광대세각	광대한면	소로한면	세로(가)	세로(불)	맹지
광대세각	1.00	0.95	0.86	0.81	0.75	0.72
광대한면	1.05	1.00	0.91	0.86	0.78	0.75
소로한면	1.16	1.10	1.00	0.91	0.86	0.83
세로(가)	1.24	1.18	1.07	1.00	0.92	0.89
세로(불)	1.34	1.28	1.16	1.07	1.00	0.96
맹지	1.39	1.32	1.20	1.16	1.04	1.00

2) 형상 격차율

구 분	정방형	장방형	사다리형	부정형
정방형	1.00	0.99	0.98	0.95
장방형	1.01	1.00	0.99	0.96
사다리형	1.02	1.01	1.00	0.97
부정형	1.05	1.04	1.03	1.00

※ 가로장방형은 장방형을 적용

3) 환경조건 격차율
- 대상부동산은 표준지 기호1보다 5% 우세하며, 표준지 기호3보다 15% 우세함
- 대상부동산은 평가선례 #1보다 10% 열세함.

3. 임대사례(V동 138번지)와 대상부동산의 품등 격차율(지역요인과 개별요인 포함) : 임대사례가 대상부동산보다 총 10% 우세함

<자료 8> 수익환원법 적용 자료 및 의뢰인 乙의 부동산 투자계획

1. 환원율 및 할인율

1) 현재시점 환원율 : 시장추출법에 의한 산정

구 분	사례 #1	사례 #2	사례 #3
매매가격(원)	3,500,000,000	2,200,000,000	2,400,000,000
순수익(원)	140,000,000	88,000,000	200,000,000
기타	최근사례, 정상거래	최근사례, 정상거래	최근사례, 사정개입

2) 재매도가치 산정을 위한 환원율

현재 환원율에 장기위험프리미엄 등을 고려하여 0.5% 가산함

3) 할인현금흐름 분석법에 사용할 할인율 : 투자자의 요구수익률

2. 수익환원법 적용

1) 대상부동산의 시장가치산정을 위한 수익환원법은 1년차 순영업소득(NOI)을 직접 환원하는 직접환원법을 적용

2) 수익환원법에 적용되는 수익과 비용은 연간 단위로 산정하고 연말에 인식하는 것을 가정하며, 연간가능총소득(PGI)에는 관리비 등 제반 내역이 합리적으로 포함되어 있다고 전제함

3) 대상부동산의 수익환원법 적용시, 연간가능 총소득(PGI)은 최근 임대사례에서 산출하고, 공실손실상당액, 운영경비 등은 대상부동산을 기준으로 산정함

4) 연간가능 총소득(PGI)은 매년 5% 상승하고, 공실률은 매년 5%로 예상되며, 운영경비는 각 층별 면적 기준으로 25,000원/m²이 소요되며, 운영경비는 매년 4% 상승을 적용함

3. 乙의 투자계획

1) 투자금액 : 4,200,000,000원

2) 요구수익률 : 6%

3) 투자기간 : 3년간 보유한 후 매각

4) 보유기간말 매각시 매각비용 : 매각금액의 3%

4. 순현재가치(NPV)의 산정방법

　순현재가치(NPV)는 乙이 투자계획대로 대상부동산을 3년간 보유한 후 매각하는 것을 가정하며, 수익환원법 적용 자료와 같이 연간단위로 수익과 비용을 연말에 인식함

개량물의 최고최선 분석 [논점정리]

【종합문제 02】해당 부동산 소유자 A씨는 현재의 적정가격을 파악한 후 현 상태대로 매도할 것인지, 아니면 개발업자들로부터 제시받은 여러 개발방안 중의 하나를 선택하여 개발할 것인지를 판단하기 위해 Q감정평가법인에 감정평가를 의뢰하였다. Q감정평가법인에 소속된 S감정평가사는 A씨의 부동산을 평가하기 위해 아래와 같이 관련 자료를 수집·정리하였다. 제시된 자료를 활용하여 아래의 물음에 답하시오. (35점)　　　　　　　　　　　　　　　　　　감정평가사 16회 기출 변형

(물음 1) A씨가 개발업자들로부터 제시받은 개발방안 자료 및 공통자료를 활용하여 부동산에 대한 개발방안의 타당성 분석을 행하여 최종 개발방안을 제시하되, 분석 및 판단에 대한 근거를 최유효이용과 관련하여 설명하시오.

(물음 2) 부동산의 감정평가자료 및 공통자료를 활용하여 현재 상태의 대상부동산에 대한 가격을 산정하고 (물음 1)에 제시한 개발대안의 가격과 비교하여 대상부동산의 시장가치를 결정하시오.

<자료 1> 대상부동산 기본자료

1. 소재지 : K시 B구 A동 100번지

2. 토지 : 대, 500m², 소로한면, 세로장방형, 평지

3. 건물 : 조적조 슬래브지붕 2층 건물로 면적은 1층 350m², 2층 100m²

4. 이용상황 : 1층 전자대리점, 2층 주거용

5. 도시관리계획사항 : 일반상업지역

6. 기준시점 : 2023년 8월 1일

<자료 2> A씨가 개발업자들로부터 제시받은 개발방안 자료

(자료 2-1) 개발계획안 1

1. 건물구조 및 층수 : 철근콘크리트조 슬래브 지붕, 지하 1층, 지상 6층 건물 1개동

2. 면적 : 지하 280㎡, 지상 각층 340㎡

3. 이용상황 : 업무용

4. 건축계획 : 건축허가 및 건축설계기간 2개월, 공사기간 8개월

5. 공사비지급조건 : 기준시점 현재의 총건축비를 기준으로 완공시 100%지급함.

6. 개발후 부동산 전체 가치 예상액(기준시점 기준) : 2,452,000,000원

(자료 2-2) 개발계획안 2

1. 건물구조 및 층수 : 철골조 슬래브지붕 지하 1층 지상 6층 건물 4개동

2. 면적 : 각동 각층 87.5㎡

3. 이용상황 : 상업용

4. 건축계획 : 건축허가 및 건축설계기간 2개월, 공사기간 10개월

5. 공사비지급조건 : 기준시점 현재의 총건축비를 기준으로 착공부터 완공까지 순차적으로 지급하는 조건임.

6. 건축 후 분양계획 : 착공과 동시에 각 동별 대지귀속면적에 따라 지적 분할하여 분양을 시작하며, 매 2개월마다 1동씩 분양될 것으로 예상하고, 분양가액은 동당 5억원임.

(자료 2-3) 개발계획안 3

1. 건물구조 및 층수 : 철근콘크리트조 슬래브지붕, 지하 2층, 지상 6층 건물 1개동

2. 면적 : 지하·지상 각 350m²

3. 이용상황 : 지상 1층 대형마트, 지상 2층~6층 소형아파트(각층 7개호)

4. 건축계획 : 건축허가 및 건축설계기간 2개월, 공사기간 15개월

5. 공사비지급조건 : 기준시점 현재의 총건축비를 기준으로 착공시 50%, 완공시 50%를 지급함.

6. 개발후 부동산 전체 가치 예상액(기준시점 기준) : 3,000,000,000원

(자료 2-4) 개발계획안 4

1. 건물구조 및 층수 : 철골조 슬래브지붕 지하 2층 지상 7층 건물 1개동

2. 면적 : 지하 각300m², 지상 1층 180m², 지상 2층~7층 각각 320m²

3. 이용상황 : 지하 1,2층은 주차장, 지상층은 상업용 복합영화관

4. 건축계획 : 건축허가 및 건축설계기간 2개월, 공사기간 12개월

5. 공사비 지급조건 등 : 기준시점 현재의 총건축비를 기준으로 착공시 전액 지급

6. 개발후 부동산 전체 가치 예상액(기준시점 기준) : 2,210,000,000원

(자료 2-5) 개발계획안 5

1. 건물구조 및 층수 : 철골조 슬래브지붕 지하 3층, 지상 9층 건물 1개동

2. 면적 : 지하 각층 350m², 지상 1층 300m², 지상 2층~9층 각각 350m²

3. 이용상황 : 지하 1층~지하 3층은 주차장, 지상 각층은 상업용 쇼핑몰(지상 1층은 대형점포 1개, 2~7층은 각층 소형점포 15개)

4. 건축계획 : 건축허가 및 건축설계기간 3개월, 공사기간 15개월

5. 공사비 지급조건 : 기준시점 현재의 총건축비를 기준으로 착공시 60%, 완공시 40%를 지급함.

6. 건축 후 분양계획 : 착공시부터 완공시까지 순차적으로 분양되며, 1층 대형 점포의 분양가액은 7억5천만원, 소형점포의 분양가액은 층별로 차이가 없이 점포당 1억5천만원임.

(자료 2-6) 기타자료

1. 개발안 중 건물을 임대하는 경우는 건물 완공시에 사용승인 및 임대가 완료 되는 것으로 가정함.

2. 모든 개발계획안에 있어 지하층 중 1개층은 주차장 설치가 필수적임.

3. 개발계획에 있어 건축허가 및 설계기간이 완료되면 즉시 착공하는 것으로 가정함.

4. 건물은 착공과 동시에 철거하되, m²당 60,000원이 소요되고 잔재가치는 없음.

5. 인근지역의 모든 개발안의 자본수익률은 10%임.

<자료 3> 대상부동산의 감정평가자료

(자료 3-1) 인근 공시지가자료(2023년 1월 1일)

기호	소재지	면적(m²)	지목	용도지역	이용상황	도로교통	형상·지세	공시지가(원/m²)
1	A동 190	500	대	일반상업	상업용	중로한면	세장형·평지	1,400,000
2	A동 250	550	대	중심상업	상업용	세로(가)	사다리·평지	1,850,000
3	B동 80	120	대	일반상업	주상나지	중로한면	가장형·평지	1,150,000
4	B동 150	460	대	일반상업	주상용	세로(가)	정방형·평지	1,300,000

※ 표준지 기호(1)은 약 20%가 도시계획시설(도로)에 저촉

(자료 3-2) 인근지역 거래사례

1. 거래사례(1)
    1) 사례부동산
        ① 토지 : K시 B구 A동 300번지 대, 500m², 세로(가), 사다리형, 평지
        ② 건물 : 위 지상 철근콘크리트조 슬래브지붕 지하 1층, 지상 6층(상업용, 연면적 2,350m²)
    2) 거래시점 : 2023년 6월 15일
    3) 거래가격 : 23억원
    4) 도시관리계획사항 : 일반상업지역
    5) 기타사항 : 해당 사례는 거래당시의 제반 상황이 반영되어 정상적으로 매매가 이루어진 전형적인 거래사례로 조사되었음.

2. 거래사례(2)
    1) 사례부동산
        ① 토지 : K시 B구 B동 120번지 대 520m², 소로한면, 가로장방형, 평지
        ② 건물 : 위지상 조적조 슬래브지붕 2층(주상용, 연면적 400m²)
    2) 거래가격 : 9억원
    3) 거래시점 : 2023년 8월 1일
    4) 도시관리계획사항 : 일반상업지역
    5) 기타사항 : 해당 사례는 현 상태 대상부동산과 일체 비교가능성이 있으며 일체 개별요인 격차는 수량요소 포함하여 대상이 5% 열세임.

(자료 3-3) 임대관련 자료

1. 대상부동산의 임대자료
    대상부동산의 1층은 보증금 7억원, 월임대료 500만원에, 2층은 보증금 1억원, 월임대료 50만원에 각각 임대되고 있으며, 소유자는 대상부동산의 관리를 연간임대료의 3%를 지급하는 조건으로 부동산관리회사에 위탁관리하고 있다. 또한 연간임대료의 20%가 유지관리비 등의 비용으로 지출되고 있고, 대상부동산의 토지 및 건물분 재산세 및 소유자급여가 각 연간임대료의 1%이다. 이러한 대상부동산의 임대상황은 현황을 기준한 일반적인 수준으로 판단됨.

2. 최유효이용을 기준한 인근 부동산의 1, 2층 최근임대자료

구 분	월순임대료(원/m²)	비고
1층	250,000	
2층	125,000	

3. 대상부동산의 현황을 기준한 자본환원율은 15%임.

(자료 3-4) 대상 및 사례건물상황

구 분	대상건물	거래사례(1)	거래사례(2)
사용승인(신축)일자	2013.7.1	2021.4.15	2014.10.30
기준시점현재 잔존내용년수	35	48	36
건물과 부지와의 관계	건부감가	최유효이용	건부감가
건축당시 신축가격	-	-	-

<자료 4> 공통자료

(자료 4-1) 인근지역의 지역개황 등

대상토지가 속해 있는 인근지역은 지질 및 지반상태가 대부분 연암인 것으로 조사되었고, 최근 임대수요의 상승으로 인한 부동산 개발이 가속화되어 5층 내외의 상업·업무용 건물이 밀집하여 형성된 전형적인 상업지대인 것으로 조사되었다. 또한 상업·업무요 건물의 신축으로 기존 건물들의 임대료는 하락하고 있는 상황이며, 인근지역 주민들을 대상으로 표본조사를 실시한 결과 지역의 급속한 상업지로의 이행이 진행됨에 따라 공개공지 및 근린공원 등의 부족으로 주거지로서의 기능은 대체로 상실된 것으로 조사되었다. 또한 최근 해당지역의 표준지공시지가를 평가한 담당감정평가사의 K시 B구 지역분석보고서에서도 이러한 지역상황이 재확인되었음.

(자료 4-2) 건축비 및 경제적 내용년수

구 분	내용년수	기준시점 기준 건축비(원/m²)	
		상업·업무용	주상용
철근콘크리트조	50	750,000	800,000
철골조	40	480,000	540,000
조적조	45	600,000	660,000

※ 건축비자료는 지상·지하층(주차장부분 포함) 구분 없이 적용 가능함.

(자료 4-3) K시의 건축 및 도시계획관련 조례

1. 대지의 최소면적 : 주거지역 90m², 상업지역 150m², 공업지역 200m², 녹지지역 200m², 기타지역 90m²

2. 건축물의 최고높이 : 인근 상업지역은 도시경관조성을 위하여 필요하다고 인정되는 구역으로 지정되어 건축물의 높이를 30m 이하로 하되, 이는 광고탑, 송신탑 등과 같은 옥상구조물의 높이를 포함한 것임.

3. 건폐율 : 전용주거지역 40%, 제2종일반주거지역 50%, 준주거지역 60%, 중심상업지역 80%, 일반상업지역 70%, 근린상업지역 60%, 유통상업지역 60%

4. 용적률 : 전용주거지역 100%, 제2종일반주거지역 150%, 준주거지역 400%, 중심상업지역 1,000%, 일반상업지역 600%, 근린상업지역 600%, 유통상업지역 400%

5. 층고 : 3.5m

(자료 4-4) 지반에 따른 건축가능층수

구 분	풍화토	풍화암	연암	경암
지상층	3	5	10	15
지하층	1	1	2	3

(자료 4-5) 지가변동률 및 건축비지수

1. 지가변동률(K시 B구, %)

구 분		주거지역	상업지역
2022년 누계		3.15	2.14
2023년	3월 (누계)	0.043 (1.045)	0.121 (1.000)
	6월 (누계)	0.165 (2.130)	0.126 (1.540)
	7월 (누계)	0.100 (2.560)	0.075 (1.980)

2. 건축비지수

건축비지수는 2021년 상승 이후 2022년 1월 1일부터는 보합세를 유지하고 있음.

(자료 4-6) 개별요인 비교자료

1. 접면도로

비 고	중로한면	소로한면	세로(가)
중로한면	1.00	0.93	0.86
소로한면	1.08	1.00	0.93
세로(가)	1.15	1.08	1.00

2. 형상

비 고	정방형	가로장방형	세로장방형	사다리형	부정형·자루형
비교치	1.00	1.03	0.95	0.90	0.81

3. 지 세

비 고	저지	평지	완경사	급경사	고지
비교치	1.00	1.04	0.95	0.89	0.80

4. 인근지역의 표준적인 토지규모는 450m²~600m²임.

(자료 4-7) 기타자료

1. 보증금운용비율 및 지불임대료운용비율 : 1%/월

2. 개별요인비교치는 백분율로서 소수점 이하 첫째자리까지, 지가변동률은 소수점 이하 넷째자리까지 표시하되, 반올림할 것.

3. 단위가격결정시 백원단위에서 반올림할 것.

MNPV(증분 NPV) [논점정리]

【종합문제 03】 부동산 개발업자 A씨는 대상토지를 감정평가액으로 매입한 후 오피스텔 빌딩을 건축하여 개발을 하려한다. 본건에 대하여 지하2층, 지상5층에서 지상8층까지의 개발이 가능하다고 볼 때, 경제적 관점에서의 최적 개발규모(층수)를 결정하기 위하여 Q감정평가법인에 감정평가를 의뢰하였다. Q감정평가법인에 소속된 S감정평가사는 A씨의 의뢰내용에 부합 되는 적정한 컨설팅을 행하기 위하여 아래와 같이 관련 자료를 수집·정리하였다. 제시된 자료를 활용하여 아래의 물음에 답하시오. (40점)

(물음 1) 최저층인 5층을 기준하여 순현재가치(NPV : Net Present Value)를 산정하고, 경제적 관점에서 타당성을 검토하시오.

(물음 2) 건축가능 범위 내에서의 최저 건축가능층수로부터 층수가 증가하는 경우의 각 층별 한계순현재가치(MNPV : Marginal Net Present Value)를 산정하시오.

(물음 3) 최적 층수를 결정하고, 이러한 최적 층수를 기준한 해당 개발계획안의 순현재가치(NPV : Net Present Value)를 구하시오.

<자료 1> 대상부동산 기본자료

1. 소재지 : K시 B구 A동 100번지

2. 토지 : 대, 900m², 소로한면, 정방형, 평지

3. 도시관리계획사항 : 일반상업지역

4. 기준시점 : 2023년 8월 31일

5. 토지매입비 : @1,715,000원/m²

<자료 2> 개발계획 및 조사 자료

1. 건축물의 최저높이

인근 상업지역은 도시경관조성을 위하여 필요하다고 인정되는 구역으로 지정되어 건축물의 높이를 16m 이상으로 함.

2. 건폐율

전용주거지역 40%, 제2종일반주거지역 50%, 준주거지역 60%, 중심상업지역 80%, 일반상업지역 70%, 근린상업지역 60%, 유통상업지역 60%

3. 용적률

전용주거지역 100%, 제2종일반주거지역 150%, 준주거지역 400%, 중심상업지역 1,000%, 일반상업지역 600%, 근린상업지역 600%, 유통상업지역 400%

4. 기타

미관지구지구 지정으로 도로에 접하는 면은 2m씩 후퇴함. 각 층당 층고는 3.5m임.

<자료 3> 분양수입 자료

(자료 3-1) 분양사례

1. 소재지 : K시 B구 C동 200번지

2. 토지 : 대, 600m², 소로한면, 정방형, 평지

3. 도시관리계획사항 : 일반상업지역

4. 분양시점 : 2023년 6월 30일

5. 분양건물 : 대우디오빌 5층 부분, 300m²(분양면적)

6. 분양가격 : 370,000,000

7. 분양사례보다 대상의 개별요인(수량요소 포함)이 100%우세함.

(자료 3-2) 층별효용비

층별	저층시가지				주택지
	A형	B형	A형	B형	
9	42	51			
8	42	51			
7	42	51			
6	42	51			
5	42	51	36	100	
4	45	51	38	100	
3	50	51	42	100	
2	60	51	54	100	100
지상1	100	100	100	100	100
지하1	44	44	46	48	–
지하2	–	–	–	–	–

※ 1. 이 표의 지수는 건물가격의 입체분포와 토지가격의 입체분포가 같은 것을 전제로 한 것이다.
2. A형은 상층부 일정층까지 임대료수준에 차이를 보이는 유형이며 B형은 2층 이상이 동일한 임대료수준을 나타내는 유형이다.

<자료 4> 개발비용 자료

(자료 4-1) 기본건축비 평균단가(업무용, 원/m²)

구 조	직접 공사비	간접 공사비	설계 감리비	기타경비	합계
철근콘크리트조 슬래브지붕 (5층 이하 건물)	534,000	148,000	25,000	63,000	770,000
철근콘크리트조 슬래브지붕 (6층~7층 건물)	540,000	154,000	29,000	73,000	796,000
철근콘크리트조 슬래브지붕 (8층 이상 건물)	573,000	169,000	31,000	85,000	858,000

※ 기본건축비 자료는 지상·지하층(주차장부분 포함) 구분 없이 적용 가능함.
※ 층별 건축의 난이도 등으로 기본건축비는 층수가 높을수록 증가하는 경향이 있음.

(자료 4-2) 부대설비 단가(원/m²)

건물용도	전기설비	위생설비	냉난방
사무실, 오피스텔	9,800	25,000	65,000

(자료 4-3) 승강기 설비(2대 설치)

1. (6층 이하 11인승) : 32,000,000원/대

2. (6층 초과 15인승) : 55,000,000원/대

<자료 5> 시계열적 자료

(자료 5-1) 건축비지수

건축비지수는 2021년 상승 이후 2022년 1월 1일부터는 보합세를 유지하고 있음.

(자료 5-2) 오피스 상승률

2022년 9월 1일 분양가상한제의 시행으로 인하여, 오피스텔이 새로운 투자처로 인기를 끌게 되면서 최근 1년 동안 매월 1%의 다소 급격한 지가 상승을 이루고 있음.

<자료 6> 기타자료

1. 건물 완공시에 사용승인 및 분양이 완료되는 것으로 가정함.

2. 모든 개발계획안에 있어 지하층 중 1개층은 주차장 설치가 필수적임.

3. 개발계획에 있어 건축허가 및 설계기간이 완료되면 즉시 착공하는 것으로 가정함.

4. 기준시점으로부터 건축허가 및 설계용역은 약 4개월의 소요기간이 예상되고, 건축공사 기간은 총 20개월이 예상됨.

5. 오피스텔 분양은 기준시점에서의 분양가격을 기준으로 건축공사 완공 3월 전부터 매월 균등하게 분양함.

6. 개발비용은 기준시점에서의 금액을 기준으로 사용승인과 동시에 지급하기로 함.

7. 건물은 건폐율 최고기준을 적용하여 전 층의 바닥면적을 설계함.

8. 오피스텔은 철근콘크리트조 슬래브지붕 구조로 건축할 예정임.

9. 분양면적은 바닥면적의 80%를 기준으로 분양할 예정임.

10. 인근지역 및 대상의 분양가격은 상층부로부터 일정층까지 차이를 보임.

11. 개발업자의 자본수익률 및 할인율은 12%임.

12. 대상은 각층에 전기설비, 위생설비, 냉난방시설을 갖추고 있음.

한계수익률(MRR)과 보유기간 [논점정리]

【종합문제 04】 수익성 부동산에 투자하려 하는 J씨는 부동산을 적정한 시기에 처분하여 자본가치를 극대화하려고 한다. D감정평가법인은 J씨의 자문을 의뢰받아 투자대상부동산과 관련한 평가를 진행하고 있다. 대상부동산의 적정 보유기간 및 그에 따른 현시점에서의 투자가치를 주어진 자료를 이용하여 산정하시오. (30점)

(물음 1) 각 요구수익률의 조건에 따른 적정보유기간을 결정하라.

   (1-1) 요구수익률 및 위험할증률을 결정

   (1-2) 시간 경과에 따른 요구수익률 고정시 적정 보유기간

   (1-3) 시간 경과에 따른 요구수익률이 (4기말부터) 0.5% 상승시 적정보유기간

(물음 2) (물음 1-3)에 의해 결정된 보유기간에 따른 대상부동산의 투자가치를 결정하라.

<자료 1> 대상 부동산 기본자료

소재지	D시 O구 L동 101번지
규 모	토지 25m × 20m, 건물 지상 10층 지하 1층, 층별 바닥면적 300m²
용도지역	일반상업지역
이용상황	지하 1층 주차장, 1층 상업용, 2~10층 업무용
도로조건	18m도로와 후면 1.5M도로에 접함
인근지역 개황	L동 일대는 지상 8~12층 정도의 상업/업무용 건물로의 이용이 일반적이며, 1층 부분은 상업용으로 이용되는 부동산이 다수이다.

<자료 2> 투자자금의 출처 및 위험률의 반영

1. J씨는 대상부동산 투자자금을 채권형 펀드에 투자했던 자금을 회수하여 마련할 예정이며, 동 펀드의 수익률은 연평균 12%였던 것으로 조사되었다.

2. 물음 1-3에 따라 기간 변동에 따른 위험률의 반영은 매기 0.5%를 가산하되, 4차
년도(4기)까지는 반영하지 않는다.

<자료 3> 보유기간 결정의 기준

1. 한계 수익률(MRR : Marginal Rate of Return)

해당 부동산을 추가적으로 1년간만 더 보유하는 경우, 이 추가적 보유기간인 1년간의
세후수익률을 '한계 수익률'이라 한다. 부동산 보유기간 분석에 활용한다.

각 연도의 한계 수익률은 추가 1년간의 세후 현금수지(소득이득)과 세후 지분복
귀액(자본이득)을 반영한다.

2. 산식(t년의 한계수익률)

$$\frac{\text{t년 세전/후현금수지} + \text{t년 후 지분복귀액} - (t-1)\text{년 세 전/후 지분복귀액}}{(t-1)\text{년 세전/후지분복귀액}}$$

<자료 4> 투자 대상부동산의 조수익 및 영업경비 등

6PGI 분석 및 결정	영업경비 분석 및 결정

- 1기 : PGI 100,000,000원
- 2기~3기 : 1기의 106%
- 4기~6기 : 2~3기의 105%
- 7기 이후 : 4~6기의 60% 수준에서 안정
  세를 이룰 것으로 예상됨.
	- 1기 : PGI의 30%
	- 2기~4기 : PGI의 25%
	- 5기~6기 : PGI의 22%
	- 7기 이후 : PGI의 20% 수준에서 안정세를
	  이룰 것으로 예상됨

<자료 5> 투자대상물건의 재매도 가치

신뢰성 있는 미래예측기법에 의해 대상부동산의 토지와 건물의 상대적 가치변화를
예상한 결과는 다음과 같다.

기간	4기	5기	6기	7기	8기
금액 (천원)	566,200	543,552	549,214	561,670	570,730

<자료 6> 금융조건

1. 시장의 전형적 금융조건

LTV 60%를 적용하며, 대출이자율은 10%, 대출기간 15년간 원리금 균등분할상환 조건이 보편적인 금융조건으로 판단됨

2. J씨의 금융조건

J씨의 경우 LTV는 동일하게 적용되나 우수한 신용등급을 보유하고 있는 관계로, 대출이자율에서 0.5% 우대됨과 동시에 대출기간 15년간 이자만 지급하고 원금을 만기일시상환조건으로 대출받을 수 있다.

<자료 7> 기타사항

1. 공실손실 및 대손충당금 : PGI의 3%를 계상함

2. J씨는 자본이득의 크기 등을 고려하여 4년 이내에는 부동산을 처분할 의사가 없는 것으로 평가의뢰시 진술하였고, 기준시점으로부터 9년 이상 경과한 경우는 합리적 예측자료의 수집이 불가능하여 분석범위에서 제외하기로 한다.

3. 대출액 산정시 백만원 미만은 절사함

4. 시장이자율 : 12%

5. 기준시점 : 2023. 8. 20

6. (물음 2) 산정시 참고할 1기~4기의 BTCF의 현가 합계액은 117,515,000원으로 조사되었다.

NPV법, IRR법, Fisher수익률 [논점정리]

【종합문제 05】다음에 예시된 A, B 부동산의 현금흐름은 다음과 같이 예상된다. 각 부동산에 대한 투자는 2억원이 된다. 투자자의 투자자금이 2억원으로 한정될 때 다음의 물음에 답하시오. 단, 투자자의 요구수익률은 10%이다. (20점)

연	현금흐름(천원)	
	A부동산	B부동산
1	45,000	8,000
2	45,000	14,000
3	45,000	28,000
4	30,000	28,000
5	20,000	28,000
6	9,000	28,000
7	5,000	32,000
8	3,000	32,000
9	2,000	34,000
10(복귀가치)	200,000	270,000

(물음 1) NPV법에 의할 때 어떤 부동산에 투자하겠는가?

(물음 2) IRR법에 의할 때 어떤 부동산에 투자하겠는가? (12%~14%의 범위에서 보간법을 적용하시오.)

(물음 3) 양 결과치가 달라지는 이유를 fisher 수익률을 산정하여 설명하시오.

투자대안의 선택 [논점정리]

【종합문제 06】 최근 주식시장의 주가가 불안정하여, 투자자인 OO씨는 부동산에 직접투자를 실행하고자 한다. 이에 OO씨는 유능한 감정평가사인 당신에게 가용자금을 활용하기 위한 투자컨설팅을 의뢰하였다. 제시된 자료에 근거하여 투자의사결정에 관한 컨설팅을 행하시오. (30점)

(물음 1) 주어진 투자대안이 상호 배타적인 투자안인지 상호 독립적인 투자안인지 검토하시오.

(물음 2) OO씨의 투자의사결정에 대하여 NPV 및 IRR을 활용하고, 투자성 판단에 기초하여 가장 유리한 Portfolio를 구성하여 해당 Portfolio에 대한 기대수익률을 산정하시오

<자료 1> 투자대안의 내용

1. 대안 A
   - 소재지 및 지번 : 서울특별시 서대문구 신촌동 120번지 소재 토지 및 건물
   - 매입 예정금액 : 100억
   - 투자 내용 : OO씨는 지분일부참여형태(1/4지분)로 대안에 투자하고자 함.

2. 대안 B
   - 소재지 및 지번 : 서울특별시 서대문구 대신동 500번지 집합건물 2개호
   - 매입 예정금액 : 3,750,000,000원 (2개호 합산)
   - 투자 내용 : OO씨는 B01호와 101호 2개호를 매입할 예정임.

3. 공통사항(투자내용)
   - OO씨의 지분투자 가용자금은 30억원임.
   - OO씨는 각 부동산 매입금액 기준 L/V 60%, 연이자율 8%, 저당기간 10년, 원리금 균등상환의 저당대부를 이용할 계획임.

<자료 2> 투자대안 등의 예상수익자료

1. 대안 A

― 임대료 수준

층	월지불임대료	보증금
1~4층	32,000원/3.3m²	월지불임대료의 5개월분

― 대상 건물 현황

	세대당 전유면적	세대수
1,2층	12평	각층 50실
3,4층	10평	각층 90실

― 예상 소득의 양상

1) 본건부동산은 OO씨가 매입하는 즉시 인근지역 원룸의 전형적인 임대료 수준으로 임대가능할 것으로 판단됨.

2) 인근지역은 원룸에 대한 수요가 많아 월임대료는 매년 2%씩 상승될 것으로 예상되며, 운영경비 등은 실질임대료의 10%임.

3) 인근지역의 전형적인 투자기간은 5년이며, 5년 후 본건부동산은 가격이 22% 상승될 것임.

2. 대안 B

― 임대료 수준

층	월임대료	보증금	권리금
지하1	63,000원/3.3m²	월임대료의 6개월분	월임대료의 6개월분
1	130,000원/3.3m²		

※ 권리금은 3년 단위로 지급이 이루어짐.

‒ 대상 건물 이용계획

층	이용계획
지하 1	사무실 및 창고
1	매장(전체매장 중 10%는 전대차를 행할 계획임)

※ 대안 B 부동산은 지하1층, 1층 모두 각각 임대면적 200평임.

‒ 예상 소득의 양상

1) OO씨는 지하1층 및 1층을 일괄하여 ㈜제일마트에 임대차할 계획이며, ㈜제일마트는 정박임차자이나 정상적인 임대료 수준으로 계약 가능함.

2) 상가의 임대료는 매년 2% 상승할 것으로 예상되며, 운영경비 등은 실질임대료의 10%임.

3) 인근지역의 전형적인 투자기간은 5년이며, 5년 후 B부동산은 지하층과 1층을 일괄하여 35억원에 매도가능할 것으로 예상됨.

<자료 3> 각종 투자대안의 이자율 등

구 분	이자율 및 수익률
3년 만기 국공채 이자율	연 7%
K-FUND의 수익률	연 15%(세전)
전형적인 투자자의 요구수익률	연 10%
시장이자율(보증금운용이율)	연 10%

※ K-FUND의 수익률은 주식, 채권, 부동산에 대한 포트폴리오로 구성된 펀드로서 수익률은 투자자의 일반적인 요구수익률을 반영한 것이다.

<자료 4> 기타자료

1. 투자안에 대한 분석은 BTCF기준으로 할 것.

2. 5년 후 부동산 매도시 관련비용은 거래가액의 5%임.

3. 영업소득세 등은 고려하지 않음.

4. 기준시점은 2023년 8월 31일임.

타당성 분석(토지, 확률분석) [논점정리]

【종합문제 07】 감정평가사 K씨는 개발사업자 S씨로부터 OO타운하우스개발사업에 대하여 투자자문을 의뢰받고 해당 사업과 관련한 제반 자료 및 각종 가격자료를 아래와 같이 조사하였다. 제시된 물음에 대하여 답하시오. (25점)

(물음 1) 대상 사업부지에 대한 적정매입가격을 산정하시오.

(물음 2) 해당 사업에 대한 순현재가치(NPV)를 산출하여 경제적 타당성을 검토하되, 특별히 해당 투자안의 유의사항을 의뢰인에게 제시하시오.

<자료 1>

현장조사시점은 2023년 2월 12일에서 2023년 2월 15일까지이며, 기준시점은 의뢰인이 제시한 2023년 3월 1일로 함.

<자료 2> 대상 사업부지

1. 소재지 : P시 H동 120번지

2. 지목 및 면적 : 대 900m²

3. 용도지역 : 제2종일반주거지역

4. 형상·지세 : 정방형 평지

5. 도로교통 : 10m와 7m 도로에 접함.

6. 기타 : 지상에 벽돌조창고건물(건축연면적 450m²)이 소재하며, 부근은 수려한 자연환경, 편리한 교통여건에 힘입어 지난 몇 년간 고급빌라의 신축이 활발한 지역이었으나 최근 경기침체 여파로 다소 주춤한 상황임.

<자료 3> 개발사업자 S씨의 건축계획 및 분양계획 등

1. 건축계획

건폐율 60%, 용적률 180%로서 각층에는 분양면적 165m² 2가구와 198m² 1가구로서 3층 타운하우스를 건축하고자 한다.

2. 건축비 등 제비용과 지급방법

⑴ 건축비는 @1,660,000원/m²으로서 착수시점부터 1/3씩 3개월 단위로 지급한다. (기준시점에서 토지를 매입하여 즉시 공사를 착수하는 것으로 간주)

⑵ 광고선전비, 분양수수료 등 제비용은 5.5억원으로서 분양개시시점과 건축완료시점에 1/2씩 지급한다.

⑶ 토지대금의 지급은 건축착수시점과 건축완료시점에 1/2씩 지급한다.

⑷ 건축공사기간은 총 6개월이 소요된다.

3. 분양가 및 분양계획

⑴ 분양가는 기준시점 현재의 적정분양가격 수준으로 하되, 건축경기가 침체되는 경우에는 분양가를 5% 할인하여 분양할 계획이다.

⑵ 이에 따라 경기가 현재와 같은 경우에는 분양개시시점에서 80%가 분양되고, 나머지는 건축완료 6개월 후에 분양될 것으로 예상되며, 경기침체시에는 분양개시 시점에서 60%, 건축완료 6개월 후에 40%가 분양될 것으로 예상된다.

⑶ 분양은 건축공사 착수 3개월 후에 실시한다.

⑷ 건축경기에 대한 일반적인 전망은 현재 상황의 지속될 것으로 보는 입장이 80%, 침체될 것으로 보는 입장이 20%이다.

⑸ 기준시점 현재 예상 분양가는 165m²형은 @4,260,000원/m², 198m²형은 @4,580,000원/m 이다.

<자료 4> 인근지역 내 표준지공시지가(공시기준일 : 2022. 1. 1)

기호	소재지	면적(m²)	지목	이용상황	용도지역	도로교통	형상지세	공시지가(원/m²)
1	P시 H동 100	800	대	상업용	2종일주	중로한면	가장형 평지	5,040,000
2	P시 H동 181	750	대	연립주택	2종일주	소로한면	가장형 평지	3,290,000
3	P시 H동 201	800	전	전	2종일주	소로한면	세장형 평지	1,880,000
4	P시 H동 257	250	대	단독주택	2종일주	소로한면	세장형 평지	3,160,000

<자료 5> 택지조성사례

1. 소재지 : P시 H동 197번지

2. 면적 : 1,200m²

3. 용도지역 : 제2종일반주거지역

4. 이용상황

   2022년 1월 1일에 착공, 2022년 4월 1일에 택지조성공사를 완료하여 지목을 '전'에서 '대'로 변경하였으며, 이에 연립주택을 건축하여 현재 사용하고 있다.

5. 조성내역

   (1) 당시 조성내역은 택지조성비 @300,000원/m², 기타 부대비용으로 유효택지면적 기준으로 @ 120,000/m²이 소요되었으며, 택지조성 후에는 도로 등으로 전체 조성면적의 30%를 P시에 기부채납 하였다. 이에 따라 조성택지는 형상지세의 경우 부정형 평지에서 가로장방형 평지로, 접면도로의 경우 폭 4m도로에서 폭 8m도로로 접하게 되었다.

   (2) 택지조성비와 부대비용은 착공시점과 완료시점에 각각 50%씩 지급하였다.

<자료 6> 지가변동률(P시, 단위 : %)

구 분	지가변동률(%)	구분	지가변동률(%)
2022.1.1.부터 2022.4.1	1.158	2022.4.1.부터 2023.3.1	-4.244
2022.1.1.부터 2023.3.1	-3.154	2022.12.1.부터 2023.3.1	-6.692
2022.1.1.부터 2023.2.15	-3.100	2023.1.1.부터 2023.3.1	0.333

<자료 7> 개별요인비교치

	표준지	조성사례	비고
대상/사례	1.019	1.019	기준시점
조성사례/사례	0.96	-	기준
대상/사례	1.080	1.040	거래(준공)시점
조성사례/사례	0.931	-	기준

<자료 8> 추가 고려사항

1. S씨는 사업계획과 관련하여 기대요구수익률을 연 12%(월 1%)로 제시하고 있으며 상류층을 타겟으로 전반적인 계획을 세운관계로 일반타운하우스에 비하여 상대적으로 고가의 자재를 사용하게 되어 건축비가 다소 높게 책정되었으므로 경제성 검토시 이를 감안하기로 한다.

2. 대상 사업부지의 소유자는 지상의 창고건물을 매도 즉시 직접 철거(소요비용 : @60,000원/m²)하기로 하고 매도가격으로 35억원을 제시하고 있다.

3. 해당 지역 내 표준지 공시지가는 전반적으로 시세를 적정하게 반영하고 있는 것으로 조사되었다.

<자료 9> 기 타

1. 현재의 시장 내 적정이자율 : 연 6%(매월당 0.5% 별도 적용 가능)

2. 모든 단가는 유효숫자 셋째자리까지 사정함.

타당성 분석(토지, 민감도 분석) [논점정리]

【종합문제 08】 감정평가사 K씨는 K시에서 신시가지 개발사업을 시행하고 있는 G건설㈜로부터 토지의 평가 및 투자수익률 분석에 대한 투자자문을 의뢰받고 2023년 2월 25일부터 동년 3월 1일까지 현장조사를 완료하였다. 다음 물음에 답하시오. (35점)

(물음 1) 현 상태에서의 적정매입가격을 추정하시오.

(물음 2) G건설㈜에서 대상토지에 부여하는 투자가치를 산정하시오.

(물음 3) 토지매입가격 및 예상분양가격이 개별적으로 +5%, −5% 변동할 경우 이에 따른 투자수익률의 변화를 산출하고 이에 대한 투자자문의견을 제시하시오.

<자료 1> 평가대상토지 – 현 상태의 목록 검토

현상태의 토지는 총 427필지로서 감정평가사 K씨는 전체 필지에 대한 분석을 통하여 아래와 같이 3가지 그룹으로 분류하였음.

구 분	면적(m²)				용도지역	지목
	상급지	중급지	하급지	소계		
그룹①	1,000	3,000	1,000	5,000	일반공업	장, 대
그룹②	30,000	100,000	50,000	180,000	제2종일반주거	전, 답, 대, 과
그룹③	–	–	–	3,000	–	도, 구
계				188,000		

<자료 2> 평가대상부지의 향후 사업개요(안)

1. 사업명칭 : K시 신시가지 개발사업

2. 사업시행자 : G건설주식회사

3. 대지위치 : G도 K시 S동 26번지 일원

4. 지역지구 : 제1종·제2종 일반주거지역, 일반상업지역 및 자연녹지지역

5. 사업대상면적 : 개발지구 188,000m²

   현재 대상부지는 미개발된 시외곽소재 농촌지대로서 농가주택, 전, 답 등이 주류를 이루고 있음.

6. 개발부지 이용계획

용 도	구 분	면적(m²)	비고
공동주택용지	1블럭	40,000	아파트분양
	2블럭	40,000	아파트분양
일반상업용지	상업(1)지구	12,000	토지매각
	상업(2)지구	11,000	토지매각
근린시설용지	근린상가1	3,000	토지매각
	근린상가2	2,000	토지매각
공원 및 녹지	공원	70,000	기부채납
도시계획도로	도로		
기타	−	10,000	기부채납
합계	−	188,000	−

7. 아파트분양계획(공동주택 1,2블럭)

	평형(Type)	세대수	면적(평)	비고
아파트	33	1,500	49,500	−
	48	350	16,800	−
합계	−	1,850	66,300	−

8. 기타사항

   상기 중 일반상업용지는 일반상업지역으로, 그 외의 공동주택용지, 근린시설용지는 제2종일반주거지역으로 예정되어 있음.

<자료 3> 감정평가의 검토 내용 및 전제 조건

1. 기준시점 현재 본건 지상에 소재한 건축물들이 본건 토지들의 사용·수익에 미치는 영향은 고려하지 아니함.

2. 본건 투자가격은 의뢰인이 제시한 개발계획상 경비내역자료와 시장에서 추출가능한 객관적인 자료를 반영하여 <자료 4>의 제시방법으로 산정함.

3. 본건 토지의 매각(분양)가격은 명도 완료 후에 개발계획에 의한 개발이 진행되어 정상적으로 조성이 완료된 상태의 토지가치를 전제함.

<자료 4> 분양개발법 평가의 전제

분양개발법은 예상현금흐름(수입 및 지출) 시점을 고려하여 현가(기준시점)를 기준으로 산정하나, 본 검토에서는 수입 및 지출의 실현시점이 미정이며, 장래 물가지수의 상승을 고려시 화폐의 시간가치와의 상쇄효과로 인하여 그 차이가 미미할 것으로 판단되어 장래예상수입 및 지출의 명목가치를 기준하여 검토함.

<자료 5> 인근 표준지 공시지가(2023.1.1기준)

기호	소재지	면적 (m²)	지목	이용상황	용도지역	주위환경	도로교통	형상지세	공시지가 (원/m²)
A	K시 S동 81	203.0	대	단독주택	2종일주	정비된 주택지대	세로 (가)	가장형 평지	380,000
B	K시 S동 128-4	1,597.0	답	주거나지	2종일주	미개발 지대	소로 한면	부정형 평지	192,000
C	K시 S동 170	10,173.8	대	아파트	2종일주	아파트 지대	중로 각지	사다리 완경사	470,000
D	K시 S동 188	1,065.0	대	상업용	일반상업	노선 상가지대	광대 한면	세장형 평지	1,440,000
E	K시 S동 206-2	2,709.0	답	답	1종일주	미개발 지대	세로 (가)	부정형 평지	136,000
F	K시 S동 999-1	3,720.0	장	공업용	일반공업	산업단지	소로 한면	세장형 평지	150,000
G	K시 S동 1272	23,14.0	답	주거기타 (축사)	일반상업	미개발 지대	세로 (불)	부정형 평지	255,000
H	K시 S동 1016-7	2,410.0	전	과수원	자연녹지	미개발 지대	세각 (가)	부정형 평지	120,000
I	K시 S동 1283-4	388.5	대	상업용	2종일주	정비된 상가지대	중로 한면	세장형 평지	600,000

<자료 6> 아파트 시장분석

1. 인근지역 아파트 시장 동향

본건 사업예정지가 속한 K시의 경우 최근 10년 사이 분양아파트가 건설되지 않았고, 대부분 중건급 건설사가 분양한 노후된 아파트가 대부분이며, 40평형 미만의 평형대가 주류를 이루고 있음. 최근 K시 외곽에 분양 중인 아파트가 있으나 입지 및 생활환경 여건이 좋지는 못한 상황으로서 본건과 같이 교통 및 주거환경이 양호한 지역에서의 아파트 건설에 대한 관심이 부각되고 있는 상황임.

2. 동일수급권 내 유사지역 아파트 현황 및 시세

아파트명	평형(Type)	시세(원/평)	분양/입주시기	시공사	세대수	소재지
H-park 1,2차	25	4,000,000	2010/2011.8	H개발	1,420	S동
H-나라	33	4,330,000	2015/2017.2	D건설	390	S동

3. 대상 아파트의 적정 분양가 추정

본 사업지에서의 적정 분양가 수준은 주력 평형인 30평형대의 경우 상기의 노후화된 유사 평형 아파트 매매가격수준 보다 약 20% 정도 우세한 것으로 판단되며, 그 이상 평형의 경우 타지역에서의 규모별 선호도에 대한 최근 추세를 분석한 결과 30평형대를 기준으로 1평형 증가당 "+ 30,000원/평"의 변화를 보이고 있음.

<자료 7> G건설㈜ 제공 주요 사업비용 내역

구 분		주요 사업비용	비 고
공사비	건축공사비	1,300,000원/m²	아파트 건축
	토목공사비	255,000원/m²	사업부지 전체
외주용역비	설계비	6,000원/m²	아파트 건축
	감리비	12,000원/m²	아파트 건축
	기타	2,000원/m²	사업부지 전체
분양제경비	분양대행비	4,000,000,000원	아파트
	M/H 공사비		
	광고홍보비	아파트 매출액 × 1%	아파트
	기타	토지 매출액 × 1%	매각 토지
금융비용	대출금 관련	매입토지비용의 80% 대출	이율8%(이자 2년분)
	대출수수료	대출금의 1%	

<자료 8> 개별요인 격차 분석

1. 매각토지 기준-비교표준지에 대한 대상토지의 격차 분석

(1) 일반상업용지

본건은 계획된 상업지대 내 상업부지로서 도로의 폭에서 열세하고, 가로의 계통 및 연속성에서 열세하나, 상업배후지 및 주변환경에서 우세하고, 인근교 통시설과의 거리 및 편의성에서 우세한 등 종합적으로 25.8% 우세함.

(2) 근린생활시설 부지

본건은 주변 일대 신시가지계획지역내에 위치하여 주변 일대의 계획완료에 의거 상업용 배후지로서의 성숙도가 상승할 것으로 예상되어 장래 동향 측면 에서 10% 우세함.

2. 현황토지 기준-비교표준지에 대한 대상토지의 격차율

개별요인비교치	그룹①			그룹②		
	상	중	하	상	중	하
일괄 전체 기준		0.945			0.893	

<자료 9> 용도지역별 지가변동률(K시)

1. 주거지역 시점수정치 (2023.1.1.부터 2023.3.1.) : 0.99985

2. 공업지역 시점수정치 (2023.1.1.부터 2023.3.1.) : 1.00302

3. 상업지역 시점수정치 (2023.1.1.부터 2023.3.1.) : 1.00000

<자료 10> 본건 업무수행과 관련한 참고사항

1. 투자자의 투자수익률은 매입가격에 대한 투자가치의 비율로 계산함.

2. 현 상태 토지가격 중 그룹③ "도로, 구거"부분의 가액은 그룹①~그룹② 총액의 3%를 적용함.

3. 매각토지의 경우 동일 용도 분류 내에서의 가격 차이는 없는 것으로 간주함.

4. 표준지공시지가는 인근 시세를 적정하게 반영하고 있음.

<자료 11> 기타사항

1. 아파트 분양예정가격 및 분양예정 토지가격의 단가는 유효숫자 둘째자리까지 계산함.

2. 민감도 분석시 토지매입가격과 분양가 변동에 따른 제 경비의 변동은 없는 것을 전제함.

오피스, 레버리지 효과 [논점정리]

【종합문제 09】 베스트부동산투자회사는 공공기관 이전에 따른 오피스 빌딩(종전부동산) 매입하여 3년간 보유하고 처분할 계획이다. 이에 해당 부동산 사업성을 분석하고자 한다. 다음 제시 자료를 활용하여 물음에 답하시오. (40점)

(물음 1) 오피스 빌딩의 시장가치를 산정하여 매입가격의 적정성을 검토하시오.

(물음 2) 오피스 빌딩의 매입예정가격에 따른 1차년도 지분배당률(equity dividend rate) 및 3년 보유시 지분수익률을 계산하시오.

(물음 3) 오피스 빌딩의 매입시 타인자본 활용에 따른 3년 보유시 레버리지 효과를 산정하시오.

<자료 1> 매입 예정 부동산

구분	대상부동산 A
오피스빌딩 등급	프라임 급
토지면적(m²)	1,500
건물연면적(m²)	6,000
기타	본 건은 1988년 9월 1일에 준공 되었으며, 시공 및 관리상태는 무난함. 건물 전반적으로 골조보강공사를 포함한 리모델링 공사를 기준시점에 완료하였음.
기준시점	2023.9.30
매입예정 조건 등에 관한 사항	─ 매입예정가격 10,000,000,000원 ─ 대출가능금액 : DCR 1.7 기준(백만원 미만 절사) ─ 대출조건 : 시장 평균 조건 ─ 3년 보유후 매도예상 가격 : 10,500,000,000원

<자료 2> 거래사례부동산

구분	사례1(K타워)	사례2(S타워)	사례3
등급	프라임	B급	―
토지면적(m²)	1,600	1,100	1,450
건물연면적(m²)	6,500	3,100	―
잔존경제적 내용년수(년)	20	44	―
거래시점	2022.9.30	2023.2.29	2023.5.31
거래조건	거래 대금을 거래 시점 3개월 후부터 매 3개월마다 20%, 30%, 30%, 20%로 분할 지불함.(적용 할인율 분기별2%)	― 대출비율 40% ― 시장평균 금리보다 2%낮은 고정금리 ― 잔여만기 5년	― 거래 시점에 전액 현금지급 ― 토지만의 사례
거래가격(원)	9,900,000,000	5,800,000,000	3,800,000,000

<자료 3> 대상부동산 기본자료

1. 대상은 서울시 중구 M동(도심 CBD)에 소재
2. 이용상황 : 업무용
3. 도시관리계획 : 중심상업지역
4. 위치도

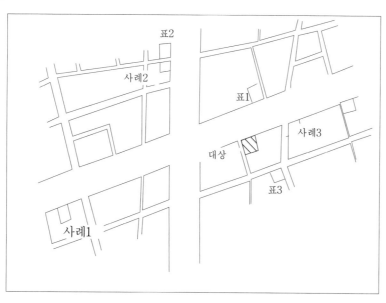

5. 공시지가 표준지(2023.1.1)

기호	소재지	면적 (m²)	지목	이용 상황	용도지역지구	주위 환경	도로 교통	형상 및 지세	공시지가 (원/m²)
1	M동 87-4	1,164	대	업무용	중심상업 중심지미관, 방화	번화한 상가지대	광대 소각	가장형 평지	2,500,000
2	M동 122	810	대	업무용	중심상업 중심지미관, 방화	번화한 상가지대	중로 (각)	가장형 평지	1,500,000
3	M동 322	590	대	업무용	중심상업 방화	후면 상가지대	소로 (각)	가장형 평지	800,000

<자료 4> 건물가격 산정 자료

1. 표준단가(건물신축단가표 : 2023년도 한국감정원)

분류번호	용도	구조	급수	표준단가(원/m²)	내용년수
9-1-7-2	업무시설	철골철근콘크리트조 슬래브지붕	3	700,000	55(50~60)

2. 대상 기존 건물의 부대설비 보정단가

구분	내 역	가격(원/m²)

전기설비	1. 수변전설비
	  계약용량 : 4000KVA(380V/220V)
	  1) 변압기 : ① 500KVA(전등용) ② 750KVA(전등용)
	  2) 특고압 : 22.9KV(9면)
	2. 기타전기설비 : 화재담지설비, 방송설비, TV공시청, DATA설비 등
		50,000

위생·급배수 설비	1. 위생설비 : 양변기 70SET, 소변기 33SET, 세면기 41SET 2. 급탕탱크 : 16,000ℓ × 2대 3. 냉온수기 : 500RT × 3대, 280RT × 2대	50,000

냉난방·소화설비	1. 난방설비
	  보일러 : 300,000kcal/H × 2대, 400,000kcal/H × 2대
	2. 냉방설비 : 734RT × 3대, 420RT × 2대
	3. 소화설비
	  1) 스프링클러 : 헤드 : 3,908EA
	  2) 옥내소화전 : 45EA
	  3) 소화전설비 등
		100,000

승강기 에스컬레이터 설비	1. E/V(VVVF방식) 승객용 : 17인승 × 6대, 15인승 × 1대, 2. E/C : 15대	50,000
합 계		250,000

3. 각종 건물가격 산정시 단가는 모두 공급면적 당 단가인 것으로 적용함.

4. 리모델링 공사비

추가적으로 필요한 부대설비 보정을 포함하여 500,000원/m² 정도가 소요되며 기준시점에 즉시 리모델링 완공된 것으로 가정함. 리모델링공사비 전액을 자본적지출로 건물의 가격에 가산함.

<자료 5> 대상부동산과 사례부동산의 요인 비교

구분	대상 A	비교 가능 표준지	사례 1	사례 2	사례 3
공통요인	105	–	100	95	–
건물요인	100	–	100	95	–
토지요인	105	100	100	95	105

<자료 6> 시장 이자율 등

1. 시장 평균 이자율 : 6.0%

2. 시장 평균 대출조건 : 만기 3년, 연 1회 이자지급, 만기일시원금상환

<자료 7> 인근 유사 부동산 수익자료

1. 동일수급권내 유사 오피스빌딩 임대가(2022.10.1일 기준)

(단위 : 원, 월)

소재지	빌딩명	월보증금(m²)	월임대료(m²)
T동	K타워	52,000	5,200
M동	S타워	42,000	4,200

※ 층별 호별 평균적인 임대료 수준임. 수익은 임대차 계약면적(연면적) 기준함.

2. CBD내 오피스 임대료 인상률

(임대면적기준, 전년대비)

구 분	임대료 인상률		
	A 급	B 급	Prime 급
연 평균	1.5%	1.3%	2%

3. 전월세 전환이율 자료

⑴ 대상 건물의 경우 보증부 월세로 계약할 계획임.

⑵ 전환율은 전세 또는 보증부월세의 보증금을 월세 임대료로 전환하거나, 반대로 월세 형태의 임대료를 전세 또는 보증부월세의 보증금으로 전환하기 위해 적용되는 비율로서 2022년 하반기 해당지역의 월세전환율의 평균은 12%로 조사되었음.

4. 관리비 실비 초과액 산정자료

대상물건과 유사한 용도로 이용중인 CBD내 오피스빌딩의 월 관리비는 월 임대료의 40% 수준이며, 오피스빌딩에 적용되는 관리비 실비는 일반적으로 관리비의 50%로 이를 대상 부동산에 적용함.

5. 공실률

본건의 공실률은 CBD지역내 표준적인 공실률을 고려하고 장래 예측의 변동가능성, 위험성, 장래 인근지역의 부동산 수급상황등을 토대로 5%로 결정함.

6. 기타 운영경비(관리비 제외)

기타 운영경비는 유사 오피스빌딩의 운영경비 수준인 유효조소득의 20%를 대상 부동산에 적용함.

7. 서울지역 오피스빌딩 투자수익률

(단위 : %)

구 분		서울 전체	도심 CBD	여의도 YBD	강남 KBD	기타
(Investment Rate)	최근 1년	12	10	15	10	8
(Income Rate)	최근 1년	10	8	7	6	6
(Capital Rate)	최근 1년	2	2	8	4	2

※ 최근 1년의 투자수익률의 변동은 향후에도 계속될 것으로 분석됨.

<자료 8> 기타

1. 대상 오피스 빌딩의 거래사례비교법에 의한 시산가액은 건축면적당 단가를 비교 단위로 하여 대상의 단가를 결정하여 산정할 것.

2. 대상 오피스 빌딩의 수익환원법에 의한 시산가액은 순영업소득(NOI)를 기준으로 할인현금수지 분석법에 의하여 산정할 것.(단, 계산의 편의를 위하여 임대료 인상률과 NOI 인상률은 동일하게 적용함.)

3. 오피스 빌딩의 가격 상승분은 해당 지역의 투자수익률 자료 중 적절한 내용을 참고 하여 반영하되, 토지만의 지가상승분은 보합세로 본다.

4. 대상의 각 시산가액은 백만원 미만 절사함.

개량물의 최고최선 분석 [논점정리]

【종합문제 10】㈜ K는 보유 중인 부동산을 현 상태대로 매도할 것인지, 여러 개발방안 중의 하나를 선택하여 개발할 것인지를 판단하고자 한다. 제시된 자료를 활용하여 아래의 물음에 답하되, 시산가액조정을 통한 최종감정평가액을 산출하되 평가방식 적용 시 필요한 경우 그 판단에 대한 의견을 명기하시오. (30점)

(물음 1) 제시된 개발대안 중 최고최선의 분석을 통해 최종 개발방안을 결정하여 개발에 따른 가치를 산정하시오

(물음 2) 현재 상태 이용에 따른 대상부동산에 대한 가격을 산정하고 (물음 1)에 제시한 개발대안의 가격과 비교하여 대상부동산의 시장가치를 결정하시오.

<자료 1> 사전조사 사항

1) 감정평가 의뢰 내역 및 공부사항 발췌

항목	기호	소재지	지목 층	면적(m²)	용도지역 용도
토지	1	경기도 Y시 B읍 K리 219	잡종지	200.0	준주거
	2	경기도 Y시 B읍 K리 219-2	잡종지	400.0	준주거
	3	경기도 Y시 B읍 K리 219-1	대	1,000.0	준주거
	4	경기도 Y시 B읍 K리 219-3	대	500.0	준주거
	5	경기도 Y시 B읍 K리 219-4	도로	100.0	준주거
	6	경기도 Y시 B읍 K리 219-5	도로	100.0	준주거
건물	가	경기도 Y시 B읍 K리 219, 219-1, 219-2, 219-3	지하1 지상3	1,200.0	근린생활시설 및 숙박시설
	나	경기도 Y시 B읍 K리 219, 219-1,219-2, 219-3	1	70.0	주택

2) 기준시점 : 2023.9.4.

3) 비교 표준지 공시지가

기호	소재지	면적 (m²)	지목	이용상황	용도 지역	도로교통	형상 지세	공시지가(원/m²)		지리적 위치
								2020.1.1 2021.1.1	2022.1.1 2023.1.1	
1	K리 217-1	880.0	대	상업용	준주거	소로각지	부정형 평지	455,000 420,000	425,000 430,000	OO번 국도변
2	K리 333-1	2011.0	대	연립주택	준주거	소로각지	부정형 평지	605,000 620,000	625,000 630,000	OO번 국도변
3	K리 355-1	3000.0	대	업무용 (오피스)	준주거	소로각지	부정형 평지	705,000 720,000	725,000 730,000	OO번 국도변

4) 표준건축비 자료(기준시점 기준)

- 철근콘크리트조 숙박시설 : @1,060,000원/m²
- 철근콘크리트조 공동주택 : @1,200,000원/m²
- 연와조 단독주택 : @850,000원/m²
- 철근콘크리트조 사무실 : @1,100,000원/m²
- 철근콘크리트조 공장 : @800,000원/m²

5) 시점수정 자료

2020. 01. 01. 이후 인근지역 토지시장 및 건축물 신축가격은 큰 변화가 없었던 것으로 조사되어 시점수정은 필요 없음.

<자료 2> 인근지역 분석

1) 본건은 준주거지역 내 3층 숙박시설(객실 29개)로서, 용도적·기능적 동일성을 기준으로 본건 남서측 인근에 소재한 K저수지 북측의 OO번 국도변 및 동 국도에 동서로 연결되는 □□번 지방도를 따라 본건 북서측 인근 M저수지에 이르는 지방도변 일대가 본건 부동산의 인근지역으로 판단됨.

2) 인근지역은 K저수지를 중심으로 유원지·낚시터 등의 이용객들을 위한 음식점, 숙박시설, 카페 등이 산재되어 있고, M저수지 주변도 이와 유사한 이용을 보이고 있으며 특히, 숙박시설은 독립적으로 위치하기 보다는 몇 개씩 집단화고 있는 양상을 보이고 있으나, 경기침체 및 유원지·낚시터 등의 이용객의 감소와 더불어 숙박시설이 집단화한 지역으로서의 전반적인 경쟁력 약화 등이 상승 작용하여 영업상황이 악화되어 가고 있으며, 영업을 중지하는 숙박시설이 증가하고 있는 추세임. 또한, 인근지역 주민들을 대상으로 표본조사를 실시한 결과 지역의 급속한 이행이 진행됨에 따라 최근 인근지역에는 영업이 중단된 숙박시설을 타 용도로 전환·이용되는 과정에 있는 것으로 조사되었다.

3) 인근지역은 OO번 국도 및 □□번 지방도를 따라 노변 또는 후면에 음식점 또는 숙박시설, 공동주택 등이 주류를 이루고 있으며, 숙박시설의 경우 3층으로서 객실 30~35개 규모가 일반적 이용임.

4) 토지 가격수준에 대한 탐문 조사결과, 모텔부지의 경우 OO번 국도에 접하고 있는 경우 @453,000원/㎡~@600,000원/㎡, 후면지의 경우 @272,000원/㎡~@300,000원/㎡ 수준이고, 공동주택의 경우 □□번 지방도에 접하고 있는 경우 @500,000원/㎡~@644,000원/㎡, 후면지의 경우 @311,000원/㎡~@400,000원/㎡ 수준으로 호가되고 있음.

5) 본건은 지구단위계획을 통해 개발이 가능하며, 지구단위계획의 내용은 아래와 같음.

구분		계획내용
용도	허용용도	업무용 오피스(판매시설 및 업무시설) 오피스텔, 공동주택
	불허용도	허용용도 이외의 용도
높이		7층 이하
배치		건축물의 주방향은 채광, 통풍을 고려하여 배치
형태		담장은 원칙적으로 설치하지 않음 건축물 외벽은 전면과 측면의 구별 없이 동일한 마감처리
건축선		대지내에 가로경관향상을 위하여 건축한계선을 지정하며, 그 건축한계선을 초과하여 건축물을 돌출 또는 배치할 수 없음(건축한계선-3m)

6) 인근의 숙박시설 건물의 거래가격 및 재조달원가를 분석한 결과 인근의 쇠퇴에 따라 건물의 경제적 내용년수는 10년이 적정하며 최종 잔가율 10%가 유지되어 숙박시설로서 효용을 유지하고 있음.

<자료 3> 대상부동산에 관한 기본 자료 및 현장조사 내용

1) 토지
   - 본건 토지는 수개의 필지가 일단의 숙박시설로서 이용중이며 토지 전체를 기준으로 자루형에 가깝고 건부지는 세장형의 평지임.

2) 건물
   - 사용승인일 : 2013. 08. 29
   - 기호 (가) : 철근콘크리트 슬라브지붕, 면적 1,200m²
     • 이용상황

층	용도	이용상황
지1	근린생활시설	창고, 보일러실
1	숙박시설	접수대, 객실 9
2,3층	숙박시설	각 객실 10

   - 기호 (나) : 연와조 슬라브지붕 단층 주택, 면적 70.0m²

3) 임대 및 사용현황
   - 2021년부터 乙에게 무상으로 임대 중인 것으로 조사되었음.

4) 본건 현재 영업자료 등
   - 매출액 : 10,000,000원/월
   - 영업경비
     • 단기내용연수 항목에 대한 대체충당금을 제외한 세금 등 고정비와 인건비, 냉난방비, 공과금 등 변동비에 대한 자료검토 결과 평균 4,000,000원/월 소요됨.

- 동산항목 가치

   • 기준시점 현재 본건 내 가구, 전자제품 등의 잔존가치는 객실당 @600,000 원으로 산정됨.

<자료 4> 의뢰인 제시 개발대안

(자료 4-1) 개발대안1

1) 건축개요 : 철근콘크리트조 슬래브지붕 지하3층 지상10층 건물 1개동

   (지하 각층 350m², 지상1층 350m², 지상2층~10층 각각 350m²)

2) 이용상황 : 지하1층~지하3층은 주차장, 지상 각층은 업무용 오피스(지상1층은 상업 및 업무용 1개, 2~10층은 각층 사무실 15개)

3) 건축계획 : 건축허가 및 건축설계기간 3개월, 공사기간 15개월

4) 공사비 지급조건 : 기준시점 현재의 총건축비를 기준으로 착공시 60%, 완공시 40%를 지급함.

5) 건축 후 분양계획 : 착공시부터 완공시까지 순차적으로 분양되며, 1층의 분양가액은 7억5천만원, 2층 이상 사무실의 분양가액은 층별로 차이가 없이 점포당 1억5천만원임.(개발계획에 있어 건축허가 및 설계기간이 완료되면 즉시 착공하는 것으로 가정)투하자본의 이자율 및 토지가산금리는 월 1%로 함.

(자료 4-2) 개발대안2

1) 건축 개요 : 본건의 공동주택 개발시 전용면적 130m²(공급면적 170m²) 10세대 (철근콘크리트조 총 연면적 1,700m², 지하2층, 지상5층, 2개동)를 건축할 계획임.

2) 건축 후 분양계획 : 분양가격은 세대당 300,000,000원으로 분양 예정이며, 분양수입의 시간가치는 고려하지 않음.

3) 공사비 지급조건 등 : 분양에 따른 판관비는 분양수익의 1%이며, 분양은 기준시점에 100% 이루어지는 것으로 봄. 건축공사 착공은 기준시점으로 가정하며, 완공은 2024.9.4.임. 건축공사비 및 분양판관비는 완공시 전부 지급함. 투하자본의 이자율 및 토지가산금리는 월 1%로 함.

(자료 4-3) 개발계획안 3

1) 건축개요 : 철근콘크리트조 슬래브지붕 지하2층 지상5층 건물 4개동, 지하·지상 각 350m²

2) 이용상황 : 지상1층 공업용 및 물류창고, 지상2층~5층 공장

3) 건축계획 : 건축허가 및 건축설계기간 2개월, 공사기간 15개월

4) 공사비지급조건 : 기준시점 현재의 총건축비를 기준으로 착공시 50%, 완공시 50%를 지급함.

5) 건축 후 분양계획 : 착공과 동시에 분양을 시작하여 순차적으로 완공시까지 분양이 완료되며, 분양가는 1개 동당 4억에 분양할 예정임.

<자료 5> 요인비교 자료

1) 토지 개별요인 비교치

공시지가 표준지	본건 현상태(전체 기준)	본건 개발시(전체 기준)
1.00	0.78	0.80

2) 건물 개별요인 비교치

철근콘크리트조		연와조	
표준건축비	본건	표준건축비	본건
1.00	1.00	1.00	1.05

<자료 6> 각종 이율 등

— 투자수익률 : 15.0%/연

— 가치변동 : 전형적인 보유기간인 5년 동안 인근지역 숙박시설의 가치는 10% 정
도 상승할 것으로 예상됨.

<자료 7> 기타

1) 숙박시설 운영을 위해서는 직원 등의 숙소가 필요함이 일반적인 바, 본 건 기호
(나) 건물은 무상임차인 乙과 운영을 돕고 있는 그 자녀 1인의 숙소로 사용되는
바, 숙박시설 용도에 부합하는 것으로 판단함.

2) 기준시점 현재 건축물의 철거비는 @15,000원/m²

3) 건물 재조달원가 및 단가 결정시 천원 미만 절사.

리츠, 투자수익률 [논점정리]

【종합문제 11】 베스트부동산투자회사는 주식발행과 차입을 통해 회사를 설립하면서 오피스 빌딩 2동을 매입, 임대하여 얻은 소득을 주식소유자에게 배당할 계획이다. 다음 제시 자료를 활용하여 물음에 답하시오. (45점)

물음 1) 대상부동산 각각의 시장가치를 구하되, 비교방식, 수익방식, 건물을 원가법으로 하는 공시지가기준법에 의한 가격을 각각 제시하시오.

물음 2) 대상부동산을 3년간 보유한 후 매각한다고 했을 때 각각의 투자가치를 제시하시오.

물음 3) 1차년도 현금흐름을 바탕으로 1주당 예상 배당수익률을 산정하시오.

물음 4) 대상 주식을 3년 보유 후 청산한다고 했을 때 주식소유자가 기대할 수 있는 주식의 투자 수익률을 산정하시오.

<자료 1> 매입 예정 부동산

구분	대상부동산 A	대상부동산 B
토지면적(m²)	1,500	1,200
건물연면적(m²)	6,000	3,600
용도지역	일반상업	준주거
해당권역	KBD	KBD
접면도로	K대로(광대한면)	B로(중로한면)
잔존 경제적 내용년수(년)	50	45
매입 예정 금액(원)	8,500,000,000	5,000,000,000
기준시점	2023.6.30	

<자료 2> 부동산 투자회사 설립에 관한 사항

1. 주식발행 : 액면가 5,000원, 1,000,000주

2. 오피스 빌딩 매입가격 중 주식발행액으로 부족한 자금은 차입하여 조달

3. 대출조건 : 시장 평균 조건

4. 배당가능금액의 95%를 배당 예정이며, 매각(처분)시 운용수수료 등을 공제하고 기말지분복귀가치의 95%를 주식 소유자에게 지급하고 청산함.

5. 경비비율 - 총소득 기준

구분	영업경비(%)	위탁수수료(%)	기타 관리비용(%)
대상부동산 A	40.0	4.0	1.0
대상부동산 B	30.0	4.0	1.0

   ※ 상기의 위탁수수료 및 기타 관리비용은 해당 자산을 주식으로 운영하는 경우에만 발생함.

6. 배당가능금액은 순영업소득에서 지급이자를 차감한 것임.

<자료 3> 오피스 빌딩 거래사례

구분	사례1 (가 빌딩)	사례2 (나 빌딩)	사례3 (다 빌딩)	사례4 (라 빌딩)
토지면적(m²)	1,600	1,100	1,450	1,350
건물연면적(m²)	6,500	3,100	5,800	3,800
용도지역	3종일주	준주거	일반상업	2종일주
해당권역	KBD	KBD	BBD	KBD
잔존경제적 내용년수(년)	48	44	46	43
거래시점	2022.8.27	2023.2.27	2023.5.27	2022.11.27
거래가격(원)	9,000,000,000	4,500,000,000	7,000,000,000	3,800,000,000

<자료 4> 인근지역의 표준지 공시지가 자료 (공시기준일 2023.1.1.)

일련 번호	면적 (m²)	지목	이용상황	용도지역	도로상황	형상지세	공시지가(원/m²)
1	1,250	대	업무용	3종일주	광대한면	사다리형 평지	1,000,000
2	1,200	대	상업용	일반상업	광대한면	세장형 평지	1,100,000
3	1,300	대	업무용	준주거	중로한면	사다리형 완경사	800,000
4	1,200	대	상업용	2종일주	중로한면	사다리형 완경사	500,000

※ 상기 공시지가는 적정 시세를 반영하고 있는 것으로 분석됨.
※ 해당 인근지역의 지가변동률은 보합세로 가정함.
※ 대상 부동산과 비교가능성이 가장 높은 표준지는 개별요인 격차가 없는 것으로 가정함.

<자료 5> 오피스 빌딩 건물신축단가 등

구분	연면적 6,000m² 이상	연면적 6,000m² 미만
내용년수(년)	50	50
잔존가치(원)	0	0
신축단가(원/m²)	1,100,000	1,250,000

<자료 6> 대상 및 사례 임대자료

1. 시장임대료는 월세 형태로 건축 연면적 기준으로 징수하며, 관리비 등 다른 부대경비는 지불하지 않음.

2. 대상부동산의 공실률은 모두 0%라고 가정하고, 순영업소득 산정시 자연공실률을 고려하지 말 것.

3. 임대 내역 : 임대사례는 상기 거래사례와 동일함.

구분	대상 A	대상 B	사례 3 (다 빌딩)	사례 4 (라 빌딩)
월임대료(원/m²)	19,000	16,000	18,000	17,000

※ 대상은 상기 임대료로 임대계약을 하였으며 대상 및 사례 임대료 수준은 적정 수준이며 향후 임대료 변동은 없는 것으로 가정함.

<자료 7> 대상부동산과 사례부동산의 요인 비교

1. 가치형성요인 격차

구분	대상 A	대상 B	사례 1 (가 빌딩)	사례 2 (나 빌딩)	사례 3 (다 빌딩)	사례 4 (라 빌딩)
공실률(%)	0	0	2	3	5	4
전용률(%)	68	70	68	70	70	80
지하철역과거리(km)	1.0	1.0	0.7	0.9	1.3	1.2

2. 가치형성요인 격차 산식

구분	공실률차이	전용률차이	지하철역과 거리차이
격차율	0.01	0.03	0.05

※ 가치형성요인 비교치
  =(1+격차율×공실률 차이+격차율×전용률 차이+격차율×지하철역과 거리 차이)

<자료 8> 시장 이자율 등

1. 시장할인율 : 8%

2. 시장 평균 이자율 : 6%

3. 시장 평균 대출조건 : 만기 5년, 연 1회 이자지급, 만기일시원금상환

4. 인근지역의 지난 1년간 오피스 빌딩 가격 연평균 상승률은 보합세임.

5. 향후 매각시점(3년 후)의 부동산 가치는 현재 시장가치(비교방식에 의한 시산가액) 대비 10% 상승을 예상하며 별도 거래비용은 발생하지 않는 것으로 가정함.

6. 부동산 투자의 요구수익률은 시장할인율과 이자율의 가중평균수익률에 리스크 프리미엄 0.3% 가산함.

<자료 9> 기타

1. 오피스 빌딩은 매매시장에서 해당 소재 권역에 따른 거래가격 격차가 존재하나 임대시장은 소재 권역과 무관하게 규모의 유사성에 따라 임대료 수준의 유사성이 있음.

2. 물음1의 수익방식의 현금흐름에서는 저당을 별도로 고려하지 않음.

3. 각 대상부동산에 대한 지분 및 차입금 투자비율은 동일한 것으로 가정할 것

4. 각 결정 시산가액은 유효숫자 세자리, 배당수익률 및 주식투자수익률은 백분율로서 소수점 이하 둘째자리에서 반올림하여 첫째자리까지 표시할 것

5. 배당은 매년 6월 30일 실시하고, 해당 주식은 3년 운용 후 부동산 매각과 함께 청산함.

타당성(NPV법과 IRR법) [논점정리]

【종합문제 12】 ㈜A감정평가법인 甲감정평가사는 ㈜K자산운용으로부터 감정평가 등을 의뢰 받았다. 거래예정시점을 기준으로 주어진 자료를 활용하여 다음 물음에 답하시오. (40점)

물음 1) 시장임대료를 기준으로 거래예정시점을 기준시점으로 대상물건의 시장가치를 직접환원법과 할인현금흐름분석법으로 감정평가하시오.

물음 2) 거래예정금액을 이용하여 계약임대료를 기준한의 순현재가치(NPV; Net Present Value)와 내부수익률(IRR; Internal Rate of Return)을 산출하고 ㈜K자산운용의 투자 타당성에 대한 의견을 개진하시오.

<자료 1> 대상물건 개요

1. 토지·건물 내역

토지	소 재 지	서울특별시 G구 Y동 OO빌딩
	지 목	대
	면 적	2,833m²
	용도지역	일반상업지역
건물	구 조	철골철근콘크리트조 (철근)콘크리트지붕
	용 도	업무시설
	건축면적	1,983.48m²
	연 면 적	50,000m²
	층 수	지상 20층/지하 5층
	사용승인	2002.12

2. 대상물건 거래관련 자료

거래예정금액	275,000,000,000원
거래조건	없음
거래예정시점	2023.09.30
거래예정금액 지급조건※	일시불(자기자본 : 110,000,000,000원, 타인자본 : 165,000,000,000원)
토지건물 배분예정금액※	토지 : 165,000,000,000원, 건물 : 110,000,000,000원
오피스빌딩 하위시장	YS북부

※ 상기 거래예정금액 지급조건의 자기자본 및 타인자본 비율, 토지건물 배분예정금액의 토지 및 건물비율은 시장의 적정비율을 반영하고 있음.

<자료 2> 공통자료

1. 임대사례(계약시점 공히 2022.09.30.)

구분	임대사례 1	임대사례 2	임대사례 3	대상물건
소재지	서울특별시 G구 Y동	서울특별시 G구 Y동	서울특별시 G구 Y동	서울특별시 G구 Y동
건물명	××빌딩	gg빌딩	zz빌딩	OO빌딩
층(지상/지하)	30F/B3	20F/B6	25F/B6	20F/B5
구조	철골철근 콘크리트	철골철근 콘크리트	철골철근 콘크리트	철골철근 콘크리트
건물연면적(m²)	66,000	46,280	59,985	50,000
토지면적(m²)	3,383	2,966	3,225	2,833
전용률(%)	53.1	48.4	52.1	49.8
사용승인(년)	1994	2003	2021	2002
오피스빌딩 하위시장	YS북부	YS북부	YS남부	YS북부
보증금(원/m²)	180,000	210,000	300,000	240,000
월임대료(원/m²)	18,000	21,000	30,000	24,000
월관리비(원/m²)	8,000	8,000	11,000	10,000

2. 각종지표

1) 채권금리 등

시장에서 조달가능한 타인자본수익률은 회사채(3년) 수준이며, 통상 만기일 시상환 조건으로 대출을 진행하며, 대상물건도 동일한 조건으로 대출이 진행될 예정이다.

구 분	국고채(3년)	회사채(3년)	CD(91일)
%	4.00	5.00	3.00

2) 오피스빌딩 투자수익률

하위시장	SN북부	SN남부	YS북부	YS남부
투자수익률(%)	6.0	5.2	5.5	6.0

3. 영업경비

1) 고정경비 : 연간관리비의 40%

2) 변동경비 : 연간관리비의 30%

4. 할인율(Discount Rate)

1) 甲감정평가사는 할인율 결정방법을 ㈜A감정평가법인의 감정평가심사 위원회(이하 '위원회')에 부의하여 결정하기로 하였다.

2) 동 위원회는 자본자산평가모델(CAPM; Capital Asset Pricing Model), 가중평균자본비용(WACC : Weighted Average Cost of Capital), 국고채금리에 일정률을 가산하여 구하는 방법 등을 종합 검토한 결과 본 감정평가에 적용할 할인율 결정방법은 CAPM로 적용하는 것이 타당할 것 같다고 甲감정평가사에게 권고 하였고, 甲감정평가사는 이를 수용하였다.

3) 甲감정평가사가 대상물건 투자와 관련하여 조사한 자기자본수익률은 6.25%이며, 시장의 자기자본수익률은 적절한 오피스빌딩 투자수익률에 레버리지효과를 반영하여 1%p를 가산하여 결정함.

4) IRR은 소수점 넷째자리 이하 절사한다.

5. 환원율(Cap Rate)

   1) 甲감정평가사는 환원율도 위원회에 부의하여 결정하기로 하였다.

   2) 위원회에서 제시한 환원율과 관련한 자료는 아래와 같고 대상에 적용할 환원율은 거래예정금액 지급조건 및 토지건물 배분예정금액을 기준으로 산정된 환원율의 평균치를 적용하기로 하였다.

구 분	지분배당률	토지환원율	건물환원율
%	6.00	5.00	6.50

   3) 위원회는 甲감정평가사에게 기출환원이율(Terminal Cap Rate)은 상기에서 결정된 환원율에 1.0%p를 가산하여 적용하는 것이 타당할 것이라는 권고를 하였다. 甲 감정평가사도 오피스빌딩 시장이 부동산경기 및 일반경기 침체로 인해 하락할 것으로 판단하여 위원회의 권고안을 받아들이기로 하였다.

6. 보유기간 및 복귀가격

   1) 보유기간은 5년으로 하고, 재매도비용은 공인중개사수수료 및 기타비용 등을 고려할 때 2%로 한다.

   2) 복귀가격 결정을 위한 PGI 등은 5년차의 PGI 등에 연간 임대료, 관리비 등의 상승률을 적용하여 6년차의 순영업소득(NOI; Net Operating Income)을 기준으로 결정한다.

<자료 3> 시장임대료(Market Rent) 관련 자료

1. 보증금, 연간임대료, 연간관리비, 고정경비 및 변동경비 상승률 : 5%

2. 공실 및 대손충당금
   가능총소득(PGI : Potential Gross Income)의 5%

3. 보증금운용이율 : 연 5%

<자료 4> 계약임대료(Contract Rent) 관련 자료

1. 보증금, 연간임대료, 연간관리비, 고정경비 및 변동경비 상승률 : 3.5%

2. 공실 및 대손충당금
   1) PGI의 3.5%
   2) 대상물건은 양호한 임차인이 입주하고 있어 오피스빌딩 하위시장의 공실 및 대손충당금 비율에 비해 낮은 상태를 유지하고 있다.

3. 보증금운용이율 : 연 5%

<자료 5> 기타

1. 소득 및 시산가액은 백만원 단위까지 표시함.

타당성(요구수익률 결정 등) [논점정리]

【종합문제 13】A부동산을 소유하고 있는 투자자 P는 B부동산의 투자의 타당성을 검토하고자 감정평가사 K에게 부동산투자에 대한 자문을 구하였다. 아래의 각 물음에 답하시오. (기준시점 : 2023. 7. 1) (40점)

(물음 1) 매입예정인 B부동산의 적정한 시장가치를 도출하시오.

(물음 2) 투자자 P가 현재 보유중인 A부동산의 지분수익률을 기반으로 투자자 P가 B부동산 투자를 위한 요구수익률을 결정하시오.

(물음 3) 투자자 P가 B부동산 매입에 요구수익률을 충족하는 최대지불가능 금액을 결정하시오.

(물음 4) 투자자 P의 B부동산 매입에 대한 타당성을 NPV법 및 IRR법으로 결정하고 그 의견을 개진하시오.

<자료1> A 부동산의 개요

1. 토지 : C시 D구 E동 50번지, 200m², 제2종일반주거지역

2. 건물 : 각층 바닥면적 100m², 3층, 상업용, 2012.6.1. 사용승인

3. 기타사항 : 토지와 건물은 해당지역의 표준적 이용과 유사하며 최고최선의 이용 상태에 있는 것으로 분석되었음

4. A 부동산의 수익자료(신규 계약임료 전제)
   1) 2층 임대료 : 매월 5,000원/m², 임대면적은 바닥면적의 90%이며 이는 모든 층에 동일함
   2) 기타소득 : 주차장 임대료는 연간 3,000,000원이 발생하고 있음
   3) 운영경비(OE) : 유효조소득(EGI)의 40%

5. A 부동산 투자내역

  1) 매입금액 : 150,000,000원(기준시점 현재 적정 시장가치)

  2) 저당금액 : 70,000,000원(만기일시상환, 저당이자율 5%)

<자료 2> B 부동산의 개요

1. 토지 : F시 G구 E동 120번지, 100m², 일반상업지역

2. 건물 : 연면적 200m², 3층, 상업용, 2022. 6.1 사용승인

3. 기타사항 : 토지와 건물은 해당지역의 표준적 이용과 유사하며 최고최선의 이용 상태에 있는 것으로 분석되었음.

4. B 부동산의 수익자료(신규임대료 전제)

  B부동산의 순영업소득(NOI)은 10,500,000원이고 해당 시장의 표준적인 수익을 시현하고 있는 것으로 조사되었음.

5. B 부동산 투자 계획

  1) 매입예정금액 : B부동산 소유자는 150,000,000원에 매도할 의향이 있는 것으로 확인됨.

  2) 저당금액 : G은행 면담결과 B부동산 매입시 대출가능금액은 70,000,000원이 며, 만기일시상환, 저당이자율 6%의 조건을 확인 받았음.

<자료 3> B 부동산 인근 토지관련 가격자료

1. 비교표준지 공시지가 : @400,000원/m2

2. 지가변동률 : 보합세

3. 기타 가치형성요인 : 대상토지와 비교표준지는 지역요인 및 개별요인에서 대등하 며 비교표준지는 적정한 시세를 충분히 반영하고 있음.

<자료 4> 건물감정평가자료

1. 본 건물의 2023. 7. 1 감정평가액은 유사거래사례로부터 회귀분석모형을 구축하여 도출하는 것으로 함.

$$회귀상수(a)= \frac{(\sum y \cdot \sum x^2 - \sum x \cdot \sum xy)}{n \sum x^2 - (\sum x)^2} \qquad 회귀상수(b)= \frac{n \sum xy - \sum x \cdot \sum y}{n \sum x^2 - (\sum x)^2}$$

2. 유사거래사례자료

    1) 사례건물은 대상건물과 경과년수 요인을 제외한 제반요인이 거의 동일하며, 건물가격과 경과년수간에는 선형관계가 있고 다른 요인의 건물가격 영향은 무시함.

    2) 건물거래사례자료

사례	거래가격에서 적절하게 보정된 기준시점의 건물가격(원/m²)	기준시점 현재의 경과년수
1	580,000	3
2	500,000	10
3	520,000	7
4	560,000	5
5	600,000	0

※ 구축한 모형의 R^2(결정계수)값은 충분히 유의하여 모형채택이 가능하다고 봄

<자료 5> 기타자료 1

1. C시 제2종일반주거지역내 상업용부동산의 부동산가치는 향후 매년 2%씩 상승하는 것으로 추정되었으며, F시 상업지역 내 상업용부동산의 부동산가치는 향후 매년 4%씩 상승하는 것으로 추정되었으며 그 모형은 신뢰할 만한 것임.

2. C시의 전형적인 공실률 : 3%

3. C시의 상업용부동산의 층별효용비는 아래와 같음.

(단위 : %)

구 분	1층	2층	3층
층별효용비	100	80	70

4. F시의 통상적인 종합환원율 : 연간 6.5%

<자료 6> 투자자 P의 면담 결과 요약

투자자 P와 투자 성향에 대한 면담 결과 P는 향후 부동산 투자에 있어 현재 보유중인 A부동산의 지분수익률에 위험을 고려한 1.10%를 가산한 율을 확보할 수 있는 경우 투자 의향이 있는 것으로 확인됨.

<자료 7> 기타자료 2

1. 물음1의 시장가치 산정시 수익환원법은 직접환원법에 의함.

2. 해당 타당성의 검토시 부동산의 수익성의 분석은 1년 보유후 처분을 전제로 분석함.

3. A부동산 및 B부동산의 수익률분석 등은 기준시점 기준으로 분석하고 기준시점 현재 매입을 전제함.

Chapter

05

물건별 평가 연습문제

임대료(보증금산정) [논점정리]

【연습문제 01】 다음 임대건물의 보증금을 산정하시오. (15점)

<자료 1> 평가의뢰물건

1. 토지 : 서울시 동작구 신대방동 100번지 300m2

2. 건물 : 철근콘크리트조 슬라브 3층으로서 연면적 594m2
   각층 198m2, 전용면적 각층 180m2 (전용합계 540m2)

3. 기준시점 : 2023. 8. 31

4. 주위환경 : 신대방동 전체가 일반상업지역 내 상가업무지대로 현재 사무실로 이용중임.

<자료 2> 대상부동산의 내역

1. 월지불임대료 : 1층 15,000원/m², 2층 10,000원/m², 3층 8,000원/m²

2. 대상부동산의 실질임대료는 지불임대료와 보증금운용이익으로 구성된다.

<자료 3> 거래사례자료

1. 사례 1
   (1) 소재지 : 동작구 대방동 500번지 나지 300m²
   (2) 거래시점 : 2023. 8. 1
   (3) 거래가격 : 310,000,000원
   (4) 기타 : 상업지역 내 속하며, 친인척간의 거래로서 시가보다 저가로 거래되었음.

2. 사례 2
   (1) 소재지 : 동작구 신대방동 600번지

⑵ 물적사항 : 토지(대 350m²), 건물(철근콘크리트조, 3층 사무실, 연면적 720m²)

⑶ 거래시점 : 2022. 12. 1

⑷ 거래가격 : 450,000,000원

⑸ 기타 : 상업지역에 소재하며, 정상적인 거래로 인정된다. 건물의 준공시점은 2016. 7. 1(내용년수 50년), 준공당시 200,000원/m²으로 건축되었으며, 표준적인 건축비로 판명되었다.

<자료 4> 임대사례자료

1. 토지 : 동작구 신대방동 588 대 430m²

2. 건물 : 철근콘크리트조 슬라브 지붕 3층 사무실 연 680m²

　　　　전용면적 각층 175m², 전용 합계 525m²

　　　　2020. 4. 1에 준공되었으며, 내용년수 50년이다.

3. 임대상황

사례 부동산은 준공이후 기준시점까지 보통 일반적 이용방법으로 계속적으로 임대되어 왔으며, 지난 1년간의 임대내역은 다음과 같다.

⑴ 임대보증금 : 160,000,000원

⑵ 지불임대료(월) : 5,500,000원

⑶ 필요제경비

① 유지관리비 : 8,000원/m²

② 제세공과금 : 5,800,000원

③ 손해보험금 : 유지관리비의 70%

④ 결손준비금 : 7,000,000원

⑤ 공실손실상당액 : 지불임대료의 10%

<자료 5> 지가변동률 등

1. 지가변동률

① 2023년 7월 동작구 상업지역 지가변동률 : 2.111%

② 2023년 7월까지 동작구 상업지역 지가변동률 누계치(1월부터) : 11.458%

③ 2022년 12월 동작구 상업지역 지가변동률 : 0.986%

2. 건축비지수(월로 계산하며, 15일 이하는 한달로 보지 않는다)

기준일	2016.1.1	2017.1.1	2018.1.1	2019.1.1	2020.1.1	2021.1.1	2022.1.1	2023.1.1
건축비지수	100	107	115	126	150	163	171	183

※ 건축비 지수는 소수점 다섯째자리까지 산정할 것.

3. 임대료변동률은 지난 1년간 1.5% 상승함.

<자료 6> 요인비교치

1. 지역요인비교치 : 신대방동(100), 대방동(105)

2. 개별요인비교치

구 분	대상	거래사례 1	거래사례 2	임대사례
토지	100	105	98	110
건물	102	-	100	97

<자료 7> 기타

1. 기대이율산정시 소수점 넷째자리에서 사사오입하여 구할 것.

2. 보증금 산정시 백만단위 미만은 절사할 것.

3. 보증금 운용이율 : 연 12%

4. 대상 및 사례 건물의 잔가율 : 10%

5. 대상건물의 준공년월일 : 기준시점 현재

6. 기대이율 산정에 관한 자료

기호	거래가격	실질임대료	필요제경비
1	510,000,000	88,200,000	20,000,000
2	670,000,000	116,000,000	26,000,000

※ 상기 사례 필요제경비에 건물감가상각비가 포함됨.

7. 필요제경비는 건물에만 발생한다고 가정하며, 기준시점 현재 건물의 적산가액의 10%가 소요된다고 판단된다.

8. 감가상각은 만년감가에 의한다.

임대료(월지불임대료) [논점정리]

【연습문제 02】서울시 봉천동 220번지 소재 부동산 중 2층 부분의 m^2당 월 지불임대료를 산정하시오. (기준시점 2023. 9. 1) (20점)

<자료 1> 대상 1동 전체 부동산

1. 토지 : 서울시 봉천동 220번지, 대 200m^2(제2종일반주거지역 내에 위치하며, 소로각지에 접함)

2. 건물 : 철근콘크리트조 슬라브즙 3층건 주택(2020. 9. 1 건축함)

구 분	연면적(m^2)	전유면적(m^2)	임대면적(m^2)	용도	보증금
3층	200	120	180	주거용	월지불임대료의 10개월분
2층	200	120	180	주거용	월지불임대료의 10개월분
1층	200	100	160	주거용	월지불임대료의 10개월분
계	600	340	520	—	

<자료 2> 임대사례

1. 토지 : 서울시 신림동 100번지, 대 210m^2(일반주거지역 내 소로각지에 접함)

2. 건물 : 철근콘크리트조 슬라브즙 3층건 주택

3. 임대내역

(임대시점 : 2023. 3. 1)

구 분	연면적(m^2)	전유면적(m^2)	임대면적(m^2)	용도	월지불임대료($원/m^2$)	보증금($원/m^2$)
3층	220	140	200	주거용	4,000	40,000
2층	220	140	200	주거용	5,000	50,000
1층	220	120	180	사무실	11,000	165,000
계	660	400	580	—	—	—

4. 개황

  (1) 임대시점의 건물가격은 114,000,000원으로 평가되었음.

  (2) 1층은 사무실로 개조하여 임대중이나 이는 일시적인 이용으로, 이로 인해 주거용인 경우보다 임대료를 10% 높게 받고 있다. 이러한 조건을 보정하면 임대사례는 서울시의 표준적인 임대료수준이 될 것으로 판단된다.

\<자료 3\> 표준지 공시지가

(공시기준일 : 2023. 1. 1)

기호	소재지	면적(m²)	지목	이용상황	용도지역	도로교통	공시지가 (원/m²)
1	도익동11	195	전	주거나지	전용주거	소로한면	1,000,000
2	도익동15	200	대	단독	2종일주	소로각지	1,200,000
3	도익동19	150	잡	단독	준주거	중로한면	2,000,000

※ 기호 2는 건부감가 요인이 10% 존재하는 것으로 판단되며, 건물은 공실임

\<자료 4\> 건물가격 산정시 자료

1. 건물의 평가는 유사매매사례로부터 회귀분석모형을 적용하여 아래와 같은 결과를 도출하였음.

2. 회귀식 : $Y = 223,390 - 6,429.4 \times X$ (Y=건물단가(원/m2), X=경과년수)

\<자료 5\> 각종자료

1. 지가변동률(%) : 2023년 1월 1일~3월 1일까지의 누계치는 1.274%.
   2023년 1월 1일~9월 1일까지의 누계치는 5.21%.

2. 임대료의 상승률 : 2023년 3월 1일~9월 1일까지의 누계치는 6.152%.

3. 지역요인평점

6구 분	신림동	봉천동	도익동
평점	100	105	95

4. 토지 및 건물의 개별요인평점(잔가율 포함)

구분	토지의 개별요인					건물의 개별요인	
	대상	표1	표2	표3	사례	대상	사례
평점	100	98	100	96	105	104	100

<자료 6> 필요제경비

1. 대상부동산 1동 전체(기준시점) : 450,000원/년

2. 임대사례부동산 1동 전체(임대시점) : 600,000원/년

3. 동 경비는 층별 연면적에 의해 배분되며, 임대사례 부동산의 필요제경비는 1층이 주택일 경우나 사무실일 경우나 동일함을 가정함.

<자료 7> 기타사항

1. 보증금 운용이율 : 12%

2. 대상부동산과 임대사례부동산의 층별효용은 동일하며, 층별효용비는 실질임대료를 기준으로 함.

3. 대상부동산의 2층 부분에 대한 적산임대료 산정시 기초가액은 대상부동산 전체 가격에 층별효용비를 적용하여 구하며, 기대이율은 임대사례부동산 전체의 연간 실질임대료(48,600,000원)를 기준으로 산출한다.

4. 각층별 효용격차는 전유면적을 기준으로 배분할 것.

5. 각 방식에 의한 임대료 산정 후 시산가액 조정할 것.

6. 표준지 공시지가는 적정시세 수준을 반영하여 별도의 그 밖의 요인 보정은 불필요함.

실무상 적산법 [논점정리]

【연습문제 03】 감정평가사 L씨는 S법원으로부터 토지소유자와 지상 건물소유자간에 발생한 분쟁으로 제기된 소송의 판결을 위한 토지사용료 산정을 의뢰 받았다. 다음 자료를 활용하여 적정 토지사용료를 구하시오. (10점)　　감정평가사 17회 기출

<자료 1> 감정평가의뢰 내용

1. 토지

소재지	지번	지목	면적(m²)	용도지역
S시 Y동	30	대	600	일반상업지역

2. 건물

소재지	지번	구조	면적(m²)	용도
S시 Y동	30	철골조 철판지붕 단층	400	아파트 모델하우스

3. 기준시점 : 2023.8.27

4. 평가할 사항 : 기준시점으로부터 향후 1년간 토지사용료

<자료 2> 현장조사 내용

1. 평가대상 토지는 광대로에 접하며 세장형 평지

2. 인근지역은 노선을 따라 업무용 빌딩, 백화점, 병원 등이 소재
　　도로후면은 소규모 점포 및 주택 등이 혼재

3. 유사토지의 적정 임대사례를 찾지 못함

4. 건물은 최근 신축, 건축비용은 3억원

<자료 3> 인근지역 공시지가 표준지 현황(공시기준일 2023.1.1)

일련번호	소재지	지번	면적 (m²)	지목	이용상황	용도지역	도로교통	형상지세	공시지가 (원/m²)
1	S시 Y동	15	550	대	상업나지	일반상업	소로각지	가장형 평지	1,000,000
2	S시 Y동	25	15,000	대	아파트	일반상업	광대한면	세장형 평지	750,000
3	S시 Y동	70	180	대	단독주택	일반상업	소로한면	정방형 평지	700,000
4	S시 Y동	95	750	대	업무용	일반상업	광대소각	가장형 평지	1,400,000

※ 표준지 일련번호 1과 4는 도시계획시설 '도로'에 각각 25%, 30%가 저촉되며, 표준지 공시지가 산정시 적용된 도시계획시설 '도로'의 공법상 제한 감안율은 15%임

<자료 4> S시 지가변동률

기간 \ 용도지역	상업지역(%)
2023년 6월	0.005
누계(2023년 1월~6월)	1.200

<자료 5> 개별요인비교

대상토지	표준지 1	표준지 2	표준지 3	표준지 4
100	75	55	50	110

※ 상기 요인비교에 공법상 제한은 고려되지 않았음

<자료 6> 기대이율 적용 기준율표

토지용도(최유효이용)		실제이용상황		
		최유효이용	임시적이용	나지
상업용지	업무·판매시설	7~10%	4~6%	3~4%
	근린생활시설(주택·상가겸용포함)	5~8%	3~4%	2~3%
주거용지	아파트·연립·다세대	4~7%	2~4%	1~2%
	다중·다가구 주택	3~6%	2~3%	1~2%
	일반단독주택	3~5%	1~3%	1~2%
공업용지	아파트형공장	4~7%	2~4%	1~2%
	기타공장	3~5%	1~3%	1~2%
농지	경작여건이 좋고 수익성 있는 순수농경지	3~4%		
	도시근교 및 기타 농경지	2% 이내		
임지	조림지·유실수단지·죽림지	1.5% 이내		
	자연림지	1% 이내		

<자료 7> 필요제경비

1. 필요제경비 : 종합토지세 등 조세공과

2. 연간 조세부담액 : 기초가액의 0.3%

<자료 8> 기타

1. 비교표준지 선정 및 기대이율 적용 사유를 충분히 기술할 것

2. 범위로 된 기대이율의 적용시 범위의 중앙값으로 적용할 것

3. 공시지가는 인근 적정 시세 범위 내에서 결정·공시되었음.

적산법(기대이율) [논점정리]

【연습문제 04】선임 감정평가사 김○○은 적산법을 적용하여 관련 토지의 임대료를 평가하기로 하였다. 이에 기초가액을 산정 후 후임 감정평가사인 당신에게 기대이율 및 임대료 결정에 관한 사항을 요청하였다. 관련 법규 및 이론을 참작하고 제시된 자료를 활용하여 기대이율 결정이유를 기술하고 본건 토지의 임대료를 구하시오 (10점)

감정평가사 28회 기출 변형

<자료 1> 법원 감정신청 내용

1. 감정목적물 : A시 B구 C동 60-1 대 200m²

2. 감정사항 : 2019.07.01부터 1년간 임대료 및 2023.07.01부터 1년간 임대료를 각각 감정평가 할 것

3. 기준시점 : 2019.07.01 및 2023.07.01.

<자료 2> 기본적 사항

1. 대상물건

소재지	지목	면적(m²)	이용상황	용도지역
A시B구C동 60-1	대	200	단독주택	2종일주

2. 대상물건의 지목, 면적, 이용상황, 용도지역 내역은 2016.01.01~2023.07.01 현재까지 동일함

<자료 3> 선임 감정평가사 제시 토지 기초가액

구분	2019.1.1	2019.7.1	2023.1.1	2023.7.1
기초가액	800,000,000	810,000,000	1,000,000,000	1,042,000,000

<자료 4> 기대이율 관련 자료

1. 참고용 기대이율 적용기준율표 Ⅰ (2022년 이후 기준)

대분류		소분류		실제이용상황	
				표준적이용	임시적이용
Ⅰ	주거용	아파트	수도권 및 광역시	1.5%~3.5%	0.5%~2.5%
		연립·다세대		1.5%~5.0%	0.5%~3.0%
		다가구		2.0%~6.0%	1.0%~3.0%
		단독주택		1.0%~4.0%	0.5%~2.0%

2. 참고용 기대이율 적용기준율표 Ⅱ (2022년 이전 기준)

토지용도		실제이용상황		
		최유효이용	임시적이용	나지
주거용지	아파트, 연립주택, 다세대주택	4~7%	2~4%	1~2%
	다중주택, 다가구주택	3~6%	2~3%	1~2%
	일반단독주택	3~5%	1~3%	1~2%

3. 참고용 CD금리 기준 기대이율표 (모든 년도에 적용가능)

대분류		소분류		실제이용상황	
				표준적이용	임시적이용
Ⅰ	주거용	아파트	수도권 및 광역시	CD금리+ -1.5%~0.5%	CD금리+ -2.5%~-0.5%
		연립·다세대		CD금리+ -1.5%~2.0%	CD금리+ -2.5%~ 0.0%
		다가구		CD금리+ -1.0%~3.0%	CD금리+ -2.0%~ 0.0%
		단독주택		CD금리+ -2.0%~1.0%	CD금리+ -2.5%~-1.0%

4. 각종 금리 변동상황

구분	국고채수익률(%)	CD유통수익률(%)
2019.07.01	3.10	3.00
2020.07.01	2.70	2.60
2021.07.01	2.30	2.20
2022.07.01	2.10	2.10
2023.07.01	2.00	2.00

5. 기대이율은 국고채수익률 및 CD유통수익률과 밀접한 관계가 있는 것으로 조사됨

6. 상기 1. ~ 3.에서 제시하는 기대이율범위에서 각각의 중간값 중 하나를 기대이율로 선정하되, 선정된 기대이율은 2%를 초과해야함

<자료 5> 기타자료

1. 토지임대료와 관련된 필요제경비는 미미하여 고려하지 않음

2. A시는 수도권에 위치해 있음

임대료(시산조정) [논점정리]

【연습문제 05】 감정평가사 甲은 ○○공사로부터 소유건축물의 일부(1층 101호)에 대해 2023. 07. 01. 기준시점의 임대료감정평가를 의뢰받았다. 관련 법규와 감정평가 이론을 참작하고, 제시된 자료를 활용하여 다음의 물음에 답하시오. (15점)

감정평가사 29회 기출 변형

물음 1) 적산법에 의한 임대료를 산정하시오. (5점)

물음 2) 임대사례비교법에 의한 임대료를 산정하고, 적산법에 의한 임대료와 시산가액조정을 통해 임대료를 결정하시오. (10점)

<자료 1> 대상물건의 토지 내역

1. 소재지 : A광역시 S구 S동 118번지

2. 용도지역 : 근린상업지역

3. 대상토지 현황 : 대, 350 m², 광대한면, 부정형, 평지

4. 주위환경 : 대로변을 따라 5층 ~ 10층 규모의 금융회사, 사무실 등 상업용 또는 업무용건물이 밀집하여 위치함. 후면은 소로를 따라 저층규모의 주상용건물, 일부 단독주택 등이 혼재하고 있음

<자료 2> 대상물건의 건물 내역

1. 건물 현황 : 건축면적 250 m², 연면적 1,740 m²

2. 건물구조 등 : 철근콘크리트조 슬래브지붕 지하 1층, 지상 6층

3. 사용승인일 : 2023. 05. 08.

4. 층별 현황(집합건축물대장)

(단위 : m²)

층별	용도	바닥면적	전유면적	공유면적	비고
지하1층	업무시설	300	220	80	
1층	업무시설, 소매점	250	188	62	3개 호실
2층	업무시설	250	188	62	
3층	업무시설	240	180	60	
4층	업무시설	240	180	60	
5층	업무시설	240	180	60	
6층	업무시설	220	165	55	

5. 1층 호별 현황(집합건축물대장)

(단위 : m²)

1층	101호	102호	103호
전유면적	60	55	73

<자료 3> 표준지공시지가 현황(공시기준일 : 2023. 01. 01.)

기호	소재지	지목	면적 (m²)	이용 상황	용도 지역	도로 교통	형상 지세	공시지가 (원/m²)
1	S구 S동 9	대	588.0	상업용	근린상업	광대한면	세장형평지	7,176,000
2	S구 S동 40	대	388.0	주상용	근린상업	중로한면	사다리평지	3,600,000

<자료 4> 임대사례

소재지	임대면적 (m²)	임대료 (원/m², 연)	임대계약 일자
S구 S동 185-28 1층 102호	70	283,000	2022. 02. 02.

※ 상기 임대료는 보증금운용이율 등을 고려하여 산정한 연간 실질임료임.

<자료 5> 가치형성요인 비교자료 등

1. 시점수정

  모든 시점수정에 관한 사항은 보합세를 전제함.

2. 대상물건, 표준지, 임대사례 등은 모두 지역요인 및 개별요인이 같거나 유사하여
  모두 대등한 것으로 판단됨

<자료 6> 재조달원가 자료

대상물건 중 건물의 재조달원가는 606,000원/m2, 내용연수는 50년, 감가수정은 정액법을 적용함

<자료 7> 효용지수자료

1. 층별 호별 효용지수

  대상물건(101호)에 적용할 층별 효용비는 0.272, 호별효용비는 0.337을 적용하기
  로 하였음.

<자료 8> 기타 사항

1. 대상물건은 최유효이용으로 판단됨

2. 임대사례의 임대료는 신규계약된 정상임대료로 판단되며, 감정평가 대상인 1층
  101호의 임대료도 연간실질임대료로 산정함

3. 적산법에 적용되는 기대이율은 5%,
  필요제경비는 순임대료(기대수익)의 7%임

수익분석법 [논점정리]

【연습문제 06】 감정평가사 Q씨는 S시 K구 A동 100에 소재한 X주차장에 대하여 위탁관리를 위한 임대료 산정 목적으로 K구청으로부터 감정평가를 의뢰받았다. 다음의 물음에 답하시오. (25점)

(물음 1) 본건 평가개요(평가목적, 평가근거, 평가방법 등)를 검토하시오.

(물음 2) 다음의 조사된 자료를 활용하여, 감정평가를 행하시오.

<자료 1> 대상주차장 현황(X주차장)

1. 소재지 : S시 K구 A동 100번지

2. 규모 : 주차면수 124면, 노외주차장

3. 운영시간 : 평일, 토요일, 일/공휴일－24시간

4. 요금체계(3급지)
   － 주차요금(승용차기준)
   　 1회 주차시 10분당 : 300원
   　 월 정기권 : 85,000원
   － 할인대상
   　 장애인(1급~6급), 국가유공자, 고엽제후유증환자 : 80%할인
   　 저공해자동차, 환승목적 : 50%할인
   　 승용차요일제 : 20%할인

5. 임대료산정기간 : 2022.11.1~2023.10.31(1년간)

<자료 2> 현장조사 내역

1. 위치 및 주위환경

S시 K구 A동 소재 "A역" 남서측 인근에 위치하며 주위는 근린생활시설 및 주거용 부동산이 혼재한 곳으로 주차장으로의 환경은 보통임.

2. 도로 및 교통상황

본건의 북측으로는 약 25미터 도로에 접하고 동측으로는 약 15미터, 남측으로는 약 10미터, 서측으로는 6미터 도로에 접하여 사방으로 도로와 연결되어 주차장으로 진입이 용이함. 인근에 지하철 100,101호선 A역이 소재하여 도로 및 교통상황은 무난함.

3. 주변 주차실태 및 주차수요

본건 주변에 대형할인마트 및 각종 근린상가 등이 밀집하여 주차수요가 꾸준히 발생되며 특히 주말 주차수요가 많음. S시의 북동측에 위치하여 환승 목적으로도 이용됨.

<자료 3> X주차장 예상 수지 내역

1. 수입관련 자료

(1) 만차율

X주차장은 꾸준한 주차수요로 인하여 정기주차율이 약 80%를 차지할 것으로 보이며, 일일주차는 약15%의 만차율이 예상된다.

(2) 감면율(요금할인율)

X주차장과 유사한 인근 주차장의 요금할인율의 분석한 결과 약 20%의 요금할인이 이루어지는 것으로 조사되었다.

2. 비용관련 자료

(1) 인건비 : 3명의 상근 근로자가 필요하며, 임금수준은 1인당 1,200,000원/월임.

(2) 기타경비 : 매달 300,000원의 기타경비가 예상됨.

(3) 제세공과금 및 운영업자 이윤 : 예상주차수입의 25%

3. 기타 : X주차장의 경우 임대인이 유지 및 관리하는데 별도의 비용이 들지 않음.

<자료 4> 최근 민간위탁된 인근 Y 공영주차장 조사내역

1. Y 공영주차장 현황
   - 2급지, 30구획, 노상주차장
   - 운영시간 : 평일 09:00~19:00(10시간)
   - 주차요금 : 10분당 500원
   - K구에서 시설관리공단에서 민간위탁 운영으로 임대료 70,000,000원/년

2. K구 B동 100번지에 위치하는 Y 공영주차장으로 본건과 비교적 근거리에 있으며 규모, 운영시간, 주차요금 등이 대체로 유사하고 특별한 사정이 개입되지 아니한 바 비교가능성이 높다고 판단됨.

3. 주차장의 임대료에 중요한 영향을 미치는 요인으로서 면수, 급지, 주차요금, 주차 수요 등을 참작하여야 할 것으로 면수에 있어서 본건은 사례의 약 4배 이상되며, 운영시간에 있어서도 2배이상 우세하나 X주차장의 경우에는 정기권의 비율이 높아 이를 감안하여 볼 때. 운영시간에 따른 격차를 크게 감안 할 필요는 없다고 보아지며, 오히려 Y공영주차장의 급지가 높아 이를 반영하면 전반적으로 X주차 장이 약 150% 우세하다고 판단됨.

<자료 5> 기타사항-주차장 시설개선비용(ITS)

1. X주차장은 간이형 설치 대상이며, 간이형시스템 총 비용은 60,000,000원이 견적임.

2. 주차장 시설개선비용(ITS)은 3년간 정액분할하여 비용처리하기로 협의함.

3. 주차장 시설개선비용(ITS)은 임차인이 부담하기로 협의하였는 바, X주차장 적정 임대료에서 차감할 것.

지상권이 설정된 토지 [논점정리]

【연습문제 07】 감정평가사 甲은 토지소유자 乙로부터 그가 소유한 토지에 대한 평가를 의뢰 받고 예비조사 및 실지조사를 행하였다. 이 자료를 활용하여 대상 토지의 가격을 평가하시오. (10점)

<자료 1> 평가의뢰서 요약

1. 대상물건
   (1) 토지
      - A시 B구 C동 107-36 대 250m²(준주거지역)
      - 단독주택부지로 이용 중임.
      - 세로 장방형 평지로 세로 한면에 접함.
   (2) 건물
      - 위지상 연와조 스라브지붕 2층건, 주택 1층 120m², 2층 100m², 지하층 50m²

2. 평가목적 : 일반거래(시가참조용)

3. 평가조건 : 현황을 감안한 토지가격산정

4. 기준시점 : 2023년 8월 31일

5. 평가의뢰인 : 乙

<자료 2> 대상토지 관련 공부의 내용 및 확인사항

1. 토지대장

소재지	지번	지목	면적	소유자	기타사항
A시 B구 C동	107-36	대	250m²	乙	2004년 1월 23일 취득

2. 건축물 관리대장

소재지	지번	용도	구 조	면 적	소유자	이동사항
A시 B구 C동	107-36	주택	연와조스래브 지붕 2층건	1층 : 120m² 2층 : 100m² 지하층 : 50m²	乙 丁	'93년 2월 22일 신축 소유자 변경

3. 건물등기사항전부증명서

갑 구(소유권)	
순위번호	사항란
1번	보 존 접 수 2004년 2월 22일 제 54339호 소유자 乙 서울특별시 강동구 상일동 21
2번	소유권 이전 접 수 2017년 8월 20일 제48445호 원 인 2017년 8월 20일 경매 소유자 丁 서울특별시 강남구 역삼동 730

<자료 3> 인근지역 내 표준지공시지가(2023년 1월 1일기준)

일련 번호	소재지	면적 (m²)	지 목		이용상황	용도지역	도로교통	형 상, 지 세	공시지가 (원/m²)
			공부	실제					
1	A시 B구 C동	400	잡	대	주거나지	준주거	소로한면	정방형 평 지	1,040,000
2	A시 B구 D동	260	대	대	단독주택	준주거	세로한면	정방형 평 지	980,000

<자료 4> 대상토지의 지료

당사자 간의 합의에 의해 지상권 설정 당시(소유권이전당시) 월 2,500,000원을 지급하기로 약정하였으며, 지상권의 존속기간을 30년으로 정함.

<자료 5> 지역요인 및 개별요인비교치

1. 지역요인 : C동은 D동보다 10%우세함.

2. 개별요인

도로교통	소로	세로	형　상	정방형	장방형	지세	평지	완경사지
소로	1	0.9	정방형	1	0.95	평지	1	0.97
세로	1.1	1	장방형	1.05	1	완경사지	1.03	1

※ 장방형은 가로장방형, 세로장방형 모두를 포함.

<자료 6> 지가변동률 및 각종 이율 등

1. 지가변동률(A시 B구, 주거지역)
   - 2023년 7월 지가변동률 : 0.359%
   - 2023년 1월부터 7월까지의 지가변동률 누계치 : 3.214%

2. 적정 기대이율 및 할인율 : 연 12%

3. 필요제경비는 실질임대료의 15%임.

4. 인근의 표준적 면적은 250~300m²

5. 표준지 공시지가는 인근 적정·시세 범위 내에서 결정·공시되어 별도 그 밖의 요인 보정의 증액을 요하지 않음.

지하사용료평가(구분지상권) [논점정리]

【연습문제 08】 감정평가사 K씨는 S시장으로부터 도시철도건설공사와 관련하여 지하부분 사용에 따른 감정평가를 의뢰받고 사전조사 및 실지조사를 한 후 다음과 같이 자료를 정리하였다. 주어진 자료를 활용하여 다음 물음에 답하시오. (25점)

감정평가사 11회 기출

(물음 1) 대상토지의 지하사용료 평가를 위한 토지의 기초가액을 공시지가에 의한 가격, 거래사례에 의한 비준가액을 구하여 결정하고 지하부분 사용에 따른 보상평가액을 구하시오.

(물음 2) 공시지가 기준 평가시 비교표준지의 선정원칙과 본건의 기초가액 결정시 적용한 비교표준지의 선정이유를 설명하시오.

(물음 3) 지하사용료의 평가시 입체이용저해율의 산정에 있어 최유효건물층수 결정시 참작할 사항을 설명하시오.

(물음 4) 지하사용료의 평가시 입체이용저해율의 산정에 있어 저해층수를 설명하고 본건의 저해 층수를 결정한 후 그 이유를 기술하시오

<자료 1> 감정평가 대상물건

① 소재지 : S시 K구 D동 257번지

② 지목 및 면적 : 대, 500m²

③ 이용상황 및 도로교통 : 나지, 소로한면

④ 도시계획사항 : 일반상업지역, 도시철도에 저촉함

⑤ 기준시점 : 2023.8.1

<자료 2> 감정평가 대상토지에 대한 관련자료

① 감정평가의뢰 내용은 관련공부의 내용과 일치함

② 대상토지의 주위환경은 노선상가지대임

③ 감정평가 대상토지는 지하 18m에 지하철이 통과하고 있어 하중제한으로 지하 2층, 지상 8층 건물의 건축만 가능함

④ 대상지역의 지역분류는 11~15층 건물이 최유효이용으로 판단되는 지역임

⑤ 대상토지의 지반구조는 풍화토(PD-2) 패턴임

⑥ 대상토지의 토피는 18m임

⑦ 대상지역에 소재하는 건물은 상층부 일정층까지 임대료수준에 차이를 보이고 있음

⑧ 대상토지의 최유효이용은 지하2층, 지상15층 건물로 판단됨

<자료 3> 인근의 공시지가 표준지 현황

(공시기준일 : 2023.1.1)

일련번호	소재지	면적(m²)	지목	이용상황	용도지역	주위환경	도로교통	형상지세	공시지가(원/m²)
1	S시 K구 D동 150	450	전	단독주택	2종일주	정비된 주택지대	중로한면	가장형 평지	1,850,000
2	S시 K구 D동 229	490	대	상업나지	일반상업	노선상가지대	소로한면	부정형 평지	2,540,000
3	S시 K구 D동 333	510	대	업무용	2종일주	미성숙상가지대	광대세각	부정형 평지	2,400,000

<자료 4> 거래사례자료

① 토지 : S시 K구 A동 230번지, 대 600m²

② 건물 : 철근콘크리트조 슬라브지붕 5층, 근린생활시설 연면적 2,460m²(지층 360m², 1층~5층 각 420m²)

③ 거래가격 : 3,530,000,000원

④ 거래시점 : 2023.4.1

⑤ 도시계획사항 : 일반상업지역

⑥ 건물준공일은 2020.8.1이고, 내용년수는 60년임

⑦ 본 거래사례는 최유효이용으로 판단됨

<자료 5> 건설사례자료

① 토지 : S시 K구 A동 230번지, 대 400m²

② 건물 : 철근콘크리트조 슬라브지붕 5층, 근린생활시설 연면적 2,400m²(지층~5층 각 400m²)

③ 건축공사비 : 900,000원/m²

④ 본 건물은 기준시점 현재 준공된 건설사례로서 표준적이고 객관적임

⑤ 건설사례건물과 거래사례건물의 개별적인 제요인은 대등함

<자료 6> 지가변동률

① 용도지역별

행정구역	평균	주거지역	상업지역	공업지역	녹지지역	비도시지역	비고
K구	0.74	0.54	1.27	–	0.54	–	1/4분기
	0.93	0.62	1.75	–	0.61	–	2/4분기

② 이용상황별

행정구역	전	답	대		임야	공장용지	기타	비고
			주거용	상업용				
K구	0.59	−	0.52	0.94	−	−	0.43	1/4분기
	0.73	−	0.43	1.31	−	−	0.58	2/4분기

<자료 7> 건축비지수

시점	건축비지수
2021. 8. 1	100
2022. 8. 1	104
2023. 8. 1	116

<자료 8> 지역요인 및 개별요인의 비교

① 지역요인의 비교

동일 수급권 내의 유사지역으로 동일한 것으로 판단됨

② 개별요인의 비교

구 분	대상지	표준지1	표준지2	표준지3	거래사례
평점	100	110	100	122	95

<자료 9> 입체이용률배분표

해당지역 이용률구분	고층시가지 용적률 800% 이상	중층시가지 550~750%	저층시가지 200~500%	주택지 100%내외	농지·임지 100% 이하
건물의 이용률(α)	0.8	0.75	0.75	0.7	0.8
지하부분의 이용률(β)	0.15	0.10	0.10	0.15	0.10
그 밖의 이용률(γ)	0.05	0.15	0.15	0.15	0.10
(γ)의 상하 배분비율	1 : 1−2 : 1	1 : 1−3 : 1	1 : 1−3 : 1	1 : 1−3 : 1	1 : 1−4 : 1

주 : 이용저해심도가 높은 터널 토피 20m 이하의 경우에는 (γ)의 상하배분율은 최고치
를 적용한다.

<자료 10> 층별 효용비율표

층별	고층 및 중층시가지		저층시가지				주택지
	A형	B형	A형	B형	A형	B형	
20	35	43					
19	35	43					
18	35	43					
17	35	43					
16	35	43					
15	35	43					
14	35	43					
13	35	43					
12	35	43					
11	35	43					
10	35	43					
9	35	43	42	51			
8	35	43	42	51			
7	35	43	42	51			
6	35	43	42	51			
5	35	43	42	51	36	100	
4	40	43	45	51	38	100	
3	46	43	50	51	42	100	
2	58	43	60	51	54	100	100
지상1	100	100	100	100	100	100	100
지하1	44	43	44	44	46	48	–
2	35	35	–	–	–	–	–

주 : 1. 이 표의 지수는 건물가격의 입체분포와 토지가격의 입체분포가 같은 것을 전제로
  한 것이다.
  2. A형은 상층부 일정층까지 임대료수준에 차이를 보이는 유형이며, B형은 2층 이상
  이 동일한 임대료수준을 나타내는 유형이다.

<자료 11> 건축가능층수기준표

① 터널 : 풍화토(PD-2) 패턴

(단위 : 층)

건축구분 ＼ 토피(m)	10	15	20	25
지상	12	15	18	22
지하	1	2	2	3

② 개착

(단위 : 층)

건축구분 ＼ 토피(m)	5	10	15	20
지상	7	12	19	19
지하	1	2	2	2

<자료 12> 심도별 지하이용저해율표

한계심도(M) 감율(%) ＼ 토피심도(m)	40m		35m		30m			20m	
	P	β×P 0.15 × P	P	β × P 0.10 × P	P	β×P 0.10 × P	0.15 × P	P	β × P 0.10 × P
0~5 미만	1.000	0.150	1.000	0.100	1.000	1.000	0.150	1.000	0.100
5~10 미만	0.875	0.131	0.857	0.086	0.833	0.833	0.125	0.750	0.075
10~15 미만	0.750	0.113	0.714	0.071	0.667	0.667	0.100	0.500	0.050
15~20 미만	0.625	0.094	0.571	0.057	0.500	0.500	0.075	0.250	0.025
20~25 미만	0.500	0.075	0.429	0.043	0.333	0.333	0.050		
25~30 미만	0.375	0.056	0.286	0.029	0.167	0.017	0.025		
30~35 미만	0.250	0.038	0.143	0.014					
35~40 미만	0.125	0.019							

주 : 1. 지가형성에 잠재적 영향을 미치는 토지이용의 한계심도는 토지이용의 상황, 지질, 지표면하중의 영향 등을 고려하여 40m, 35m, 30m, 20m로 구분한다.

　　2. 토피심도의 구분은 5m로 하고, 심도별 지하이용효율은 일정한 것으로 본다.

<자료 13> 기타사항

① 지가변동률은 백분율로서 소수점이하 셋째자리에서 반올림하고, 2/4분기 이후 지가변동률은 전분기변동률을 추정 적용하되 일할 계산함

② 가격산정시 천원 미만은 절사함

③ 감가수정은 만년감가이며 감가수정방법은 정액법을 사용함

④ 입체이용저해율은 소수점 넷째자리에서 반올림함

⑤ 기타사항은 토지보상평가지침 및 일반평가이론에 의함

⑥ 표준지 공시지가는 적정 시세가 반영되어 있음

기업가치 [논점정리]

【연습문제 09】모기업의 가치를 평가함에 있어서 아래의 물음에 답하시오. (기준시점 : 2024. 1. 1) (20점)

(물음 1) 현금흐름 추정의 기본원칙을 기술한 뒤, 기업의 잉여현금흐름(FCFF; Free Cash Flow to the Firm)을 산정하시오.

(물음 2) 자본조달을 함에 있어서 자본비용의 개념을 각 원천별로 구분하여 그 개념을 설명한 후, 이를 구하는 방법을 기술하시오.

(물음 3) 자본비용을 구함에 있어서 타인자본비용은 부채를 액면발행을 상정하여 표면이자율로 하며, 자기자본비용은 CAPM을 이용하여 가중평균자본비용(WACC; Weighted Average Cost of Capital)을 구하시오.

(물음 4) 기업의 가치를 산정하시오.

<자료 1> FCFF 산정에 관한 자료

1. 2023년도의 손익계산서(I/S)상의 매출총이익 : 1,000,000만원

2. 판매관리비 : 감가상각비 110,000만원을 포함한 550,000만원

3. 2023년도 현금흐름표(C/F)상의 자본적 지출액 : 120,000만원

4. 운전자본지출액 : 2023년도에는 30,000만원의 지출이 있었으며, 2024년도에는 1,750만원의 추가적 지출이 있을 것으로 예상된다.

5. 납입자본금 : 700,000만원이며, 1주당 액면가격은 5,000원이다.

<자료 2> WACC 산정에 관한 자료

1. 가중치 적용은 장부가치를 기준으로 산정하도록 한다.

2. B/S에서의 자산 구성비율
   부채항목은 60%이며, 나머지는 자산항목으로서 40%임.

3. 타인자본비용(상기의 부채항목에서의 부채 내역)

pp	비중	이자율	
단기부채	15%	연 12%	기준시점 현재 부채의 총액은 950,000만원이다.
회사채	30%	연 12.5%	
기타 장기부채	50%	연 13%	
퇴직급여충당금	5%		

4. 해당기업과 자본시장 전체의 수익률간의 상관관계(시장수익에 대한 해당회사의 민감도)

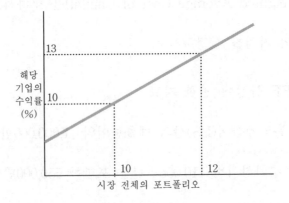

<자료 3> 시장상황

1. 1년만기 정기예금이자율은 기준시점 현재 연 8%이며, 시장전체의 포트폴리오 기대수익률은 14%이다.

2. 법인세 : 36%

<자료 4> 성장기대

해당 기업의 2024년도 영업이익, 자본적 지출, 감가상각비는 5%정도 상승할 것으로 예상된다.

<자료 5> 기타

1. FCFF는 영업이익 × (1 − 법인세율) + 감가상각비 − 자본적지출 − 추가운전자본임.

2. 각 단계에서 할인율은 백분율로서 소수점 3자리에서 반올림할 것.

3. 자료 2과 자료 3을 혼용하여 사용하지 말 것.

4. 기업의 자본조달은 자기자본과 타인자본으로 구성하며, 할인율은 적절한 인플레이션 방어효과가 있음.

기계기구 [논점정리]

【연습문제 10】감정평가사 H씨는 기계기구에 대한 평가의뢰를 접수하고 자료를 수집하였다. 감정평가액을 구하시오. (15점) 감정평가사 6회 기출

<자료 1> 평가의뢰 내용

1. 평가의뢰 목록

기호	품명	규격	수량	비고
1	EPOXY COATING M/C	800	1	
2	EXTRUDER	CM - 50HP	1	
3	전기시설	154KV CAP 35,000KVA	1	

2. 감정목적 : 담보

3. 기준시점 : 2023.6.20

4. 감정의뢰인 : H산업㈜

5. 기타사항

 ① H산업㈜는 자동차부품 제조업체로서 제반시설을 구비하고 정상가동 중 임.

 ② 토지, 건물을 수반하지 않은 기계시설 일부만의 평가이나 사업체로 평가해 줄 것을 요청받았음.

<자료 2> 수입신고서

수입면장(사본)

신고자상호	○○관세사무소	제출번호
		1-1305-010426

신고번호(세관-과-일련번호) 131-11 306031	신고구분 A	검사구분 A	검사구분 B

수입자상호	H산업㈜	부호
		815516

거래구분	11 종류		K	결제방법	S
승인번호 1-3300-250-ND0153			신고일자 2019.08.17		

납세의무자	A자C동 121번지	사업자등록번호
주소·상호·성명	H산업㈜	123-80-06835

환적국 JAPAN	JP	국내도착항 부산항

		부호
무역대리점	H산업㈜	80173

적출국 JAPAN	JP	선(기)명, 국정 CHUN

B/L AWB 번호 24E182AA/08/YH	운송형태 선박-벌크

공급자	KOKUDAI CO, LTD JP

정치확인번호 11362-01101 H산업기경장치장	조사란

품명 및 규칙		세부부호/※품목번호 과세가격(CIF)		세종	세율	감면율	세액		
품명 Epoxy Coating Machine with standard Accessories (Model : 800) 1 SETFOBJPY46,000,000		8479,89-9050		관	13%	40%	38,559,040		관세법 28조
				내					※내국세세종
		₩296,608,000		교					
		순수량 5,397	단위 kg	부	10%		33,516,704		
		수량 1	단위 NO	가산비용		공제비용	평가방법	원산지	조사란
품명 Extruder with standard Accessories 1 SETFOBJPY54,000,000		8477,20-10000		관	11%	분납	38,301,120		관세법 36조
				내					※내국세세종
		₩348,192,000		교					
		순수량 5,397	단위 kg	부	10%		38,649,312		
		수량 1	단위 NO	가산비용		공제비용	평가방법	원산지	조사란
품명 Automatic Machine with standard Accessories 1 SETFOBJPY9,500,000		9031,80-9090		관	11%		6,738,160		관세법 36조
				내					※내국세세종
		₩61,256,000		교					
		순수량 1,020	단위 kg	부	10%		6,799,416		
		수량 1	단위 NO	가산비용		공제비용	평가방법	원산지	조사란
보세운송방법 3	총종량 D	단위	납부서번호 207451	환율 ₩786		신고가격합계 (1매 3란)	₩706,056,000 $897,900		

<자료 3> 부대비용에 관한 자료

1. 관세

〈관세율표〉

품목번호				품명	기본 (잠정)	양허(2023)		탄력
						WTO	기타	
8477				고무나 플라스틱의 가공 또는 이들 재료로 제조하는 기계	8%			
	10			사출성형기				
	20			압출기				
		10	00	고무공업용의 것		18.6%		
		20	00	플라스틱 공업용		18.6%		
8479	89	90		기타	8%			
			10	프레스 또는 압출기		18.6%		
			30	아일레팅기		18.6%		
			50	코팅머신(도표기)				
			70	냉방기		18.6%		
9031	80	90	90	기타	8%			

2. L/C 개설료 등 통상의 부대비용 : 도입가격의 3%

3. 설치비 : 기호(1)은 도입가격의 1.5%, 기호(2)는 TON당 200,000원임.

<자료 4> 외화환산율

연도	국명	해당통화당 미 $	미 $당 해당통화	해당통화국 한국₩
2019.8	미국	1	1	720
	일본	1.1986 (100엔당)	80	869 (100엔당)
2023.06	미국	1	1	760
	일본	1.2043 (100엔당)	80	919.06 (100엔당)

<자료 5> 기계보정지수

구 분	국명 / 연도	2023.6	2022	2019	2018
일반기계	미국	1	1.0024	1.0892	1.1168
	일본	1	0.9988	1.0045	0.9799
전기기계	미국	1	1.0167	1.0593	1.0772
	일본	1	0.9511	0.9203	0.8778

<자료 6> 기타자료

1. 기계 기호(2)는 관세 분할 납부 품목으로서 수입당시의 관세를 2019.10.1 1차 납부를 시작으로 5년간 균등하게 상환하도록 되었으며 기준시점 이전분은 완납하였음.

2. 연간 감가율 : 기호(1), (2)는 0.142, 기호(3)은 0.109

3. 내용년수만료시 잔가율 : 10%

4. 전기시설은 시설 배치 도면과 실지조사를 통하여 기존부분과 증설부분을 확인하였으며 기존부분은 25,000KVA이고, 증설부분은 10,000KVA임.

5. 전기시설 중 기존부분은 2017.1.10, 증설부분은 2021.1.20에 각각 준공하였음.

6. 전기시설에 대한 최근 공사비는 기존부분은 구형 시설로서 KVA당 80,000이며 신규시설은 KVA당 100,000로 조사되며 적정함.

7. 각 시산가액은 천원단위에서 반올림함.

기계기구 [논점정리]

【연습문제 11】 감정평가사 K씨는 ㈜ABC로부터 도입기계에 대한 평가의뢰를 받고 다음과 같은 자료를 수집하였다. 도입기계의 평가액을 구하시오. (10점) 감정평가사 17회 기출

<자료 1> 감정 개요

1. 평가대상 : Lathe 1대
2. 기준시점 : 2023.8.27
3. 평가목적 : 공장저당법에 의한 담보평가

<자료 2> 평가기준

1. CIF, 원산지화폐 기준
2. 국내시장가격은 고려하지 않음
3. 대상기계의 내용년수는 15년, 내용년수만료시 잔가율은 10%

<자료 3> 외화환산율

적용시점	통화	해당통화당 미(달러)	미$당 해당통화	해당통화당 한국(원)
2021년 7월	JPY	0.9140(100엔당)	109.4081	1,059.02(100엔당)
2021년 8월	JPY	0.9522(100엔당)	105.0198	1,059.05(100엔당)
2023년 8월	JPY	0.8735(100엔당)	114.4877	832.28(100엔당)

<자료 4> 기계가격보정지수

구 분	국명＼연도	2023	2021
일반기계	미국	1.0000	1.0606
	영국	1.0000	1.0358
	일본	1.0000	0.9979
전기기계	미국	1.0000	0.9982
	영국	1.0000	0.9954
	일본	1.0000	0.9490

<자료 5> 수입신고서

수 입 신 고 서　　(갑지)

(USD) 1,177.5200 (보관용)

① 신고번호 11797-06-3000149	② 신고일 2021/08/01	③ 세관.과 020-11	⑥ 입항일 2021/07/26	※ 처리기간 : 3일
④ B/L(AWB)번호 EURFLH06803INC	⑤ 화물관리번호 06KMTCHN094-0021-008		⑦ 반입일 2021/07/28	⑧ 징수형태 11

⑨ 신 고 자 지평관세사무소(민경대)	⑭ 통관계획 D 보세구역장치후	⑱ 원산지증명서 유무 X	⑳ 총중량 95,487.0 KG
⑩ 수 입 자 ㈜ ABC(A).	⑮ 신고구분 A 일반P/L신고	⑲ 가격신고서 유무 Y	㉑ 총포장갯수 1 GT
⑪ 납세의무자 (에이비씨-1-01-1-01-1 /220-04-75312) (주소) 서울 중구 충무로 1가 123 (상호) ㈜ ABC (성명) 홍길동	⑯ 거래구분 11 일반형태수입	㉒ 국내도착항 INC 인천항	㉓ 운송형태 10-FC
⑫ 무역대리점	⑰ 종류 K 일반수입(내수용)	㉔ 적출국 JP (JAPAN)	
⑬ 공 급 자 AGEHRA VELVET (CO LTD) JPAGE0002A(JP)	㉖ MASTER B/L 번호	㉕ 선기명 (LONG HE(CN)	㉗ 운수기관부호
㉘ 검사(반입)장소 02022143-060039603A (대한통운국제물류)			

● 품명·규격 (란번호/총란수 : 1/1)

㉙ 품 명 LATHE FOR REMOCING METAL ㉚ 거래품명 LATHE	㉛ 상표 NO

㉜ 모델·규격	㉝ 성분	㉞ 수량	㉟ 단가(USD)	㊱ 금액(USD)
LATHE (NUMERICALLY CCNTRCLLED)		1 U	100,000	100,000

㊲ 세번 부호	8458.11-0000	㊳ 순중량	5,000.0 KG	㊷ C/S 검사		㊸ 사후확인기관
㊳ 과세가격(CIF)	$100,000	㊵ 수 량	1 U	㊹ 검사변경		
	₩117,752,250	㊶ 환급물량	1,000 GT	㊻ 원산지표시 JP-Y-Z-N	㊼ 특수세액	
㊺ 수입요건확인 (발급서류명)						

㊽ 세종	㊾ 세율(구분)	㊿ 감면율	⑤ 세액	⑤ 감면분납부호	감면액	* 내국세종부호
관 농 부	8.00(A 기가) 20.00(A) 10.00(A)	50.000	4,710,080 942,016 12,340,409	A09500010401	4,710,080	

㊼ 결제금액(인도조건-통화종류-금액-결제방법)	CIF - USD 100,000-LS		㊿ 환 율	1,177.5200

㊼ 총과세가격	$ 100,000	㊼ 운임	942,016	㊼ 가산금액		㊼ 납부번호	--------------
	₩ 117,752,250	㊼ 보험료	17,662	㊼ 공제금액		㊼ 부가가치세과표	123,404,096

㉑ 세 종	㉑ 세 액	※ 관세사기재란	㉕ 세관기재란
관 세	4,710,080		
특 소 세			
교 통 세			
주 세			
교 육 세			
농 특 세	942,010		
부 가 세	12,340,400		
신고지연가산세	999,999,999,999		
㉒ 총세액합계	17,992,490	㉖ 담당자	㉗ 접수일시	㉘ 수리일자

업태 :　　　　종목 :　　　　세관·과 : 020-11　　　신고번호 : 11797-06-3000149　　　page　1/1

<자료 6> 부대비용

1. 관세, 농어촌특별세, 부가가치세 및 관세감면율 : 도입시점과 동일

2. 설치비 : 도입가격의 1.5%

3. L/C개설비 등 기타 부대비용 : 도입가격의 3%

4. 운임 및 보험료 : 도입시점과 동일

<자료 7> 정률법에 의한 잔존가치율

(잔가율 : 10%)

연간감가율 / 내용년수 경과년수	0.206 / 10	0.189 / 11	0.175 / 12	0.162 / 13	0.152 / 14	0.142 / 15	0.134 / 16	0.127 / 17	0.120 / 18	0.114 / 19	0.109 / 20
1	9/0.794	10/0.811	11/0.825	12/0.838	13/0.848	14/0.858	15/0.866	16/0.873	17/0.880	18/0.886	19/0.891
2	8/0.630	9/0.657	10/0.680	11/0.702	12/0.719	13/0.736	14/0.749	15/0.762	16/0.774	17/0.784	18/0.793
3	7/0.500	8/0.533	9/0.561	10/0.588	11/0.609	12/0.631	13/0.649	14/0.665	15/0.681	16/0.695	17/0.707
4	6/0.397	7/0.432	8/0.463	9/0.493	10/0.517	11/0.541	12/0.562	13/0.580	14/0.599	15/0.616	16/0.630
5	5/0.315	6/0.350	7/0.382	8/0.413	9/0.438	10/0.464	11/0.487	12/0.507	13/0.527	14/0.545	15/0.561
6	4/0.250	5/0.284	6/0.315	7/0.346	8/0.371	9/0.398	10/0.421	11/0.442	12/0.464	13/0.483	14/0.500
7	3/0.196	4/0.230	5/0.260	6/0.290	7/0.315	8/0.341	9/0.365	10/0.386	11/0.408	12/0.428	13/0.445
8	2/0.157	3/0.187	4/0.214	5/0.243	6/0.267	7/0.293	8/0.316	9/0.337	10/0.359	11/0.379	12/0.397
9	1/0.125	2/0.151	3/0.177	4/0.203	5/0.226	6/0.251	7/0.273	8/0.294	9/0.316	10/0.336	11/0.353
10	0.1	1/0.123	2/0.146	3/0.170	4/0.192	5/0.215	6/0.237	7/0.257	8/0.278	9/0.298	10/0.315
11		0.1	1/0.120	2/0.143	3/0.163	4/0.185	5/0.205	6/0.224	7/0.245	8/0.264	9/0.280
12			0.1	1/0.119	2/0.138	3/0.158	4/0.177	5/0.195	6/0.215	7/0.233	8/0.250
13				0.1	1/0.117	2/0.136	3/0.154	4/0.171	5/0.189	6/0.207	7/0.223
14					0.1	1/0.117	2/0.133	3/0.149	4/0.167	5/0.183	6/0.198
15						0.1	1/0.115	2/0.130	3/0.146	4/0.162	5/0.117
16							0.1	1/0.113	2/0.129	3/0.144	4/0.157
17								0.1	1/0.113	2/0.127	3/0.140
18									0.1	1/0.113	2/0.125
19										0.1	1/0.111
20											0.1

공 장 [논점정리]

【연습문제 12】 얼마 전 당신은 합병을 통한 기업확장을 계획하고 있는 ㈜H산업으로 부터 해당 합병Project의 선임 감정평가사로 참여해 달라는 제의를 수락하였다. 이에 당신은 피합병회사 ㈜M산업 사업체에 대하여 공부조사와 실지조사 및 시장조사를 완료한 후 아래의 자료를 정리하였다. 제시된 자료를 바탕으로 ㈜M산업의 적정매수가격을 사업체로서 평가하시오. (40점)

<자료1> 적정매수가격 평가에 관한 기본적 사항

1. 기준시점 : 2023년 9월 1일

2. 평가목적 : 사업체로서의 적정가격평가(거래참고 및 경제적 타당성 검토용)

3. 대상물건
   ⑴ 유형자산
      ① 토지 : S시 K구 B동 100번지. 공장용지 1,250m²
      ② 건물 : 위 지상
         • 사무실용 건물 : 철근콘크리트조 슬라브즙 3층 1동, 연면적 540m²
         • 공장용 건물 : 블록조 슬라브즙 1층 1개동, 연면적 400m²
         • 창고용 건물 : 블록조 슬라브즙 1층 1개동, 연면적 200m²
      ③ 기계 : 밀링머신 6대, 드릴링머신 15대, 그라인딩머신 11대
      ④ 재고자산 : 제품, 재공품, 원재료
   ⑵ 무형자산 : 영업권

<자료2> 토지, 건물에 대한 공부 및 실지 조사내역

1. 공부내용
   ⑴ 토지대장 : 지목 '공장용지' / 면적 '1,250m²'

(2) 건축물관리대장 : 준공일－2019년 1월 1일

　　철근콘크리트조 슬라브 3층 1동, 연면적 540m²

　　블록조 슬라브즙 1층 1동, 400m²

(3) 토지이용계획확인서 : 용도지역 '준공업지역'

(4) 지적도 : 정방형 평지로, 각지에 접하고 있으며 주도로의 폭은 12m임.

2. 실지조사내용

(1) 토지 : 공부상 내용과 일치함

(2) 건물 : 공부상 건물 외 블록슬라브 1층(200m²)건 1동이 창고용으로 이용되고 있음.

구 분	준공일	건축공사비 (원/m²)	공사비비율(%)		내용년수(년)	
			주체	부대	주체	부대
사무실	2019. 1. 1	850,000	70	30	40	20
공장	2019. 1. 1	600,000	80	20	25	20
창고	2020. 1. 1	630,000	80	20	25	20

※ 1. 공사비는 각 준공시점의 적정원가임.

　 2. 창고는 미등기건물로 재산세 납부실적을 확인하였음.

　 3. 감가는 만년감가에 의하며, 내용년수말 잔존가치는 0원임.

<자료 3> 기계관련 조사내역

1. 기계가격

구 분	대수	제작일	구입시기	구입단가	비고
밀링머신	6	2018. 6. 17	2019. 1. 1	₩12,000,000	국산기계(S기계 제작)
드릴링머신	15	2018. 12. 15	2019. 1. 1	₩4,600,000	국산기계(S기계 제작)
그라인딩머신	11	2018. 2. 25	2019. 1. 1	CIF ¥455,861	도입기계

※ 1. 그라인딩머신은 "미국"에서 제작된 기계로, 2019. 1. 1에 "일본"에서 도입된 기계이며, 도입일자를 신고일로 하여 신고하였으나, 등록은 2019년 2월 1일에 마쳤다.

　 2. 감가상각은 만년감가를 하며, 정률법을 적용한다. (최종잔가율 15%, 내용년수 10년)

　 3. 구입단가에는 설치비가 포함되어 있지 않으며, 기계장치의 설치비는 기준시점 현재 기계 대당 800,000원이 소요된다.

2. 도입기계 부대비용(단위기계당 소요 비용)

　⑴ 관세율 : 도입가격(CIF기준가격)에 적용되며, 도입당시는 6%이나 현행은 5%임.

　⑵ L/C개설비 등 부대비용(관세 불포함) : 통상 도입가격(CIF기준가격)의 5%임.

　⑶ 운송기간 중 보험료 : 100,000원

　⑷ 해상운임 : 200,000원

<자료 4> 공시지가(S시 K구)

(공시기준일 : 2023년 1월 1일)

기호	소재지	면적 (m²)	지목	이용 상황	용도 지역	주위 환경	도로 교통	형상 지세	공시지가 (원/m²)
1	B동 50	1,350	대	공업용	준공업	공장지대	중로 각지	정방형 평지	1,400,000
2	B동 70	11,100	대	공업용	준공업	공장지대	광대 한면	부정형 평지	1,430,000
3	B동 110	99	대	주상 복합	일반 주거	주택 및 상가 지대	소로 각지	정방형 평지	1,600,000
4	B동 140	100	대	단독 주택	일반 주거	일반주택지대	소로 한면	정방형 평지	1,220,000
5	B동 200	331	대	공업용	준공업	소규모 공장 지대	소로 한면	제형 평지	1,350,000

<자료 5> 사업체운영내역

1. 대상 공장은 "건물의 준공"과 동시에 운영에 들어갔다. ("2019년 1월 1일" 운영개시)

2. 대상 공장 ㈜M산업은 공작기계제작에 필요한 부속품을 생산하여 공작기계제작 회사에 납품하는 중소제조기업이다.

3. 동 부속품의 생산공정은 '밀링 → 드릴링 → 그라인딩'의 순이며, 생산에 필요한 기계의 적정배치 대수는 1 : 2.5 : 1.5이다. (유휴시설의 잔존가치는 해체처분비용과 동일함.)

<자료 6> 수익 및 비용 자료

1. 대상 공장의 수익내역

   현재 ㈜M산업의 부속품 생산능력은 년간 3,500ton이다. (연평균가동률 : 85%, 판매가격 : @1,860원/kg)

2. 동일업종의 비용내역 : 동일업종의 적정 비용(상각비제외)은 수익의 80%임.

<자료 7> 영업권 관련자료

1. 대상 사업체는 '상품판매처 확보, 생산공정의 효율성, 노사간의 유대감, 생산기술상의 프리미엄 등'에서 인근유사 사업체에 비하여 우수한 것으로 조사되었으며, 합병의 양당사자는 이러한 사정이 제품판매에 따른 수익의 차이로 발생한다는 점을 상호인정하였다.

2. 선임 감정평가사인 당신은 상기 합의된 사항에 따라 "인근유사 사업체를 기준으로 추계된 기준년도의 제품판매수익(상각전) 차이를 대상 사업체의 잔존 경제적 내용년수 동안 적정할인율로 연금현가화한 가액"으로 영업권의 평가액을 결정하기로 하였다.

3. 인근유사 사업체의 수익자료

   다음에 제시된 인근유사 사업체의 수익자료는 영업권 평가에 적용할 기준치로서의 적정성이 인정된다. 다만, 사업체의 규모가 상이한바, 적절한 비교요소를 사용하여 이를 보정하여 영업권 평가시 적용한다.

   (1) 구성

   ① 토지 : S시 K구 B동 50. 1,350m²(표준지#1)

   ② 건물 : 위 지상

   • 사무실용 : 철근콘크리트조 슬라브즙 3층 1동, 연면적 600m²
   • 공장용 : 블록조슬라브즙 1층 1개동, 연면적 450m²
   • 창고용 : 블록조슬라브즙 1층 1개동, 연면적 220m²
   ※ 건물의 준공시점은 2022. 1. 1이며, 준공즉시 사업체 운영에 들어갔음.

③ 기계

대상 공장과 동일한 업종인 만큼 해당 유사공장에서도 밀링머신, 드릴링머신, 그라인딩머신을 생산공정에 투입하고 있으며, 모두 "국산기계"로서 대상 공장에 있는 수입기계와 비교하여 단위 기계당 생산능력이 동일하다. (단, 기계가동시 발생한 감가에 따른 잔존가치의 변화는 동 기계의 생산능력을 그 만큼 감소시킴.)

- 밀링머신　　　9대 : S기계 제작(제작일 : 2021. 12. 12)
- 드릴링머신　　20대 : S기계 제작(제작일 : 2021. 7. 15)
- 그라인딩머신　14대 : T기계 제작(제작일 : 2021. 8. 1)

⑵ 기준시점 현재 위 공장의 연평균가동률은 85%로서, 부속품 생산능력은 년간 5,000ton이며 판매가격은 @1,790원/kg이다.

4. 수익구성요소별 비교요소

사업체의 유형자산들이 전체수익에 기여하는 정도는 다음의 제시된 비교요소와 밀접한 상관관계를 갖고 있으며, 이러한 비교요소로 보정한 제품판매수익에는 영업권(무형자산)으로부터 발생한 수익이 포함되지 않은 것으로 판단된다.

⑴ 토지(30%) : 지역요인, 개별요인 및 부지면적

⑵ 건물(40%) : 공장용 건물의 연면적 및 잔가율

⑶ 기계(30%) : 적정기계 설치 대수 및 잔가율(밀링머신 기준 비교함)

　※ "(　)"안은 각 구성요소의 "수익에 대한 기여도"를 나타냄.

<자료 8> 대상 사업체의 경제적 수명(건물, 기계와는 별개임)

대상업종의 경제적 내용년수는 시장상황의 지속적인 변화의 영향으로 "공장설립시점(공장건물준공시점)"으로부터 11년 정도인 것으로 판명되며, 내용년수말 토지를 제외한 기타 다른 부분의 잔존가치는 해체처분비용과 동일할 것으로 추정된다. (토지의 기간말 실질가치는 변화가 없는 것으로 한다.) "사업체의 경제적 잔존 내용년수" 산정시 6개월 미만은 인정하지 아니하며, 6개월 이상은 1년이 남은 것으로 한다.

<자료 9> 각종 시간적 불일치에 대한 보정 자료

1. 지가변동률

(단위 : %)

구 분	2019	2020	2021	2022	2023							
					1	2	3	4	5	6	7	누계
주거지역	7.8	8.3	7.7	7.5	0.9	0.891	1	1.01	1.111	1.031	0.918	7.066
공업지역	6.1	7.4	9.0	7.0	1	1.01	0.884	1.142	1	0.828	1.082	7.156

2. 건축비지수

(2019년을 기준으로 한 각 시기별 지수임.)

구 분	2019년 1월	2020년 1월	2021년 1월	2022년 1월	2023년 1월
지수	100	107.3	111.1	115.4	130

※ 1. 위 지수는 "블록조", "철근콘크리트조"에 모두 적용가능함.
　 2. 시점수정치 결정시 15일을 기준으로 월단위로 적용함.

3. 외화환산율표

구 분	미국 $당 해당통화			해당통화당 한국₩		
	2019. 1	2019. 2	2023. 9	2019. 1	2019. 2	2023. 9
미국 $	1	1	1	1,500	1,600	1,320
일본 ¥	103.4	95.2	114.8	14.5	16.8	11.5

4. 기계가격 보정지수(2023년 9월을 기준으로 하였을 경우의 각 시기별 보정비임.)

구 분	한국	미국	일본
2019년 1월	1.1443	1.1224	1.1510
2020년 1월	1.1032	1.0985	1.1235
2021년 1월	1.1011	1.0610	1.0950
2022년 1월	1.0785	1.0199	1.0485
2023년 1월	1.0700	1.0025	1.0050
2023년 9월	1.0000	1.0000	1.0000

<자료 10> 각종 격차율표

1. 도로조건

구 분	광대각지	광대한면	중로각지	중로한면	소로각지	소로한면	세로한면
광대각지	1.00	0.94	0.91	0.87	0.84	0.81	0.79
광대한면	1.06	1.00	0.95	0.91	0.88	0.85	0.83
중로각지	1.10	1.05	1.00	0.96	0.93	0.90	0.88
중로한면	1.15	1.10	1.04	1.00	0.97	0.94	0.92
소로각지	1.19	1.14	1.08	1.03	1.00	0.97	0.95
소로한면	1.23	1.18	1.11	1.06	1.03	1.00	0.98
세로한면	1.27	1.20	1.14	1.09	1.05	1.02	1.00

2. 형상

구 분	정형	제형	부정형
정형	1.00	0.97	0.90
제형	1.03	1.00	0.93
부정형	1.11	1.08	1.00

※ '정형'은 정방형, 가로장방형, 세로장방형을 포함함.

<자료 11> 각종 이율 및 활용 지침

1. 무위험률(risk-free rate) : 연 8.5%
2. 시장의 적정할인율(시장이자율) : 연 12%
3. 대상 사업체에 적용할 위험조정할인율(risk-adjusted discounted rate) : 연 27.5% (건물, 기계 등에 대한 회수율이 고려되어 있음.)
4. "수익가액"은 상각전수익을 조성법(built-up method)에 의한 환원율을 적용하여 직접환원법(Direct capitalization method)의 형식으로 산정하며, "영업권 평가"에는 시장의 정상적인 할인율을 해당기간 동안 복리로 적용하기로 한다.
5. 기계장치의 감가상각은 "사업체 가동시점"부터 시작한다.
6. 표준지 공시지가의 그 밖의 요인은 증액이 불필요함

임대권, 임차권 [논점정리]

【연습문제 13】乙은 5년 전에 甲으로부터 도심외곽에 소재하는 나대지를 임차하고 3년 전 고급 음식점을 건축하여 丙에 전대하였다. 甲은 토지 임대에 따라 세금의 절세효과가 매년 1억원 정도 있는 것으로 파악된다. 다음 물음에 답하시오. (15점)

(물음 1) 시장가치를 수익방식 및 원가방식으로 산정할 것.

(물음 2) 甲의 임대권의 가치를 산정하시오.

(물음 3) 丙의 전차권가치를 평가하시오.

(물음 4) 丙이 乙의 임차권(전대권)매입시 지불대가 산정.

<자료1> 대상부동산

1. 토지 : 경기도 성남시 남한산성역근처 1000㎡

2. 건물 : 위 지상 철근콘크리트조 슬라브즙 600㎡

<자료2> 임대차 내역

1. 乙 임대조건
   (1) 연임대료 : 순임대료 기준 15,000만원을 기초에 지불함(임대기간 20년)
   (2) 건축하여 사용 후 임대기간 만료시 소유자(甲)에게 귀속함.

2. 丙 임대조건 : 연임대료는 순임대료를 기준으로 26,000만원을 기초에 지불함(임대기간 18년)

<자료 3> 토지가격 등

1. 토지가격은 20억원 정도가 적절한 것으로 조사되었음.
2. 건축비는 건축당시 9억원이 투입되었으며, 경제적 수명은 40년이고, 기간말 경제적 가치는 없을 것으로 간주된다.

<자료 4> 기타

1. 유사부동산의 임대료수준
   (1) 실질임대료 : 건물면적당 100만원/m²,
   (2) 운영경비 : 실질임대료의 50%(감가상각비 제외)

2. 가격변동률 : 지난 3년간 건축비는 10%상승, 향후 토지 및 건물은 보합세.

3. 전형적인 자본수익률은 10%, 임대권(9%), 전차권(12%), 전대권(9%)

4. 대상 및 유사부동산의 임대료수준은 유사함.

환지예정지 [논점정리]

【연습문제 14】 감정평가사인 당신은 환지예정지로 소유 토지의 일부가 지정된 K씨 소유의 토지를 평가하고 있다. 다음의 자료를 바탕으로 K씨 소유의 토지 전체의 적정가격을 2023년 8월 31일을 기준시점으로 하여 평가하시오. (10점)

<자료 1> 토지등기사항전부증명서의 내용

소재지번	지목	면적(m^2)	소유자
S시 A동 244-43번지	답	1,500	K씨 외 2인

※ 토지대장에서는 지목, 소유자 등은 동일하지만 면적사항에 대하여는 $1,450m^2$로 표시되어 있다.

<자료 2> 환지예정지 지정증명원

종전의 토지			환지예정지				
소재지번	지목	면적(m^2)	구획번호	권리면적	환지면적	징수	교부
S시 A동 244-43번지	답	800	1	$400m^2$	$420m^2$	$20m^2$	

<자료 3> 대상토지에 관한 사항

1. 도시계획사항 : 제1종일반주거지역

2. 토지상 소유자의 지분에 대한 등기사항은 없다.

3. 분담금은 아직 청산되지 않고 있다.

<자료 4> 인근의 표준지공시지가 자료

(공시기준일 : 2023. 1. 1)

기호	소재지	면적(m^2)	지목	이용상황	용도지역	공시지가
1	S시 A동 110번지	1,300	답	답	1종일주	180,000
2	S시 A동 141번지	250	대	단독주택	1종일주	280,000

* 공시지가는 인근 적정 시세를 반영하고 있음.

<자료 5> 지가변동률(S시)

1. S시 주거지역의 2023년 7월 지가변동률은 3.248%이며, 1월~7월까지 누계치는 16.242%임.

2. S시의 '답'의 2023년 7월 지가변동률은 2.149%이며, 1월부터 7월까지 누계치는 10.352%임.

<자료 6> 지역요인 및 개별요인

1. 지역요인 : 대상토지와 비교표준지의 지역요인의 차이는 없음

2. 개별요인

대상토지(종전)	환지예정지	표준지1	표준지2
99	100	102	105

광산 [논점정리]

【연습문제 15】 감정평가사 K는 A기업으로부터 적정시설을 보유하고 정상적으로 가동중인 석탄광산에 대한 감정평가를 의뢰받고 사전조사 및 현장조사를 한 후 다음과 같이 자료를 정리하였다. 주어진 자료를 활용하여 다음 물음에 답하시오. (15점)

감정평가사 13회 기출

(물음 1) 광산의 감정평가액과 광업권의 감정평가액을 구하시오.

(물음 2) 광산의 감정평가시 사전조사 및 현장조사할 사항을 설명하시오.

(물음 3) 광산의 감정평가시 사용하고 있는 환원율과 축적이율을 비교 설명하시오.

<자료 1> 연간수지상황

사업수익		소요경비	
정광판매수입		채광비	500,000,000원
		선광제련비	350,000,000원
월간생산량	50,000t	일반관리비, 경비 및 판매비	총매출액의 10%
판매단가	5,000원/t	운영자금이자	150,000,000원
		감가상각비	
		• 건물	30,000,000원
		• 기계기구	70,000,000원

※ 감정평가대상 광산의 연간수지는 장래에도 지속될 것이 예상됨

<자료 2> 자산명세

자산항목	자산별 가격
토지	1,000,000,000원
건물	750,000,000원
기계장치	1,200,000,000원
차량운반구	150,000,000원
기타 상각자산	200,000,000원
합계	3,300,000,000원

<자료 3> 광산 관련자료

1. 매장광량 — 확정광량 : 5,500,000t   추정광량 : 8,000,000t

2. 가채율

구 분	일반광산	석탄광산
확정광량	90%	70%
추정광량	70%	42%

3. 투자비(장래소요기업비)

   적정생산량을 가행최종년도까지 유지하기 위한 제반 광산설비에 대한 장래 총
   투자소요액의 현가로서 장래소요기업비의 현가총액은 1,450,000,000원임

4. 각종이율 — 환원율 : 16%, 축적이율 : 10%

5. 기타자료

   ① 가격산정시 천원 미만은 절사함

   ② 생산량은 전량 판매됨

   ③ 가행년수(n) 산정시 연 미만은 절사함

광천지 [논점정리]

【연습문제 16】 감정평가사 K씨는 다음의 특수토지에 대한 평가를 의뢰받았다. 제시된 자료를 이용하여 대상 광천지의 가격을 구하시오. (10점)

<자료 1> 대상 광천지의 내용

1. 소재지 : S시 B동 20번지

2. 면적 : 1m²

3. 조사내용

   대상토지는 광천지로서, 심도는 320m, 용출량은 330ton/일, 용출온천수의 온도는 47℃로 조사되었다.

<자료 2> 인근의 표준광천지

1. 소재지 : S시 B동 50번지

2. 면적 : 1m²

3. 조사내용

   표준광천지는 최근에 개발된 것으로서 심도 300m, 용출량 350ton/일, 온도는 41℃이며, 일일판매량은 189ton인 것으로 조사되었다.

4. 개발비용명세

   ⑴ 허가 및 지질조사비용 : 2,000,000원

   ⑵ 착정 및 그라우팅 : 16,500,000원

   ⑶ 펌프(수중모타)시설 : 5,000,000원

   ⑷ 배관 및 저수조시설 : 3,500,000원

   ⑸ 일반관리비 및 이윤 : 4,050,000원

   ⑹ 토지매입가격 : @450,000원/m²

<자료 3> 온도에 따른 용출량 보정률

온도	보정률
45℃ 미만	0.8
50℃ 미만	0.9

<자료 4> 용출량지수

용출량(ton/일)	지수
282 미만	2.5
334 미만	3.0

<자료 5> 기타자료

1. 온천수의 판매단가 : @400원/ton

2. 양탕비용 : 256원/ton

3. 종합환원율 : 15%

입목 [논점정리]

【연습문제 17】A감정평가사는 OO 청으로부터 아래와 같은 내용의 입목에 대한 감정평가의뢰를 받았다. 제시자료를 검토하여 입목의 취득가격을 결정하시오. (단, 입목의 평가방법은 제시자료에 타당한 합리적이고 보편적이 방식을 선택하여 평가할 것) (15점)   감정평가사 19회 기출

<자료 1> 감정평가 의뢰내역

1. 개요

(1) 평가목적 : 조림대부지 내 입목의 취득(매수)

(2) 소재지 : OOO도 OO군 OO면 OO리 산21

(3) 지목 : 임야

(4) 면적 : 1,050,000m²

2. 입목현황

임종	임상	수종	혼효율 (%)	임령	령급	경급 (cm)	수고 (m)	ha당재적 (m³)
천연림 (자연림)	활엽수	참나무가타활엽수	70	$\dfrac{29}{15-45}$	Ⅱ-Ⅴ	$\dfrac{18}{8-35}$	$\dfrac{10}{8-18}$	75
	침엽수	소나무						
인공림 (조림)	침엽수	잣나무 낙엽송 리기다소나무	30	$\dfrac{35}{25-45}$	Ⅲ-Ⅳ	$\dfrac{20}{10-36}$	$\dfrac{11}{8-19}$	95

※ 참고사항 : 1. 조림대부지로서 관리상태는 양호함.

3. 경급(cm) : $\dfrac{평균경급}{최저경급 - 최고경급}$

4. 수종별 재적

임종	임상	수종	재적(m^3)	비고
천연림 (자연림)	활엽수	참나무	1,653.80	
		기타활엽수	3,307.50	
	침엽수	소나무	551.30	
	소계		5,512.60	
인공림(조림)		잣나무	1,047.40	
		낙엽송	748.10	
		리기다소나무	1,197.00	
	소계		2,992.50	
합계			8,505.10	

<자료 2> 임목평가자료

1. 원목 시장가격(기준시점현재)

등급 기준	흉고직격 (경급)	원목가격(원/m^3)					
		참나무	기타 활엽수	소나무	잣나무	낙엽송	리기다 소나무
상	30cm 이상	105,000	100,000	110,000	100,000	105,000	100,000
중	16cm 이상	90,000	85,000	95,000	90,000	95,000	90,000
하	16cm 미만	85,000	78,000	85,000	80,000	85,000	80,000

※ 용재림 및 기타용도(펄프, 갱목, 목탄 및 목초액의 용도 등) 등으로 사용할 수 있는바 일반기준 벌기령은 적용하지 아니하고, 시장가격은 천연림과 인공림(조림)의 구분없이 형성되고 있음

2. 조재율

(단위 : %)

등급기준	활엽수	침엽수
상	90	90
중	85	85
하	80	80

3. 생산비용

(1) 벌목조재비

1일 노임/인		기계상각비 및 연료비	1일 작업량/인
벌목비	조재비		
80,000원	80,000원	30,000원	10.0m³

(2) 산지집재비(소운반 포함)

1일 노임은 80,000원/인이며 1일 작업량은 10.0m³/인임

(3) 운반비

구 분	1일 노임/인	1일 작업량/인
상하차비	80,000원	10.0m³
자동차운반비	110,000원	10.0m³

(4) 임도 보수 및 설치비

1일 노임/인	1일 작업량/인	소요임도
90,000원	0.3km	2.1km

(5) 잡비 : 생산비용의 10%

4. 이자율 및 기업자이윤 등

(1) 자본회수기간은 6개월 정도이며 이자율은 금융기관 대출금리기준 연 7.0%를 적용함.

(2) 기업자 이윤은 10%, 산재보험을 포함한 위험률은 5.0%로 적용함.

<자료 3> 참고사항

1. 일부 수종에서 참나무 시들음병이 발생되어 피해도가 "중" 이상인 입목은 평가에서 제외하고 피해도가 "경"이하인 입목은 정상입목 평가액의 90% 수준으로 평가함이 적절함.

2. 참나무 시들음병 피해도를 조사한 바, 조사재적 중 "중" 이상 입목은 약 50%(826.90m³), "경" 이하 입목은 약 20%(330.80m³)임.

3. 단가 계산은 원단위는 절사하고 십원단위까지만 표기요함.

층고제한(문화재보호구역) [논점정리]

【연습문제 18】 문화재보호구역 경계로부터 18m 지점에 소재하는 토지의 평가를 의뢰받았다. 다음 자료를 이용하여 건물의 층고제한으로 인한 감가요인을 감안하여 지상건물이 소재하는 상태하의 2023년 8월 31일 토지가격을 산정하시오. (20점)

<자료 1> 대상부동산의 현황

1. 토지 : S시 A동 110번지 대 200m² 단독주택부지

2. 건물 : 목조 단독주택으로 철거함이 최유효사용에 타당하며, 기준시점 현재 철거비는 5,000,000원이 소요될 것으로 판단된다.

3. 도시계획사항 : 제1종일반주거지역

4. 인근상황등 : 노선상가지대에 소재하며 장방형 평지이며 중로한면에 접함.

5. 평가관련자료 : 대상 인근에 높이 3m의 문화재가 소재하고 있어 건물의 층고제한이 가해지고 있다. 건물의 층고제한 내용은 다음과 같다. 단 tan 27°=0.509

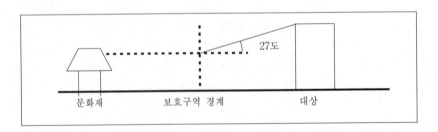

<자료 2> 공시지가(2023. 1. 1)

기호	소재지	지목	면적(m^2)	이용상황	용도지역	도로교통	공시지가(원/m^2)
1	A동 100	대	250	상업용	준주거	중로한면	2,000,000
2	A동 95	대	200	상업용	1종일주/준주거	중로한면	1,500,000
3	A동 70	대	220	단독	1종일주	세로한면	800,000
4	A동 80	대	200	단독	1종일주	소로한면	500,000

* 1) 공시지가 기호 2는 토지면적의 1/3이 준주거지역에 해당되며, 기호 3과 4 표준지는 후면의 기존주택지대에 소재한다. 단 해당지역은 준주거지역의 지가가 제1종일반주 거지역의 지가보다 1.2배 정도 높음.

   2) 상기의 표준지는 문화재 보호구역 경계에서 100m밖의 지역에 소재하고 있으며 층 고제한을 받고 있지 않는 상태이다.

<자료 3> 거래사례

인근 지역 A동 101번지(1종일주, 대 1,350m^2)는 나지 상태의 광면적 노선상가지대 이며 중로한면에 토지로서 2023. 4. 4자로 16억원에 정상거래 되었음.

<자료 4> 요인비교자료

1. 대상부동산과 거래사례 및 공시지가와의 지역요인은 동일한 것으로 판단됨.

2. 개별요인(도로교통, 면적요인은 제외)

대상	거래사례	표준지 1	표준지 2	표준지 3	표준지 4
100	102	98	98	97	99

3. 도로교통(각지는 한면에 비해 5%의 증가요인이 있음)

   광대로 한면(120) > 중로한면(110) > 소로한면(100) > 세로한면(90)

4. 면적요인

   200~250(100) > 250~350(95) > 350~500(90) > 500~800(85) > 800 이상(80)

<자료 5> 2023년도 지가변동률(%)

구 분	용도지역		이용상황	
	상업지역	주거지역	전	대(상업용)
1월	0.331	0.181	0.141	0.210
2월	0.351	0.193	0.151	0.224
3월	0.231	0.320	0.121	0.272
4월	0.151	0.311	0.072	0.251
5월	0.152	0.263	0.152	0.230
6월	0.222	0.192	0.222	0.284

<자료 6> 건물등 이용배분표

	고층시가지	중층시가지	저층시가지	주택지	농지.임야
건물이용률	0.8	0.75	0.75	0.7	0.8
지하부분의 이용률	0.15	0.1	0.1	0.15	0.1
그 밖의 이용률	0.05	0.15	0.15	0.15	0.1
그 밖의 이용률의 상하배분	1:1~2:1	1:1~3:1	1:1~3:1	1:1~3:1	1:1~4:1

※ 이용저해 심도가 높은 토피 20m 이하인바, 상하 배분 비율최고치를 적용한다.

<자료 7> 건물 층수에 관한자료

대상 토지에 층고제한이 없을 경우 지상 6층, 지하 1층(각층 4m, 층별 바닥면적은 동일)의 상업용 건물의 신축이 가능한 것으로 판단된다.

<자료 8> 표준적 층별효용비

	지하2층	지하1층	지상1층	지상2층	지상3층	지상4층	지상 5~20층
효용비	35	44	100	58	46	40	35

<자료 9> 기타 사항

표준지 공시지가는 인근 적정 시세를 모두 반영하나 도로 접면에 따른 가격 격차가 뚜렷하고 개별요인 보정은 한계가 있음.

오염부동산평가 [논점정리]

【연습문제 19】 감정평가사 김○○은 산업단지 내의 염색공장으로 사용되었던 오염 토지에 대하여 시가참고 목적의 감정평가를 의뢰받았다. 관련 법규 및 이론을 참작하고 제시된 자료를 활용하여 다음 물음에 답하시오. (15점)　　　감정평가사 28회 기출

물음 1) 오염 전의 토지가액을 구하시오. (5점)

물음 2) 오염 후의 토지가액을 구하시오. (10점)

<자료 1> 대상 토지의 개요

기호	소재지	지목	면적(m²)	용도지역	도로교통	형상 지세
1	서울특별시 A구 가동 99	공장용지	9,999	준공업 지역	중로한면	사다리 평지

<자료 2> 기본적 사항

1. 감정평가 목적 : 시가참고

2. 기준시점 : 2023.07.01

3. 현장조사 : 2023.03.01 ~2023.07.01

4. 대상 토지는 2008년부터 산업단지 내에 공업용으로 사용되었고, 토양오염이 발견되어 최근 오염조사 및 정화전문업체가 시료채취를 하여 오염여부를 조사하였음. 대상 토지는 2016.07.01부터 오염이 시작된 것으로 보이며, 현 상황에서 오염 정화에 필요한 기간은 2023.07.01부터 3년이 소요될 것으로 예상됨

   Y주택건설(주)은 대상 토지를 주택부지로 분양하기 위하여 기초공사를 하던 중 2022.07.01에 토양이 오염된 것을 발견하였고 관련 조사가 진행 중임

＜자료 3＞ 오염물질 조사사항

구분	오염요인	조사된 오염물질(단위 : mg/kg)
대상 토지 일부	공장운영에 따른 배관 부식과 오염물질 누출로 추정됨	트리클로로에틸렌(TCE) : 75 테트라클로로에틸렌(PCE) : 50 톨루엔 : 110 페놀 : 50 카드뮴 : 110

- 감정평가사 김○○은 오염조사 및 정화 전문업체의 조사 보고서를 검토한 결과, 대상 토지 일부가 「토양환경보전법 시행규칙」 제1조의5 관련 별표3 토양오염우려 기준을 상당히 초과하였다고 판단함
- 향후 오염제거 및 정화공사가 필요하며 이는 합리적이라고 판단함
- 토양오염의 규모는 2,000m³로 조사됨

＜자료 4＞ 정상 거래사례 자료

1. 소재지 : 서울특별시 C구 다동 101

2. 토지특성 : 준공업지역, 공장용지, 7,500m2, 공업용, 중로한면, 사다리, 평지

3. 거래시점 : 2022.11.06.

4. 거래금액 : 35,000,000,000 원 (@4,666,000원/m²)

5. 기타 : 토양오염이 없는 상태의 정상 거래사례임.

＜자료 5＞ 시점수정 자료(지가변동률)

구분	A구 공업지역	B구 공업지역	C구 공업지역
거래시점부터 기준시점까지	1.504%	2.227%	8.133%

<자료 6> 기타 참고자료

1. 오염 전의 토지가액은 비교방식을 적용하고, 거래단가를 기준으로 산정함

2. 비교요인표

구분	본건	거래사례
지역요인 비교	100	115
개별요인 비교	100	135

※ 요인 비교에서 본건과 사례의 가치형성요인 사항에는 오염에 대한 비교요인은 고려되지 않았음

3. 토양오염 조사비용 자료

토양오염의 규모는 2,000m³로 조사되었고, 관련 토양오염 조사비용으로 토양이 오염된 규모를 기준으로 1,000,000원/m³을 2023.07.01.에 지급함

4. 정화비용 자료

정화방법은 생물학적 처리, 화학적 처리 및 열처리를 복합적으로 적용할 예정이며, 정화기간은 3년이 소요될 것으로 추정되고 연간 정화비용은 600,000원/m³이 소요되며 매년 연말에 지급함

5. 정화공사 기간 중 토지이용제약에 따른 임대료손실 자료

임대료 조사사항은 향후 4년 간 시장임대료를 기준으로 보증금 3,000,000,000원, 연간 임대료는 600,000,000원이며, 정화공사 기간 중 임대료손실이 예상되고, 임대와 관련된 지출비용은 미미함

6. 스티그마 자료(오염 전 토지가액을 기준으로 한 가치감소분)

감가율	오염 전	오염된 상태	정화공사 중	정화공사 후
오염조사 전문업체 보고서 기준	0%	-30%	-10%	-5%
시장조사 자료	0%	-20%	-15%	-10%

※ 정화공사 기간은 3년이며, 스티그마의 존속기간은 공사완료 후 1년까지 예상됨
※ 본건 스티그마 금액을 산정하는 경우에는 현재 '오염된 상태'의 보고서 및 시장조사 자료의 감가율을 기준으로 각각 산정한 후 평균금액을 적용

7. 이율 자료

1) 보증금은 기간초 지급, 임대료 기간말 지급, 보증금 운용이율은 연 2% 적용함

2) 시장이자율(할인율) 연 6%, 화폐의 시간가치 고려함

3) 연복리표(이자율 6% 기준)

기간	일시불 내가계수	연금 내가계수	연금 현가계수
3년	1.191016	3.183600	2.673012
4년	1.262477	4.374616	3.465106

8. 기타

1) 토양오염 이외의 악취 등 가치감소요인은 없는 것으로 봄

2) Y주택건설(주) 대표 장○○은 대상 토지 오염으로 인하여 30,000,000원의 정신적 손실이 발생함

3) 종전 소유자(매도인)의 책임사항은 논외로 함

4) 토지단가는 천원 미만 절사, 물음 1), 물음 2)의 토지가액 및 비용산정 등 금액은 백만원 미만 절사함

일조침해 [논점정리]

【연습문제 20】 D건설회사는 총 720세대 규모의 아파트단지 조성사업을 시행하여 입주가 완료되었으나 그 중 12세대는 일반적인 아파트와는 달리 거실 유리창의 일부가 감소되도록 설계되어 입주 후 가치하락액을 산정하여 환불해주기로 하고 환불대상세대 및 환불액 결정을 K감정평가법인에 의뢰하였다. 아래에 제시된 조건과 자료의 범위내에서 K감정평가법인이 수행해야 할 환불대상세대 결정 및 대상세대의 최종 환불액을 평가하시오. (20점)

감정평가사 22회 기출

<자료 1> 기본적 사항

1) 환불액 평가의 가격시점은 2023. 08. 01로 한다.

2) 환불액 지급대상세대는 <자료 2>에 제시된 세대 중 연속일조시간이 2시간 미만이고 총일조시간이 4시간 미만인 세대만을 대상으로 한다.

3) 환불액은 일조시간을 기초로 산정한 가치하락액을 기준으로 결정한다. 이 경우 본 아파트단지에서 일조권 가치가 전체가치에서 차지하는 비율은 평형에 관계없이 6%이며 총일조시간(x분)과 해당세대의 가치하락율(y)간의 관계는 다음 산식으로 산정한다.

$$y = 0.06(1 - x/240)$$

4) 환불대상세대 중 1년 이내에 거래사례가 있는 경우에는 거래사례에 의해 산정한 가치하락액과 일조시간을 기준으로 산정한 가치하락액을 비교하여 적은 금액으로 환불액을 결정한다.

<자료 2> 대상 아파트단지 개요

- 소재지 : S시 A구

- 규모 : 총 720세대(10개동 × 각동 72세대)

- 층수 : 각동 공히 18개층 높이이며 각층별 세대수는 동일하게 건축되었음.

- 동별 현황
  • 101동~108동 : 전세대 85m²형
  • 109동, 110동 : 전세대 110m²형

<자료 3> 창면적 감소세대 현황

동번호	해당세대	창면적감소비율(%)	총 일조시간(분)	연속일조시간(분)
101	301호	45	165	95
	302호	18	265	183
	401호	45	170	98
	402호	18	270	185
102	602호	60	160	93
	702호	25	250	170
109	301호	45	165	125
	302호	18	265	183
	401호	45	170	128
	402호	18	270	185
110	602호	60	160	93
	702호	25	250	170

<자료 4> 본건 아파트단지의 층별 효용지수

층	1	2	3	4	5	6	7	8	9	10
효용지수(%)	90	94	96	98	99	100	100	100	100	100
층	11	12	13	14	15	16	17	18	–	–
효용지수(%)	100	100	100	100	100	100	100	98	–	–

<자료 5> 본건 아파트단지의 위치별 효용지수

위치	1호	2호	3호	4호
효용지수(%)	98	100	98	96

<자료 6> 본건 아파트단지의 면적 타입별 효용지수

면적(m²)	85	110
효용지수(%)	100	104

<자료 7> 본건 아파트 단지내 거래사례 자료

1) 창면적 감소가 없는 사례
   - 동, 호수 : 107동 503호
   - 거래시점 : 2023. 06. 25
   - 거래가격 : 322,000,000원

2) 창면적 감소가 있는 사례
   - 동, 호수 : 101동 401호
   - 거래시점 : 2023. 03. 12
   - 거래가격 : 305,000,000원

<자료 8> 인근지역의 아파트가격 변동지수

2023.01.01	2023.02.01	2023.03.01	2023.04.01	2023.05.01	2023.06.01	2023.07.01
113	114	116	116.8	117.8	119	120

<자료 9> 기타 평가조건

1) 각 호별 정상가격 산정에 있어서 개별소유자가 개별투자한 내부마감재, 구조변경, 추가설비 및 관리상태의 차이 등의 개별적 사항은 고려하지 않는다.

2) 본건 아파트 단지 내 각 동별 효용격차는 없는 것으로 가정한다.

물건별 평가 종합문제

일조침해 [논점정리]

【종합문제 01】 감정평가사 K씨는 서울시 관악구 신림동에 신축예정인 타워펠라스로 인한 인근 신림한대아파트 102동 301호의 일조권 등 침해의 경제적 가치 감소액 산정을 위한 보정률 산정을 의뢰받았다. 주어진 자료를 분석하여 물음에 답하시오. (기준시점 : 2023년 8월 31일) (20점)

(물음 1) 일조침해에 대한 관련하여 <判例> 및 관계법령의 내용을 설명하고, 대상부동산의 일조침해여부를 판단하시오.

(물음 2) 대상 301호에 대해 일조권 등의 침해로 인한 경제가치 감소 보정률을 산정하시오.

<자료 1> 의뢰 대상부동산

1. 소재지 : 서울시 관악구 신림동 263번지

2. 전체 토지 : 102동에 배분되는 대지면적 2,400m²

3. 건물

(1) 102동 건물 전체

구조	연면적	건폐율	용적률	규모	비고
철근콘크리트조 슬라브지붕	4,569m²	24.54%	271%	15층 56개호	계단식

(2) 대상 301호

전용면적	연면적	대지권	평형
58.87m²	80.00m²	2,400분의 50	85m²

<자료 2> 평가조건 및 평가방법

1. 평가조건

대상부동산의 시장가치 산정에 있어서 대상부동산이 개별투자한 내부마감재, 기존 구조의 변경, 추가설비 및 관리상태의 양부에 따른 가격차이는 본 평가에서 대상으로 하지 않는다. 그리고 일조권 등의 침해에 의한 가격하락의 내용은 일조침해뿐만 아니라 조망침해, 환경심리침해(프라이버시침해 등)를 원인으로 하여 발생한 가치 감소액을 포함한다.

2. 평가방법

아파트와 같이 일반 부동산에 비해 가치형성요인이 단순하고 정형화된 물건은 가치형성요인이 총 가격에 대한 일정비율로 나타나는 것으로 볼 수 있으므로, 본 평가에서는 아파트 시장가치에 일조권 등이 침해됨으로서 감소하는 가격비율을 적용한다. 이때 특히 일조침해에 대한 보정률 산정시 특성가격접근법(Hedonic Price Method ; HPM모형)의 방법을 적용하여 산정한다.

<자료 3> 일조권 등의 침해에 따른 보정률 산정

1. 개 요

본 감정평가의 목적은 타워펠라스 건설에 따른 신림한대아파트 102동 301호의 일조권 등이 침해됨으로서 발생하는 경제가치 하락액 산정이고 일조권 등은 아파트 가치형성요인 중 주로 전유부분에 관계되어 나타나는 것으로 일조침해와 조망권침해 그리고 환경심리침해(프라이버시침해 등)로 나누어진다.

2. 일조침해 보정률 산정을 위한 자료

(1) 해당 301호의 일조시간을 예측결과 연속 2시간 일조확보는 불가능하며, 총 3시간 7분의 일조시간을 확보할 수 있는 것으로 조사되었다.

(2) 인근의 일조시간에 따른 APT별 보정된 부동산 가치

인근의 유사APT의 가격을 기초로, 일조 정도를 제외하고 개별요인 등이 최근의 가격수준으로 보정된 가치로 인정됨.

사례	일조시간	보정된 부동산 가치
1	5시간 5분	260,100,000
2	4시간 30분	200,500,000
3	1시간	213,300,000
4	2시간 20분	216,300,000
5	3시간 40분	219,200,000
6	6시간 10분	238,500,000
7	2시간 50분	217,380,000
8	30분	212,130,000
9	1시간 20분	214,000,000
10	4시간	220,000,000

3. 조망 침해 및 압박감 보정률

해당 부동산은 남측 인근에 20층 규모의 타워펠라스가 건설됨으로 인해 조망권 침해 및 천공률 축소로 압박감을 느끼기에 충분하므로 침해 정도를 기준으로 0%~3% 사이에서 침해보정률을 결정한다. 조사결과 조망 침해율은 54%일 것으로 예상된다.

4. 환경심리 보정률

대상 신림한대아파트가 위치하고 있는 지역은 공동주택 및 단독주택, 다가구, 다세대주택들이 혼재하는 지역으로서 건물의 배치 및 건물과의 이격거리 등에 따른 환경심리침해가 고려되어야 하므로 0%~2.5% 사이에서 보정률을 결정한다. 조사결과 침해율은 40%일 것으로 파악된다.

5. 보정률의 산정

보정률은 일조침해와 조망권침해 그리고 환경심리침해에 따른 각각의 보정률을 합산하여 최종 보정률로 산정한다.

임대료 [논점정리]

【종합문제 02】 감정평가사인 당신은 A시 B구에 위치한 6층 건물의 4~5층 부분에 대한 제반임대료 산정을 의뢰받았다. 다음의 제시된 자료를 바탕으로 대상부동산의 적정임대료를 평가하되 주어진 서식을 활용하여 제시하시오. (20점)

<자료 1> 대상부동산에 관한 자료

1. 의뢰목록

　　(1) 토지 : 대 798m²

　　(2) 건물 : 위 지상 철근콘크리트조 슬라브즙 6층건(지상6층, 지하1층) 중 4·5층

2. 가격의 종류 : 임대료

3. 계약기간 : 2023년 8월 1일~2024년 7월 31일

<자료 2> 인근지역의 임대료관행

연간실질임대료로 산정하는 것이 원칙이나, 평가대상 부동산이 속한 인근의 임대료 소득관행은 "전세보증금"으로 결정한다. 단, "월세보증금 및 월지불임대료 형식"으로 환산하여 적용할 수 있다. (환산시, 월세보증금은 월임대료의 12개월분이며, 보증금에 대한 운용이율은 전·월세 공히 연 12%임.)

<자료 3> 대상건물의 면적

층	용도	전유면적(m²)	공용면적(m²)	임대면적(m²)
지하	식당	240	264	504
1	증권사	200	220	420
2	사무실	180	198	378
3	사무실	180	198	378
4	사무실	180	198	378
5	사무실	80	88	168
	회의실	120	110	230
6	사무실	160	176	336
계	—	1,340	1,452	2,792

<자료 4> 인근지역의 표준적 층별효용비율 및 호별(위치별) 효용비율

1. 층별효용비

층별	지하	1	2	3	4	5	6
효용비	55	100	60	55	50	46	44

2. 위치별효용비

위치	사무실	회의실
효용비	100	90

<자료 5> 임대사례에 관한 자료(최근의 임대사례)

1. 임대사례-1

A시 B구에 위치한 철근콘크리트조 6층 건물

(1) 임대면적 : 1층 500m², 2층 300m²

(2) 전세보증금 : 3,000,000,000원

(3) 기타 : 임대시점부터 기준시점까지 임대료수준이 보합세를 유지하고 있으며, 임대사례-1은 대상의 인근에 위치하고 있어 지역요인의 차이는 없고, 개별요인은 토지·건물일체로 대상이 5% 우세함.

2. 임대사례-2

A시 B구에 위치한 철근콘크리트조 7층 건물 중 5층 사무실

(1) 임대면적 : 5층 사무실 200m²

(2) 전세보증금 : 2,600,000원/m²

(3) 기타 : 사례부동산은 2,600,000원/m²에 전세 계약되어 있으나 장기간 재임대되지 않는 점 등을 고려하면 사례의 기준시점 현재의 정상적인 보증금은 2,500,000원/m²으로 판단되며 대상 5층과 요인비교치는 동일함.

\<자료 6\> 적산임대료에 관한 자료

1. 대상토지의 평가액 : 11,000,000원/m²

2. 대상건물의 적산가액 평가액 : 2,950,000원/m²

3. 인근지역의 기대이율 : 5%

4. 필요제경비 : 순임대료의 9%

5. 층별, 위치별 기초가액은 전유면적을 기준으로 층별·위치별효용비를 적용하여 배분함.

\<자료 7\> 기타

1. 임대사례비교법 적용시 4층 부분은 사례 1을, 5층 부분은 사례 2를 기준하여 산정함.

2. 일반적으로 인근지역의 5층 부분에는 회의실이 있음.

3. 비준임대료 산정 시 1층을 기준으로 비교함.

4. 임대료 결정금액은 백만원 단위까지 표시함.

5. 보고서 양식

층	용도	임대면적(m²)	연간실질임대료	전세보증금	월지불임대료
4	사무실				
5	사무실				
	회의실				

임대료 [논점정리]

【종합문제 03】 감정평가사 K씨는 OO지방법원 판사 L씨로부터 부당이득금반환청구 소송과 관련한 부당이득금의 산정과 관련하여 아래의 감정평가를 의뢰받았다. 감정평가 관련 법령 등의 제규정을 참작하여 물음에 답하시오. (30점)

(물음 1) 감정평가에 관한 규칙 제2조 (정의)에서는 시장가치, 시장임대료와 관련한 평가 3방식의 정의를 규정하고 있다. 동 조항에서 규정하고 있는 임대료평가방법에 대하여 적시하시오.

(물음 2) <자료 1>에 제시된 의뢰내역에 기초하여 임대료 산정기간 내 기산시점의 기초가액을 결정하고, 산정기간 내 임대료를 평가하시오.

<자료 1> 감정평가 의뢰내역

1. 평가의뢰인 : OO지방법원 판사 L씨

2. 평가의뢰내용 : 2021년 1월 17일부터 2022년 3월 20일까지의 임대료

3. 평가대상물건 : S시 Y구 Y동 1008-13 지상 소재 건물 2층 부분

<자료 2> 현장조사자료

1. 현장조사일 : 2023년 4월 15일~2023년 4월 20일

2. 현장조사사항

가. 토지

구 분	내 용
위치 및 부근상황	대상물건은 Y구 Y동 △△세무서 남동측 인근 상가지대에 위치하며 부근은 택지지구 내의 상가밀집지역으로서 도로변을 따라 근린생활시설 및 위락시설이, 도로 후면부에는 주상용 부동산이 소재하고 있음
교통상황	대상물건까지 제반 차량의 진, 출입이 가능하고, 인근에 버스정류장이 소재하여 대중교통사정은 보통임
형태 및 이용상황	대상물건이 소재한 토지는 정형획지로서 주도로변으로 20m, 측면도로변으로 17m가 접하여 있으며 현재 근린생활시설의 부지로 이용 중임
도로상황	대상물건이 소재한 토지는 북동측으로 로폭 약 16m, 남동측으로 약 9m의 아스콘 포장도로와 접함
토지이용관계	제2종일반주거지역, 지구단위계획구역임

나. 건물

구 분	내용
건물의 구조	대상물건은 철근콘크리트조 평스라브지붕 6층건 내 2층(전용부분 기준)으로서 외벽은 화강석 붙임, 내벽은 벽지 및 페인트 마감 등이고, 사용승인일자는 2013년 7월 29일임
이용상태	현장조사시점 현재 대상물건은 '일반주점(상호 : 잔비어스)'로 이용중임
부대설비	본건 소재 건물 전체를 기준으로 「위생 및 급,배수설비, 화재탐지설비, 방송설비, 옥내소화전(층별 1개소), 승강기설비(13인승 1대)」가 되어 있음
부합물 및 종물관계	없음

<자료 3> 일반건축물대장상 내용

1. 대지면적 : 340m²

2. 건축면적 : 203.64m²

3. 연면적 : 1,400m²(용적률 산정용 연면적 : 1,110m²)

4. 주구조 / 주용도 : 철근콘크리트조 평스라브지붕 / 근린생활시설

5. 건축물현황

층별	구조	용도	면적(m²)
지1	철근콘크리트조	주차장/발전기실 등	290
1층	철근콘크리트조	근린생활시설	193
2층	철근콘크리트조	근린생활시설	200
3층	철근콘크리트조	근린생활시설	199
4층	철근콘크리트조	근린생활시설	199
5층	철근콘크리트조	근린생활시설	195
6층	철근콘크리트조	근린생활시설	124

※ 상기 내역은 본건 소재 건물 전체에 대한 것임.

※ 집합건축물대장 전유부 발췌

층별	전유면적(m²)	공용면적(m²)	용도	구조
1층	120	73		
2층	120	80		
3층	120	79	근린생활시설	철근콘크리트
4층	120	79		
5층	120	75		
6층	70	54		

※ 공용면적에 다소 차이가 있으나 적정한 것으로 본다.

<자료 4> 인근지역 지적개황도

<자료 5> 표준지 공시지가

1. 2021년도

소재지 지번	면적(m²)	지목	이용 상황	용도 지역	주위환경	도로교통	형상지세	공시지가
Y동 1000-6	229.4	대지	상업용	2종 일주	성숙중인상가지대	광대OO	OO형 평지	3,250,000
Y동 1002-3	190	대지	주상용	2종 일주	후면상가지대	소로OO	OO형 평지	1,680,000
Y동 1005-5	247.8 (일)※	대지	상업용	2종 일주	성숙중인상가지대	중로OO	OO형 평지	3,050,000
Y동 1009-3	603.1	대지	상업용	중심 상업	성숙중인상가지대	중로OO	정방형 평지	3,850,000

※ 관련지번 : Y동 1005-4

2. 2022년도

소재지 지번	면적(m²)	지목	이용 상황	용도 지역	주위환경	도로 교통	형상지세	공시지가
Y동 1000-6	229.4	대지	상업용	2종일주	성숙중인상가지대	광대OO	OO형 평지	3,350,000
Y동 1005-5	247.8	대지	상업나지	2종일주	성숙중인상가지대	중로OO	OO형 평지	3,150,000
Y동 1007-10	214.2	대지	주상용	2종일주	후면상가지대	소로OO	OO형 평지	1,960,000
Y동 1009-3	603.1	대지	상업용	중심상업	성숙중인상가지대	중로OO	정방형 평지	3,950,000

<자료 6> 건물신축단가표

1. 표준단가

분류기호	용 도	구 조	급수	표준단가(기준시점 당시, 원/m²)			내용년수
				2018.10	2020.10	2021.10	
4-1-5-7	점포 및 상가	철근콘크리트조 슬래브지붕	2	809,000	860,000	977,000	50
			3	735,000	775,000	880,000	
			4	626,000	660,000	746,000	

※ 상기 표준단가는 지상층 기준으로서 지하층은 지상층 대비 50%를 적용하며, 제시된 기준시점은 매월 초일을 전제함.

2. 부대설비 보정단가 : 149,000원/m²

3. 부대설비 보정단가는 2018년부터 2021년까지 동일하며 표준단가에 가산하여 기준시점까지 별도 시점수정을 요함.

<자료 7> 층별효용비

층	1	2	3~4	5~6
효용비	100	26.7	27.8	28.3

<자료 8> 기대이율 관련 참고 규정

1. 국유재산법 시행령 제29조(사용료 산출방법)에서는 연간 사용료는 시장 임대료를 고려하여 해당 재산의 가액에 아래의 요율을 곱한 금액으로 하도록 되어 있음.

가. 행정목적 또는 보존목적의 수행에 필요한 때 : 1천분의 25 이상

나. 공무원의 후생목적을 위하여 필요한 때 : 1천분의 40 이상

다. 경작용의 경우 : 1천분의 10 이상

라. 주거용의 경우 : 1천분의 25 이상

마. 기타의 경우 : 1천분의 50 이상

2. 토지보상평가지침 제49조 제4항에서는 기대이율 적용기준율로 아래와 같이 제시하고 있음.

대분류		소분류		실제 이용상황	
				표준적 이용	임시적 이용
I	주거용	아파트	수도권 및 광역시	1.5~3.5%	0.5~2.5%
			기타 시도	2.0~5.0%	1.0~3.0%
		연립·다세대	수도권 및 광역시	1.5~5.0%	0.5~3.0%
			기타 시도	2.5~6.5%	1.0~4.0%
		다가구	수도권 및 광역시	2.0~6.0%	1.0~3.0%
			기타 시도	3.0~7.0%	1.0~4.0%
		단독주택	수도권 및 광역시	1.0~4.0%	0.5~2.0%
			기타 시도	1.0~5.0%	0.5~3.0%
	상업용	업무용		1.5~5.0%	0.5~3.0%
		매장용		3.0~7.0%	1.0~4.0%

<자료 9> 건축비지수(시점수정치)

구 분	지수	시점수정치
2021.1월 / 2020.9월	100.5 / 102.1	0.98433
2021.12월 / 2021.9월	104.1 / 103.1	1.00970

<자료 10> 지가변동률(S시 Y구)

구 분	지가변동률(%)	구분	지가변동률(%)
2021.1.1.부터 2021.1.17	0.176	2022.1월	2.206

<자료 11> 토지개별요인

1. 도로접면

광대소각	중로한면	중로각지	소로한면	소로각지	세로가	세각가
106	96	100	89	93	85	87

2. 토지용도

주거용	상업업무	주상복합	공업용	전	답	임야
100	123	121	104	74	72	40

3. 고저

저지	평지	완경사	급경사	고지
100	116	90	73	72

4. 형상(주거, 공업용)

정방형	장방형	사다리형	부정형	자루형
100	100	99	96	95

5. 형상(상업용, 주상복합용)

정방형	가로장방	세로장방	사다리형	부정형	자루형
102	102	99	99	96	95

<자료 12> 임대료산정시 적용 기준

1. 원가법에 의한 적산임대료로 산정하며, 시간의 가치를 고려한 할인율 적용 등은 하지 않음.

2. 매기간 사용료 산정시 매년 초일을 기산시점으로 하되, 첫해년도는 최초 개시시점을 기준으로 함.

3. 기대이율은 <자료 8>에서 제시하고 있는 두 가지 기준율의 산술평균치로 하되, 요율이 범위로 제시된 경우 중위치를 적용하며, 필요제경비는 없는 것을 전제함.

4. 대상부동산의 지하층은 임대용이 아닌 임차인의 공용부분임.

5. 본건 평가대상으로는 감정목적상 적정 토지 지분이 포함된 것을 전제함.

<자료 13> 지역 내 적정지가수준 등에 대한 검토

1. 인근 시세, 거래가격 및 평가전례 등 각종 가격자료를 조사한 결과 공시기준일 현재의 적정시세는 공시지가 대비 130% 수준인 것으로 판단됨.

2. 대상지역은 상층부 일정층까지 임대료수준에서 차이를 보이는 유형의 부동산이 주류를 이루고 있으며, 대상부동산은 현재 최유효이용 상태에 있음.

3. 대상 건물은 구조·용재·시공의 정도·이용·관리상태 등을 감안할 때 품등에서 "3급수준"이며, 유사등급 내에서 표준건축비 산출 사례에 비하여 4% 열세함.

<자료 14> 기타사항

1. 토지, 건물에 대한 시점수정률은 백분율로서 소수점 넷째자리에서 반올림 하여 계산하며, 토지의 경우 지가변동률만 적용함.

2. 평가가액의 단가 결정시 천원 단위 미만에서 절사하고, 최종평가금액은 십원 미만에서 절사함.

3. 건물은 만년감가하고 최종잔가율은 0%이고, 단가는 천원 미만 절사함.

4. <자료5> 표준지에서 도로교통의 'OO'부분(각지 또는 한면 등)과 형상의 'OOOO' 부분(가장, 세장, 부정 등)은 기타 제시자료를 통하여 판단하여 적용함.

오염부동산 [논점정리]

【종합문제 04】수습 감정평가사 K씨는 오염된 부동산에 대하여 선임감정평가사 X 에게 과제를 부여받았다. 선임감정평가사 X의 권고 사항을 반영하여, 아래의 물음 에 답하시오. (40점)

(물음 1) 토양오염 부동산 평가영역에서의 용어인 '스티그마(Stigma)'를 정의하고, 이러한 스티그마 효과를 계량적으로 추정하는 방법인 '조건부가치평가법'과 '특 성가격접근법'에 대하여 간략히 설명하시오.

(물음 2) 대상부동산의 시산가액을 원가방식으로 산정하되, 스티그마에 따른 가치 손실률의 산출 근거를 구체적으로 제시하시오.

(물음 3) 대상부동산의 시산가액을 수익방식으로 산정하고, 대상부동산의 감정평가액을 결정하시오.

<자료 1> 대상 부동산 개요

1. 대상 부동산 개요
   1) 소재지 : S시 Y구 M동 1005번지
   2) 토지 : 일반상업지역, 450m²
   3) 건물 : 철근콘크리트조 슬라브지붕, 지하1층, 지상5층
      제2종근린생활시설, 연면적 1,800m²(지하층 바닥면적 : 360m²)

2. 대상 건축비 지급 내역
   1) 신축시점의 건축소요공사비

구 분	구성비	잔존 내용년수	단가	비고
주체설비	70%	46년	560,000원/m²	최종잔가율은 0%, 지상층 기준 자료임.
부대설비	30%	11년	240,000원/m²	

※ 상기의 잔존 내용년수는 기준시점에서의 유효잔존내용년수임.

※ 지상층과 지하층의 공사비 구성비 및 구성항목은 같으며, 소요공사비의 경우 지하층은 지상층의 80% 수준임.

※ 상기 공사비 내역 및 구성항목은 대상 건물 사용승인일인 2018년 8월 30일자를 기준으로 작성된 자료임.

2) 건물 공사비구성 내역

구 분	비율(%)	내역
설계비 등	4.0	감리비, 설계비용
기본건축비	25.0	기초 및 골조공사비 등
내외장공사비	24.0	미장, 창호공사 등
집기시설비품비	3.0	비품, 소모품 등 동산
기계설비비	19.0	냉난방, 엘리베이터 등
전기설비비	19.0	전기 및 통신공사비 등
일반관리비	4.5	일반관리비 등
운영자금	1.5	초기운전자금
이윤, 기타	5.0	이윤, 건설이자 등
개업준비금	3.0	개업 전 인건비, 판촉비 등
총계	100.0	

3. 오염 전 임대료 (오염시점: 기준시점 1년 전, 계약시점: 기준시점 2년전)

오염 전에 620,000,000의 총임대소득을 계약임대료 등으로 인한 수익으로 계상하였고, 공실률은 10%, 운영경비는 총소득대비 30% 수준에서 적정하게 지출되었음.

4. 오염상황

최근 인접 필지에서 영업 중이던 주유소 이전시 지하매설탱크로부터 다량의 기름이 누출되었고 이로 인하여 부근 일대 토지가 오염되었음.

5. 현장조사기간 : 2023년 5월 11일~동년 5월 14일

<자료 2> 선임 감정평가사 권고 사항

1. 대상부동산의 오염발생부분은 토지로서 모든 가치손실은 토지에 귀속하는 것으로 전제함.

2. 원가방식 적용 시 가치손실 구성내용
   오염에 의한 대상 부동산의 가치손실은 오염을 관리 복구하는데 소요되는 가시화된 직접비용(소득손실, 복구비용 등)과 오염으로 인한 시장성 저하에 기인하여 발생하는 무형적 효과의 손실 등으로 나타남.

3. 원가방식 적용 시 오염 전 토지가격은 공시지가기준법, 거래사례비교법을 활용함.

4. 주어진 제반자료를 최대한 활용하되, 수익방식 적용시 향후 가시화될 대상부동산의 현금흐름을 전제하여 평가함.

5. 대상부동산은 10년간 보유(8기말) 후 매각할 예정이며 기간말 복귀가치는 보유 기간말 다음해의 예상 수익을 기준하여 내부추계법을 통하여 산정함.

6. 세금의 효과는 별도로 고려하지 않음.

<자료 3> 표준지 공시지가(2023.01.01)

일련번호	소재지 지번	이용상황	용도지역	도로상황	형상지세	공시지가
1	M동 918-7	상업용	중심상업	중로한면	가장형 평지	4,780,000
2	M동 1010-6	상업용	일반상업	중로한면	정방형 평지	3,970,000
3	M동 1012-7	주상용	일반상업	소로한면	가장형 평지	1,730,000
4	M동 1007-10	주상용	일반상업	세로(가)	장방형 평지	3,650,000

<자료 4> 거래사례

	거래사례 1	거래사례 2
소재지 등	Y구 M동 1127 대 1056m², 일반상업지역, 주상나지, 중로한면, 정방형, 평지	Y구 M동 1013 대 755m², 일반상업지역, 상업나지, 소로각지, 장방형, 평지
거래가격	2,100,000,000원	2,750,000,000원
거래일자	2023. 2. 03	2023. 3. 5
기타사항	거래금액의 75% 저당대부, 이자율 13%, 기간 20년, 매년 원리금 균등상황	거래시점에 40%, 1년 후 나머지를 지급. 양도소득세(25,000,000원)는 매수인이 거래 1개월 후 납부.

<자료 5> 오염에 따른 원상 회복비용

1. 원상회복(복구)비용(단위 : 천원)

구분	1기	2기	3기	4기	5기
원상 회복비용	7,000	7,500	8,000	110,000	130,000

구분	6기	7기	8기	9~10기	11~13기
원상 회복비용	160,000	19,000	21,000	22,000	23,000

2. 적용 할인율 : 시장 할인율 11%를 적용

<자료 6> 오염에 따른 임대료 손실분(단위 : 천원)

구분	1기	2기	3기	4기	5기
임대료 손실	7,000	7,500	8,000	110,000	130,000

구분	6기	7기	8기	9기
임대료 손실	160,000	19,000	21,000	22,000

※ 상기 임대료 손실분은 복구비용이 반영된 임대료 손실임

<자료 7> 수익방식 관련 참고자료

1. 임대료 상승률

1) 1~3기 : 전년도 대비 매년 3%씩 상승

2) 4기 이후 : 전년도 대비 매년 2%씩 상승

2. 할인율 관련자료

시장할인율에 아래의 위험 할증률을 추가 고려함.

1) 1~3기 : 오염 인식시기로 가치가 급격히 감소되는 단계로서 7%

2) 4~6기 : 복구 과정에 따른 가치개선 단계로서 4%

3) 7기 이후 : 복구에 따른 불확실성이 존재하는 기간으로서 2%

3. 기말 자본환원율에 관한 자료

1) 현재 금융기관은 오염유무에 따라 대출비율(LTV)에서 오염이력이 있는 경우 50%, 없는 경우 70%를 차등적으로 적용하고 있으며, 연리 9%, 대출기간 20년에 매년원리금균등상환조건을 유지하고 있음.

2) 시장조사 결과 오염유무에 따라 자기자본에 대한 조달비용수준은 차이가 있는데 오염이력이 있는 경우, 없는 경우인 10%보다 2%정도의 추가비용이 발생됨.

3) 현재시점과 보유기간말과의 시장상황의 차이 및 대상부동산의 특성을 고려하여 추가 리스크로 2%를 고려함.

<자료 8> 지가변동률 등

1. 지가변동률(Y구, 시점수정치)

구 분	시점수정치	구분	시점수정치
2022.5.6.부터 2023.4.1	0.97029	2023.1.1.부터 2023.5.14.	0.98860
2022.7.5.부터 2023.4.17	0.97341	2023.3.5.부터 2023.5.14.	0.99684

2. 건설공사비지수

신축시점 이후 기준시점까지 건축비는 23.367% 상승하였음.

3. 개별요인 비교치

구분	표준지1	표준지2	표준지3	표준지4	거래사례1	거래사례2	오염 전 대상	오염 후 대상
평점	98	105	101	103	94	98	100	99

<자료 9> 토지 할당 스티그마(Stigma)에 따른 손실률 연구 용역 결과

1. 연구자료 1-유해상태 유·무 비교

구 분	오염 상태 부동산	오염 전 상태 부동산		
		사례1	사례2	사례3
Case A	495,000	600,000	585,000	580,000
Case B	525,000	590,000	605,000	575,000

※ 손실률 결정 시 상기 Case에 중치(A : B = 0.48 : 0.52)를 적용하여 결정함.
※ 금액의 단위는 천원이고, 각 케이스별로 규제지역과 비교시 사례들의 평균치와 비교하며, 규제지역 부동산의 금액에서 오염과 관련한 스티그마 이외의 요인은 이미 보정되었음.

2. 연구자료 2-유해상황 발생 전·후의 매매사례

구 분	오염 전		오염 후		정화비용 (천원)
	거래금액(천원)	거래시점	거래금액(천원)	거래시점	
Case C	482,000	2022.05.06	385,500	2023.04.01	55,000
Case D	476,500	2022.07.05	370,000	2023.04.17	54,000

※ 손실률 결정 시 상기 Case에 중치(C : D = 0.4 : 0.6)를 적용하여 결정함.
※ 상기 매매사례가 수집된 지역과 오염되지 않은 지역을 포함한 차상위 규모 지역 내에서의 일반적이고 평균적인 수준을 나타내고 있으며 거래시점은 지가변동률을 적용. 또한, 정화비용은 유해상황발생 이후의 매매시점 기준임.

3. 연구자료 3－환경 리스크의 득점표(CVM 적용)

스티그마 위험의 원인과 근거	case E	case F	대상부동산
득점 합계	20	27	15
시장에서의 스티그마 요인	8%	12%	－

※ 손실률 결정 시 상기 Case에 중치(E : F = 0.45 : 0.55)를 적용하여 결정함.

※ 오염이 치유된 이후에 나타나는 무형의 위험에 대한 설문조사로서, 각 사례별 스티그마 요인(%)을 사례 및 대상의 득점합계로 비교하여 대상부동산의 스티그마 감가율(%)을 추정함

4. 상기 세가지 스티그마 추출 방식 간에는 우선순위가 없으며 상호 동등함.

영업권 및 주식가치 [논점정리]

【종합문제 05】 상장회사인 K전자㈜는 최근 외국의 대규모 투자펀드와 다음과 같은 조건으로 "전체지분의 25%"를 양도하기로 하였는 바, 이와 관련하여 양도가액의 결정을 위한 영업권의 평가와 주식가치의 평가를 의뢰하여 왔다. 다음의 자료에 의하여 "양도가액"을 평가하시오. (25점)

<자료 1> 양도조건

1. 양도가액은 "자기자본가액(영업권 가치 포함) : 주식가치"를 "1 : 2"의 비율로 가중산술평균한 가액으로 한다.

2. 자산가치 : 토지와 건물은 일반적인 감정평가방법에 의한 평가액으로 하며, 영업권을 인정하되 그 기간은 10년으로 한다. 그 외에는 장부상가액으로 한다.

3. 주식가치 : 양도계약체결일을 기준으로 감정평가에관한규칙의 평가방법에 의한다.

4. 계약체결일 : 2023년 1월 1일

<자료 2> 수정전 잔액시산표

잔액시산표

K전자㈜   2022. 12. 31 현재

차 변		대 변	
현금및현금등가물	7,000,000,000	매입채무	8,000,000,000
매출채권	12,300,000,000	단기차입금	8,000,000,000
유가증권	12,000,000,000	대손충당금	200,000,000
이월상품	2,500,000,000	감가상각누계액	3,037,500,000
토지	9,400,000,000	퇴직급여충당금	7,000,000,000
건물	13,500,000,000	자본금(액면가 ₩5,000)	14,000,000,000
매입	14,000,000,000	이익준비금	4,100,000,000
기타판매관리비	2,000,000,000	차기이월이익잉여금	1,862,500,000
이자비용	800,000,000	이자수익	1,200,000,000
투자자산처분손실	500,000,000	유형자산처분이익	600,000,000
		매출	26,000,000,000
합 계	74,000,000,000	합 계	74,000,000,000

\<자료 3\> 기말정리사항

1. 기말재고액 : 3,000,000,000원

2. 매출채권에 대해 5%의 대손충당금을 설정함.

3. 건물의 감가상각은 정액법으로 하며, 전체내용년수는 40년임.

4. 퇴직급여충당금은 퇴직급여규정에 따라 당기말에 총 8,000,000,000원으로 계상함.

\<자료 4\> 토지와 건물의 자료

1. 토지

   공업지역내 공장용지로서 15,000m²이며, 인근유사토지의 2022년 1월 1일 기준 공시지가가 600,000원/m²로서, 2022년 한해동안 5.3%의 지가상승이 있었다. 대상토지는 제시된 비교표준지보다 2%정도 우세함.

2. 건물

   건물은 2013년 1월 1일에 준공되었으며 철근콘크리트 슬라브건물로서 연면적 22,500m²이다. (기준시점 현재 재조달원가는 750,000원/m²이다.)

\<자료 5\> K전자㈜의 증권거래소의 거래자료

거래일자	주가(종가,원)	거래량(주)	거래일자	주가(종가,원)	거래량(주)
2022. 12. 1	25,000	2,500	2022. 12. 15	23,300	3,800
2022. 12. 4	25,200	3,000	2022. 12. 18	22,900	2,900
2022. 12. 5	24,700	2,700	2022. 12. 19	22,700	4,000
2022. 12. 6	23,200	5,100	2022. 12. 20	23,100	4,100
2022. 12. 7	24,300	1,800	2022. 12. 21	23,400	2,700
2022. 12. 8	26,700	3,200	2022. 12. 22	23,800	2,800
2022. 12. 11	24,600	2,300	2022. 12. 26	24,100	3,300
2022. 12. 12	25,100	2,100	2022. 12. 27	24,600	3,500
2022. 12. 13	22,900	4,200	2022. 12. 28	25,100	4,200
2022. 12. 14	23,500	3,700	2022. 12. 29	25,700	4,800

<자료 6> 기타

1. 해당 영업은 특허권 등에 의하여 동종유사기업에 비하여 일정액의 초과수익을 누리고 있으며, 이러한 초과수익에 대하여 계약당사자는 앞으로 10년간 지속될 것으로 인정하고 계약하였다.

2. 동종업종의 정상영업수익률은 영업권을 제외한 순자산의 15%로 판단된다.

3. 초과수익은 2022년 영업이익을 기준으로 산정하며, 기준시점 현재의 초과수익이 장래에도 지속된다고 본다.

4. 초과수익의 할인율은 년 10%를 적용한다.

5. 금액계산시 천원단위 미만에서 반올림한다.

기업가치 및 영업권 가치 등 [논점정리]

【종합문제 06】 N물산은 감정평가사인 당신에게 S상사에 대한 적정 매수가격산정 등의 업무를 의뢰하였다. 다음 물음에 답하시오. (35점)

(물음 1) 기업가치의 평가 3방식에 대하여 의의 및 장·단점을 중심으로 약술하시오.

(물음 2) <자료 2> 등에서 제시하고 있는 기준에 따라 S상사의 매기 FCF(Free Cash Flow)를 추계하고 이를 바탕으로 기업가치를 산정하시오.

(물음 3) <자료 13>을 활용하여 자산실사를 통한 '유동자산, 투자자산, 유형자산'의 기준시점 당시 시장가치로 수정하시오.

(물음 4) 상기 산출결과를 바탕으로 S상사의 영업권 가치를 산정하시오.

<자료 1> 감정평가대상의 개요

1. 평가대상

   본건은 S상사에 대한 적정 매수가격(기업가치) 및 영업권 평가임.

2. 평가목적

   본건은 매수의사자인 N물산의 의뢰로 S상사에 대하여 제시한 매도가격의 적정성을 검토하기 위한 적정 매수가격정보를 제공하는 것을 목적으로 함.

3. 평가범위

   본건 평가범위는 S상사의 제품기획, 생산라인, 판매영업망, 고객관리 DB 등 인적·물적 시설 및 시스템을 포괄한 것으로 함.

4. 기준시점 및 조사기간

   기준시점은 2023년 1월 1일이고 조사기간은 2023년 2월 15일~2월 28일까지임.

5. 평가조건

　본 평가는 S상사가 향후에도 현재의 생산 및 영업조직을 이용하여 영업을 함으로써 수익을 계속 창출하는 계속기업을 전제로 하였음.

<자료 2> 평가방법

1. 평가대상인 S상사가 보유한 것으로 확인된 특허권, 상표권 등은 전체 기업가치에 비해 그 비중이 크지 않으므로 별도로 평가하지 아니하고 영업권에 포함하여 평가함.

2. 본건 기업가치의 평가는 기업의 현금흐름을 할인하여 산정하는 수익환원법에 의하되, 현재의 진입장벽 및 시장규모와 환경변화를 모두 감안하여 향후 5년간의 고속성장과 경쟁이 가속화될 5년 이후의 안정성장을 가정하여 2단계 성장모형을 적용함.

3. 본건 영업권의 평가는 영업권의 정의와 인수·합병가격의 결정이라는 평가목적에 가장 부합하는 수익환원법에 의함.

<자료 3> 과거 3개년도의 매출액 및 매출원가 분석

과거 3개년도의 재무제표를 S상사로부터 제공받아 이를 요약하고 분석하여 매출액 성장률 및 매출원가 비율 등을 아래와 같이 분석하였음.

1. 매출액

연 도	2020	2021	2022
매출액(백만원)	32,200	38,540	58,700
성장률(%)	12	19.69	52.31

2. 매출원가

연 도	2020	2021	2022
매출원가(백만원)	9,500	11,500	15,500
매출액 대비 매출원가 비율(%)	29.5	29.84	26.41
성장률(%)	18	21.05	34.78

<자료 4> S상사의 자산 제시 내역

	과 목	회사제시자료(백만원)
유동자산	현금 및 현금등가물	164,624
	매출채권	605,811
	재고자산	261,467
	기타유동자산	48,922
	소계	1,080,824
투자자산	투자유가증권	8,697
	기타투자자산	61,573
	소계	70,270
유형자산	토지	202,162
	건물	773,148
	기계장치	760,296
	공기구비품	271,510
	기타의유형자산	131,406
	소계	2,138,522
	자산총계	3,289,616

<자료 5> 매출액의 추정

향후 5년간의 매출액 추정은 향후의 국내 관련 산업전망을 고려하고, 회사가 작성한 예측치를 충분이 감안하여 다음과 같은 성장 추세를 추정하였음.

연도	2023	2024	2025	2026	2027	비고
성장률	30%	30%	30%	35%	35%	각 직전년도 대비 수치임

<자료 6> 매출원가의 추정

최근 3개년간의 매출원가 비율을 검토한 결과 해당 사업에 대한 경험과 노하우가 축적됨으로 인하여 해가 지날수록 절감되고 있는바 대략적으로 매출액 대비 25% 수준을 유지할 것으로 예상됨.

<자료 7> 판매비와 관리비의 추정

1. 급료 및 상여금, 복리후생비, 퇴직급여, 여비교통비, 접대비 등의 '판매비와 관리비'는 추정매출액 대비 1% 수준으로 안정화될 것으로 추정됨.

2. 상기 '1'의 추정비용에는 감가상각비가 포함되어 있으나, 이는 실제 현금유출이 수반되지 않는 비용의 성격을 지니며 지난 2022년에 33,000,000원이고 이후 매년 2,000,000원씩 증가됨.

<자료 8> S상사의 기업현금흐름 관련 기타 고려사항

1. 매기 순운전자본은 매출규모에 비례하여 증가되는 것으로 가정하였으며, 이는 매년 전기대비 매출액 증가분의 3%를 차지하는 것으로 가정함.

2. S상사는 기업의 지속적인 성장을 위하여 영업현금흐름 중 일부를 기존자산을 유지하거나 새로운 자산을 구입하는데 재투자할 예정이며 이는 감가상각자산의 내용년수, 상각률 등을 고려하여 매년 감가상각비 증가액 규모의 20배에 해당하는 금액을 적용함.

<자료 9> 법인세율(t)의 처리방침

(명목)법인세는 최근의 관련세율 인하 방침을 반영하여 20%를 적용하고 이에 대한 10%의 주민세를 가산하여 각종 분석시의 "실질적인 소득세 부담률(이하 '법인세율 (t)')"로 적용함.

<자료 10> 타인자본비용 관련

의사결정을 하는 시점을 기준으로 새로운 자본의 조달을 가장하였을 때의 비용으로서 현재의 3년만기 회사채 수익률과 회사의 재정상태 및 금융상환 가능성 등을 종합적으로 고려하여 차입이자율을 약 7%(k)로 결정함.

<자료 11> 자기자본비용 관련

1. 보통주의 β위험(β_i)

   거래소시장에서의 유사업종 기업의 베타계수를 분석하되 아래와 같은 선형관계로 추정함.

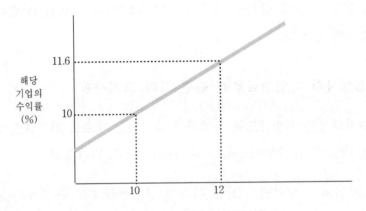

시장 전체의 포트폴리오 수익률(%)

2. 시장의 기대수익률($E(R_M)$)

   전체의 과거 수익률(주식시장 평균수익률)에 근거하고 종합주가지수 수익률을 고려하여 약 12%를 적용함.

3. 무위험자산의 수익률(R_f)

   평가일 당시의 1년 만기 국채, 3년 만기 국채, 5년 만기 국채 등의 평균이자율 등을 감안하여 약 3.4%로 적용함.

<자료 12> 안정성장기에 대한 전망

S상사는 향후 5년말 이후부터는 안정성장을 이룰 것으로 파악하여 장기적으로 3%씩 성장하는 것으로 보며, 안정성장기의 1기 순현금흐름은 추정기간말 순현금흐름에 35%의 성장률을 적용함.

<자료 13> 자산의 실사(Due Diligence)

1. 유동자산

　가. 현금 및 현금등가물 : 회사제시자료는 현재의 가치를 반영하고 있음.

　나. 매출채권 : 연령분석기준으로 산출한 대손충당금을 고려하여 546,273백만원임.

　다. 재고자산 : 회사에서는 취득원가 기준으로 제시하였으며 전체 중 30%는 장기
　　　재고로서 할인판매, 불량률 등을 고려한 순실현가능가치(순실현율 : 원가대비
　　　50%)로 평가함.

2. 투자자산 : 실사기준일 현재의 시가는 69,529백만원임.

3. 유형자산

　가. 토지 : S상사에서 제시한 토지자산의 경우 아래 시점에 각각 구입하여 취득
　　　원가로 장부상 등재되었으며, 구입 후 소유토지의 가격변동은 지역내 지가 변
　　　동률의 추이를 따르는 것으로 전제함.

구 분	구입시점 취득원가	장부상 구성비율(%)
"가" 군	2014.3.1	65
"나" 군	2020.4.2	35
		(100)

　나. 건물 등(단위 : 백만원).

건물	기계장치	공기구비품	기타
258,474	698,469	219,038	125,570

※ 실사기준일 현재 재평가 결과는 상기와 같음.

4. S상사의 타인자본비율은 50%임.

<자료 14> 지가변동률(단위 : %)

연도	2013	2014	2015	2016	2017	2018	2019	2020	2021	2022
누계	3.78	3.9	4.1	4.3	4.4	4.56	4.68	4.72	4.79	4.82

<자료 15> 기타사항

1. 현금흐름에 대한 할인율은 백분율로 소수점 셋째자리에 반올림하여 결정함.

2. 모든 금액은 백만원 미만에서 반올림하여 결정함.

기업가치, 비상장주식, 기술가치, 무형자산 [논점정리]

【종합문제 07】 온라인 쇼핑몰을 중심으로 도·소매, 통신업, 서비스 등을 제공하는 ㈜SW컴즈의 2023년 1월 1일 현재 비상장주식의 1주당 가격 및 무형자산에 대한 평가를 의뢰 받았다. 아래의 물음에 따른 평가액을 도출하시오. (40점)

(물음 1) 무형자산, 비상장주식, 기업가치 평가의 「감정평가에 관한 규칙」상 근거를 기술하고, 기업가치 평가방법을 약술하시오.

(물음 2) 기업의 영업가치(operating value)를 FCFF와 WACC를 기준으로 산정하시오.

(물음 3) 기업가치(Company value)를 기준으로 비상장주식의 주당 가치를 산정하시오.

(물음 4) <자료 2>를 활용하여 기술기여도방식에 따른 평가대상 기업이 보유하고 있는 기술가치를 평가하시오.

(물음 5) <자료 5>의 자료를 활용하여 무형자산의 가치를 산정하시오. (단, 해당 물음에서는 영업가치(operating value)에서 무형자산 외의 자산을 차감하는 방식으로 산정할 것.)

<자료 1> 본 기업분석

1) 주식수

구 분	수권 주식수	발행 주식수	1주의 금액
㈜SW컴즈 비상장주식	200,000주	250,000주	5,000원

2) 영업권(무형자산 등)의 존재여부 검토

본건의 평가 대상은 귀사에서 제시한 재무재표에 기재된 "산업재산권" 및 "상표권"과 그 무형자산이외의 계정과목에 표현되지 않은 "사실상의 가치 내지 실질적 지적재산권", "기타 무형자산" 일체(통칭 무형자산)로 함.

<자료 2> 심사평가사가 제시한 기술기여도 추정방법

1) 기술기여도란 원칙적으로 사업가치와 같이 영업주체가 창출한 수익에서 기술원
   천이 기여한 바를 나타냄. 즉, 기술가치의 배분이나 기여율을 나타내는 기술기여
   도는 기술기여 부분을 Factoring-out하는 요소로서, 무형자산 중에서 기술자산
   이 경제적 이익에 기여한 부분을 의미함.

2) 본 모형은 산업기술요소 지수와 개별기술강도 지수의 곱으로 정의하는 기술요소
   법을 근간으로 하여 산출함. (기술기여도=산업기술요소 × 개별기술강도)

3) 기술가치=영업가치(operating value, 사업가치) × 기술기여도

4) 해당 산업의 산업기술요소는 산업별 최대실현 무형자산 가치비율에 산업별 평균 기술자
   산비율을 고려하여 산정되며, 해당 산업분석에 따른 산업기술요소는 40%로 결정하였음.

5) 개별기술강도는 평가대상기술의 구체적 개별지표에 따른 평가환산 점수로 산정
   하였으며, 산정된 개별기술강도는 25%로 산출되었음.

<자료 3> 영업이익 추정 요소

1) 추정 NOPLAT

   본 기업의 매출, 판매관리비, 감가상각비, 법인세 등을 고려하여 적정하게 추정한
   NOPLAT은 아래와 같음

	1	2	3	4	5	6
NOPLAT	−114,760	−131,073	−45,450	19,605	256,164	296,146

2) 감가상각비 추정(판관비)

   감가상각비는 평가기준일 현재 회사가 보유하고 있는 유형자산 및 신규투자계획
   (신규자본적지출 예상액)에 따른 신규투자액에 의해 계산된 감가상각비 중 유형
   자산(비품 등)의 감가상각비와 무형자산 상각비(산업재산권 등)를 판매비와 관리
   비로 계상하여 산정하였음.

(단위 : 천원)

구분	1기	2기	3기	4기	5기	6기
감가상각비	312,000	394,000	387,000	331,000	57,000	39,000

3) 자본적지출 추정

자본적지출은 업체가 성장하기 위해서 영업현금흐름 중 일부 또는 전부를 기존 자산 유지 및 새로운 자산을 구입하는데 재투자되는 비용으로서, 본 평가 기업의 사업 특성, 사업계획을 고려하여 감가상각분을 대체 투자의 성격으로 보아 매년 추정감가상각비 상당액을 자본적지출로 추정하였음. 다만, 장부상 산업재산권은 본 평가대상에 해당하며 실질적으로 인건비를 투여하는 부분으로 추가적인 자본적 지출은 감가상각분의 일부만을 고려함.

(단위 : 천원)

구분	1기	2기	3기	4기	5기	6기
자본적 지출	147,000	20,000	30,000	30,000	30,000	30,000

4) 순운전자본 추정

순운전자본은 영업활동 관련 자산(매출채권 등)에서 영업활동 관련 부채(미지급금 등)의 차이를 말하며, 매출액에 연동시켜 추정하되, 매출채권회전율 및 매입채권회전율 등을 고려하여 추정하였음.

(단위 : 천원)

구분	0기	1기	2기	3기	4기	5기	6기
유동자산	700,000	712,000	818,000	900,000	990,000	1,040,000	1,144,000
유동부채	700,000	693,000	797,000	876,000	964,000	1,012,000	1,113,000

<자료 4> 할인율 등 추정 요소

1) 자기자본의 기회 비용

(1) 자기자본의 기회비용은 자본자산가격평가모델(CAPM법 : Capital Asset Pricing Model)에 의하여 산정함.

(2) Rf는 2023년 12월 기준 평균 5년만기 국고채 수익률인 3.68%를 적용하며, Rm은 시장 포트폴리오의 기대수익률을 의미하지만 실제 측정이 곤란하므로 최근 10년 종합주가지수를 기준 10년간 평균수익률인 12.2%를 적용함.

(3) 유사 상장기업(일터파크)의 자본구조를 통해 Unlevered Beta를 도출하여, 대상 기업의 베타계수(β)(levered beta)를 산정할 필요가 있음. (출처 : CisValue)

Hamade Model
levered beta = Unlevered Beta $\times$ (1 + (1 − t) $\times$ D/E)

구 분	일터파크
주식베타 (levered beta) 가치평가상 지분 : 부채비율 한계세율	1.508 지분 : 부채 = 0.7 : 0.3 22%

(4) 자본자산가격평가모델에 의해 산정된 자기자본의 기회비용은 다음과 같음.

구 분	세부 내용
적용산식	$R_e = R_f + \beta\,(R_m - R_f) + \alpha$

(5) 회사 고유위험(α)은 온라인 판매의 특징적인 위험과 영업 초기인 점을 감안하여 추가 위험프리미엄(Company Specific Risk Premium) 6%를 추가 적용함.

2) 세후 채권자(타인)자본의 기회 비용

타인자본은 이자비용이 발생하며, 만기에 원금과 이자가 확정되어 있는 채무를 말하는 것으로 이자비용수준과 회사의 채무상환능력 그리고 부채와 관련된 세금효과에 의해서 결정됨. 회사의 재정상태 및 금융상환 가능성을 종합적으로 고려하여 회사의 차입이자율은 기업대출금리 등 고려 6.5%로 결정함.

3) 할인율의 결정

평가 대상기업의 목표자본구조를 자기자본 90%로 가정하여 산정한 가중평균자본비용(WACC)을 산정함.

4) 환원율의 결정

  잔존가치(CV)는 무성장의 영구 현금할인법을 적용하되 잔존가치 환원율은 게임
  기업의 특성, 잔존내용년수 등을 고려하여 13.7%를 적용함.

5) INCOME TAX는 22%를 적용함.

<자료 5> 기타 재무상태표

1) 수정 전 재무상태표(발췌)(2022.12.31.)

과목	금액	(합계)	자산 구분
자산총계		2,450,000,000	
Ⅰ. 유동자산		720,000,000	
(1) 당좌자산		720,000,000	
1. 단기금융상품	13,000,000		비영업용
2. 그 외	700,000,000		영업용
(2) 재고자산		0	영업용
Ⅱ. 비유동자산		1,730,000,000	
(1) 투자자산		210,000,000	
1.장기투자자산	210,000,000		비영업용
(2) 유형자산		1,070,000,000	
1. 토지	570,000,000		영업용
2. 건물	537,000,000		영업용
감가상각누계액	(37,000,000)		
(3) 무형자산		450,000,000	
1. 산업재산권	500,000,000		영업용
	(50,000,000)		
부채총계		1,200,000,000	
Ⅰ. 유동부채		700,000,000	영업용
Ⅱ. 비유동부채		500,000,000	
1. 장기차입금	500,000,000		영업용
자본총계		1,250,000,000	

2) 기준시점 현재 자산 재평가 내역

① 투자자산 : 비영업용 자산으로 장기투자자산에 대하여 재평가 한 결과 200,000,000원으로 평가되었음.

② 유형자산 : 자산 재평가 결과 토지는 700,000,000원 건물은 530,000,000원 으로 평가되었음.

③ 그 외 자산은 수정전 대차대조표와 동일한 것으로 평가되었음.

3) 이자 발생 부채가치 발췌 : 500,000,000원

기업가치, 특허권, 영업권 [논점정리]

【종합문제 08】 감정평가사 甲은 식료품 제조업을 영위하는 (주)A로부터 일반거래 (시가참고) 목적의 감정평가를 의뢰받았다. 관련법규 및 이론을 참작하고 제시된 자료를 활용하여 다음의 물음에 답하시오.(단, 기준시점은 2023. 01. 01임) (40점)

감정평가사 30회 기출

물음 1) (주)A의 기업가치를 평가하시오. (25점)

물음 2) (주)A의 특허권의 유효 잔존수명을 산출하고, 특허권 가치를 평가하시오. (10점)

물음 3) (주)A의 영업권 가치를 평가하시오. (5점)

<자료 1> 대상 기업 및 특허권 개요

1. 대상 기업 현황

상호	(주)A
대표자	이○○
설립일자	2015. 06. 17
사업자번호	514-87-*****
주요제품	과자류

※ 대상 기업은 식료품 제조업을 영위함

2. 특허권 개요

명칭	나선형 ** 코팅 장치
등록번호	10-13*****
출원일	2016. 05. 26
특허권자	(주)A
존속기간 만료일	2034. 05. 26

<자료 2> 주요가정

1. 추정기간이란 할인현금수지분석법 적용에 있어 현금흐름을 직접 추정하는 기간으로 대상 기업의 특성 및 시장상황 등을 고려하여 5년(1기~5기)으로하고 추정기간이 지난 6기부터는 성장율 0%를 적용하며, 5기의 현금흐름이 지속되는 것으로 가정함

2. 대상 기업의 결산일은 매년 말일이며, 현금흐름은 편의상 기말에 발생함

3. 대상 기업의 현금흐름 추정시 비영업용 자산에 의한 수익, 비용은 제외함

<자료 3> 재무상태표 및 손익계산서 일부 발췌 (2022. 12. 31. 현재)

1. 재무상태표(일부 발췌)

계정과목	금액(원)
자산	
Ⅰ. 유동자산	
1. 당좌자산	
(1) 단기금융상품	700,000,000
(2) 그 외	500,000,000
2. 재고자산 등	600,000,000
Ⅱ. 비유동자산	
1. 투자자산	
(1) 장기투자자산	300,000,000
2. 유형자산	
(1) 토지	2,500,000,000
(2) 건물	1,000,000,000
(3) 기계	800,000,000
부채	
Ⅰ. 유동부채	1,100,000,000
Ⅱ. 비유동부채	
1. 장기차입금	2,500,000,000

※ 대상 기업의 무형자산은 영업권과 특허권만 존재함
※ 대상 기업의 비영업용 항목은 단기금융상품, 장기투자자산임

2. 손익계산서(일부 발췌)

(단위 : 원)

구분	2020년	2021년	2022년
매출액	2,000,000,000	2,100,000,000	2,205,000,000
매출원가	1,000,000,000	1,050,000,000	1,102,500,000
매출총이익	1,000,000,000	1,050,000,000	1,102,500,000
판매비와 관리비	200,000,000	210,000,000	220,500,000
영업이익	800,000,000	840,000,000	882,000,000

<자료 4> 재무제표 관련 추가 자료

1. 추정기간 동안 매출액은 다음에서 산출한 증가율과 동일한 비율로 증가할 것으로 판단됨

　1) 매출액 증가율 결정 방법 : 대상 기업의 과거 매출액 평균 증가율(2020년~2022년)과 동종 및 유사업종 매출액 평균 증가율의 산술 평균으로 결정함

　2) 동종 및 유사업종 매출액 증가율

항목	단위	2020년	2021년	2022년
매출액 증가율	%	4.92	4.82	5.24

2. 매출원가는 과거와 동일한 매출원가율을 적용함

3. 판매비와 관리비는 향후에도 과거와 동일하게 매출액의 일정 비율만큼 발생할 것으로 봄

4. 감가상각비는 2022년에는 110,000,000원이며 추정기간 동안 매년 5,000,000원씩 증가됨

5. 향후 예상되는 자본적 지출액은 매출액의 3%가 소요될 것임

6. 순운전자본 증감

　1) 대상 기업의 경우 추정 매출액 증감액에 운전자본 소요율을 곱하여 산출함

　　(추정매출액$_t$ – 추정매출액$_{t-1}$)×운전자본 소요율

2) 운전자본 소요율은 한국은행 공시 재무정보를 이용한 회전율 등을 고려하여 대상 회사의 자료 등을 기준으로 산출하며, 추정기간 동안 동일하게 적용함

$$운전자본 소요율 = \frac{1}{매출채권회전율} + \frac{1}{재고자산회전율} - \frac{1}{매입채무회전율}$$

구분	매출채권회전율	재고자산회전율	매입채무회전율
회	8	10	20

7. 법인세 산정시 세율은 22%를 적용함

<자료 5> 자기자본비용 관련

1. 본 기업의 자본구조는 자기자본비율 40%, 타인자본비율 60%임

2. 자기자본의 기회비용은 자본자산가격평가모델(CAPM법 : Capital Asset Pricing Model)에 의함

3. 무위험자산의 수익률(Rf)은 평균 5년 만기 국고채 수익률 등을 고려하여 3.5%, 시장의 기대수익률(E(Rm))은 12%로 가정함

4. β계수는 최근 3년 유사업종에 속한 기업들의 β계수의 산술평균으로 함

(식료품 제조업)

기준년도	기업베타(β)
2020년	0.9654
2021년	0.9885
2022년	0.9763

<자료 6> 타인자본비용 관련

대상 기업의 재정상태 및 금융상환 가능성 등을 종합적으로 고려하여 대상 기업의 차입이자율을 7%로 결정함

<자료 7> 특허권 평가 자료

1. 특허권의 유효 잔존수명은 경제적 수명 잔존기간과 법적 잔존기간을 비교하여 결정하며, 산출된 유효 잔존수명은 연단위로 절사함

2. 특허권의 경제적 수명 잔존기간은 아래의 자료로 산출함

   1) 경제적 수명기간 산출방법 : 특허인용수명 × (1 + 영향요인 평점 합계 / 20)
   2) 특허인용수명

IPC	기술명	Q1	Q2(중앙값)	Q3
A23G	과자 등	5	9	13

※ 대상 특허의 특성 및 시장상황 등을 종합적으로 고려하여 대상 특허의 경제적 수명기간 산출에 적용할 특허인용수명은 중앙값으로 결정함

   3) 기술수명 영향요인 평가표

구분	세부요인	평점				
		-2	-1	0	1	2
기술 요인	대체기술 출현가능성				v	
	기술적 우월성				v	
	유사·경쟁기술의 존재(수)			v		
	모방 난이도				v	
	권리 강도			v		
시장 요인	시장 집중도 (주도기업 존재)				v	
	시장경쟁의 변화			v		
	시장경쟁강도			v		
	예상 시장점유율				v	
	신제품 출현빈도				v	

3. 특허권은 물음 1에서의 "기업의 영업가치"에 해당 특허권의 기술기여도를 곱하는 방식으로 평가함

<자료 8> 기술기여도 산출 관련 자료

1. 결정방법 : 기술기여도는 산업 특성을 반영하는 산업기술요소와 개별기술의 특성을 평가하는 개별기술강도의 곱으로 결정함

2. 산업기술요소

표준산업분류코드		최대무형자산가치 비율(%)	기술자산비율 (%)	산업기술요소 (%)
C10	식료품 제조업	67.5	76.0	51.3
C28	전기장비제조업	90.4	75.3	68.1

※ 산업기술요소(%)=최대무형자산가치비율(%) × 기술자산비율(%)

3. 개별기술강도

1) 기술성

구분	평가지표	평점				
		1	2	3	4	5
기술성	혁신성				v	
	파급성				v	
	활용성			v		
	전망성			v		
	차별성(독창성)				v	
	대체성				v	
	모방용이성			v		
	진부화가능성(기술수명)			v		
	권리범위				v	
	권리 안정성				v	

2) 사업성

구분	평가지표	평점				
		1	2	3	4	5
사업성	수요성				v	
	시장진입성				v	
	생산용이성			v		
	시장점유율 영향			v		
	경제적 수명				v	
	매출 성장성			v		
	파생적 매출			v		
	상용화 요구시간			v		
	상용화 소요자본			v		
	영업 이익성				v	

3) 개별기술강도

개별기술강도(%)=(기술성 점수 합산+사업성 점수 합산) / 100

<자료 9> 영업권 평가 자료

1. 영업권은 물음 1에서의 "기업의 영업가치(영업관련 기업가치)"에서 영업투하자본을 차감하는 방법으로 평가하되, 물음 2에서 평가된 특허권도 차감함

2. 제시된 재무상태표를 기준으로 영업투하자본을 산출함

<자료 10> 기타

1. 기업가치는 "기업의 영업가치"와 비영업용자산으로 구성됨

2. 연도별 매출액과 "기업의 영업가치", 특허권 평가액, 영업권 평가액은 십만단위에서 반올림함

3. 매출액 증가율을 제외한 모든 율은 백분율로 소수점 이하 셋째자리에서 반올림하여 백분율로 소수점 이하 둘째자리까지 표시함

Chapter

07

목적별 평가 연습문제

경매·담보평가 [논점정리]

【연습문제 01】 감정평가사 A는 다음과 같은 조건으로 감정평가의뢰를 받았다. 주어진 자료를 활용하여 각각의 감정평가액을 구하시오. (20점)　　　감정평가사 13회 기출

(물음 1) 2022. 3. 31 기준시점의 담보감정평가액 : <자료 1> ~ <자료 4>

　가. 담보감정평가액을 구하시오.

　나. 담보감정평가시 적정성 검토방법을 약술하시오.

(물음 2) 2023. 3. 31 기준시점의 경매감정평가액 : <자료 5> ~ <자료 8>

　가. 경매감정평가액을 구하시오. 단, 제시외건물이 토지와 일괄경매되는 조건

　나. 제시외건물이 타인 소유인 것으로 상정하여 해당 토지(토지대장등본상 C시 S읍 C리 121번지)의 경매감정평가액을 구하시오.

I. 2022. 3. 31 기준시점의 자료

<자료 1> 감정평가의뢰내용

1. 소재지 : C시 S읍 C리 121번지, 답, 360m²

2. 도시계획사항 : 도시지역(미지정)

3. 감정평가목적 : 담보

<자료 2> 사전조사사항

1. 토지대장등본 확인사항 : 답, 360m²

2. 인근의 공시지가 표준지 현황

(공시기준일 2022. 1. 1)

일련번호	소재지	지목	면적(m²)	용도지역	이용상황	도로교통	공시지가(원/m²)
1	C시 126-2	대	500	미지정	상업용	소로한면	40,000
2	C시 119	답	400	미지정	답	세로(불)	18,000
3	C시 226	답	365	자연녹지	답	세로가	20,000

3. 지가변동률(C시)

(단위 : %)

용도지역	주거지역	상업지역	녹지지역	준농림지역	농림지역
2022년 1/4분기	−0.80	−2.00	0.00	1.05	0.95

4. 본 토지 및 유사물건 감정평가사례 : 없음

<자료 3> 현장조사사항

1. 지적도 및 이용상태(지적선 : 실선)

현장조사결과 본 토지 중 50m²는 현황도로로 이용중이고 현황도로부분과 C시 S읍 C리 122번지 사이의 토지 10m² 부분은 단독효용성이 희박한 것으로 조사되었음

2. 거래사례

일련번호	소재지	지목	면적(m^2)	거래가격	거래일자	용도지역
1	C리 126-2	전	500	12,000,000	2022. 2. 1	미지정
2	C리 125	답	400	6,000,000	2022. 1. 9	미지정

가. 거래사례 1은 외지인이 1년 이내에 음식점을 신축할 목적으로 시장가치보다 21%고가로 매입하였음

나. 거래사례 2는 친척간의 거래로 시장가치보다 저가로 거래되었음

<자료 4> 기타자료

1. 지역요인 : 동일함

2. 개별요인 평점

구 분	대상토지	표준지(1)	표준지(2)	표준지(3)	거래사례(1)	거래사례(2)
평점	100	160	90	100	90	110

※ 단, 대상토지의 평점은 현황도로 및 단독효용성 희박부분 외의 토지를 기준함

3. 지가변동률은 토지보상평가지침에 의거 소숫점 셋째자리에서 반올림함

4. 표준지 공시지가에 대한 그 밖의 요인 보정치는 1.00을 적용함.

II. 2023. 3. 31 기준시점의 자료

<자료 5> 감정평가의뢰내용

1. 소재지 : C시 S읍 C리 121번지, 답, 350m^2

2. 도시계획사항 : 자연녹지지역

3. 감정평가목적 : 경매

<자료6> 사전조사사항

1. 등기사항전부증명서 확인사항 : 답, 350m²

2. 토지대장등본 확인사항 : 토지대장등본을 확인한 바 C시 S읍 C리 121번지의 토지
   이동사항은 아래와 같고 소유자는 관련 등기사항전부증명서상의 소유자와 동일

이동 전	이동 후	비 고
답, 360m²	답, 350m²	2022.11.1에 답, 10m²가 분할되어 C시 S읍 C리 122번지와 합병(정리 완료)
답, 350m²	답, 300m²	2022.12.1에 답, 50m²가 분할되어 C시 S읍 C리 121-1번지로 분할

3. 해당토지 용도지역은 2022. 12. 1에 확정·변경되었음.

4. 인근의 공시지가 표준지 현황(공시기준일 2023 1. 1)

일련번호	소재지	지목	면적(m²)	용도지역	이용상황	도로교통	공시지가(원/m²)
1	C시 126-2	대	500	자연녹지	상업용	소로한면	40,000
2	C시 119	답	400	자연녹지	답	세로(불)	20,000
3	C시 226	답	365	자연녹지	답	세로가	22,000

5. 지가변동률(C시)

(단위 : %)

용도지역	주거지역	상업지역	녹지지역	준농림지역	농림지역
2023년 1/4분기	1.00	0.80	2.00	2.05	1.75

<자료7> 현장조사사항

1. 지적도 및 이용상태(지적선 : 실선)

노폭 5m의 포장도로			
120번지	121번지 (ㄱ)	121-1 번지	122번지
131번지	132번지	132-1 번지	133번지

가. 현황도로인 C시 S읍 C리 121-1번지는 C시에서 농로를 개설하기 위해 직권 분할하였으며, 보상감정평가는 이루어졌으나 보상금은 미수령 상태인 것으로 조사되었음.

나. 지적도상 C시 S읍 C리 121번지는 부지조성을 공정률 20%정도 진행하다 중단된 상태로 현재까지 지출된 비용은 3,000,000원(제시외건물과는 무관함)이고 이는 적정한 것으로 조사되었음.

2. 제시외건물에 관한 사항

가. 본 토지상에 기호 (ㄱ)인 제시외건물이 소재하고 있으며 소유자는 알 수 없었음.

나. 구조, 용도, 면적 : 경량철골조, 판넬지붕, 간이숙소, 30m²

다. 신축시점 : 탐문결과 2023. 1. 1에 신축된 것으로 조사됨.

3. 보상선례

대상토지의 정상적인 거래시세 및 기타사항 등을 종합 참작한 적정가격으로 분석되었으며, 공도 등으로 이용되는 대상토지는 보상평가기준에 의거 감정평가한 것으로 조사되었음.

소재지	지목	면적(m²)	이용상태	기준시점	보상단가(원 : m²)
C시 S읍 C리 121-1번지	답	50	도로	2023.3.31	8,500

※ 보상선례를 기준한 단가는 백원 미만을 절사함.

<자료 8> 기타사항

1. 대상토지에 적용되는 건폐율은 60%임.

2. 토지의 지역용인 : 동일함.

3. 토지의 개별요인

구 분	대상토지	표준지(1)	표준지(2)	표준지(3)
평점	100	160	90	100

※ 단, 대상토지의 평점은 현황도로 및 단독효용성 희박부분 외의 토지를 기준함.

4. 경량철골조, 판넬지붕, 간이창고건물의 2023. 3. 31기준 표준적인 신축가격은 150,000원/m²이며 간이숙소에 설치하는 난방, 위생설비 등의 설비단가는 30,000원/m²임(내용연수는 30년)

5. 본 지역 관할법원에서는 토지와 제시외건물의 소유자가 상이하여 일괄경매가 되지 않을 경우의 토지가격을 별도로 감정평가해줄 것을 요구하고 있음. 이 경우 해당부분의 토지에 지상권이 설정된 정도의 제한을 감안(30%)하여 감정평가하는 일반적임.

6. 표준지 공시지가의 그 밖의 요인 보정치는 1.00을 적용함.

담보·경매·국공유재산 등 [논점정리]

【연습문제 02】실무수습 감정평가사 B씨는 담보평가를 위한 실지조사 후 지도감정 평가사 S씨부터 아래 평가목적별 감정평가액을 산정하여 제출하라는 과제를 부여 받았다. 주어진 자료를 활용하여 동일 부동산에 대한 평가목적별 감정평가가액을 결정하시오. (25점)   감정평가사 16회 기출 변형

(물음 1) 대상부동산의 담보감정평가액

(물음 2) 대상부동산의 경매감정평가액

(물음 3) 대상부동산이 국유재산 중 잡종재산일 경우 처분목적의 감정평가액

(물음 4) 대상부동산의 공익사업(도시계획도로개설공사) 시행을 위한 보상(협의)목 적의 감정평가액

<자료 1> 대상부동산의 기본자료

1. 소재지 : A시 B구 C동 108번지

2. 형상 및 지세 : 자루형 평지

3. 도시관리계획사항 : 제2종일반주거지역, 도시계획도로저촉, 문화재보호구역

4. 해당 건축물의 사용승인일은 2016.6.30이며 건물과 토지는 최유효이용상태에 있는 것으로 조사되었음.

5. 건물의 내용년수는 50년이며, 경제적 내용년수는 45년으로 판단되었음.

6. 대상부동산은 전체가 도시계획도로 및 문화재보호구역에 저촉된 상태임.

7. 해당 구청으로부터 발급받은 지적도상 축척은 1 : 1,200임

8. 기준시점은 평가목적별로 2023.6.30.자임.

9. 도시계획시설 실시계획인가고시일은 2022.3.25.임.

<자료 2> 사전조사내용

1. 토지 관련자료

구 분	소재지	지목	면적
토지대장등본	A시 B구 C동 108번지	대	530m²
토지등기사항전부증명서	A시 B구 C동 108번지	답	530m²

2. 건물 관련자료

구 분	일반건축물대장등본	건물등기사항전부증명서
소재지	A시 B구 C동 108번지	A시 B구 C동 108번지
구조	철근콘크리트조 슬래브 지붕 지하 1층 지상 5층	철근콘크리트조 슬래브 지붕 지하 1층 지상 5층
지하 1층	(주차장) 250m²	(주차장) 250m²
1~4층	(근린생활시설) 각 230m²	(근린생활시설) 각 230m²
5층	(단독주택) 210m²	(단독주택) 180m²

3. 토지 및 지장물 조서 : A시 B구 C동 108번지

구 분	용도지역/구조	지목/용도	면적
토지	2종일주	대	530m²
건물	철근콘크리트 지하1층 지상5층	근린생활시설 및 주택	1,380m²
화장실	시멘트벽돌조 단층	화장실, 창고	30m²

4. 인근지역의 표준지공시지가

일련 번호	소재지	면적 (m²)	지목	이용 상황	용도 지역	주위 환경	도로 교통	형상 지세	공시지가(원/m²)	
									2022.1.1	2023.1.1
1	A시 B구 C동 107	550	대	주상용	2종 일주	주상 지대	중로 한면	가장형 평지	1,900,000	2,000,000

※ 비고시 항목 중 확인내용 : 도시계획도로 저촉률20%, 문화재보호구역이 아님.

5. 평가선례

구 분	기준시점	평가목적	평가단가 (원/m²)	그 밖의 요인 보정치
사례1	2022.3.1	보상	2,500,000	1.20
사례2	2023.1.1	보상	2,700,000	1.32
사례3	2022.3.1	경매	2,450,000	1.22
사례4	2023.1.1	일반거래	2,600,000	1.30

※ 보상사례는 보상금이 지급된 평균단가임.

6. 건설사례

인근지역에서 대상건물 및 표준지 지상 건물과 구조·시공자재·시공정도 등 제반 건축조건이 유사한 주상복합용 건물의 건설사례를 조사한 결과 기준시점 현재의 표준적인 건축비용은 m²당 750,000원으로 파악되었음.

7. 지가변동률(%)

구 분	A시 B구		A시	
	주거지역	상업지역	주거지역	상업지역
2022.1.1. ~ 12.31.	0.000	1.000	0.000	1.000
2023.1.1. ~ 6.30.	3.226	4.555	3.226	4.555

8. 생산자물가지수(한국은행조사)

(2008=100)

2021.12	2022.12	2023.1	2023.3	2023.5	2023.6	2023.7
108.4	109.4	109.6	109.5	109.6	109.0	109.9

<자료 3> 실지조사내용

1. 실지조사결과 대상토지 중 약 50m²는 현황도로(소유자가 스스로 자기토지의 편익증진을 위해 개설하였으나 개설이후 도시계획시설(도로)결정이 이루어졌음)이며, 약 30m²는 타인이 점유하고 있는 것으로 조사되었고, 일반적으로 도시계획도

로에 저촉된 부동산은 인근지역의 표준적인 가격에 비하여 30% 정도 감가되어 거래되는 것으로 조사되었음.

2. 제시외 건물에 관한 사항

① 대상토지에 소재하는 제시외 건물은 일반건축물대장에 미등재된 상태로서 종물에 해당되는 것으로 판단되며, 대상부동산 소유자의 소유인 것으로 조사되었음.

② 구조·용도·면적 : 시멘트벽돌조 슬래브지붕단층, 화장실 및 창고, 30m²

③ 신축시점 : 구두조사결과에 의하면 2016.5.1에 신축된 것으로 보임.

④ 기준시점현재 건축비 : 291,000원/m²

⑤ 제시외 건물의 물리적 내용년수는 45년이며, 경제적 내용년수는 40년으로 판단되었음.

<자료 4> 평가조건, 지역 및 개별요인 등

1. 대상토지는 표준지 대비 현황도로, 타인 점유로 인한 영향을 제외한 개별 요인이 대등하고 같은 구 같은 동의 지역요인격차는 없음.

2. 지도감정평가사가 소속되어 있는 감정평가법인과 대상부동산의 담보 감정평가서 제출처인 금융기관사이에 체결한 협약서에는 현황도로 및 타인 점유부분은 평가 대상면적에서 제외하도록 규정되어 있음.

3. 문화재보호구역 가치하락률

저촉정도	0~20%	21~40%	41~60%	61~80%	81~100%
감가율	3%	5%	7%	9%	10%

4. 대상토지 중 타인점유부분은 노후 건물이 소재하여 점유강도가 다소 약한 것으로 판단되며, 이에 따른 가치하락률은 5% 정도인 것으로 판단되었음.

5. 대상부동산이 국유재산 중 일반재산일 경우 지상에 소재하는 제시외 건물의 매각여부는 국유재산법에 따라 처리할 것.

6. 대상부동산을 국유재산의 처분목적으로 감정평가하는 경우 타인점유부분은 건물 철거 후 나지상태로 처분하는 것을 전제로 하고, 도로부분은 분할 후 매각대상에서 제외하는 것으로 할 것.

7. 도시계획시설 사업으로 인하여 인근에 지가에 영향을 미친 것으로 분석됨.

8. 지장물의 이전비는 취득가격을 상회하는 것으로 조사·분석됨.

9. 건물의 일반적 제한의 경우 건물의 규모에 반영된 것으로 봄.

담보평가(시점별) [논점정리]

【연습문제 03】 자동차 부품업체를 운영하고 있는 김사왕 사장은 공장을 증설하기 위하여 C시 Y읍 S리 산11번지 중 일부 지분을 매입하고, 자금마련을 위해 개발단계로 담보대출을 신청하려 한다. KD은행 □□지점에서 담보목적의 감정평가를 의뢰하였는바 아래 주어진 조건과 자료를 참고하여 다음 물음에 답하시오. (30점)

감정평가사 20회 기출 변형

물음1) 2023.01.01을 기준시점으로 하여 토지를 평가하시오. (5점)

물음2) 2023.03.31을 기준시점으로 하여 토지를 평가하시오. (10점)

물음3) 2023.06.30을 기준시점으로 하여 토지 및 건물을 평가하시오. (15점)

<자료 1> 평가의뢰 내역

1. 감정평가 대상

　① 토지 : C시 Y읍 S리 산11번지 중 김사왕 소유지분

　② 건물 : 위 지상 소재 건물

2. 평가목적 : 담보

<자료 2> 사전조사사항

1. 2023.01.01. 기준

　① 토지등기사항전부증명서

소재지번	지목	면적	소유자
C시 Y읍 S리 산11번지	임야	23,955m²	공유자　지분 3분의 1 김사왕 지분 3분의 1 이사왕 지분 3분의 1 박사왕

② 건물등기사항전부증명서 및 건축물대장등본 : 해당사항 없음

③ 토지대장등본 : 등기부와 동일

④ 지적도 : 지적분할신청 중으로 발급받지 못함

⑤ 토지이용계획확인원 : 계획관리지역, 준보전산지

⑥ 공장신설승인신청서 사본(요약)

소재지번	용도지역	공장용지 면적	제조시설 면적	부대시설 면적
C시 Y읍 S리 산 11번지 (분할후 11번지)	계획관리지역	7,780m²	2,000m²	500m²

※ 분할 후 11-3번지는 진입도로로 조성할 것이며 토지 가분할 측량성과도와 같이 분할 예정임.

2. 2023.03.31. 기준

① 토지등기사항전부증명서 : C시 Y읍 S리 산11번지 C시 Y읍 S리 11로 등록전환되고 면적은 23,940m²로 변경되었으며, 지목과 소유자는 동일함.

② 건물등기사항전부증명서 및 건축물대장등본 : 해당사항 없음.

③ 토지대장등본

토지소재	지번	토지표시			소유자
		지목	면적	사유	
C시Y읍S리	11	임야	23,940m²	2023년 3월 1일 산11에서 등록전환	공유자 지분3분의 1 김사왕 지분3분의 1 이사왕 지분3분의 1 박사왕
C시Y읍S리	11	임야	7,780m²	2023년03월02일 분할되어 본번에 -1, -2, -3을 부함	김사왕

토지소재	지번	토지표시			소유자
		지목	면적	사유	
C시Y읍S리	11-1	임야	7,780m²	2023년 3월 2일 11번지에서 분할	이사왕

토지소재	지번	토지표시				소유자
		지목	면적	사유		
C시Y읍S리	11-2	임야	7,780m²	2023년 3월 2일 11번지에서 분할		박사왕

토지소재	지번	토지표시			소유자
		지목	면적	사유	
C시Y읍S리	11-3	임야	600m²	2023년 3월 2일 11번지에서 분할	공유자 지분3분의1 김사왕 지분3분의1 이사왕 지분3분의1 박사왕

④ 토지이용계획확인원 : C시Y읍S리 11번지, 11-1번지, 11-2번지, 11-3번지 공히 계획관리지역, 준보전산지

⑤ 지적도 및 기타사항 : 토지 가분할 측량성과도와 같이 분할되어 확정되었으며, 공장신설건은 2023.03.10자로 신청서와 같이 승인되었음.

3. 2023.06.30. 기준

① 토지등기사항전부증명서 및 토지대장등본 : 2023.03.31 토지대장과 동일

② 건물등기사항전부증명서 : 해당사항 없음.

③ 토지이용계획확인원 및 지적도 : 종전과 동일

④ 건축물대장등본 : 소유자는 김사왕임.

대지위치	지번	대비면적	건축면적	사용승인일자
C시 Y읍 S리	11	7,780m²	2,500m²	2023.06.30
구분	층별	구조	용도	면적
주1	1	일반철골구조	공장	2,000m²
부1	1	일반철골구조	사무실	500m²

※ 5일 이내에 토지지목변경을 조건부로 한 사용승인이었음.

4. 공통자료 : 토지 가분할 측량성과도

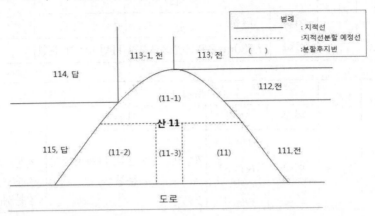

<자료 3> 현장조사사항

1. 2023.01.01. 기준
   ① 대상토지인 산11번지는 왕복 2차선 국도변에 위치한 남서향 완경사의 임야로 대부분 활잡목인 임지상의 임목은 별도의 평가가치는 없는 것으로 판단되었으며 부근은 국도주변 중소규모 공장 및 농경지대임.
   ② 대상토지는 토지분할 및 공장시설승인신청서가 곧 수리될 예정인 것으로 탐문되었음.

2. 2023.03.31. 기준
   ① 대상토지는 인접토지와 평탄하게 공장부지 조성공사(조경·바닥포장 공사는 착수하지 않았음) 및 접면도로 포장공사가 완료되어 있었음.
   ② 현장조사시 제시받은 공장부지 조성원가 자료는 아래와 같음.

구분	금액(단위 : 원)
가설 및 토공사	45,000,000
자재 및 운반비	150,000,000
옹벽공사	30,000,000
조경·바닥포장공사	55,000,000
기타 제간접경비 등	72,000,000

※ 접면도로 포장비는 포함되어 있지 않고 별도 고려하지 아니함.

③ 대상토지의 공장용지부분에 건물신축을 위해 임시사용승인을 받은 경량 철골
조 철판지붕 단층 작업장(바닥면적 : 100m²)이 소재함.

3. 2023.06.30 기준

① 공장부지 조성공사는 완료되어 있었음.

② 현장조사시 제시받은 건물공사비 내역서 자료는 다음과 같음.

구분	공장동(단위 : 원)	사무실동(단위 : 원)
기초공사	30,000,000	5,000,000
옹벽공사	30,000,000	--
철골 및 철근콘크리트 공사	250,000,000	30,000,000
조적 및 벽체공사	120,000,000	15,000,000
창호 및 지붕공사	100,000,000	13,000,000
미장, 타일, 도장, 위생 및 냉난방공사등	170,000,000	31,000,000
일반관리비 등(간접경비)	50,000,000	25,000,000
설계, 감리, 전기기본공사	100,000,000	19,000,000
수배전선비(100kw)	150,000,000	--
크레인설비(20ton)	15,000,000	--

<자료 4> 심사평가사의 심사의견

1. 2023.01.01. 기준

당해지역은 2023.01.01 기준으로 관리지역 세분화가 시행되었고 임야의 경우 산
지번에서 등록전환, 분할측량 등의 경우에는 면적이 달라질 수 있음.

2 2023.03.31. 기준

① 제시한 조성공사비의 대부분은 적정하나 자재비가 일시 폭등한 시점에 공사가
이뤄져 자재 및 운반비는 통상적인 공사에 비해 50% 정로 높은 것으로 보이니
가격검토 시 이를 고려할 것(단, 기타 간접제경비등은 제시금액으로 할 것)

② 만약 제시 외 건물의 토지에 대한 영향정도를 파악할 경우 건물의 바닥면적
만큼만 고려할 것

③ 막다른 길이 있는 각지의 도로접면은 한면으로 인식할 것

3. 2023.06.30. 기준시점 심사평가사의 심사의견

　　업자가 제시한 기계기구 구입가격 및 건물공사비 내역서의 금액은 적정한 것으로 보이나 일부 항목은 건물공사비 산입의 적정성을 재검토하고 특히 수변전설비는 부대설비로 인정할 수 있으나, 크레인설비는 별도의 기계기구로 파악할것.

<자료 5> 가격결정을 위한 참고자료

1. 표준지 공시지가 현황

　　현장조사일과 감정평가서 작성완료일은 동일하고 공시지가 공시기준일은 매년 1월 1일, 공시일은 매년 3월 1일임

일련번호	소재지	면적(m²)	지목	이용상황	용도지역		도로교통	형상 및 지세	공시지가(원/m²)	
					2022년도	2023년도			2022년도	2023년도
1	C시 Y읍 S리 산 20	17,345	임야	임야	관리	계획관리	맹지	부정형완경사	51,000	52,000
2	C시 Y읍 J리 산 17	22,915	임야	임야	관리	보전관리	세로가	부정형완경사	39,000	40,000
3	C시 Y읍 S리 107	8,950	공장용지	공업용	관리	계획관리	소로한면	부정형평지	151,000	150,000
4	C시 Y읍 S리 55	2,235	잡종지	상업용	관리	계획관리	소로한면	장방형평지	223,000	240,000

2) 적용할 지가변동률(월말에 해당 월 변동률을 발표한다고 간주, 단위 : %)

　　① 2022년도

구분	공업지역	관리지역	농림지역
2022.1.1 ~ 12.31	1.179	1.200	1.377
2022.12.1 ~ 12.31	0.179	0.000	0.247

② 2023년도

구분	계획관리	관리지역	농림지역
2023.1.1~ 1.31	-	0.002	0.454
2023.1.1.~ 3.31	-	0.005	0.454
2023.4.1~6.30	1.00	-	0.997

3) 지역요인 : 동일함

4) 개별요인 : 이용상황이 동일하면 별도의 지목감가는 하지 아니함.

　　① 도로접면, 형상, 지세는 적정한 표준지 및 사례와 대상은 대등

　　② 2023.03.31 기준 C시 Y읍 S리 11번지 토지의 성숙도 비교치

대상토지	표준지3	표준지4	거래사례	평가선례 가	평가선례 나
1.00	1.10	1.10	0.50	0.90	1.10

　　③ 2023.06.30 기준 C시 Y읍 S리 11번지 토지의 성숙도 비교치

대상토지	표준지3	표준지4	거래사례	평가선례 가	평가선례 나
1.00	1.00	1.00	0.45	0.81	1.00

5) 거래사례 및 평가선례

　　① 거래사례(본건)

소재지	지목	면적 (m²)	이용 상황	용도 지역	도로교통	형상 및 지세	단가 (원/m²)	거래시점
C시 Y읍 S리 산 11	임야	7,985	임야	관리	소로한면	부정형 완경사	110,000	2022.12.31

　　② 평가선례 : 유사사례가 많으나 대표적인 것만 제시함.

구분	소재지	지목	면적 (m²)	이용 상황	용도 지역	도로 교통	형상 및 지세	단가 (원/m²)	기준시점
가	C시 Y읍 S리 산 22	임야	7,890	공장 예정지	계획 관리	소로 한면	부정형 완경사	120,000	2023.1.1
나	C시 Y읍 S리 1000	장	700	공업용	계획 관리	소로 한면	부정형 완경사	170,000	2023.1.1

③ 심사평가사의 심사의견

표준지 공시지가 중 '임야'는 적정시세를 반영하고 있으나, 택지 등은 별도의 검토가 필요함. 또, 수집한 자료들 중 평가선례는 적정하나 거래사례는 개발이익의 상당부분이 매도자에게 귀속된 것으로 보이고 공장예정지인 평가선례는 개별요인에서 성숙도를 보정해야 한다는 의견을 제시함.

또 본건 거래사례는 대상에 거래사례비교법으로 직접 적용하는 것은 부적정하나 해당 매입금액을 조성원가로 반영하는 것은 적정한 것으로 의견을 제시함.

6) 원가법에 의한 평가시 소지매입비는 투입원가로 보고 투하자금에 대한 기간이자는 고려하지 아니함.

7) 건물평가자료 : 제시자료를 활용하되, 내용년수는 35년을 적용할 것

8) 토지 및 건물단가는 천원미만 절사.

경매평가 [논점정리]

【연습문제 04】감정평가사 김공정씨는 다음 물건에 대하여 ○○지방법원으로부터 경매 목적의 감정평가를 의뢰받았다. 기준시점을 2023.09.19로 하여 관련법규 및 이론을 참작하고 주어진 자료를 활용하여 감정평가하시오. (10점)   감정평가사 26회 기출

<자료 1> 법원감정평가 명령서 내용 요약 및 평가대상

1. 기호(1) : S시 S구 S동 1210번지, 대, 200m², 제2종일반주거지역

2. 기호(가) : S시 S구 S동 1210번지 지상 철근콘크리트조 및 벽돌조 슬래브 지붕 2층 주택(사용승인일 : 2017.12.05, 완공일 : 2016.05.05.)
   1층 : 철근콘크리트조 단독주택 100m²
   2층 : 벽돌조 단독주택 12m²(2020.02.03 증축)

3. 현장조사사항 : 기호(1) 토지 지상에는 <자료 2> 현황도와 같이 법원의 제시목록 외 기호㉠, ㉡이 소재함. 제시목록뿐 아니라 등기사항전부증명서 및 대장에도 등재되어 있지 아니하여 소유권에 대한 재확인이 필요함

4. 유의사항 : 제시 외 건물이 있는 경우에는 반드시 그 가액을 평가하고, 제시 외 건물이 경매대상에서 제외되어 그 대지가 소유권의 행사를 제한 받는 경우에는 그 제한을 반영하여 평가함

<자료 2> 현황도

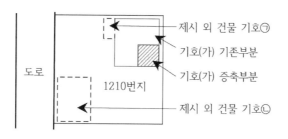

<자료 3> 건물평가자료

구분	구조	이용상황	재조달원가 (원/m²)	면적 (m²)	적용단가 (원/m²)
기호(가)기존	철근콘크리트조 슬래브지붕	주택(방1, 거실, 주방, 화장실1)	750,000		
기호(가)증축	벽돌조 슬래브지붕	방1	600,000		
제시 외 건물 기호㉠	경량철골조 판넬지붕	보일러실	–	4	100,000
제시 외 건물 기호㉡	벽돌조 슬래브지붕	주택(방1, 주방1, 화장실1)	600,000	48	

※ 철근콘크리트조 내용년수 50년, 벽돌조 내용년수 45년, 잔가율 0%

※ 제시 외 건물 기호㉠은 신축연도가 불명확하여 관찰감가를 병용하여 적용단가 를 산정하였으며, 면적은 실측면적임

※ 제시 외 건물 기호㉡은 잔존내용년수가 20년으로 추정됨

<자료 4> 기타자료

1. 제시 외 건물이 토지에 미치는 영향을 고려하지 아니하고 공시지가 기준으로 평가한 금액은 6,530,000원/m²임. 제시 외 건물이 토지에 미치는 영향이 있다고 판단될 경우에는 아래사항을 감안하여 평가하기 바람

	전체 토지에 미치는 영향
제시 외 건물 기호㉠	1%
제시 외 건물 기호㉡	12%

시점별·목적별 평가 [논점정리]

【연습문제 05】 토지소유자 J씨는 C시 D읍 E리 30번지 토지에 대하여 토지등기사항 전부증명서를 첨부하여 감정평가사 S씨에게 아래와 같은 조건으로 부동산자문 의뢰를 하였다. 주어진 자료를 활용하여 물음에 답하시오. (30점) 감정평가사 19회 기출 변형

(물음 1) 2023. 01. 01을 기준시점으로 하여 토지의 시장가치를 평가하시오.

(물음 2) 2023. 01. 01을 기준시점으로 하여 적산임대료 산정을 위한 토지의 기초가액을 평가하시오.

(물음 3) 2023. 09. 21을 기준시점으로 하여 토지의 시장가치를 평가하시오.

<자료 1-1> 사전조사사항 Ⅰ

1. 등기사항전부증명서

　1) 토지등기사항전부증명서(의뢰시 첨부서류)

소재지번	지목	면적	기타사항
C시 D읍 E리 30번지	임야	630m²	－

　2) 건물등기사항전부증명서

소재지번 및 건물번호	건물내역	기타사항
C시 D읍 E리 30번지	목조 함석지붕 창고 단층 36m²	－

2. 토지대장

토지소재	지번	지목	면적(m²)	사유
C시 D읍 E리	30	전	300	2022년 12월28일 분할되어 본번에 －1을 부함 2022년 12월 30일 임야에서 전으로 등록전환
C시 D읍 E리	30-1	임야	330	2022년 12월28일 30번지에서 분할

3. 건축물대장등본 : C시 D를 E리 30번지 및 동소 30-1번지는 건물이 동재되어 있지 않음.

4. 토지이용계획확인원 : 관리지역, 토지거래계약에 관한 허가구역

5. 지적도

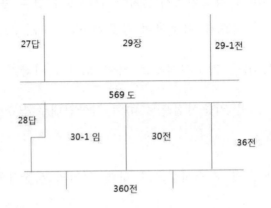

<자료 1-2> 사전조사사항 Ⅱ

1. 인근의 비교가능한 표준지 공시지가

(공시기준일 : 2023. 01. 01)

연번	소재지	면적 (m²)	지목	이용상황	용도지역	도로교통	형상·지세	공시지가 (원/m²)
1	C시 D읍 E리 23	455	전	전	관리	세로가	부정형완경사	62,000
2	C시 D읍 E리 50	766	답	답	관리	맹지	부정형평지	51,000
3	C시 D읍 E리 135	356	대	단독주택	관리	세로가	부정형평지	95,000
4	C시 D읍 E리 150	420	차	주차장	관리	세로가	부정형평지	68,000
5	C시 D읍 E리 200	300	대	상업용	관리	소로한면	부정형평지	190,000
6	C시 D읍 E리 356	836	임	토지임야	관리	세로(불)	부정형완경사	43,000
7	C시 D읍 E리 산12	4,260	임	자연림	관리	세로가	부정형완경사	30,000

2. 지가변동률 : 국토교통부장관 발표자료로 추정한 2023. 01. 01부터 2023. 09. 21까지의 C시 관리지역 지가변동률은 1.000%임.

3. 가격자료 및 기타사항

　1) 해당지역의 공시지가 수준은 적절한 균형을 유지하고 있으며 적정지가를 비교적 잘 반영하고 있으나 2023. 03. 02 이후 대지에 대한 수요증가로 국지적인 가격변동이 있었음.

　2) 실거래가는 일부 포착되었으나 세부내역이 없어 검토가 어려움.

　3) 신뢰할 만한 평가선례자료는 다음과 같음.

연번	소재지	면적 (m²)	지목	이용상황	용도지역	평가목적	기준시점	평가가격 (원/m²)
1	C시 D읍E리 140	455	대	단독	관리	경매	2023. 07. 11	140,000
2	C시 D읍 E리 225	766	대	상업용	관리	경매	2023. 06. 20	300,000

　평가선례 및 기타자료 등을 종합검토한 바 2023. 09. 21 기준 감정평가시 그 밖의 요인 보정필요성이 제기되었으며, 분석결과 그 수치는 1.30으로 산정되었음.

<자료 2-1> 현장조사사항 Ⅰ : 2023. 01 .01 기준

1. C시 D읍 E리 30번지

　1) 인접토지와 등고평탄한 토지로 현재 지표위에 부직포를 덮고 주차장 부지로 이용중이고 유의할 만한 다른 물건은 없었음.

　2) 해당토지는 북측에 인접한 A공자에 일시적으로 주차장부지로 임대중이라 하며 제시받은 임대차계약서 내용은 아래와 같음.

　　－ 소재지 : C시 D읍 E리 30번지
　　－ 당사자 : 임대인 J, 임차인 A공장 대표이사 R
　　－ 임대면적 및 용도 : 300m², 주차장부지
　　－ 임대금액 : 금----,----원
　　－ 임대기간 : 2023.01. 01～2023.12.31
　　－ 기타사항 : 임대기간은 J씨의 사정에 의해 임의로 종료될 수 있고 이에 따른 부담은 없으며, 임대 종료시 임차인이 설치한 주차관련 지장물(부직포 등)은 임차인이 제거하기로 함.

2. C시 D읍 E리 30-1번지

　1) 인접토지와 등고평탄한 부정형토지로 현재 전으로 이용중이고 남서측일부에
　　는 P씨의 종중묘지가 소재하고 있어 이를 확인한 바 면적은 30m²이고 보존가
　　치가 있어 보존묘지로 지정되어 있는 것으로 조사됨.

　2) 소유자에 따르면 분할 전(前) 30번지는 수년전에 전으로 개간되었고 농지원부
　　에도 등재되어있다 하며 이는 사실로 확인됨.

　3) 이 토지는 이웃에 거주하는 P씨에게 임대중인 것으로 조사되었으며 제시받은
　　임대차계약서 내용은 아래와 같음.
　　　─ 소재지 : C시 D읍 E리 30-1번지
　　　─ 당사자 : 임대인 J, 임차인 P
　　　─ 임대면적 및 용도 : 330m², 전
　　　─ 임대금액 : 금----,----원
　　　─ 임대기간 : 2023. 01. 01~2023. 12. 31
　　　─ 기타사항 : 임대계약은 기간중 J가 임의로 해지할 수 있고 수년간 임대해온
　　　　점을 고려하여 별도의 부담은 없도록 함.

<자료 2-2> 현장조사사항 Ⅱ : 2023. 09. 21기준

1. 현장조사시 건축공정률이 80% 정도인 상업용건물을 신축 중이었고 부지 조성공사
　는 완료된 상태였음.

2. 제시받은 건축허가서 내용

　1) 건축구분 : 신축

　2) 대지위치 : C시D읍E리 30, 동소 30-1

　3) 대지면적 : 560m²

　4) 주용도 : 제1종근린생활시설(소매점)

　5) 건축물내역 : 경량철골조 판넬지붕, 1층, 연면적 200m²

　6) 허가번호 : 2022-도시건축과-신축허가-5

　7) 허가일자 : 2023. 06. 30

　8) 부속 협의조건 : 종전토지 중 40m²는 도로로 기부채납하고 사업부지는 사업완
　　료 후 지목변경하여야 함.

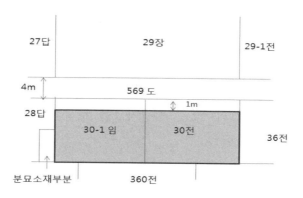

※ 음영부분은 건축허가서상 사업부지임

3. 건축업자가 제시한 숙박시설의 건물투자비용은 730,000,000원이고 구성항목은
다음과 같으나 건물평가 시 원가법에 의한 건물평가항목으로 인정하기 어려운
것은 조정이 필요함.

구 분		비율(%)	내역
직접 투자비	1. 설계비	4.0	감리비, 설계비용
	2. 기본건축비	25.0	기초 및 골조공사비 등
	3. 내외장공사비	25.0	미장, 창호공사 등
	4. 기계 설비비	18.0	냉난방, 엘리베이터 등
	5. 전기설비비	18.0	전기 및 통신공사비 등
	6. 집기비품	4.0	비품, 소모품 등 동산
	소계	86.0	
간접 투자비	7. 일반관리비	3.0	
	8. 이윤, 기타	5.0	이윤, 건설이자 등
	소계	8.0	
개업비	9. 개업준비금	4.0	개업전 인건비, 판촉비 등
	10. 운영자금	2.0	초기운전자금
	소계	6.0	
총계		100.0	

4. 예정 건축물을 완공 후 기대 가능한 순소득(NOI)는 연 90,000,000원으로 추정됨. 다만, 건축물 완공은 기준시점으로부터 1년이 소요되나 완공과 동시에 순소득이 실현되는 것으로 가정함.

5. 환원율은 신뢰할 만하고 의미있는 시장자료를 분석한 결과 다음과 같이 적용가능한 결과를 얻을 수 있었다.

구 분	지가변동성 낮음	지가변동성 중립	지가변동성 높은
토지환원율	8%	10%	12%
건물환원율	10%	11%	12%
발생확률	10%	40%	50%

<자료 3> 기타 참고사항

1. 지역요인 : 동일함

2. 개별요인 : 이용상황이 동일하면 별도의 지목감가는 하지 아니함.

   1) 도로접면

구 분	소로한면	세로가	세로(불)	맹지
소로한면	1.00	0.93	0.86	0.83
세로가	1.07	1.00	0.92	0.89
세로(불)	1.16	1.09	1.00	0.96
맹지	1.20	1.12	1.04	1.00

   2) 형상

구 분	정방형	장방형	사다리형	부정형
정방형	1.00	0.99	0.98	0.95
장방형	1.01	1.00	0.99	0.96
사다리형	1.02	1.01	1.00	0.97
부정형	1.05	1.04	1.03	1.00

3) 지세

구 분	평지	완경사
평지	1.00	0.97
완경사	1.03	1.00

자산재평가 [논점정리]

【연습문제 06】 ㈜C산업은 기업회계기준의 재평가모형 선택을 목적으로 감정평가사인 당신에게 회사소유 자산 중 토지항목에 대한 재평가를 의뢰하였다. 다음 물음에 답하시오. (30점)

(물음 1) 본 평가에서는 '공정가치'를 가치기준으로 한다. 이에 대하여 간단히 설명하시오.

(물음 2) 의뢰된 평가대상의 가격을 산정하되, 최종 가격 결정 의견을 구체적으로 설시하시오.

<자료 1> 감정평가의뢰내역

1. 감정평가대상의 개요

   S시 S구 B동 19-3(기호1) 및 19-12(기호2) 소재 토지

   면적 각 5,830m2 및 70m2임.

2. 평가목적은 재무보고목적으로 기업회계기준서 제5호(유형자산)에 따른 유형자산(토지)에 대한 자산재평가임.

3. 기준시점은 재평가 기준일로서 2022년 12월 31일임.

4. 본건 토지 2필지 일단으로 2010년 1월 5일 준공된 상업용 건물(철근콘크리트조 연면적 45,000m²)이 소재하고 있으며, 층별바닥면적은 다음과 같음.

층	각층 면적(m²)
1~4	3,800
5~8	3,450
지하1~지하4	4,000

5. 1과 기호2 공히 토지이용계획확인서상 「일반상업지역, 중심지미관지구, 광로2류(접함), 도로(접함), 건축선지정(도로경계선에서 3m후퇴)」임.

<자료 2> 표준지 공시지가(공시기준일 : 2022년 1월 1일)

일련 번호	소재지	면적(m²)	지목	공시지가 (원/m²)	이용 상황	용도 지역	도로 교통	형상지세
1-1	A동 50-7	2,533.7	잡	850,000	도로	1종 일주	중로한면	세장형 평지
1-2	B동 45-11	330.9	대	2,900,000	업무용	2종 일주	중로한면	가장형 평지
1-3	B동 50-7	496.0	대	2,550,000	상업용	일반 상업	세로(가)	사다리 평지
1-4	C동 1444-10	317.9	대	2,400,000	업무용	3종 일주	세로(가)	세장형 평지
1-5	C동 1446-1	19,121.5	대	4,350,000	상업용	일반 상업	광대소각	사다리 평지

※ A동과 C동은 B동에 인접하여 위치하며, 일련번호1-1에서 일련번호1-3은 본건이 속한 노선상가지대와는 고가도로에 의해서 분리되어 있고, 일련번호 1-4에서 일련번호 1-5은 대상 역세권 범위에 있음.

<자료 3> 거래사례 조사내역

대상토지가 소재하는 대상지역 및 인근지역 내지 동일수급권 내에 위치한 거래사례 중 대상부동산과 용도에서의 유사성이 인정되는 사례는 다음과 같음.

기호	소재지	면적(m²) 토지 건물	지목 용도 지역	건물 구조	거래일자 거래가격 (천원)	비 고
1	C동 1554-12	340 -	대 일상	-	2022.09.22 2,635,000	지상 폐기물 소재
2	B동 106-13	801.7 1,750	대 근상	철근 콘크리트조	2022.08.17 6,834,000	2012.07.04 준공 상업시설 : 1,050m² 지하주차장 : 700m²

※ 상기 자료는 2년 이내의 거래사례로서 #1은 거래 후 매도인이 지상 폐기물을 정리하는 조건으로 거래하였으며(정리비용 : @10,000원/m²), #2는 상호출자관계에 있는 계열사간 거래사례이고, 모든 사례에는 상기 거래가격 대비 LTV 55% 10년 만기 연리 5.0%기준 매월 원리금균등분할상환조건의 외부차입이 있었음.

<자료 4> 인근의 토지평가전례

기호	소재지 지번	지목 (이용상황)	용도 지역	면적(m²)	평가금액 (원/m²)	기준시점	평가 목적
1	S구 B동 19-20	대(상업용)	일반 상업	1,050.0	8,070,000	2022.06.20	담보
2	S구 C동 1440-9	대(업무용)	일반 상업	357.0	6,450,000	2022.04.17	담보

※ 기호1은 극도로 노후화된 철거예정 건물(연면적 $501m^2$, 예상철거비용 건물면적당 @$5,000$원/m^2)이 소재하여 인접획지에 부정적인 영향을 미치고 있는 상태로서 금융기관은 철거를 전제로 담보취득 하였고, 기호2는 지하부분에 구분지상권이 설정되어 있는 토지로서 대상과 동일한 역세권에 위치하고 있음.

<자료 5> 지가변동률(상업지역, 시점수정치)

구 분	시점수정치	구분	시점수정치
2022.1.1~2022.12.31.	0.99203	2022. 6. 20~2022. 12. 31	0.95552
2022. 9 .22~2022. 12. 31	0.93772	2022. 10. 30~2022. 12. 31	0.93823

<자료 6> 가격자료간 품등비교

1. 토지

구분	항목	평점					
		대상	표준지	거래사례1	거래사례2	평가전례1	평가전례2
가로 조건	가로의 폭	100	100	98	97	100	101
	계통 및 연속성	100	100	99	98	100	98
접근 조건	상업지 중심과 접근성	100	100	100	70	100	101
	교통시설의 편의성	100	100	99	85	100	101
환경 조건	고객의 유동성	100	100	101	80	100	102
	인근환경	100	100	100	88	100	101
획지 조건	면적, 접면너비, 깊이	100	100	98	91	100	97
	접면도로상태	100	100	98	94	100	98

\<자료 7\> 지역 내 전형적인 층간효용도

1층을 기준층으로 하며 지하층의 경우 임대가능공간에 한하여 기준층의 50%, 지상 2층에서 4층까지는 바로 아래층 대비 65%, 4층 이상은 동일함.

\<자료 8\> 본건 지상건물 관련 추가조사내역

1. 전용률

    지하층(주차장, 기계실 등)은 전용공간이 없으며, 지상층(상업시설)의 경우 용도상 개별성에 의하여 구분되는데 1~4층은 층별 바닥면적 대비 65%, 5층 이상은 75%의 전용률을 보임.

2. 임대내역

    기준층의 경우 보증금 @5,257,000원/m², 월임대료 @52,570원/m²임.

    (상기 임대내역은 전용면적 기준이며, 월임대료에는 평년으로 환산한 공익비 및 부가사용료가 포함되어 있음)

\<자료 9\> 수익 검토 자료

1. 보증금운용이율은 주요지표 및 시장상황 등을 고려하여 비교적 안정적인 운용을 전제로 6.5%로 적용함.

2. 공실손실상당액 산정 시 장래 경제 변화 등의 불확실성 등을 대손충당금과 일괄하여 총가능소득의 5%로 산정하였음.

3. 본건 부동산에 대한 환원율은 국토교통부 조사발표 자본수익률 및 최근 부동산 시장의 환원율 하락 현상과 향후 전망 등을 참작하여 종합환원율은 8.5%를 적용함.

4. 토지·건물의 가격구성비율은 인근의 표준적인 구성비율인 "토지 : 건물 = 0.6 : 0.4"를 적용함.

<자료 10> 운영경비비율

구 분	5,000평 미만	5,000평 이상 10,000평 미만	10,000평 이상 15,000평 미만	15,000평 이상
기타제경비	18.1%	17.3%	20.0%	17.7%
세금과공과·보험료	3.6%	3.9%	7.8%	4.2%

※ 상기 운영경비비율은 표본빌딩의 유효총수익에 대한 각 경비의 비율로서 빌딩 연면적별로 구분하여 산출한 통계치임.

<자료 11> 기타사항

1. 일반적인 시장이자율은 5.5% 수준임.

2. 비교표준지기준가격에의 적정시세 반영시 평가전례자료에 의함.

3. 총수익(PGI)는 각 층별 수익을 산출하고 이를 합산하되, 층별효용비는 기준층을 100으로 하여 소수점 첫째짜리까지 산출함.

집합건물의 경매 [논점정리]

【연습문제 07】 K평가사는 법원으로부터 서울특별시 강남구 Y동 소재 "Y중학교" 남서측 인근에 위치하는 Y빌딩에 대해 경매목적의 평가를 의뢰받아 대상부동산을 파악하고, 자료를 수집하여 다음과 같은 평가방법을 선정하였다. 다음의 평가방법에 따라 대상부동산 가격을 결정하시오. (15점)

<자료 1> 대상부동산 현황

1. 대상부동산 내역
   ① 토지 : 서울시 강남구 Y동 780번지   1,550㎡
   ② 건물 : 위 지상 철근콘크리트조 슬래브지붕 지하1층 지상 9층 연 7,000㎡

2. 평가목적 : 경매목적의 평가

3. 기준시점 : 2023. 8. 31

4. 의뢰내용
   본건은 준공을 득하지 않은 건축물이나 서울중앙지방법원의 명령에 의하여 등기된 구분건물로 소유권대지권을 수반하지 않는 건물만 평가할 것이 의뢰었으며, 그 중 대표호수 501호가 평가의뢰됨.

<자료 2> 평가방법

1. 본건은 구분건물(상가 및 오피스텔)로서 제반 입지조건, 주위환경, 상권의 형성 및 배후지 상태, 상가성숙도, 층별·위치별 효용도와 건물의 구조, 용재, 시공정도, 부대설비, 건물의 현상 등 제반가격 형성요인과 인근지역 및 동일수급권내 유사물건의 정상적인 거래가격을 참작하여 결정한다.

2. 본건은 준공을 득하지 않은 건축물이나 서울중앙지방법원의 명령에 의하여 등기된 구분
건물로 소유권대지권을 수반하지 않는 건물만 의뢰되었음. 일반적인 구분소유건물은 집
합건물의 소유 및 관리에 관한 법률에 의거 건물과 대지사용권이 일체성을 가지며 건물
과 토지를 일체로 하여 일반적으로 분양 및 거래가 되므로, 본 평가에서는 건물과 토지
(대지권)를 일체로 한 비준가액을 산출하고 토지 및 건물가격의 적정 배분비율을
적용하여 건물에 대한 가격만을 평가한다.

<자료 3> 건물구조 등

1. 건물의 구조 및 이용상태
   ① 철근콘크리트조 슬래브지붕 9층건
   ② 외벽 : 복합판넬마감
   ③ 내벽 : 몰탈위 페인트, 벽지 및 타일 등 마감
   ④ 창호 : PVC샷시 창호임
   ⑤ 이용상태
      지하1층, 1층 : 근린생활시설
      2~9층 오피스텔
      (각층 1~3호, 방3, 거실, 주방, 욕실, 실외기실)
      (각층 4~9호 방1, 거실겸주방, 욕실 실외기실)

2. 냉난방 설비 등
   상·하수도시설 및 위생설비 되어있으며, 도시가스보일러에 의한 개별난방임.

3. 토지이용계획관계 및 제한상태
   제3종일반주거지역, 일반미관지구, 중로한면에 접함.

<자료 4> 대상부동산 건물이용현황

1. 각층별 면적

층	면적	이용상황
지하1층	1,259	근린생활시설
1층	389	근린생활시설
2층-9층	각 669	오피스텔

※ 전유면적은 연면적의 78%임.

2. 호별 전유면적(2층~9층)

호	1	2	3	4	5	6	7	8	9	계
전유면적 (m²)	97.1	87.6	97.1	40.4	40.4	40.4	40.4	40.4	40.4	524.2

※ 지하1층 및 1층은 1호로 구성되어 있다.

<자료 5> 표준지공시지가(2023. 1. 1)

일련 번호	소재지	면적	지목	이용상황	용도지역	도로	형상	주위환경	공시지가 (원/m²)
1	Y동 779-5	698	대	주상용	제3종 일반주거	광대한면	세장형	노선상가지대	9,100,000
2	Y동 784-14	231	대	단독주택	제3종 일반주거	세로(가)	세장형	정비된 주택지대	3,300,000
3	Y동 786	296	대	업무용	제3종 일반주거	광대한면	세장형	일반상가지대	7,500,000

<자료 6> 사례자료

1. <사례 1(거래사례)>

⑴ 토지 : 서울시 강남구 Y동 소재, 면적 700m², 광대로한면, 노선상가지대

        제3종일반주거지역

(2) 건물 : 지하1층 ~ 지상9층 주상용 건물, 철근콘크리트조, 2022. 1. 1건축
(경제적 내용년수 50년)

(3) 거래내역 : 2023. 8. 31 거래됨

(4) 거래금액 : 22,067,000,000원

(5) 거래조건

대상부동산 매입시 매수자는 저당대부를 설정하였다. 제1저당은 거래금액의 30%를 20년간 8%로 매년 원리금을 상환하는 조건이고, 제2저당은 거래금액의 20%를 15년간 12%로 매년 균등 상환하는 조건이었다.

(6) 사례부동산의 거래조건은 시장의 토지·건물의 가격구성비를 적절히 반영하여 거래된 것으로 평가된다.

2. 사례 2(거래사례)>

(1) 소재지 : 서울시 강남구 Y동 710번지, 제3종일반주거지역, 대, 노선상가지대

(2) 거래대상 : 건물 1층에 소재한 점포로서 대지지분권과 건물이 함께 거래되었음.

(3) 구분상가전유부분의 면적 : 320m²

(4) 건물건축시점 : 2023. 1. 1

(5) 거래금액 : 4,150,000,000원

(6) 거래시점 : 2023. 2. 1

3. <사례 3(거래사례)>

(1) 소재지 : 서울시 강남구 Y동 823번지, 제3종일반주거지역, 대, 노선상가지대

(2) 거래대상 : 건물 3층에 소재한 오피스텔로서 대지지분권과 건물이 함께 거래되었음. (305호)

(3) 전유부분 면적 : 45m²

(4) 건물건축시점 : 2023. 1. 1

(5) 거래금액 : 231,000,000원

(6) 거래시점 : 2023. 1. 1

(7) 사례의 오피스텔은 위치, 구조, 방향 등에 있어서 대상의 305호와 효용에 있어서 유사한 것으로 판단된다.

<자료 7> 요인비교치

1. 지역요인

　대상부동산 및 표준지, 사례자료는 모두 인근지역에 위치한 부동산이다.

2. 토지개별요인

구 분	<대상>	<표준지1>	<표준지2>	<표준지3>	<거래사례1>
개별요인	95	96	100	100	98

3. 복합부동산 개별요인(면적요소 제외)

구 분	<대상>	<거래사례2>	<거래사례3>
개별 요인	100	98	100

<자료 8> 시점수정치

1. 지가변동률(서울시 강남구 일반주거지역)

　2023. 1. 1~2023. 8. 31 0.12% 상승

2. 건축비변동

　2022년 1월 이후 매월 0.1%씩 상승함.

3. 복합부동산가격변동률(용도별 차이없음)

　2023년 1월 이후 매월 0.2%씩 상승함.

<자료 9> 효용비

인근의 분양사례를 분석하여 각층별 호별 효용비를 아래와 같이 도출하였음.

층	지층	1	2	3, 4	5 ~ 8	9
효용비율	64.1	100	26.8	27.9	28.3	28.9

호	1	2	3	4	5	6	7	8	9
효용비율	98	100	98	80	80	80	85	85	85

<자료 10> 기타사항

1. 보증금운용이율 : 10%

2. 시장이자율(할인율) : 10%

3. 층별효용비는 백분율로 소수점 첫째자리까지 산정하시오.

4. 토지·건물의 적정 배분 비율은 적정 거래사례(토지·건물 복합부동산)의 거래 시점 당시 비율을 적용하기로 함.

5. 각 금액 산정 시 천원 미만은 반올림으로 표시할 것.

담보평가(구분소유적 공유) [논점정리]

【연습문제 08】 공정감정평가법인 소속 감정평가사인 김한국씨는 아래 부동산 중 이대한씨 지분에 대해서 한강은행(담보)에서 평가를 의뢰받았다. 이대한씨 소유 토지 및 건물에 대한 담보평가액을 결정하되, 감정평가에 관한 규칙 제9조에서 규정하고 있는 필수적 기재사항에 의거 서술식으로 감정평가서를 작성하시오.(20점)

감정평가사 21회 기출 변형

<자료 1> 사전조사사항

1) 토지등기부등본

기호	소재지	지목	면적(m²)	소유자
1	甲구 乙동 54	대	500	공유자지분 2분의 1 이대한 공유자지분 2분의 1 박조선
2	甲구 乙동 산75	임야	2,550	공유자지분 2분의 1 이대한 공유자지분 2분의 1 박조선

2) 건물등기부등본

기호	소재지	물건의 종류	구조, 규격	면적(m²)	소유자
가	甲구 乙동 54	점포	철근콘크리트조 슬라브지붕 단층	80	이대한
나	甲구 乙동 54	주택	시멘트벽돌조 슬라브지붕 단층	70	박조선

3) 토지대장

기호	소재지	지목	면적(m²)	소유자
1	甲구 乙동 54	대	500	공유자지분 2분의 1 이대한 공유자지분 2분의 1 박조선
2	甲구 乙동 산75	임야	2,800	공유자지분 2분의 1 이대한 공유자지분 2분의 1 박조선

4) 건축물대장

기호	소재지	물건의 종류	구조, 규격	면적(m²)	소유자
가	甲구 乙동 54	점포	철근콘크리트조 슬라브지붕 단층	80	이대한
나	甲구 乙동 54	주택	시멘트벽돌조 슬라브지붕 단층	70	박조선

5) 토지이용계획확인원

① 기호1 : 일반상업지역(250m²), 제2종일반주거지역(250m²), 도시계획도로저촉

② 기호2 : 자연녹지지역

6) 지적도

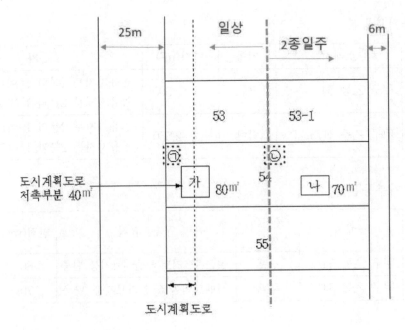

<자료 2> 현장조사사항

1) 2023. 08.30에 현장조사를 하였으나 가격자료수집이 미흡하여 2023.9.2에 재조사 완료하였음.

2) 기호1 토지는 인접필지와 대체로 평탄하며, 점포부지(이대한 소유)와 주택부지
(박조선 소유)로 이용 중이고, 기호2 토지는 남하향의 완경사 자연림으로서 형상은
부정형이고, 지상에 자연생활잡목이 자생하고 있으나 경제적 가치는 없는 것으로 판
단됨.

3) 기호1 토지의 도로접면은 지적도와 동일하며, 기호2 토지의 도로접면은 세로가
에 접하고 있음.

4) 기호1 토지의 지상에 시멘트블럭조 슬라브지붕 단층 창고(이대한 소유 : 기호㉠)
와 시멘트블럭조 슬라브지붕 단층 창고(박조선 소유 : 기호㉡)가 무허가건축물로
존재하고 있으며, 신축년도는 모두 2014.9.7에 건축된 것으로 탐문조사되었고, 이
로 인하여 토지에 미치는 영향은 없는 것으로 판단됨.

<자료 3> 가격결정을 위한 참고자료

1) 표준지공시지가 현황

기호	소재지	면적 (m²)	지목	이용 상황	용도지역	도로 교통	형상 지세	공시지가(원/m²) 2023.01.01
A	乙동 57	250	대	상업용	일반상업	광대세각	세장형 평지	1,100,000
B	乙동 58-1	250	대	단독주택	2종일주	세로가	세장형 평지	420,000
C	乙동 산74	3,000	임야	자연림	자연녹지	맹지	부정형 완경사	50,000

※ 표준지 공시지가는 공법상 제한이 없는 상태임.

2) 지가변동률(甲구)

구분	상업지역	주거지역	녹지지역
2023.1.1~2023.8.30	1.05000	1.06500	1.07000
2023.1.1~2023.9.2	1.05500	1.07000	1.07500

3) 지역요인 : 동일함.

4) 개별요인

① 도로접면

구 분	광대세각	광대한면	소로한면	세로가	세로(불)	맹지
광대세각	1.00	0.95	0.86	0.81	0.75	0.72
광대한면	1.05	1.00	0.91	0.85	0.78	0.75
소로한면	1.16	1.10	1.00	0.93	0.86	0.83
세로가	1.24	1.18	1.07	1.00	0.92	0.89
세로(불)	1.34	1.28	1.16	1.09	1.00	0.96
맹지	1.39	1.32	1.20	1.12	1.04	1.00

② 형상

구 분	정방형	장방형	사다리형	부정형
정방형	1.00	0.99	0.98	0.95
장방형	1.01	1.00	0.99	0.96
사다리형	1.02	1.01	1.00	0.97
부정형	1.05	1.04	1.03	1.00

③ 지세

구 분	평지	완경사
평지	1.00	0.97
완경사	1.03	1.00

④ 공법상 제한(도시계획도로 저촉 : 토지, 건물 공동사용)

구 분	일반	제한
일반	1.00	0.85
제한	1.18	1.00

5) 그 밖의 요인 산정을 위한 자료

　① 평가선례

기호	소재지	지목	면적 (m²)	이용상황	용도지역	단가(원/m²)	기준시점	평가 목적
A	乙동 59	대	250	상업용	일반상업	1,300,000	2023.1.1	담보
B	乙동 59-1	대	250	단독주택	2종일주	500,000	2023.1.1	담보
C	乙동 60	대	250	상업용	일반상업	1,150,000	2022.1.1	담보
D	乙동 60-1	대	250	단독주택	2종일주	480,000	2022.1.1	담보

　② 지가변동률은 상기에서 제시한 자료와 동일하고 대상토지와 평가선례와의 지역요인 및 개별요인은 동일함.

　③ 평가선례는 공법상 제한이 없는 상태임.

　④ 지목이 '임야'인 표준지공시지가는 지목이 '대'인 표준지공시지가와 그 밖의 요인이 동일함.

<자료 4> 건물평가 자료

1) 사용승인일자

구분	점포	주택
사용승인일자	2014.9.7	2014.9.7

2) 건물 재조달원가(원/m²)

구분	철근콘크리트조	시멘트벽돌조	시멘트블럭조
주택	1,000,000	900,000	600,000
점포	700,000	550,000	450,000
창고	500,000	400,000	350,000

3) 내용년수

구분	철근콘크리트조	시멘트벽돌조	시멘트블럭조
내용년수	50년	45년	30년

4) 분 건물의 감가수정은 만년감가를 기준으로 함.

5) 창고 전체와 점포 중 20m²가 도시계획도로에 저촉됨.

<자료 5> 기타참고사항

1) 기호1 토지의 지상에 소재하는 이대한 소유의 건물과 박조선 소유의 건물은 합법적인 건축물로서 소유자별로 각각 점유하고 있음.

2) 기준시점에 대해서는 별도로 제시받지 아니함.

3) 감정평가사인 김한국씨는 감정평가서를 최종적으로 2023.9.4에 작성·완료하여, 2023.9.5에 심사 후 발송하였음.

정비사업(종전, 분양예정자산 등) [논점정리]

【연습문제 09】 감정평가사 김씨는『도시 및 주거환경 정비법』에 의한 A시 B구 C동 XX지구 주택재개발조합으로부터 조합원 P씨의 권리변환 및 정산을 위한 평가를 의뢰받아 다음 자료를 조사수집하였다. 이 자료를 활용하여 다음 물음에 답하시오. (30점)

감정평가사 17회 기출 변형

1. P씨의 종전자산 가액을 구하시오.

2. 조합 전체의 분양예정자산 총수입을 구하시오.
   - 분양예정자산 총 수입 = 조합원분양분 + 일반분양분

3. 아래의 산식을 활용하여 비례율, 권리가액 등을 산정하여 P씨의 정산금을 구하시오.
   - 비례율 = [분양예정자산 총 수입 - 총사업비]÷전체 종전자산 가액
   - P씨 권리가액 = P씨 종전자산 가액 × 비례율
   - P씨 정산금 = 조합원분양가액 - P씨 권리가액

<자료 1> P씨 소유 토지와 건물내용

1. 토지

소재지	지목	면적	현용도지역	도로교통	형상지세
A시 B구 C동 250번지	대	120m²	제3종일반 주거지역	세로(가)	사다리형 평지

2. 건물

소재지	구조	면적	신축일자	비고
A시 B구 C동 250번지	블록조 슬래브 지붕	90m²	1987.2.1	무허가건축물

<자료 2> 재개발사업 계획

1. 사업일정

1) 재개발구역지정 고시일 : 2020.7.1
2) 주택재개발조합 설립일 : 2021.3.1
3) 주택재개발사업시행인가 고시일 : 2022.8.1.
4) 분양신청기간 만료일 : 2023.7.1
5) 관리처분계획 인가일 : 2023.8.27
6) 준공 인가일 : 2024.12.31

2. 건축계획

철근콘크리트조 슬래브지붕 15층 아파트 2개동

33평형(계약면적 110m², 전용면적 85m²), 각층 1-4호, 총 120세대

3. 분양계획

일반분양 : 각층 1호 30세대

조합원분양 : 각층 2-4호 90세대

분양아파트 층별 및 호별 효용도

층별	1층	2층	3-14층	15층
	100	106	110	104
호별	1호	2호	3호	4호
	100	103	103	100

※ 일반분양수입은 인근 거래사례 시세를 고려하여 결정
※ 조합원분양수입은 원가법에 의하여 결정

<자료 3> 현장조사 사항 등

1. 현장조사 기간

- 종전자산 : 2022.12.10~2023.2.1
- 분양예정자산 : 2023.5.1.~2023.7.1

2. 공법상 제한에 관한 사항 : 해당 정비구역지정에 따라 사업구역 내 용도지역은 2종일반주거지역에서 제2종 및 3종일반주거지역으로 변경되었음.

3. 종전자산 대상 건물 : 대상 건물은 무허가건축물이나 89.1.24 이전 신축한 특정무허가 건축물로 조합의 정관으로 조합원의 종전자산으로 결정하였으며 관리상태 등이 양호하여 기준시점 당시 잔가율은 50%에 해당함.

<자료 4> 인근지역의 표준지 공시지가 자료

일련번호	소재지지번	면적(m²)	지목	이용상황	용도지역	도로상황	형상지세	비고
1	A시 B구 C동 119	250	대	단독주택	제2종 일반주거	세로(가)	사다리형 평지	XX주택재개발지구 외
2	A시 B구 C동 200	200	대	단독주택	제3종 일반주거	소로한면	세장형 평지	XX주택재개발지구 외
3	A시 B구 C동 300	300	대	단독주택	제3종 일반주거	소로한면	사다리형 완경사	XX주택재개발지구 내
4	A시 B구 C동 305	200	대	상업용	제2종 일반주거	세로(가)	사다리형 완경사	XX주택재개발지구 내

일련번호	공시지가(원/m²)			
	2020년	2021년	2022년	2023년
1	2,200,000	2,300,000	2,400,000	2,500,000
2	2,000,000	2,100,000	2,200,000	2,300,000
3	1,900,000	2,000,000	2,300,000	2,400,000
4	2,100,000	2,200,000	2,500,000	2,700,000

※해당 공시지가의 그밖의 요인 보정은 불필요함.

<자료 5> A시 B구 지가변동률

기간	용도지역별(%)			
2020.01.01 ~ 2020.07.01	주거	상업	공업	녹지
2020.07.02 ~ 2020.12.31	1.102	1.051	1.200	1.301
2021.01.01 ~ 2021.03.01	1.101	1.022	1.051	1.251
2021.03.02 ~ 2021.12.31	1.120	1.031	1.022	1.301
2022.01.01 ~ 2022.08.01	1.501	2.007	1.032	1.053
2022.08.02 ~ 2022.12.31	2.000	1.054	2.002	1.023
2023.01.01 ~ 2023.02.01	0.500	1.031	0.023	2.005
2023.02.02 ~ 2023.08.27	0.500	2.001	1.054	0.053

<자료 6> 토지가격비준표

1. 도로상황

	광로	중로	소로	세로(가)	세로(불)	비고
광로	1.00	0.90	0.81	0.73	0.66	각지인 경우 10% 가산
중로	1.11	1.00	0.90	0.81	0.73	
소로	1.23	1.11	1.00	0.90	0.81	
세로(가)	1.36	1.23	1.11	1.00	0.90	
세로(불)	1.51	1.36	1.23	1.11	1.00	

2. 형상

	정방형	장방형	사다리형	부정형
정방형	1.00	0.95	0.85	0.70
장방형	1.05	1.00	0.95	0.75
사다리형	1.17	1.05	1.00	0.85
부정형	1.42	1.33	1.17	1.00

3. 지세

	평지	저지	완경사	급경사	고지
평지	1.00	0.97	0.95	0.85	0.80
저지	1.03	1.00	0.97	0.95	0.85
완경사	1.05	1.03	1.00	0.97	0.95
급경사	1.17	1.05	1.03	1.00	0.97
고지	1.25	1.17	1.05	1.03	1.00

<자료 7> 건물신축단가 등

구분	블럭조 슬레이트지붕	블럭조 기와지붕	블럭조 슬래브지붕
내용년수(년)	35	40	40
잔존가치(원)	0	0	0
신축단가(원/m²)	400,000	450,000	500,000

<자료 8> 인근지역 아파트 거래사례

소재지	사례물건	평형	건축시점	거래시점	거래가격
A시 B구 C동 201번지	D아파트 10층 1호	33평형 (전용면적 85m²)	2020.5.6	2023.3.2	350,000,000원

<자료 9> 아파트 비교요인

1. 도로조건, 접근조건, 획지조건, 환경조건 등의 개별요인은 거래사례 아파트 대비 분양예정 아파트(10층 1호)가 5% 우세

2. 인근 지역 고층아파트의 경과년수별 아파트 시세비율

경과년수	2년 이하	2년 초과 5년 이하	5년 초과 10년 이하	10년 초과 20년 이하	20년 초과
아파트시세비율	100	85	70	65	60

3. 거래시점 이후 9·13 종합부동산대책의 영향으로 인근지역 아파트가격시세는 10% 하락한 것으로 조사됨.

<자료 10> 심사평가사 지시사항

1. 심사평가사는 해당 정비구역 지정에 따른 용도지역 변경은 변경이 없는 상태를 기준으로 평가할 것을 권고하였음.

2. 해당 사업구역은 정비구역 지정에 따라 재개발사업에 따른 조합원분양 프리미엄이 형성되어 있고 해당 프리미엄을 반영하는 경우 합리적으로 균형성을 반영하여 종전자산 평가가 이루어 져야하나 사업구역 내 제2종 및 제3종일반주거지역 공시지가로는 합리적인 균형성을 고려한 감정평가가 어려울 것으로 의견을 제시하였음.

3. 종전자산평가의 기준시점은 사업시행인가고시일, 분양예정자산 평가의 기준시점은 분양신청기간 만료일을 기준으로 함.

4. 분양예정자산 중 조합원분양분의 감정평가는 원가법에 의하되 종전자산가액에 총사업비를 합산한 금액을 기준으로 계약면적 당 단가를 산출하고 층별·위치별 등의 격차는 없는 것으로 가정함.

<자료 11> 기타

1. 추정 총사업비 : 사업에 소요되는 총사업비는 230억원으로 추산함.

2. P씨의 종전자산가액은 조합 전체 종전자산가액의 1%에 해당함.

3. 비례율은 백분율로서 소수점 이하 둘째자리에서 반올림하여 첫째자리까지 표시할 것.

정비사업(국공유지처분) [논점정리]

【연습문제 10】 K감정평가법인 소속 감정평가사 甲은 서울특별시 A구청장으로 부터 B12 구역주택재개발정비사업 구역 내에 소재한 공유지의 처분을 위한 감정평가를 의뢰받고 현장조사 및 가격조사를 완료하였는바, 주어진 자료를 기준으로 감정평가액을 구하시오. (20점)

감정평가사 25회 기출 변형

<자료 1> 감정평가 의뢰내역(요약)

1. 의 뢰 인 : 서울특별시 A구청장

2. 의뢰일자 : 2023. 9. 1

3. 제출기한 : 의뢰일로부터 14일 내

4. 의뢰목록

일련번호	소재지	지번	지목	면적(m²)	용도지역
1	서울특별시 A구 B동	121	대	106.0	2종일주
2	〃	121-2	대	48.0	〃
3	〃	121-3	대	151.0	〃
4	〃	123-5	대	72.0	〃
5	〃	121-7	대	108.0	〃

<자료 2> 기본적 조사사항

1. 현장조사 및 가격조사완료일자 : 2023. 9. 3~9. 5

2. 조사 내용

  1) 본건 토지는 사업시행인가일 현재 기존 주택지대 내에 소재하는 일단의 "공용주차장"으로 사용되었던 것으로 조사되었음

  2) 현장조사일 현재 B12 구역주택재개발정비사업이 착공된 상태로, 본건의 현황이 변경된 상태로서 주택재개발사업에 편입되어 일단의 사업부지로 이용 중임

3) 본건 "공용주차장"은 1987. 6. 21자로 도시계획시설(주차장) 실시계획인가 고시되었음

4) B12 구역주택재개발정비사업 현황(요약)

(1) 소재지 : 서울특별시 A구 B동 178번지 일대

(2) 사업구역 면적 : 65,826m²

(3) 택지면적 : 42,786m²

(4) 사업시행인가고시일 : 2020. 3. 20

(5) 착공일자 : 2022. 10. 28

(6) 조합제시 사업비(개량비) 분석 내역(2023년 8월 말 현재)

항목	금액(원)	비고
토목공사비 등	15,682,000,000	-
공통비용	8,560,000,000	토지 및 건물에 공통으로 할당되는 금액으로, 토지비율은 48%임
합계	24,242,000,000	-

<자료 3> 공시지가 표준지, 매매사례 및 평가선례 등

1. 인근 공시지가 표준지 내역

기호	소재지	면적(m²)	지목	이용상황	용도지역	도로교통	형상지세	공시기준일	공시지가(원/m²)	비고
①	B동 125-1	89.0	대	단독주택	2종일주	세로(가)	사다리평지	2020.1.1	2,300,000	B12 구역 내(본건 남서측 인근)
								2021.1.1	2,380,000	
								2022.1.1	2,460,000	
								2023.1.1	-	
②	B동 132	102.0 (일단지)	대	주거나지	2종일주	광대소각	부정형평지	2020.1.1	-	B12 구역
								2021.1.1	-	
								2022.1.1	-	
								2023.1.1	3,220,000	
③	B동 457	153.0	대	단독주택	2종일주	세로(가)	세장형평지	2020.1.1	2,180,000	본건 북측 인근
								2021.1.1	2,250,000	
								2022.1.1	2,320,000	
								2023.1.1	2,400,000	

2. 평가선례

기호	소재지	목적	기준시점	지목	면적(m^2)	용도지역	평가액(원/m^2)
㉠	B동 526 외	택지비	2022.9.1	대	32,685.24	2종일주	5,700,000
㉡	B동 144 외	택지비	2021.10.29	대	11,790.57	2종일주	5,160,000

<자료 4> 지가변동률(서울특별시 A구 주거지역)

기간	변동률(%)
2020. 1. 1~2020. 3. 20	0.096
2021. 10. 29~2023. 9. 5	1.926
2022. 9. 1~2023. 9. 5	0.221
2023. 1. 1~2023. 9. 5	0.057

<자료 5> 요인비교 자료

1. 지역요인 : 본건, 공시지가 표준지, 평가선례는 인근지역에 소재하여 지역요인 대등함

2. 개별요인

(공시지가 표준지 : 1.00)

공시지가 표준지	본건	평가선례	
		㉠	㉡
①	1.25	1.50	1.35
②	1.00	1.18	1.07
③	0.85	0.97	0.86

개발부담금 [논점정리]

【연습문제 11】甲은 본인이 소유하고 있는 토지를 이용하여 공장을 신축하였다. B 시청에서는 당해 사업이 개발부담금 부과대상사업에 해당되어 개발부담금을 부과하려고 한다. 주어진 자료를 활용하여 다음 물음에 답하시오. (20점) 감정평가사 23회 기출

물음(1) 30-2번지에 대하여 개시시점지가와 종료시점지가를 산정하시오. (10점)

물음(2) 30-4번지에 대하여 개시시점지가와 종료시점지가를 산정하시오. (5점)

물음(3) 30-5번지에 대하여 개시시점지가(매입가액기준)와 종료시점지가를 산정하시오. (5점)

<자료 1> 기본적 사항

1. 개발사업 인가일 : 2022.10.01.

2. 개발사업 준공인가일 : 2023.08.30.

3. 사업인가조건 : 30-2번지 중 일부(500m²)를 도로 등으로 기부채납

4. 현장조사 완료일 : 2023.09.09.

<자료 2> 대상토지자료

1. 기본내용

일련번호	토지소재	지번	지목	이용상황	면적(m²)
①	B시 D동	30-2	전	전	3,500
②	B시 D동	30-4	답	답	3,000
③	B시 D동	30-5	답	답	1,000

2. 용도지역 : 계획관리지역임

3. 토지 특성 : 일련번호 ①, ②, ③ 토지 특성은 동일함.
   1) 개발 전 : 세로가, 부정형, 완경사
   2) 개발 후 : 소로한면, 세장형, 평지

<자료 3> 가격결정을 위한 참고자료

1. 표준지공시지가 현황

기호	소재지	면적 (m²)	지목	이용 상황	용도지역	도로교통	형상 지세	공시지가(원/m²)	
								2022년	2023년
①	D동 32	500	답	답	계획관리 지역	세로 (가)	세장형 평지	50,000	55,000
②	D동 50-1	1,000	장	공업용	계획관리 지역	세로 (가)	세장형 평지	200,000	210,000

2. 개별공시지가

일련번호	토지소재	지번	2022년(원/m²)	2023년(원/m²)
1	B시 D동	30-2	–	–
2	B시 D동	30-4	45,000	50,000
3	B시 D동	30-5	45,000	50,000

3. 甲은 30-5번지를 경매로 60,000원/m²에 낙찰 받아 2022.06.10에 소유권 이전을 완료하였다.

4. 지가변동률(%)

구분	A도 평균	B시 평균	B시 계획 관리지역
2022.01.01~2022.06.10	3.1	7.1	5.1
2022.01.01~2022.10.01	5.5	10.0	7.5
2022.06.10~2022.10.01	1.0	2.5	1.5
2022.01.01~2023.08.30	12.5	13.5	12.8
2022.10.01~2023.08.30	10.0	11.5	11.0
2023.01.01~2023.08.30	8.5	10.5	9.5
2022.01.01~2023.09.09	13.5	14.8	13.8
2023.01.01~2023.09.09	9.8	11.8	10.8
2022.10.01~2023.09.09	10.8	12.0	11.8

5. 지역요인 : 동일함

6. 개별요인 비교치(토지가격비준표와 동일)

1) 도로접면

구 분	소로한면	세로가
소로한면	1.00	0.93
세로가	1.07	1.00

2) 형상

구 분	세장형	부정형
세장형	1.00	0.96
부정형	1.04	1.00

3) 지세

구 분	평지	완경사
평지	1.00	0.97
완경사	1.03	1.00

4) 이용상황

구 분	전	답	공업용
전	1.00	1.00	1.33
답	1.00	1.00	1.39
공업용	0.75	0.72	1.00

7. 기타요인 산정을 위한 자료

1) 평가선례

기호	소재지	지목	면적(m²)	이용상황	용도 지역	단가(원/m²)	가격시점
①	D동 33	답	300	답	계획관리지역	65,000	2022.01.01
②	D동 51	장	500	공업용	계획관리지역	240,000	2022.01.01
③	D동 35	전	500	전	계획관리지역	75,000	2023.01.01
④	D동 52	장	1,000	공업용	계획관리지역	270,000	2023.01.01

2) 지가변동률은 상기에서 제시한 자료와 동일하고 대상토지와 평가선례와의 지역요인 및 개별요인은 동일함.

NPL(채권) [논점정리]

【연습문제 12】 감정평가사 S씨는 투자자 갑으로부터 부실채권(Non Performing Loan)투자와 관련한 자문을 요청받았다. 부실채권은 당해부동산과 관련된 담보부 채권이다. 주어진 자료를 활용하여 다음 물음에 답하시오. (20점)

물음 1) 기준시점 현재 대상부동산의 가격을 평가하시오.

물음 2) 대상부동산의 예상낙찰가를 낙찰가율과 낙찰사례를 통하여 각각 구해 결정 하고, 법원의 경매절차 진행시 낙찰을 통해 대상부실채권으로부터 얻을 수 있는 예상현금흐름(배당가능액)을 구하시오.

물음 3) 아래 조건에 따라 투자자 갑이 해당 채권을 매수할 수 있는 최대지불 가능 금액을 결정하시오.

(3-1) <자료 9>의 설정권리 상태 현재 채권 매수 최대 지불 가능 금액

(3-2) <자료 9>의 선순위 근저당권(I은행)이 없는 경우 채권 매수 최대 지불 가 능 금액

<자료 1> 기본적 사항

1) 대상부동산
   ① 토지 : A시 B구 C동 77번지, 대, 250m², 주거용, 일반상업지역, 세로(가), 장방형, 평지
   ② 건물 : 위 지상 벽돌조 슬래브지붕 2층건, 연면적 200m²(1, 2층 각 100m²)

2) 기준시점 : 2023.09.06

3) 개요

① 대상부동산이 속한 A시 B구는 구도심 내 일반상업지역인 C동, 아파트가 많이 소재하는 D동, 정비된 주택지대인 E동, 기타 F동 등으로 형성되어 있으며, 대상부동산의 주변은 구도심 내 일반상업지역으로 로변으로는 다소 노후화된 3~4층 규모의 상업용건물이 소재하고 후면으로는 노후화된 주상용건물, 주거용건물 등이 혼재하여 있음. 도심지 재개발과 관련하여 사업을 추진중인 추진위원회는 설립되어 있으나 구체적인 계획은 미정인 상태임.

② 본건은 노후화된 2층의 단독주택 건물로써 1층에는 소유자가 거주하고 있으며 2층 일부는 임차인이 거주하고 있음.

③ 본건 주변의 거래상황은 재개발가능성을 염두에 둔 수요가 다소 있어 매도호가는 다소 상승중인 것으로 조사되었으며, 거래관행은 본건 주변건물이 대체로 노후화되어 있어 토지면적만을 기준으로 가격이 형성되어 있는 것으로 조사됨.

4) 대상부실채권(NPL)

상기 대상부동산에 관련된 M은행의 500,000,000원의 담보부채권으로서 2순위로 근저당 설정되어 있음.(미상환 원본 및 이자 합계)

<자료 2> 표준지 공시지가(공시기준일 2023년 1월 1일)

본건과 가장 비교가능성 있는 다음의 표준지를 기준함.

일련번호	소재지	면적 (m²)	지목	이용상황	용도지역	도로교통	형상 및 지세	공시지가 (원/m²)
1	A시 B구 C동 78	260	대	단독	일반상업	세로 (가)	정방형 평지	5,000,000

<자료 3> 거래사례

1) 토지 : C동 100번지, 대, 300m², 주거용, 일반상업지역,
   소로한면, 사다리형, 완경사

2) 건물 : 벽돌조 슬래브지붕 2층건, 연면적 200m²

3) 거래가격 : 1,455,000,000원

4) 거래시점 : 2023.05.01.

5) 기타 : 본거래에 특이사항은 없었던 것으로 판단됨.

<자료 4> 낙찰사례

1) 토지 : C동 60번지, 대, 350m², 주거용, 일반상업지역,
   세로(가), 사다리형, 완경사

2) 건물 : 벽돌조 슬래브지붕 2층, 연면적 180m²

3) 경매평가금액(최초법사가) : 1,600,000,000원

4) 낙찰가 : 1,070,000,000원

5) 낙찰시점 : 2023.06.01.

6) 기타 : 경매당시 소유자와 일부 임차인이 거주 중이었고, 권리관계 등
   제반사항은 본건과 유사한 것으로 조사되었음.

<자료 5> 토지개별요인비교

1) 도로 : 세로(95), 소로(100), 중로(105), 광로(115)

2) 형상 : 정방형(100), 장방형(100), 기타(95)

3) 지세 : 평지(100), 완경사(95)

4) 기타 : 토지의 기타 개별요인은 대상부동산과 표준지·사례들이 유사함

<자료 6> 건물에 관한 사항

1) 건물개요

구분	대상건물	거래사례	낙찰사례
준공일자	1993.01.01	1996.01.01	1995.01.01
대지면적(m²)	250	300	350
연면적(m²)	200	200	180
구조	벽돌조 슬래브	벽돌조 슬래브	벽돌조 슬래브

2) 벽돌조 슬래브지붕 건물신축단가(2023.01.01 기준) : 700,000(원/m²)

3) 내용년수 50년, 잔존가치 0%

4) 감가상각은 만년감가함.

<자료 7> 낙찰가율 자료 : 최근 6개월간 A시 B구 낙찰가율

구분	낙찰가율(%)
아파트	80
단독주택	70
연립, 다세대 주택	68
상업용건물	73
기타	65

<자료 8> 시점수정 자료

1) 지가변동률

① 2023.1.1~기준시점 : 1.00300

② 2023.5.1~기준시점 : 1.01000

③ 2023.6.1~기준시점 : 1.00700

2) 건축비지수 : 2023년1월1일 이후 건축비는 보합세임

<자료 9> 대상 설정 권리 내역

현금흐름 산정시 검토할 이해관계는 다음과 같음.

1) 등기부상

    ① 1순위 근저당(I은행) : 400,000,000원(미상환 원금 및 이자 합계)

    ② 2순위 근저당(M은행 : 대상부실채권) : 500,000,000원(미상환 원본 및 이자 합계)

2) 기타

    ① 경매감정평가 수수료 및 경매집행비용 : 7,000,000원

    ② 소액임차인 : 16,000,000원

    ③ 일반채권 : 10,000,000원

<자료 10> 기타사항

1) 같은 동에서 소재하는 부동산은 동일한 지역요인을 가지는 것으로 조사됨.

2) <자료 9>의 근저당(채권) 관련 미상환 원금, 이자 및 기타 비용의 현금흐름은 기준시점 현재 발생하는 것으로 가정하여 시간적 요인을 고려하지 아니함.

목적별 평가 종합문제

담보평가 [논점정리]

【종합문제 01】 금융기관 A은행은 의뢰목록과 등기사항전부증명서를 첨부하여 L씨 소유의 부동산에 대하여 감정평가사 K씨에게 감정평가를 의뢰하였다. 주어진 자료를 활용하여 물음에 답하시오. (40점)

(물음 1) A은행이 의뢰한 L씨 소유 부동산에 대한 담보목적의 감정평가액을 산정하시오. (30점)

(물음 2) <자료 11>에서 제시한 감정평가명세표 서식을 사용하여 위에서 산정한 감정평가내역을 적시하시오. (10점)

<자료 1> A은행의 의뢰목록 및 의뢰시 첨부한 공부서류

1. 평가대상 목록

　　소유자 L씨는 자신이 소유하고 있는 Y시와 P시의 부동산을 담보물로 제공하여 A은행에서 대출을 받을 예정이며, A은행이 제시한 평가대상 목록은 다음과 같음.

평가대상목록
가. Y시 C구 B동 산111 소재 토지 나. P시 D동 393-9 소재 토지 다. P시 S동 136-22 소재 토지, 건물

2. 평가대상#1 관련

　　- 토지등기사항전부증명서

소재지번	지목	면적	기타사항
Y시 C구 B동 산111	임야	8단2무	-

3. 평가대상#2 관련

　－ 토지등기사항전부증명서

소재지번	지목	면적	기타사항
P시 D동 393-9	임야	2,314m²	－

4. 평가대상#3 관련

　－ 토지등기사항전부증명서

소재지번	지목	면적	기타사항
P시 S동 136-22	대	269m²	－

　－ 건물등기사항전부증명서

소재지번 및 건물번호	건물내역	기타사항
P시 S동 136-20, 136-22	(가) 연와조 슬래브지붕 　　 단층주택　 102.3m² (나) 시멘트 벽돌조 슬래브지붕 　　 단층 화장실　 3.15m²	－

<자료 2> 감정평가사 K씨의 사전조사사항

1. 평가대상#1 관련

토지이용계획확인서를 발급하여 검토한 결과, 국토의 계획 및 이용에 관한 법률에 따른 지역·지구 등의 사항은 자연녹지지역과 보전녹지지역이며, Y시청 산림과에 문의 해본 결과 보전녹지지역 해당부분은 "보존임지"로 확인됨.

2. 평가대상#2 관련

현장조사 전 소유자와의 전화 통화 결과, 대상 토지는 건축허가를 득하고 토목공사가 진행된 상태로 조사됨.

3. 평가대상#3 관련

토지대장등본을 확인한 결과, 건물등기사항전부증명서상 건물소재지번인 "P시 S동 136-20, 136-22"의 경우, 2015년 10월 5일자로 현재의 토지소재지번인 "P시 S동 136-22"로 합병됨.

\<자료 3-1\> 현장조사 후 자료 정리 사항

1. 소재지 : Y시 C구 B동 산111

2. 현장조사일 : 2023년 9월 4일~2023년 9월 5일

3. 현장조사사항

구 분	내 용
위치 및 부근상황	대상물건은 Y시 C구 B동 소재 Y정보산업고등학교 남동측 인근에 위치하고 있으며 부근은 마을주변 야산지대임.
교통상황	대상물건 인근까지 차량의 접근이 가능하나 대상물건까지의 진입은 불가능하며 인근에 시내버스정류장이 소재하여 일반적인 대중교통사정은 보통임.
형태 및 이용상황	주된 방위가 북서측으로 하향완경사진 부정형의 토지이며 "자연림"임.
도로상황	맹지임.
토지이용관계	자연녹지지역, 보전녹지지역, 배출시설설치제한지역, 수질보전특별대책지역, 자연보전권역, 공익용 산지
기타 참고사항	대상물건 지상에 소형 분묘 2기가 소재하고 있음.

4. 지적개황도

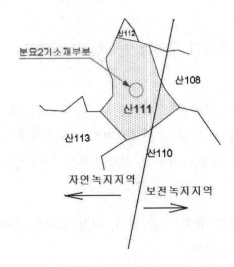

5. 기타

토지이용계획확인서상 보전녹지지역 부분은 임야도등본(축척 : 1/6,000)을 통하여 개략적으로 면적 산출하기로 하였고, 동 등본상 해당 부분은 밑변과 높이가 공히 1cm인 삼각형임.

<자료 3-2> 현장조사 후 자료 정리 사항

1. 소재지 : P시 D동 393-9

2. 현장조사일 : 2023년 9월 5일~2023년 9월 6일

3. 현장조사사항

구 분	내 용
위치 및 부근상황	대상물건은 P시 D동 소재 OO저수지 북측 인근에 위치하며, 주변은 전원주택, 농가주택, 전, 답, 임야 등으로 이루어진 시외곽 소재 산간농촌지대임
교통상황	대상물건까지 차량의 출입이 가능하고, 근거리에 버스정류장이 소재하여 일반적인 대중교통사정은 다소 불편함
형태 및 이용상황	대상물건은 대체로 완경사인 토지로서 '단독주택 및 창고, 일부도로예정지'이며, 현장조사일 현재 건축허가를 득하고 토목공사가 진행되고 있는 상태임
도로상황	북서측으로 로폭 약 4m(예정도로부분 포함)의 비포장도로와 접함
토지이용관계	자연녹지지역, 토지거래계약에 관한 허가구역임

4. 건축허가 관련 자료

　가. 단독주택부분 건축허가서 : 2022년 10월 10일, 변경신고 : 2022년 10월 29일

건축구분		신축	허 가 일 자	2022년 07월 10일
			설계변경일자	2022년 10월 10일
허가번호		2022-P시건축녹지과-신축허가-203		
건 축 주		LOO	주민등록번호	—
대지위치		P시 D동 393-9		
대지면적(m²)		660.00		
건축물명칭		D동 단독주택	주용도	단독주택
건축면적(m²)		107.50	건폐율(%)	16.29
연면적(m²)		150.37	용적률(%)	22.78
가설건축물 존치기간		—		
동번호	동명칭 및 번호	연면적(m²)/ (지하/지상)	동번호	동명칭 및 번호	연면적(m²)/ (지하/지상)
1	A동	150.37/(0/2)			

나. 창고부분 건축허가서 : 2022년 05월 06일, 변경신고 : 2022년 11월 03일

건축구분	신축	허 가 일 자	2022년 02월 25일
		설계변경일자	2022년 05월 06일
허가번호	2022-P시건축녹지과-신축허가-42		
건 축 주	LOO	주민등록번호	—
대지위치	P시 D동 393-9		
대지면적(m²)	1,580.00		
건축물명칭	D동 창고	주용도	창고시설(창고)
건축면적(m²)	304.00	건폐율(%)	19.24
연면적(m²)	304.00	용적률(%)	19.24
가설건축물 존치기간	—		
동번호	동명칭 및 번호	연면적(m²)/(지하/지상)	동번호	동명칭 및 번호	연면적(m²)/(지하/지상)
1	1	152.00/(0/1)	2	2	152.00/(0/1)

다. 기타사항

(1) 전체 필지 중 상기의 단독주택 예정부분과 창고예정부분을 제외한 나머지 부분은 도로예정지임.

(2) 현장조사시점 현재 대상 토지의 공정률은 조성완료된 대지에 비하여 75% 수준임.

5. 지적개황도

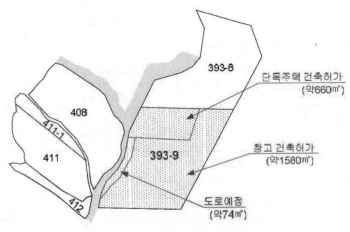

<자료 3-3> 현장조사 후 자료 정리 사항

1. 소재지 : P시 S동 136-22

2. 현장조사일 : 2023년 9월 5일~2023년 9월 6일

3. 현장조사사항

　　가. 토지

구 분	내 용
위치 및 부근상황	대상물건은 P시 S동 소재 OO마을 북서측에 위치하며, 주변은 대규모주택단지 및 단독주택이 소재하는 근교농촌지대임.
교통상황	대상물건까지 차량의 진·출입이 가능하고, 인근에 버스정류장이 소재하여 대중교통사정은 보통임.
형태 및 이용상황	대상물건은 부정형 평지로서 현장조사일 현재 단독주택건부지로 이용 중임.
도로상황	남동측으로 로폭 약 4m의 콘크리트 포장도로와 접함.
토지이용관계	자연녹지지역, 보호구역기타(도지정 300m 이내-기념비), 토지거래계약에 관한 허가구역임.
기타 참고사항	대상 물건 일부에 대하여 타인 점유부분으로 추정되며, 동부분에 인접 획지(S동 136-3번지)의 담장이 필지 경계를 침범하여 설치되어 있음.

　　나. 건물

구 분	내 용
건물의 구조	기호(가) 연와조 슬래브지붕 단층건이고, 기호(나) 시멘트 벽돌조 슬래브지붕 단층건으로서 일반건축물대장상 사용승인일자는 공히 2004년 11월 10일임
이용상태	현장조사시점 현재 기호(가)는 단독주택, 기호(나)는 화장실로 이용중임
위생 및 난방설비	위생 및 급,배수설비, 난방설비 등이 되어 있음
부합물 및 종물관계	다음의 부합물 및 종물 1동이 소재함 － 기호(ㄱ) : 벽체이용 1층 소재 발코니 약 6m² (최근에 설치한 것으로 조사됨)

4. 지적 및 건물개황도

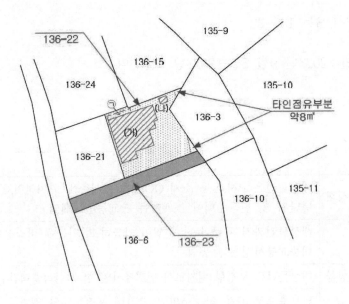

5. 추가조사사항

　가. 소유자를 동반한 현장조사 결과, 평가대상물건인 "P시 S동 136-22"로의 진
　　입을 위해서는 현황 도로인 "P시 S동 136-23"를 경유하여야만 하며, 이 도로
　　부지는 자연녹지지역에 속하고 인접한 대지소유자들이 공유의 형태로 소유하
　　고 있는 것으로 조사되었음.

　나. 현황도로부분의 토지등기사항전부증명서

소재지번	지목	면적	기타사항
P시 S동 136-23	도로	115m²	L씨 지분 : 37 / 115

<자료 4> 현장조사 후 A은행과의 협의 내용

1. 분묘에 대하여 1기당 100m²씩 평가 외 처리하기로 함.

2. 보존임지부분은 대출목적부동산으로서 제외대상인바 평가 외 처리함.

3. P시 S동 현장조사시 추가로 확인된 '도로'의 경우 공동담보물건으로 추가하기로 함.

<자료 5> 인근지역 내 표준지공시지가(공시기준일 2023년 1월 1일)

1. 평가대상#1 관련(Y시 C구 B동 소재)

기호	소재지	면적(m²)	지목	공시지가(원/m²)	지리적 위치	이용상황	용도지역	도로교통	형상지세
1	산24	20,529.0	임	110,000	A마을 북동측 인근	자연림	자연녹지	맹지	부정형 완경사
2	산95	39,264.0	임	25,000	Y휴게소 남측 근거리	자연림	보전녹지	맹지	부정형 완경사
3	산113	9,917.0	임	130,000	Y정보산업고 남동측 인근	자연림	자연녹지	맹지	부정형 완경사

2. 평가대상#2 관련(P시 D동 소재)

기호	소재지	면적(m²)	지목	공시지가(원/m²)	지리적 위치	이용상황	용도지역	도로교통	형상지세
4	276-10	957.0	잡	305,000	OO저수지 동측 인근	창고	자연녹지	소로각지	부정형 완경사
5	283	1,441.0	답	82,000	S마을 북동측 인근	답	자연녹지	세로(불)	부정형 완경사
6	295-6	650.0	대	285,000	S마을 서측 인근	단독주택	자연녹지	세로(가)	사다리 평지
7	395	23,151.0	임	40,000	OO저수지 북측 인근	토지임야	자연녹지	세로(불)	부정형 완경사
8	산145	22,810.0	임	34,000	K목장 북측 근거리	자연림	자연녹지	맹지	부정형 완경사

3. 평가대상#3 관련(P시 S동 소재)

기호	소재지	면적(m²)	지목	공시지가(원/m²)	지리적 위치	이용상황	용도지역	도로교통	형상지세
9	118-5	1,753.0	대	450,000	D자동차학원 남측 인근	상업용	자연녹지	광대세각	삼각형 평지
10	137-46	183.0	대	330,000	OO마을 북서측 인근	단독주택	자연녹지	세로(가)	가장형 평지

<자료 6> 시점수정 자료

가. 용도지역별 지가변동률(단위 : %)

구 분	Y시 K구		Y시 C구		Y시 S구		P시	
	주거지역	녹지지역	주거지역	녹지지역	주거지역	녹지지역	주거지역	녹지지역
2023년 1월	1.000	1.325	0.150	0.235	1.100	1.115	0.110	0.257
2023년 2월	1.025	1.355	0.100	0.325	1.125	1.445	0.140	0.267
2023년 3월	1.030	1.335	0.125	0.234	1.130	1.275	0.150	0.277
2023년 4월	1.245	1.375	0.145	0.325	1.145	1.475	0.145	0.287
2023년 5월	1.050	1.350	0.125	0.234	1.150	1.350	0.177	0.297
2023년 6월	1.300	1.325	0.130	0.225	1.100	1.325	0.188	0.301
2023년 7월	1.105	1.355	0.145	0.285	1.125	1.225	0.190	0.303

※ 2023년 8월 및 9월의 지가변동률은 미고시된 상태임.

나. 생산자물가지수

해당월	2022.10	2022.11	2022.12	2023.01	2023.02	2023.03
지수	128.8	129.2	130.2	130.5	132.5	132.7
해당월	2023.04	2023.05	2023.06	2023.07	—	
지수	132.8	133.0	133.4	133.5		

<자료 7> 개별요인비교 자료

1. 도로접면

구 분	소로각지	소로한면	세로가	세로(불)	맹지
소로각지	1.00	0.96	0.86	0.80	0.70
소로한면	1.04	1.00	0.90	0.85	0.75
세로가	1.16	1.05	1.00	0.95	0.83
세로(불)	1.25	1.15	1.11	1.00	0.88
맹지	1.43	1.33	1.20	1.13	1.00

2. 형상

구 분	가장형	세장형	사다리형	부정형
가장형	1.00	0.97	0.92	0.85
세장형	1.03	1.00	0.95	0.88
사다리형	1.09	1.05	1.00	0.92
부정형	1.18	1.14	1.08	1.00

3. 지세

구 분	평지	완경사
평지	1.00	0.97
완경사	1.03	1.00

4. 기타조건

공사 진행 중인 평가대상#2의 경우 편의상 공정률을 가치의 반영비율로 적용함.

<자료 8> 그 밖의 요인 보정 자료

해당 지역 내 공히 표준지 공시지가는 시세를 적정하게 반영하고 있는 것으로 조사됨.

<자료 9> 건물관련 자료

현장조사시점 현재 대상건물과 동일한 건물의 신축단가자료는 다음과 같음.

기호	구 조	구분	용도	내용년수	신축단가(원/m²)
가	연와조 슬래브지붕	지상층	단독주택	45	750,000
나	시멘트 벽돌조 슬래브지붕	지상층	화장실	45	350,000
ㄱ	벽체이용 발코니	지상층	발코니	15	250,000

〈자료 10〉 기타사항

1. 면적은 소숫점 이하 첫째자리에서 반올림하여 결정함.
   - 면적환산(척관법)

정	단	무	보	홉	작
3,000평	300평	30평	1평	1/10평	1/100평

2. 제반 개별요인의 특성 적용은 제시된 현장조사사항, 지적개황도 등을 참고하되, 특히 개별획지의 형상에 유의 요함.

3. 건물의 감가수정은 만년감가를 적용함.

〈자료 11〉 감정평가명세표 서식

* 일련번호는 자유롭게 부여하되 토지는 1, 2, 3… 건물은 가, 나, 다 제시 외 건물은 ㄱ, ㄴ, ㄷ 순으로 함.

(토지.건물) 감정평가 명세표

일련번호	소재지	지번	지목 및 용도	용도지역 구조	면 적 (㎡)		평 가 가 액		비 고
					공 부	사 정	단 가	금 액	
	합 계		이	하	여	백	₩		

개발부담금 & 담보평가 [논점정리]

【종합문제 02】 제시된 토지조서 및 연번에 따라 목적별 평가액을 산정하시오. (35점)

(물음 1) 감정평가사 K씨는 A시청으로부터 개발이익환수에 관한 법률에 의거 아래와 같이 개발부담금 부과와 관련한 감정평가를 의뢰받았다. 참고자료로 제시된 관련 법규정의 내용을 참작하여 물음에 따른 감정평가액(개별공시지가 산정(검증))을 제시하시오(15점).

(1-1) '토지조서1'이 개발이익환수에 관한 법률에 따라 개별공시가가 없어 개시시점 및 종료시점의 가액 산정, 즉 개별지가 산정(검증)이 의뢰된 경우

(1-2) '토지조서2'가 개발이익환수에 관한 법률 시행령 제11조 제7항 제2호의 규정에 따라 의뢰된 경우(개시시점의 지가를 매입가로 적용하고 종료시점의 가격을 평가)

(물음 2) 상기 (물음 1)의 기본적인 자료를 바탕으로 다음의 경우를 상정한 기준시점(평가일) 현재의 감정평가액을 산정하시오(20점).

(2-1) '토지조서1'의 연번③ 토지가 지상의 건축물을 포함하여 '담보'목적으로 의뢰된 경우

(2-2) '토지조서2'의 연번④ 토지가 지상의 건축물을 포함하여 '경매'목적으로 의뢰된 경우

<자료1> 토지조서 1

1. 사업개시

소재지	번지	지목	면적(m²)	사업개시일	비 고	연번
P면 Y리	430-10	장	1,700	2019.04.14	건축허가(근생부지조성)	①
P면 Y리	430-11	전	700	2019.04.14	건축허가(근생부지조성)	②

2. 사업종료

소재지	번지	지목	면적(m²)	사업종료일	비 고	연번
P면 Y리	430-10	대	2,400	2020.03.30	근린생활시설	③

<자료 2> 토지조서 2

소재지	번지	지목	면적(m²)	사용승인일	비 고	연번
D면 C리	69-9	장	1,400	2021.10.25	공장	④

<자료 3> 현장 조사 사항

1. 토지조서1 관련(현장조사일 : 2023년 5월 15일)

   (1) 2022년 12월 24일자로 관리지역에서 '계획관리지역'으로 세분화되었음.

   (2) 현재 근린생활시설(철골조 2층 연면적 1,000m²)이 소재하여 정상적으로 영업 중에 있으나, 대상물건과 같은 시기에 신축한 동측 인접 필지의 공장 건축물이 200m² 가량 필지 경계를 침범하여 있는 것으로 조사됨. (사업 종료일에 사용 승인됨)

   (3) 전반적으로 평탄한 지대이며, 북측 도로는 과거 노폭 6m의 콘크리트 포장도로였으나 A시에서 2020년 초에 확포장공사를 시행하여 로폭 약 18미터의 아스콘포장도로가 되었음.

   (4) 건물 준공과 동시에 'P면 Y리 430-10번지'와 'P면 Y리 430-11번지'는 합병하였으며, 합병 전 부정형이었던 개별토지는 합병 후 사다리형 및 지목에 부합하는 용도로 이용되었고 공히 북측 도로에 접하였음.

2. 토지조서 2-연번④ 관련(현장조사일 : 2023년 5월 16일)

   (1) 2020년 12월 24일자로 관리지역에서 용도지역 미지정 지역이 되었음.

   (2) 기존 건축물로 공장 "제1동 철골조 단층, 540m² / 제2동 철골조 단층 100m²"이 소재하였으나, 1년 전 제2동이 전소되었고 최근 그 자리에 직원 숙소(주거용, 철골조 동일 면적)를 건축하였음.

⑶ 지난해 초에 본건 소유자가 지상에 간이창고(철파이프조 천막지붕, 20m²)를 신축하였음.

⑷ 세장형의 토지로 주위는 남하향의 완만한 경사지대이며, 북측으로 로폭 8m의 아스콘포장도로에 한면이 접하고 있음.

<자료 4> 표준지 공시지가

1. P면 Y리

일련 번호	소재지 지 번	면적 (m²)	지목	이용 상황	용도 지역	도로교통 방위	형상 지세	공시지가 2023년	2022년 2021년	2020년 2019년
1-1	P면 Y리 467	1,623	전	전	계획 관리	맹지	부정형 평지	62,000	54,000 50,000	44,000 30,000
1-2	P면 Y리 473-1	2,405	대지	상업용	계획 관리	소로한면	부정형 평지	355,000	350,000 320,000	270,000 170,000
1-3	P면 Y리 653-4	15,740	공장 용지	공업용	계획 관리	세로(가)	사다리 완경사	210,000	210,000 190,000	175,000 160,000

2. D면 C리

일련 번호	소재지 지 번	면적 (m²)	지목	이용 상황	용도 지역	도로교통 방위	형상 지세	공시지가 2023년	2022년 2021년	2020년 2019년
2-1	D면 C리 377-2	2,595	답	답	미지정	세로(가)	세장형 평지	136,000	130,000 100,000	80,000 40,000
2-2	D면 C리 401-4	6,683	공장 용지	공업용	미지정	소로각지	사다리 완경사	577,000	550,000 450,000	420,000 360,000
2-3	D면 C리 431	2,089	전	전	자연 녹지	맹지	사다리 완경사	204,000	195,000 150,000	115,000 90,000

<자료 5> 그 밖의 요인 보정 자료

각 대상 인근 거래사례(각 사례는 적용 대상과 개별요인이 동일한 것으로 본다)

기호	기준시점	소재지	지목	이용상황	용도지역	단가(원/m²)	비고
1	2020.12.31	D면 C리	장	공업나지	미지정	569,039	거래사례
2	2021.05.18	D면 M리	장	공업나지	관리지역	303,000	거래사례
3	2022.10.15	P면 Y리	장	공업나지	관리지역	584,689	거래사례
4	2023.01.01	D면 C리	장	공업나지	미지정	615,850	거래사례

<자료 6> 건물관련 자료

아래의 자료는 기준시점 현재 기준이며, 건축비는 지난 5년간 평균적으로 매년 5%씩 상승하였음. 최종잔가율 10% 적용.

구 분	구조	용도	내용년수	신축단가(원/m²)
1	철골조	공장	40	360,000
		근린생활시설	40	390,000
		주거용 기타	40	490,000
2	경량철골조	근린생활시설	30	300,000
3	철파이프조 천막지붕	창고	20	90,000
4	벽돌조	주거용	45	600,000

<자료 7> 지가변동률(A시 용도지역별, 단위:%)

기간	평균	녹지
2019.01.01.부터 2019.04.14	2.641	2.121
2020.01.01.부터 2020.03.30	1.537	1.310
2020.12.31.부터 2021.10.25	3.333	4.134
2021.01.01.부터 2021.10.25	3.121	4.103
2023.01.01.부터 2023.05.15	0.001	-1.274

기간	계관	관리
2023.01.01.부터 2023.05.15	-1.271	미공시
2022.10.15.부터 2022.12.31	미공시	-2.072

* 2023. 05. 15. 이후 지가변동률은 보합세

\<자료 8\> 토지가격비준표(국토교통부)

1. 용도지역 공통비준표

	제1종전용	관리	보전관리	생산관리	계획관리	농림	자연환경
제1종전용	1.00	1.00	0.85	0.98	1.17	0.60	0.58
관리	1.00	1.00	0.85	0.98	1.17	0.60	0.58
보전관리	1.18	1.18	1.00	1.15	1.38	0.71	0.68
생산관리	1.02	1.02	0.87	1.00	1.19	0.61	0.59
계획관리	0.85	0.85	0.73	0.84	1.00	0.51	0.50
농림	1.67	1.67	1.42	1.63	1.95	1.00	0.97
자연환경	1.72	1.72	1.47	1.69	2.02	1.03	1.00

2. 토지용도

	주거용	상업업무	주상복합	공업용	전	답	임야
주거용	1.00	1.44	1.32	1.25	0.53	0.46	0.31
상업업무	0.69	1.00	0.92	0.87	0.37	0.32	0.22
주상복합	0.76	1.09	1.00	0.95	0.40	0.35	0.23
공업용	0.80	1.15	1.06	1.00	0.42	0.37	0.25
전	1.89	2.72	2.49	2.36	1.00	0.87	0.58
답	2.17	3.13	2.87	2.72	1.15	1.00	0.67
임야	3.23	4.65	4.26	4.03	1.71	1.48	1.00

3. 도로접면

	광대 한면	광대 소각	광대 세각	중로 한면	중로 각지	소로 한면	소로 각지	세로 가	세각 가	세로 불	세각 불
광대한면	1.00	1.08	1.05	0.95	1.02	0.85	0.91	0.75	0.77	0.69	0.70
광대소각	0.93	1.00	0.97	0.88	0.94	0.79	0.84	0.69	0.71	0.64	0.65
광대세각	0.95	1.03	1.00	0.90	0.97	0.81	0.87	0.71	0.73	0.66	0.67
중로한면	1.05	1.14	1.11	1.00	1.07	0.89	0.96	0.79	0.81	0.73	0.74
중로각지	0.98	1.06	1.03	0.93	1.00	0.83	0.89	0.74	0.75	0.68	0.69
소로한면	1.18	1.27	1.24	1.12	1.20	1.00	1.07	0.88	0.91	0.81	0.82
소로각지	1.10	1.19	1.15	1.04	1.12	0.93	1.00	0.82	0.85	0.76	0.77
세로가	1.33	1.44	1.40	1.27	1.36	1.13	1.21	1.00	1.03	0.92	0.93
세각가	1.30	1.40	1.36	1.23	1.32	1.10	1.18	0.97	1.00	0.90	0.91
세로불	1.45	1.57	1.52	1.38	1.48	1.23	1.32	1.09	1.12	1.00	1.01
세각불	1.43	1.54	1.50	1.36	1.46	1.21	1.30	1.07	1.10	0.99	1.00
맹지	1.50	1.60	1.60	1.40	1.50	1.25	1.32	1.12	1.15	1.02	1.05

4. 고저

	저지	평지	완경사	급경사	고지
저지	1.00	1.10	1.01	0.75	0.74
평지	0.91	1.00	0.92	0.68	0.67
완경사	0.99	1.09	1.00	0.74	0.73
급경사	1.33	1.47	1.35	1.00	0.99
고지	1.35	1.49	1.36	1.01	1.00

5. 형상

	정방	가로장방	세로장방	사다리형	삼각형	역삼각형	부정형	자루형
정방	1.00	1.00	1.00	1.00	0.96	0.95	0.96	0.95
가로장방	1.00	1.00	1.00	1.00	0.96	0.95	0.96	0.95
세로장방	1.00	1.00	1.00	1.00	0.96	0.95	0.96	0.95
사다리형	1.00	1.00	1.00	1.00	0.96	0.95	0.96	0.95
삼각형	1.04	1.04	1.04	1.04	1.00	0.99	1.00	0.99
역삼각형	1.05	1.05	1.05	1.05	1.01	1.00	1.01	1.00
부정형	1.04	1.04	1.04	1.04	1.00	0.99	1.00	0.99
자루형	1.05	1.05	1.05	1.05	1.01	1.00	1.01	1.00

6. 행정구역 상 동일 '리'는 인근지역을 구성하는 것으로 본다.

<자료 9> 기타사항

1. 공시지가와 인근시세의 격차를 보정하기 위한 근거자료는 <자료 5>에서 평가단 위별로 1개씩 선정하여 그 밖의 요인 보정 자료로 활용.

2. '용도지역'은 각 인근지역의 범위 내에서 동일하게 변경되었다고 전제함.

경매평가 [논점정리]

【종합문제 03】 감정평가사 K씨는 OO지방법원으로부터 다음의 임의경매 평가명령을 받고 현장조사를 완료하였다. 주어진 자료를 활용하여 아래의 물음에 답하되, 최종 감정평가금액과 직결되는 평가액의 단가 및 면적사정에 특별히 유의하시오. (40점)

(물음 1) "종물"과 "부합물"에 대하여 약술하고 경매평가시 이에 대한 처리기준을 설명하시오.

(물음 2) 현장조사 결과 "소재불명" 및 "확인불능" 기계기구의 경우 ① 이는 '어떠한 상태'를 의미하는지, 그리고 이 경우 ② 의뢰대상에 대한 감정평가가액산정은 어떻게 되는지에 대하여 간단히 설명하시오.

(물음 3) 「평가명령#1, 평가명령#2」의 건별 감정평가액을 산정하시오.

(물음 4) 「평가명령#1」에 대하여 감정평가명세표 서식을 사용하여 감정평가내역을 적시하시오.

<자료 1> 평가대상

1. 평가명령#1

　가. 감정의뢰인 : OO지방법원 사법보좌관

　나. 건명 : 정(丁) 소유물건(2023타경 23456)

　다. 의뢰목록

　　⑴ 경기도 S시 G구 E동 23-12 대 90m^2

　　⑵ 위 지상 주택 벽돌조 슬래브지붕 2층

　　　1층 50.0m^2　2층 50.0m^2

　　　지하 55.0m^2(지하-내역 : 대피소 45m^2, 창고 : 10m^2)

2. 평가명령#2

가. 감정의뢰인 : OO지방법원 사법보좌관

나. 건명 : 무(戊) 소유물건(2023타경 34567)

다. 의뢰목록

⑴ 경기도 H시 J면 D리 산70-15 임야 2,870m²

⑵ 경기도 H시 J면 D리 산70-39 임야 2,290m²

라. 기타 : 건축허가유무를 상정한 가액 산정을 요구.

<자료 2> 감정평가사 K씨의 사전조사사항

1. 평가명령#1 관련

토지이용계획확인서상 용도지역은 "제2종일반주거지역"이며, 일반건축물관리대장상 사용승인일은 "2003년 12월 7일"임.

2. 평가명령#2 관련

토지이용계획확인서상 용도지역은 "관리지역"임.

<자료 3> 현장조사 후 자료 정리 사항(평가명령#1)

1. 현장조사일 : 2023년 9월 6일

2. 현장조사사항

가. 토지

구 분	내 용
위치 및 주위환경	경기도 S시 G구 E동 소재 "명인초등학교" 북동측 인근에 위치하고 있으며 부근은 근린생활시설 및 단독주택 등이 혼재하는 주택 및 상가지대임.
교통상황	본건은 차량의 진·출입이 가능하고 인근에 시내 각 방향으로 통하는 노선버스의 정류장이 소재하여 대교통상황은 양호함.
형태 및 이용상태	사다리형 평지로서 '단독주택건부지'로 이용 중임.
인접 도로상태	북서측으로 로폭 약 8미터의 아스콘포장도로에 접함.
토지이용계획 및 제한상태	도시지역, 제2종일반주거지역, 소로2류(접함)임.
제시목록외의 물건	없음.

나. 건물

구 분	내 용
건물의 구조	기호(가)는 벽돌조 슬래브지붕 2층건으로서, 외벽은 치장벽돌쌓기 마감처리하였고, 내벽은 벽지도배 및 일부 타일 마감하였으며, 창호는 플래스틱새시 이중창호임.
이용상태	기준시점 현재 "단독주택"으로서 각 층별로 "거실, 방, 주방, 욕실 등"으로 이용중임.
설비내역	위생 급·배수시설, 유류보일러에 의한 온수난방설비 등이 되어 있음.
부합물 및 종물	부합물 및 종물 2종이 소재하여 있으니 경매진행시 이 점 참고바라며, 내역은 아래와 같음. ㉠ : 벽체이용 새시조 새시지붕 1층 소재 다용도실 약 10m2 ㉡ : 벽체이용 새시조 새시지붕 2층 소재 다용도실 약 5m2
공부와의 차이	기호(가) 지층의 공부상 용도는 대피소 및 창고이나 현황 주택이며, 지상 2층 부분의 실측 결과 일부 멸실되고 남은 면적은 40m2임.
기타참고사항	소유자가 직접 거주 중에 있는 것으로 탐문조사됨.

3. 지적개황도

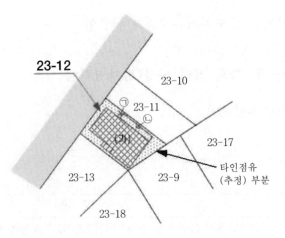

4. 추가조사사항

가. 부합물 및 종물 2종의 경우 외관상 15년 정도 경과된 것으로 판단됨.

나. 본건 필지 남동측 부분 약 10m²는 인접필지 "23-9번지" 소재 건물이 점유하고 있으며, 동 건물은 전체 바닥면적이 약 150m²로서 건물관련공부에 등재되어 있지 않으나 사실관계상 23-9번지 토지 소유자의 소유로 인정됨.

<자료 4> 현장조사 후 자료 정리 사항(평가명령#2)

1. 현장조사일 : 2023년 9월 7일

2. 현장조사사항

구 분	내용
위치 및 주위환경	본건은 경기도 H시 J면 D리 소재 『가막골마을』 남측 인근에 위치하며, 주변은 농경지, 임야 및 공장 등으로 형성된 소규모 공장지대임.
교통상황	본건까지 차량의 접근이 가능하며, 인근에 버스정류장이 소재하여 대중교통상황은 보통시됨.
형태 및 이용상태	각각 부정형 평지로서, 기준시점 현재 평탄히 조성된 건축예정부지임.
인접 도로상태	본건은 남서측으로 노폭 약 10M의 아스콘포장도로와 접함.
토지이용계획 및 제한상태	관리지역, 성장관리권역, 토지거래계약에 관한 허가구역
제시목록외의 물건	없음.

3. 지적개황도

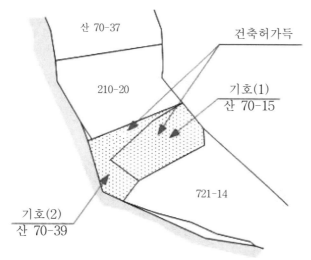

4. 추가조사사항

H시청에 문의한 결과 다음의 건축허가사항이 조사되었으며, 현재 상태에서는 유효함. 예외적으로 착공여부와 관계 없이 인근지역은 건축허가가 있는 경우 일단으로 거래되는 관행이 있음.

- 허가번호 : 2022-H시건축녹지과-신축허가-54
- 대지면적(m²) : 5,160.00
- 건축물명칭 : D리 공장
- 건축면적(m²) : 1,550.00

<자료 5> 인근지역 내 표준지공시지가(공시기준일 2023년 1월 1일)

1. 경기도 H시 J면 소재(지번 유사할수록 근거리 위치)

일련번호	소재지 지번	면적 (m²)	지목	이용 상황	용도지역	도로방위	형상 지세	공시지가
1	D리 721-20	6,950	공장용지	공업용	관리지역	소로한면	부정형 평지	320,000
2	D리 721-14	10,499	전	전	관리지역	소로한면	부정형 평지	200,000
3	D리 산65	13,686	임야	자연림	관리지역	세로(가) 북향	부정형 완경사	45,000
4	D리 산114	11,901	임야	자연림	농림지역	맹지남향	부정형 급경사	10,000

2. 경기도 S시 G구 소재

일련번호	소재지 지번	면적 (m²)	지목	이용 상황	용도 지역	용도지구 기타제한	도로교통 방위	형상 지세	공시지가
5	E동 23-18	153.2	대지	단독주택	2종일주	-	소로한면 남동	사다리 평지	900,000
6	E동 27-24	140.6	대지	단독주택	2종일주	방화지구 문화재보호구역	소로한면 북동	세장형 평지	870,000
7	E동 27-29	166.8	대지	단독주택	1종일주	최고고도지구 문화재보호구역	세로(가) 동향	세장형 평지	740,000

<자료 6> 용도지역별 지가변동률(%)

1. H시

구 분	녹지	구분	관리
2023.1.1~2023.9.4.	2.206	2023.1.1~2023.9.6.	9.630
2023.1.1~2023.9.6.	2.500	2023. 1. 1~2023. 9. 7.	9.637

2. S시

구 분	주거	구분	녹지
2023.1.1~2023.9.4.	0.601	2023.1.1~2023.9.4.	0.200
2023.1.1~2023.9.6.	1.334	2023.1.1~2023.9.6.	0.300

<자료 7> 개별요인 비교 등

1. 평가명령#1 관련

평가대상토지와 비교표준지의 개별요인은 전반적으로 유사함.

2. 평가명령#2 관련

건축허가가 유효할 경우 인근 대지 표준지에 비하여 획지조건, 행정조건, 기타조건 등에서 전반적으로 10% 정도 열세하며, 건축허가가 유효하지 않을 경우 대상은 (공법상 산지관리법 상 산지임에도 불구하고) 인근 로변 농경지와 대체·경쟁관계에 있고 인근 표준지에 비하여 획지조건 등에서 10% 정도 우세할 것으로 판단됨.

(단, 도로에 접하지 않은 맹지부분은 접한 부분에 비하여 30% 정도 열세함.)

<자료 8> 건물관련 자료

1. 주건물 부분

현장조사시점 현재 구조별로 건물의 신축단가자료는 다음과 같이 조사되었으며, 대상건물과 품등격차는 없고, 지하층 부분에 적용시 80%를 적용함.

구 분	구조	구 분	용도	내용년수	신축단가(원/m²)
1	철근콘크리트조 슬래브지붕	지상층	단독주택	50	780,000
2	철근콘크리트조 슬래브지붕	지상층	대피소, 창고	50	400,000
3	벽돌조 슬래브지붕	지상층	단독주택	45	650,000
4	벽돌조 슬래브지붕	지상층	대피소, 창고	45	300,000

2. 기타

　　벽체를 이용하여 새시조 다용도실을 설치할 경우 현재 @150,000원/m² 소요되며 경제적 수명은 25년임.

<자료 9> 기타사항

1. 평가가액의 단가는 유효숫자 3자리로 하되, 토지는 사사오입하고 건물은 절사하여 결정함.

2. 타인점유의 경우 그 제한 정도는 완전소유권 대비 30%임.

3. 건물의 감가수정은 만년감가를 적용하고, 최종잔가율은 0%임.

4. 해당 지역 내 표준지 공시지가는 시세를 적정하게 반영하고 있는 것으로 조사됨.

<자료 10> 감정평가명세표 서식

* 일련번호는 자유롭게 부여하되 토지는 1,2,3..　건물은 가,나,다..
　제시외 건물은 ㄱ, ㄴ, ㄷ순으로 함.

(토지.건물) 감정평가 명세표

일련번호	소재지	지번	지목 및 용도	용도지역 구조	면적(㎡)		평가가액		비고
					공부	사정	단가	금액	
	합계		이	하	여	백	₩		

시점별·목적별 평가 [논점정리]

【종합문제 04】 전자제품 판매회사인 ㈜하우전자는 전시 및 판매시설 후보지를 물색하던 중 S시 Y구 D동3가 189번지 외가 적정한 후보지임을 확인하였다. 이에 부지 매입 및 건물의 완공 인도를 조건으로 하여 시행사인 ㈜SW개발과 계약을 체결하여 부지의 매매 및 K은행에 담보대출을 신청하였다. 주어진 자료를 활용하여 각 물음에 대한 각 시점별 및 평가목적별 평가를 행하시오. (40점)

(물음 1) 일단지에 대한 개념 및 판단근거 평가방법을 약술하시오.

(물음 2) 2023.08.31을 가격시점으로 하여 K은행이 의뢰한 대상부동산 토지의 담보 목적 가격을 결정하시오.

(물음 3) 2023.12.31을 가격시점으로 하여 일반 거래 목적 대상부동산의 가격을 평가하시오.

<자료 1> 사전조사 사항

1. 2023.08.31. 기준

  (1) 토지등기부 등본

기호	소재지	지목	면적(m^2)	소유자
1	S시 Y구 D동3가 189	대	140	이##
2	S시 Y구 D동3가 211-1	대	20	박**
3	S시 Y구 D동3가 211-2	대	30	박**

  (2) 건물등기부 등본

기호	소재지	구조, 규격	면적(m^2)	소유자
가	S시 Y구 D동3가 189외	철근콘크리트조 단층	40	이##
나	S시 Y구 D동3가 211-1외	철근콘크리트조 단층	30	박**

(3) 토지이용계획관계 및 공법상 제한 상태

도시지역, 준공업지역, 지구단위계획구역, 대공방어협조구역(위탁고도 : 54-236m)<군사기지및군사시설보호법>, 과밀억제권역<수도권정비계획법> 임.

2. 2023.12.31 기준

대상 토지 모두 ㈜SW개발의 소유로 등기 되었으며, 기타 토지이용계획관계 및 공법상 제한 상태는 변동이 없는 것으로 판단됨.

<자료 2> 현장조사 사항 I : 2023.08.31.기준

1. 기호1 (189번지)

(1) 인접토지와 등고 평탄한 장방형 토지로 현재 건물이 멸실된 상태임.

(2) 동측 일부는 현황 타인이 점유하여 이용 중으로 면적은 20m²임.

(3) 해당 토지는 남측에 인접한 제일식당에 주차장부지로 임대중이며 제시받은 임대차계약서 내용은 아래와 같음.

임대차계약서

① 소재지 : S시 Y구 D동 189번지
② 당사자 : 임대인 김OO, 임차인 제일식당 대표이사 R
③ 용도 및 임대금액 : 주차장부지, 금--,--원
④ 임대기간 : 2023.01. 01 ~ 2025.12.31
⑤ 기타사항 : 임대기간은 소유자의 사정에 의해 임의로 종료될 수 있고 이에 따른 부담은 없으며, 임대 종료시 임차인이 설치한 주차관련 지장물(부직포 등)은 임차인이 제거하기로 함.

---

2. 기호2,3 (211-1, -2번지)

(1) 현재 (K양화점) 철거예정인 단층 건물이 소재하며, 각 필지별로는 면적이 과소하여 개별 필지로는 이용이 불가능하여, 두 필지는 용도상 불가분의 관계에 있음.

(2) 심사평가사는 211-1번지 외 토지상의 건물은 별도로 평가하지 아니하고 토지가치에 포함된 것을 평가할 것을 권고하였음.

3. 본건은 2023.8.31. 기준 840,000,000에 매입계약을 체결하였음.

<자료 3> 현장조사사항 Ⅱ : 2023. 12. 31기준

1. 제시받은 건축허가서 내용

건축허가서
① 건축구분 : 신축 ② 대지위치 : S시 Y구 D동 189, 211-1, 211-2번지 ③ 대지면적 : 170m² ④ 주용도 : 근린생활시설 ⑤ 건축물내역 : 철근콘크리트, 10층, 연면적 1880m² ⑥ 허가번호 : 2023-S시건축녹지과-신축허가-20 ⑦ 허가일자 : 2023. 10. 01/ 설계변경일자 2023. 11. 30 ⑧ 부속 협의조건 : 189번지 상 20m²는 도로로 기부채납하는 것을 조건으로 건축허가를 받음.

2. 현장조사시 상업용빌딩 공사 착공 신고된 상태였음.

3. 철거로 인해 타인점유 부분은 없는 것으로 판단됨.

4. 예정부지내 상업용빌딩 건축계획 내역(평형별 면적 등)

구 분	공급 면적(m²)	전유면적(m²)	공유면적(m²)	세대수
A 형	106	72	34	10
B 형	82	56	26	10

<자료 4> 감정평가자료

1. 지역분석

⑴ 'D대로'의 광대로에 접한 토지는 노선상가지대의 지가수준을 나타내고 있으나 그 외 이면의 상업용 토지는 후면상가지대에 속하는 것으로 지가의 차이가 발생한다.

(2) 또한 노선상가지대의 지가수준은 규모(100m²미만, 100m²이상~400m²미만)에 따라 차등이 발생하는 것으로 분석된다.

2. 인근 적정 시세 및 평가선례 분석

(1) 대상토지와 유사한 이용가치를 지닌 인근 토지의 가격시점 현재 적정 지가 수준은 4,550,000원/m²~7,250,000원/m² 정도임.

(2) 인근지역의 평가선례

번호	가격시점	평가액(원/m²)	비고
평가선례1	2023.07.29	6,950,000	적정가격으로 판단
평가선례2	2023.08.20	4,680,000	적정가격으로 판단
평가선례3	2022.12.27	5,900,000	적정가격으로 판단

(3) 상기와 같이 인근에서 형성중인 지가수준 및 지가동향, 평가선례 등을 종합 참작한 결과 공시지가는 적정시세에 미달하여 각 가격시점별 그 밖의 요인으로 30% 증액 보정하는 것이 적정가격에 부합하는 것으로 분석됨.

3. 2023 표준지공시지가

일련	소재지 지번	면적 (m²)	지목	이용상황	용도지역	주위환경	도로교통	형상지세	공시지가 (원/m²)
1	D동3가 215	300.4	대	상업용	준공업	노선상가지대	광대한면	정방형 평지	5,800,000
2	D동3가 211-2	일단지 30	대	상업용	준공업	노선상가지대	광대한면	사다리 평지	4,530,000
3	D동3가 177	103.5	대	상업용	준공업	후면상가지대	세로(각)	세장형 평지	3,900,000
4	D동3가 182	110	대	주상용	준공업	후면상가지대	세로(가)	정방형 평지	3,260,000
5	D동3가 191	110	차	주차장	준공업	후면상가지대	세로(가)	가장형 평지	3,000,000

4. 8월지가변동률

행정 구역	평균 (누계)	용도지역별				이용상황별				
		주거	상업	공업	녹지	대		임야	공장	기타
						주거용	상업용			
S시	0.631	0.638	0.597	0.617	0.684	0.665	0.595	0.462	0.677	—
	0.191	0.225	−0.049	0.206	0.631	0.426	−0.103	−0.061	0.251	
Y구	0.455	0.522	0.308	0.508	—	0.608	0.374	—	0.556	—
	−0.023	0.656	−0.892	−0.070	—	1.405	−0.583	—	−0.669	—

5. 11월지가변동률

행정 구역	평균 (누계)	용도지역별				이용상황별				
		주거	상업	공업	녹지	대		임야	공장	기타
						주거용	상업용			
S시	0.242	0.261	0.160	0.270	0.232	0.302	0.172	0.249	0.258	—
	1.125	1.162	0.865	1.185	1.535	1.446	0.742	0.725	1.295	—
Y구	0.192	0.270	0.071	0.206	—	0.414	0.094	—	0.145	—
	0.862	1.784	−0.285	0.770	—	2.997	−0.006	—	0.161	—

6. 위치도

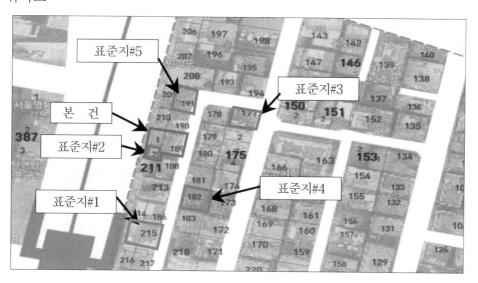

7. 거래사례(1)

   (1) 사례부동산 : Y구 J동 200-2번지, 대 180m²

      위지상 연와조슬라브 4층 상가, 건축연면적 300m²(2021.10.1 신축)

   (2) 거래가격 : 1,001,000,000원

   (3) 거래시점 : 2023. 8. 1

   (4) 건물내역 : 적용 재조달원가 550,000원/m²(내용년수 50년)

   (5) 기타 : 준공업지역의 주택 및 후면상가지대부지이며, 세로한면, 가장형으로 정
      상거래 되었음.

8. 거래사례(2)

   (1) 사례부동산 : Y구 J동 16번지, 대, 8,000m²

   (2) 거래가격 : 1,404,000,000원

   (3) 거래시점 : 2023.8.1

   (4) 기　타 : 준공업지역의 나지로서, 아파트 건축을 위한 매매된 사례임.

9. 거래사례(3)

   (1) 사례부동산 : Y구 J동 126번지, 대, 80m²

   (2) 거래가격 : 500,000,000원

   (3) 거래시점 : 2023. 8. 1

   (4) 기타 : 준공업지역의 부동산으로서 당산로(광대한면)에 접하며, 정방형으로, 지
      상의 건물은 철거예정으로 철거비용은 매도자가 지불하기로 한 정상거래임.

10. 상업용빌딩(구분상가) 가격 조사자료(조사시점 : 2023. 12)

구분	세대별 면적(m²)	세대수	세대당 거래가격(원)
1	70	6	180,000,000
2	80	8	213,000,000
3	90	16	225,000,000
4	100	20	260,000,000
5	120	10	300,000,000

※ 층별 거래가격은 동일하며, 대상지역의 일반적인 가격수준임.

※ 상업용빌딩(구분상가)은 향후 보합세를 유지한다.

※ 분양수입은 2023.12.31 모두 지급 받는 것으로 함.

11. 조성비용 및 건축비에 관한 자료

   1) 조성비 등 제비용

       ① 도로 및 택지조성비 : 300,000 원/m²

       ② 공공시설부담금(토지에만 귀속) : m²당 10,000원

       ③ 업자의 적정이윤 등 : 조성비용의 6%임.

       ※ 조성공사 착공은 2023.10.01이며, 조성공사 완료일은 2023.12.01.임.

   2) 건축비용

       철근콘크리트조의 건축계획으로 m²당 1,800,000원으로 도급계약을 체결함.

       ※ 건축공사 착공은 2023.12.31.이며 완공은 2024.12.31.임

   3) 비용지급

       ① 조성비는 조성공사 착공 및 완공시 1/2씩 2회에 걸쳐서 지급함.

       ② 공공시설부담금은 건축허가시 지급함.

       ③ 업자이윤 등은 조성공사완료시에 지급함.

       ④ 건축공사비는 완공시 전부 지급함.

       ⑤ 투하자본의 이자율 및 토지가산금리는 월 1%로 함.

<자료 5> 지역요인 및 개별요인 비교

1. D동은 J동보다 지역적으로 3% 열세임.

2. 개별요인

   (1) 도로조건(※ 각지는 5%가산)

세로(가)	소로한면	중로한면	대로한면
80	90	100	110

   (2) 형상 및 지세

       형상은 정방형>장방형>부정형 순으로 정방형을 100으로 기준 5씩 감소하며,
       지세는 평지를 기준 완경사는 5% 열세이다.

<자료 6> 기타사항

1. K은행은 담보평가시 공시지가기준 및 비준가액만을 기준으로 평가액을 산정하며, 일반거래 목적의 평가시에는 가능한 모든 자료를 활용하여 적정가격을 제시해 줄 것을 요구하였다.

2. (물음 3)의 가산방식 적용시 계약된 소지 매입가격으로 고려할 것.

시점별·목적별(산업단지사업) [논점정리]

【종합문제 05】K시장은 「산업입지 및 개발에 관한 법률」 제2조 제5호 가목에 해당하는 국가산업단지를 지정하여 사업을 진행 하고 있다. K시 C동 288-4번지 외 에 대하여 사업의 절차에 따른 목적별 감정평가액을 결정하고자 한다. 아래 수집된 자료를 통해 가능한 평가기법들을 적용하여 각 물음에 답하시오. (25점)

(물음 1) <자료 1>에 해당 하는 토지의 2022년 9월 1일 기준 보상평가액

(물음 2) <자료 2>에 해당 하는 토지의 2023년 1월 1일 기준 표준지 공시지가

(물음 3) <자료 2>에 해당 하는 토지의 2023년 8월 31일의 일반 분양가격

<자료 1> 사전조사사항 Ⅰ : 2022.09.01기준

1) 산업단지 조성사업의 개요
   ⑴ 주민등의 의견청취 : 2021. 10. 27 (해당 사업의 계획 공고)
   ⑵ 산업단지의 지정 고시일 : 2022. 4. 1
   ⑶ 토지세목고시일 : 2022. 5. 1
   ⑷ 실시계획의 승인 고시일 : 2022. 6. 1
   ⑸ 보상계획의 공고 : 2022. 8. 1
   ⑹ 협의 평가시 가격시점 : 2022. 9. 1
   ⑺ 착공 시점 : 2022. 11. 1

2) 토지 조서

소재지	지번	지목	용도지역	면적(m²)	소유자	관계인
K시 C동	288-4	답	미지정 지역	9,000	박조선	근저당권자 K은행

3) 토지이용계획 확인서

지역·지구 등 지정여부	「국토의 계획 및 이용에 관한 법률」에 따른 지역·지구 등	도시지역(미지정지역), 소로2류(접함) 도로(저촉), 완충녹지(저촉)
	다른 법령 등에 따른 지역·지구 등	산업의 입지 및 개발에 관한 법률 상 도시지역

<자료 2> 사전조사사항 Ⅱ : 2023.01.01기준

1) 대상 토지 공부 사항

　 － 소재지 : K시 C동 가지번 BL1-24 (구지번 288-4번지 외)

소재지	지번	지목	용도지역	면적(m²)	소유자	관계인
K시 C동	BL1-24	대	미지정 지역	4,000	K시	－

2) 토지이용계획확인서

지역·지구 등 지정여부	「국토의 계획 및 이용에 관한 법률」에 따른 지역·지구등	도시지역(미지정지역), 중로2류(접함), 소로2류(접함)
	다른 법령 등에 따른 지역·지구등	산업의 입지 및 개발에 관한 법률 상 도시지역

<자료 3> 현장조사사항 Ⅰ : 2022.09.01기준

1) 해당 지역의 지가변동률 외에도 해당 사업의 공고(주민등 의견청취)로 인하여 지가가 현저히 변동되어 2022년 표준지 공시지가에 개발이익이 반영되었음.

2) 해당 토지는 산업단지 개발사업과 관련한 도시계획시설 결정고시 및 지적 도면 고시 당시 도로에 2,000m², 완충녹지에 3,000m² 가 저촉되어 있으며, 지목 '답'이나 편입 이전부터 '과수원'으로 이용 중임.

3) 도로교통 사항으로 소로한면 등고 평탄한 지역으로 부정형

4) 국토의 계획 및 이용에 관한 법률 제42조에 의거 해당 사업(산업단지지정고시)으로 인하여 용도지역이 관리지역에서 도시지역으로 변경되었다

<자료 4> 현장조사사항 Ⅱ : 2023.1.1 기준

1) 현재 이용상황은 컨테이너 적치장으로 사용 중이다. 그러나 인근의 주된 용도는 공장용지로 이용중이다.

2) 해당 필지는 중로 각지에 접하며, 등고 평탄한 지역으로 가장형이다.

<자료 5> 현장조사사항 Ⅲ : 2023.8.31

1) 등기 및 토지대장 상 물적 사항의 변경은 없다.

2) 현재 공장용지 조성이 완료되어, 분양을 예정 중이다.

3) 도로현황은 중로 각지에 접하며, 등고 평탄한 지역으로 가장형이다.

4) 도시관리계획 결정 고시

K시 공고 제2023-000호

도시관리계획 결정 공고 - 용도지역 결정 고시 -

1. 우리시 C동 제3공업단지 내 288-4번지에 대하여 『국토의계획 및 이용에 관한 법률』
제28조 및 같은 법 시행령 제22조 제2항 규정에 도시관리계획을 결정에 대한 공고를
시행합니다.

2023년 7월 17일

K 시 장

다. 도시관리계획 결정
　1) 용도지역·지구 : 일반공업지역으로 세분 결정함.

－중략－

<자료 6> 공시자료

1) 2021년 1월 1일 표준지공시지가

일련번호	소재지	면적 (m²)	지목	이용 상황	용도지역	주위환경	도로교통	형상지세	공시지가 (원/m²)
1	″ 16	217	전	과수원	미지정	농경지대	소로각지	세장형 평지	100,000
2	″ 56	5,170	전	과수원	관리지역	농경지대	소로각지	가장형 평지	20,000

2) 2022년 1월 1일 표준지공시지가

일련번호	소재지	면적 (m²)	지목	이용 상황	용도지역	주위환경	도로교통	형상지세	공시지가 (원/m²)
3	″ 13	710	대	공업용	관리지역	미성숙 공업지대	세로	가장형 평지	200,000
4	″ 16	217	대	주거나지	관리지역	미성숙 주거지대	소로각지	세장형 평지	150,000

3) 2023년 1월 1일 표준지공시지가

일련번호	소재지	면적 (m²)	지목	이용 상황	용도지역	주위환경	도로교통	형상지세	공시지가 (원/m²)
5	″ 142	13,200	장	공업나지	일반공업지역	공업단지	소로	가장형 평지	117,000
6	″ 163	8,800	장	공업용	일반공업지역	공업단지	중로각지	세장형 평지	121,000

4) 지가변동률 등

(1) 지가변동률

(단위 : %)

기간	K시			지가영향이 없는 인접 시·군·구 평균		
	녹지지역	관리지역	공업지역	녹지지역	관리지역	공업지역
2020.12.1~2020.12.31	3.0	4.0	1.0	1.0	2.0	1.0
2021.1.1~2021.12.31	35.0	40.0	12.0	14.0	15.0	7.0
2022.1.1~2022.9.1	18.0	20.0	8.0	8.0	9.0	5.0
2022.1.1~2022.12.31	20.0	22.0	10.0	10.0	10.0	6.0
2023.1.1.~2023.8.31	12.0	14.0	3.0	3.0	4.0	1.5

(2) K시의 지가상황은 최근 6개월 동안도 5%이상 변동된 상태이다. 또한 K시가 속한 ○○도의 지가변동과 비교하여도 40%이상 격차를 보이고 있다.

(3) 인근 시군구 평균 지가변동률에는 해당 사업에 따른 개발이익은 반영되지 않은 것으로 판단되었다

5) 보상평가시 그 밖의 요인 보정은 평가선례에 의한 그 밖의 요인 보정치와 거래사례에 의한 그 밖의 요인 보정치의 평균 값을 적용하기로 함.

(기타 평가 목적에서는 적정 평가전례만의 가격수준을 비교 검토해 그 밖의 요인 보정치를 결정)

<자료 7> 거래사례 자료

1) 거래사례 내역

	사례1	사례2	사례3
소재지	K시 B동 300번지	K시 B동 496번지	K시 B동 516번지
이용상황	과수원	공업나지	공업용 (지상1층 사무실 겸 공장 1동 연면적 1,080m²)
용도지역	관리지역	미지정	미지정
거래시점	2021. 10. 1	2022. 10. 1	2023. 4. 1
토지면적(m²)	9,800	9,300	13,300
거래가격	m²당 37,000원	1,050,000,000원	1,250,000,000원
도로교통 등	소로한면, 세장형, 평지	중로각지, 정방형, 평지	중로한면, 제형, 평지

2) 거래사례 분석 내용

(1) 사례 2

제2공단 입주업체로 지정된 나염공장 설립자가 최근 해당 공업단지 내에는 공해업체 설립을 금지하고 있어 매도한 것이나 거래는 정상적인 것으로 판단됨.

(2) 사례 3

2018. 10. 1에 건립된 기존의 집단 프라스틱 가공업체 중 하나로서 공단 유해업체 폐지와 관련하여 매도한 것이나, 거래는 정상적인 것으로 판명되고 동유형 건물의 재조달원가는 400,000원/m²임.

<자료 8> 감정평가사례

기호	평가목적	용도지역	이용상황	단가(원/m²)	평가시점	토지특성
1	보상	미지정	과수원	31,000	2020.12.1	대상과 동일
2	보상	관리	과수원	43,000	2021.12.1	대상과 동일
3	보상	관리	과수원	33,000	2020.12.1	대상과 동일
4	일반	일반공업	장	127,000	2023.1.1	대상과 동일
5	일반	일반공업	장	129,000	2023.1.1	대상과 동일

※ 상기는 인근의 평가전례로 지리적으로 인접하여 해당 사업에 따른 영향을 받을 수 있는 지역임.

<자료 9> 가격산정 참고자료 등

<유의사항> 각 평가방법 적용시 가장 적정한 사례 하나만을 선택하되, 다음 자료를 기준으로 요인에 유의 하여 가장 적정한 사례를 선정할 것. 단, 적용시는 격차율은 기준율을 적용한다.

1) 도로교통 격차율(각지는 5% 가산할 것)

구분	세로			소로			중로			광대		
	최저	기준	최고	최저	기준	최고	최저	기준	최고	최저	기준	최고
세로	1	1	1	1.03	1.05	1.07	1.12	1.14	1.16	1.20	1.22	1.24
소로	0.93	0.95	0.97	1	1	1	1.07	1.09	1.11	1.14	1.16	1.18
중로	0.85	0.88	0.89	0.90	0.92	0.94	1	1	1	1.05	1.07	1.09
광대	0.80	0.82	0.84	0.84	0.86	0.88	0.92	0.94	0.96	1	1	1

2) 형상·지세 격차율

  (1) 토지형상은 정방형＞가장형＞세장형＞제형＞부정형 순으로 우세하며, 정방형을
    100으로 할 때 형상순별로 5% 차이가 있음.

  (2) 지세는 평지＞완경사＞저지의 순으로 우세하며, 평지를 100으로 할 때 지세순
    별로 5%의 차이가 있음.

3) 도시계획 시설에 따른 감가율은 15%임.

4) (물음 3) 평가시 (물음 2)에서 산정한 본건 공시지가는 용도지역의 변경으로 적
  용 배제할 것

정비사업 [논점정리]

【종합문제 06】 제시된 목록에 대하여 각 평가조건에 따른 감정평가액을 산정하시오. (단, 가격의 산정과정과 본건 감정평가에 적용할 비교 표준지의 선정이유는 반드시 기술). (40점)

<평가조건>

(물음 1) <자료 3> 토지목록 해당 필지가 새로이 설치되는 정비기반 시설부지의 무상귀속을 위한 감정평가액을 산정하시오.(단, 사업시행자로부터 사업시행인가권자인 지방자치단체에 무상으로 귀속되는 새로이 설치하는 정비기반시설은 토지의 형질변경 등 그 시설의 설치에 소요되는 비용은 포함하지 않고 현장조사 당시 현재의 현황을 기준으로 감정평가할 것.)

(물음 2) <자료 3> 토지목록 해당 필지가 본 정비구역이 재개발 사업으로 이루어지는 경우 현금청산 대상자에 대한 감정평가액을 산정하시오.

(물음 3) <자료 4> 영업보상에 대하여 본 정비구역이 재개발 사업으로 이루어지는 경우 현금청산 감정평가액을 산정하시오.(건물은 기 평가된 것으로 평가하지 않음)

(물음 4) <자료 3> 토지목록 해당 필지가 본 정비구역이 재건축 사업으로 이루어지는 경우 현금청산 대상자에 대한 감정평가액을 산정하시오.

<자료 1> 사업의 개요

1) 정비구역 현황

위치	면적(m²)	비고
OO시 OO동 100번지 일원	97,600	제2종 일반주거지역

2) 지적개황도(축척 없음)

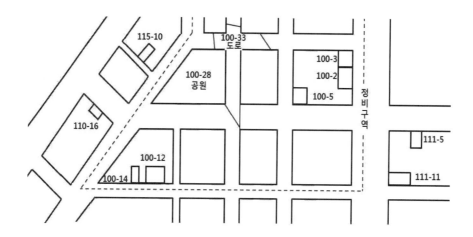

<자료 2> 기타 참고사항

1) 정비구역 지정 고시일 : 2021. 02. 25

2) 정비조합설립인가 고시일 : 2021. 03. 08

3) 사업시행인가고시일(또는 예정일) : 2022. 12. 31

4) 현금청산 가격시점 사업시행자 제시일 : 2023.08. 31

<자료 3> 평가대상 토지 목록

일련번호	지번	지목	면적(m²)	소유자	비고
1	100-2	대(상업용)	100.0	박부자	대로 3-1호선 확장 도로 15%(15.0m²)저촉
2	100-5	대(주상용)	100.0	강개발	중로 2-8호선 신설 도로 60%(60.0m²)저촉

※ 위 평가 대상 토지 중 일련번호(2) 100-5번지는 제1종 일반주거지역이었으나 정비사업의 시행으로 인하여 제2종 일반주거지역으로 변경(2021. 02. 25, 정비구역 지정고시일)되었음.

※ 새로이 설치되는 정비기반시설 부지의 평가 대상 면적은 도로 저촉 면적에 해당함.

<자료 4> 영업손실 목록

구분	지번	물건의 종류	구조 및 규격, 수량	주소 등	성명	관계인 구분	관계인 성명
가	116-1	영업권	AA노래방	D동116-1, 지하	이춘경		
나	116-1	영업권	BB국수	D동116-1, 1층	이해종		
다	116-1	영업권	CC보쌈	D동116-1, 4층	김신기		
라	117-3	영업권	DD 호프	D동117-3, 2층	박해용		
마	117-3	영업권	EE 호프	D동117-3 3층	김지순		

※ 상기 영업권이 소재하는 건물 내역

지번	물건의 종류	구조 및 규격, 수량	주소 등	성명	관계인 구분	관계인 성명
116-1 116-3	건물	철근콘크리트 스라브4층 300m²	J구D동116	이재윤 (사망)	상속인	이광용
117-3 118-1	건물	철근콘크리트 스라브3층 150m²	J구내수동72 경희아파트109호	김지순		

<자료 5> 토지가격 산정에 참고할 자료

1) 인근 공시지가 표준지

  - 해당 정비사업구역 내 공시지가 표준지

일련 번호	지번	면적 (m²)	이용 상황	용도 지역	도로 교통	형상 지세	공시지가(원/m²) 2021년	공시지가(원/m²) 2022년	공시지가(원/m²) 2023년	비고
371	OO동 100-3	541.9	상업용	2종 일주	광대 소각	정방형 평지	2,200,000	2,240,000	2,350,000	도로 15%저촉
372	OO동 100-5	100.0	주상용	2종 일주	소로 각지	정방형 평지	1,200,000	1,270,000	1,330,000	도로 60%저촉
373	OO동 100-12	153.9	단독 주택	2종 일주	세로 (가)	가장형 평지	1,100,000	1,130,000	1,180,000	공원 100%저촉

- 해당 정비사업구역 외 공시지가 표준지

일련 번호	지번	면적 (m²)	이용 상황	용도 지역	도로 교통	형상 지세	공시지가(원/m²)		
							2021년	2022년	2023년
378	○○동 111-11	600.3	주상용	2종 일주	광대 세각	세장형 평지	2,700,000	2,800,000	2,900,000
380	○○동 115-10	109.6	주상용	1종 일주	세로(불)	세장형 평지	900,000	950,000	990,000

2) 지가변동률(○○시) (시점수정치)

구분	평균	주거지역	상업지역	공업지역
2021.01.01~2021.12.31	1.04500	1.04600	1.04000	1.04000
2022.01.01~2022.12.31	1.04583	1.04629	1.04475	1.04400
2023.01.01~2023.08.31	1.01591	1.01584	1.01547	1.01622
2023.08.01~2023.08.31	1.00173	1.00160	1.00118	1.00191

3) 개별요인

- 도로접면

구분	광대한면	중로한면	소로한면	세로(가)	세로(불)
격차율	1.00	0.92	0.85	0.80	0.75

※ 도로접면이 각지인 경우는 한면에 접하는 경우에 비해 3% 우세함.

- 형상

구분	가장형	정방형	세장형형	사다리형	부정형
격차율	1.00	0.98	0.96	0.92	0.78

- 도시계획시설 저촉

구분	일반	도로	공원
격차율	1.00	0.85	0.60

<자료 6> 지장물가격 산정에 참고할 자료

1) 무허가 건축 관련

① 116-1, 116-3 지상 건축물 중 4층 부분은 무허가 증축 건물부분이었으나 2022.10.10에 적법건물로 등재되었음. (CC보쌈(기호(다))의 영업장소)

② 117-3, 118-1 지상 건축물 중 2층 및 3층은 무허가 증축 건물부분임. (DD호프(기호(라)), EE 호프(기호(마))의 영업장소 임)

③ 무허가 부분의 건물 단가는 기존부분 단가와 동일한 것으로 봄.

2) 사업자등록증 등 관련 자료 발췌

구분	상호	개업일 (등록일)	업태	비고
가	AA노래방	2023.1.1	서비스	-
나	BB국수	2021.1.1	음식	현장조사에 불응하여 현장 조사를 실시하지 못하였음.
다	CC보쌈	2019.1.1	음식	-
라	DD 호프	2018.1.1	음식	-
마	EE 호프	2017.1.1	음식	-

3) 영업이익에 관한 자료 (영업보상 대상자 공통자료)

① 재무제표에 의한 영업이익 산정

(단위 : 원)

구 분	2019년	2020년	2021년	2022년
매출액	180,000,000	200,000,000	240,000,000	150,000,000
매출원가	87,000,000	95,000,000	113,000,000	65,000,000
판매 및 일반관리비	35,000,000	40,000,000	50,000,000	40,000,000

※ 2022년 매출액은 해당 사업시행인가로써 매출액이 감소된 것으로 조사됨

② 부가가치세 과세표준액 기준 매출액 등

구분	매출액(원)	주요경비(원) (매입비용, 임차료, 인건비 등)	기준경비비율(%)
2019년	110,000,000	72,600,000	
2020년	120,000,000	81,200,000	10
2021년	150,000,000	99,000,000	
2022년	90,000,000	80,000,000	

③ 인근동종 유사규모 업종의 영업이익 수준

대상물건을 포함한 인근지역 내 동종유사규모 업종의 매출액을 탐문조사한 바 연간 220,000,000원 수준이고 매출액 대비 영업이익률은 약30%인 것으로 조사되었음.

4) 이전 관련자료 (영업보상 대상자 공통자료)

① 상품재고액 : 30,000,000원

② 상품운반비 : 3,000,000원

③ 영업시설 등의 이전비 : 2,000,000원

④ 상품의 이전에 따른 감손상당액 : 상품가액의 10%

⑤ 고정적 비용 : 임차인은 영업과 관련된 차량에 대한 자동차세 600,000원과 매달 임대료로 500,000원을, 종업원(소득세 원천징수 안함)은 2인으로서 각각 1,200,000원/월을 지급하고 있으며 휴업기간 중에는 1인만 필요함.

⑥ 이전광고비 및 개업비 등 부대비용 : 2,000,000원

5) 기타자료

① 제조부분 보통인부 노임단가 : 50,000원/일

② 도시근로자 월평균 가계지출비

구 분	월평균 가계지출비(실질)	월평균 가계지출비(명목)
2인	2,300,000	2,500,000
3인	2,800,000	3,000,000
4인	3,200,000	3,500,000
5인	3,600,000	4,000,000

③ 영업이익은 만원단위에서 반올림하여 사정함.

표준지공시지가(종합) [논점정리]

【종합문제 07】 감정평가사인 당신은 부동산 가격공시에 관한 법률에 의거 국토교통부장관으로부터 "S시 K구"에 소재하고 있는 표준지의 적정가격 평가를 의뢰받고 공부조사와 실지조사를 한 후 다음과 같이 자료를 정리하였다. 주어진 자료를 활용하여 다음 물음에 답하시오. (50점)

(물음 1) "표준지공시지가 조사·평가기준(국토교통부 훈령)"에서 규정하고 있는 "표준지공시지가의 평가기준"에 대하여 설명하시오.

(물음 2) 표준지의 적정가격의 조사·평가에 있어 "조사해야할 공부(公簿)와 그로부터 반드시 확인해야 하는 사항"을 설명하시오.

(물음 3) 해당 평가건과 관련하여 "가격결정에 참고가 되는 자료(가격자료)"를 주어진 제반 자료를 바탕으로 하여 "평가대상표준지별"로 선별·분류한 후 그 이유를 기술하시오.

(물음 4) 평가대상 표준지(#11130-010 ~ #11130-083)의 공시기준일 2023. 1. 1 현재 적정가격을 구하시오.

<자료 1> S시 K구의 전년도 공시지가자료

(공시기준일 : 2022. 1. 1)

일련번호	소재지	면적 (m²)	실제이용 상황	용 도 지 역	공시지가 (원/m²)
11130-010	A동 120-4	1,000	목장용지	녹지지역	88,000
11130-022	A동 200-5	300	주거용	제2종일반주거지역	252,000
11130-035	A동 226-23	180	상업용	준주거지역	360,000
11130-046	B동 345	100	주거나지	개발제한(자연녹지)	200,000
11130-055	B동 432-2	200	상업용	제2종일반주거지역/ 일반상업지역	420,000
11130-083	B동 689-9	120	주거용	준주거지역	245,000

※ 상기 자료는 S시 K구에 소재하고 있는 표준지 중 일부분으로서 분포밀도 등의 이유로 표준지 교체대상에서 제외되었으나, 공부조사 및 실지조사 결과 약간의 특이사항이 포착되어 별도로 평가하게 되었다.

※ 일련번호 11130-055 표준지 공시지가의 기준이 된 "제2종일반주거지역과 일반상업지역 내의 상업용지"의 단위가격비율은 3 : 5이다.

<자료 2> 공부조사 및 실지조사 결과

1. 서술부 기재사항

   (1) 일련번호 11130-010

   본 토지는 목장용지(소로한면)로서 전체 1,000m² 중 100m²는 주거용부지로 사용중이며, 이는 관계법령 등의 규정에 부합하는 적정대지면적이다.

   (2) 일련번호 11130-022

   본 토지의 일부는 "2022년 5월 20일"부터 연간 50,000/m²에 기간 30년 동안 지상권이 설정되어 있으며(시장의 전형적인 임대료는 60,000/m²), "2022년 5월"에 지형도면고시된 도시계획도로에 총면적 중 15%가 저촉되어 있다. 왼쪽의 잔여부분은 전체면적의 5%을 차지하며, 인근지역의 거래가격양태는 도시계획도로 저촉에 따른 감가율로 30%를 적용한다.

   (3) 일련번호 11130-035

   본 토지는 도시계획도로에 접한 토지로서 도로개설공사는 착수하지 않았으나, 국토의이용및계획에관한법률 의한 실시계획인가고시가 "2022년 11월 15일"에 있었고 도로 개설에 따른 지가상승분이 구체화되어 반영되었음.

   (4) 일련번호 11130-046

   개발제한구역(GB) 지정당시부터 지목의 '대'인 토지로서 소로한면에 접하고 있으며, 지상엔 건축물이 없는 상태이다. 얼마 전 정부의 개발제한구역 규제 완화와 관련하여 개발제한구역지정의 해제가능성이 제기었으나, 그것이 현실화되기까지 상당한 시간이 걸릴 것으로 예상된다. 다만, 구역해제 소문으로 호가(呼價)는 2023. 1. 10 현재 220,000원/m²을 상회하는 것으로 조사되었다.

(5) 일련번호 11130-055

　　본 토지는 일반주거지역에 전체면적의 40%가, 일반상업지역에 전체면적의 60%가 걸쳐있는 상태이다.

(6) 일련번호 11130-083

　　본 토지는 세로에 한면을 접하고 있는 "대지"이며, S시는 "2022년 6월"에 이 지역 일대를 "재개발구역"으로 지정하였다. 이로 인하여 10%의 지가상승이 있었던 것으로 파악되며, 만약 "2023년 5월"에 예정대로 재개발사업이 시행될 경우 또 다시 10%의 지가상승이 예상된다. 그리고 공부조사결과, 재개발구역 지정에 앞서 "2021년 11월"에 본 토지가 속한 이 지역일대의 용도지역이 "일반주거지역"에서 "준주거지역"으로 변경되었음이 밝혀졌는데 이로 인하여 15%의 가격수준 상승이 있었던 것으로 조사되었다.

2. 도면첨가자료

　● 일련번호 11130-010

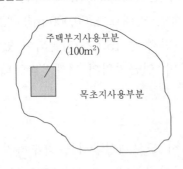

　● 일련번호 11130-022

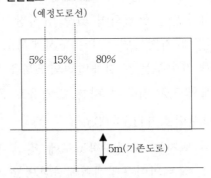

　● 일련번호 11130-035

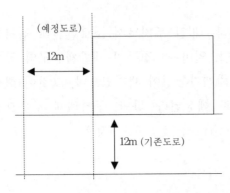

　● 일련번호 11130-055

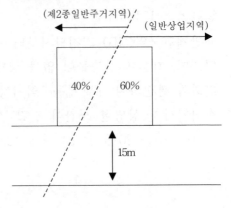

<자료 3> 거래사례

1. 거래사례 1

(1) 사례부동산 : S시 K구 A동 250-5. 주거용나지. 300m². 소로한면. 제2종일반주거지역

(2) 거래시점 : 2022. 3. 3

(3) 거래가격 : 71,000,000원

2. 거래사례 2

(1) 사례부동산 : S시 K구 B동 331. 상업용나지. 250m². 중로각지. 제2종일반주거지역

(2) 거래시점 : 2021. 12. 30

(3) 거래가격 : 74,500,000원

3. 거래사례 3

(1) 사례부동산 : S시 K구 B동 432. 상업용부동산(부지면적 400m²). 중로한면. 준주거지역

(2) 거래시점 : 2022. 7. 1

(3) 거래가격(명목가액) : 224,142,000원

(4) 본 거래는 복합부동산의 거래로서 거래시점 기준 "토지·건물 가격구성비"는 6 : 4로 판단되며 거래금액의 30%는 계약시점, 50%는 6개월 후, 20% 는 1년 후에 지급하기로 하였다.

4. 거래사례 4

(1) 사례부동산 : S시 K구 A동 190. 목장용지 2,000m². 소로한면. 녹지지역

(2) 거래시점 : 2022. 12. 1

(3) 거래가격 중 지상물가격을 제외한 가액 : 189,360,000원

(4) 목장용지 내에는 "2019년 9월 19일"에 준공한 목장주인의 단독주택이 있으며, 관계법령 등에 의거 "주거용부지"의 면적을 80m²로 적용하여 거래하였다.

5. 거래사례 5

(1) 사례부동산 : S시 K구 B동 501. 건부지. 80m². 소로한면. 녹지지역(개발제한구역)

(2) 거래시점 : 2022. 11. 30

(3) 거래가격 : 15,620,000원(토지만의 거래가격임.)

6. 거래사례 6

(1) 사례부동산 : S시 K구 B동 455. 상업용나지. 200m². 소로한면. 일반상업지역

(2) 거래시점 : 2022. 9. 1

(3) 거래가격 : 101,200,000원

<자료 4> 평가전례 및 보상선례

1. 평가전례 1

(1) S시 K구 B동 310. 주거용나지. 500m². 소로한면. 준주거지역

(2) 기준시점 : 2022. 5. 1

(3) 평가가격 : 274,000원/m²

(4) 본건은 현재 재개발구역 내에 위치한 토지의 평가전례로서, "재개발구역 지정에 따른 개발이익"은 반영되지 않은 가격으로 평가되었다.

2. 평가전례 2

(1) S시 K구 A동 299. 단독주택부지. 100m², 소로각지, 녹지지역

(2) 기준시점 : 2022. 10. 15

(3) 평가가격 : 205,000원/m²

(4) 본건은 녹지지역에 소재한 단독주택부지의 "경매감정평가전례"로서 상기 감정평가액은 정상적인 것으로 판정된다.

3. 보상선례 1

(1) S시 K구 B동 590. 주거용나지. 100m². 세로한면. 제2종일반주거지역

(2) 기준시점 : 2020. 12. 3

(3) 보상가격 : 248,000원/m²

(4) 본건은 S시 K구에서 실시하는 시외곽도로 확장공사에 편입되는 물건에 대한 보상선례로서 해당 토지소유자와의 협의성립에는 아무런 지장이 없었으며, "공익사업을위한토지등의취득및보상에관한법률"에 근거하여 정상적으로 평가되었다.

<자료 5> 시점수정에 관한 자료

1. 지가변동률(S시 K구)

(단위 : %)

구 분	2021년		2022년										
	3/4분기	4/4분기	1월	2월	3월	4월	5월	6월	7월	8월	9월	10월	11월
주거	0.3	0.2	0.05	0.05	0.05	0.1	0.08	0.07	0.04	0.06	0.05	0.04	0.08
상업	0.4	0.3	0.05	0.08	0.07	0.07	0.07	0.06	0.06	0.07	0.07	0.1	0.1
녹지	1.0	0.5	0.2	0.3	0.2	0.1	0.1	0.1	0.2	0.15	0.15	0.1	0.2

2. 인근지역에 있는 주거용도 표준지의 공시지가(제2종일반주거지역)

구 분	2020. 1. 1	2021. 1. 1	2022. 1. 1
공시지가(원/m²)	250,000	252,000	254,000

3. 상업용나지의 거래가격추이(준주거지역)

구 분	2022. 1. 1	2022. 4. 1	2022. 7. 1	2022. 10. 1
거래가격(원/m²)	360,000	360,500	361,300	362,200

<자료 6> 토지의 개별요인 비교항목표(도로조건은 고려되지 않음)

구 분	표준지 11130-010	표준지 11130-022	표준지 11130-035	표준지 11130-046	표준지 11130-055	표준지 11130-083
거래사례1	1.053	1.072	1.063	1.081	1.049	0.993
거래사례2	1.014	1.025	1.022	1.034	1.012	0.982
거래사례3	1.110	1.143	1.131	1.178	1.105	1.097
거래사례4	1.003	1.012	1.009	1.018	1.001	0.969
거래사례5	1.029	1.036	1.033	1.049	1.023	0.976
거래사례6	1.040	1.050	1.047	1.069	1.054	0.981
평가전례1	0.921	0.944	0.940	0.977	0.938	0.942
평가전례2	0.985	0.996	0.989	1.003	0.981	0.974
보상선례1	1.007	1.019	1.015	1.025	1.001	0.986

구 분	거래사례1	거래사례2	거래사례3	거래사례4	거래사례5	거래사례6
평가전례1	1.032	1.049	1.025	1.038	1.037	1.061
평가전례2	0.962	0.985	0.955	0.971	0.963	0.991
보상선례1	0.948	0.969	0.970	0.958	0.924	0.983

<자료 7> 요인비교자료(추가분)

1. 지역요인 : S시 K구 A동은 B동에 비하여 전반적인 가격수준에서 5% 우세함.

2. 도로의 폭

구 분	중로	소로	세로	맹지
평 점	100	95	90	85

3. 접면도로 상태

　　각지는 한면에 비하여 5%우세함.

<자료 8> 기타사항

1. 표준지의 평가가액은 "평방미터당 가격"으로 표시하며, 유효숫자 두자리로 표시함을 원칙으로 하되, 10만원 이상인 경우에는 유효숫자 세자리까지 표시한다.

2. 시점수정치의 적용시 <자료 6>에서 "산정기간에 해당하는 가격변동률 자료가 있는 경우" 이를 모두 사용하며 "단순평균치"로 결정한다.

3. 가격변동률은 제시된 직전기간의 변동률을 연장사정하는 방식으로 추계한다.

4. 시장이자율로 월 1%를 적용한다.

5. 본건 표준지 적정가격 평가에서 "특별한 조건"을 부가한 경우를 제외하고는 부동산가격공시에 관한 법률 및 동법시행령, 공시지가표준지선정및관리지침, 표준지공시지가조사및평가기준, 토지보상평가지침 등에 의한다.

특수토지(표준지 골프장용지) [논점정리]

【종합문제 08】감정평가사인 당신은 국토교통부장관으로부터 표준지의 공시지가평가를 의뢰받았다. 다음은 그 중 일부 필지로서 현재 골프장으로 이용 중인 필지의 자료이다. 표준지공시지가조사 및 평가기준 등 관계법령 및 규정에 의거하여, 대상 토지의 2023년 1월 1일자 공시지가를 산정하시오. (20점)

<자료1> 대상소재지 및 관련사항

1. 위치 : 경기도 용인시 J면 J리 산 200번지
2. 면적
   (1) 등록면적 : 개발지 50,000m²
                원형보전지 400,000m²
   (2) 실제면적 : 개발지 50,000m²
                원형보전지 450,000m²
3. 현실이용지목 : 체육용지
4. 관리시설 : 클럽하우스 및 부설창고

<자료2> 거래사례자료

구 분		사례A골프장	사례B골프장	사례C골프장
위치		A시	B시	C시
등록면적	개발지	30,000m²	45,000m²	70,000m²
	원형보전지	210,000m²	360,000m²	350,000m²
실제면적	개발지	30,000m²	45,000m²	70,000m²
	원형보전지	240,000m²	380,000m²	350,000m²
지목	공부	임야	체육용지	체육용지
	실제	체육용지	체육용지	체육용지
거래가격		25,000/m²	22,000/m²	26,000/m²
거래시점		2022. 10. 1	2022. 7. 1	2022. 4. 1

※ 거래가격은 등록면적 가격이며, 대상과 유사성이 있는 것으로 판단됨

<자료 3> 대상관리시설

1. 클럽하우스 : 내용년수 50년, 잔가율 10%

2. 부설창고 : 내용년수 20년, 잔가율 10%

<자료 4> 대상골프장 조성비자료

1. 골프장 건설을 위해 2020년 1월 1일 토지일체를 30억원에 구입하였다.

2. 골프장 조성비 등 공사비로 50억원을 투입하였고 토지구입과 함께 착공하여 2020년 6월 30일 완공하였다. (공사비는 착공, 중간, 완공시 각1/3씩 지급)

3. 공사비용 중 10%는 클럽하우스 및 부설창고 건립에 들었으며, 조성과 함께 완공되었다.

<자료 5> 대상수익자료

1. 대상골프장은 2021년 720,000,000원의 순수익을 달성했고 2022년에는 810,000,000원의 순수익 달성이 확실하며, 이 같은 증가세는 이후에도 계속될 것으로 예상된다.

2. 골프장부지 환원율은 0.08이며, 건물(클럽하우스)환원율 0.12이다.

<자료 6> 건축비지수

구 분	건축비지수
2020. 1. 1	150
2021. 1. 1	160
2022. 1. 1	175
2022. 7. 1	181

<자료 7> 지가변동률

(단위 : %)

2020년	2021년	2022년										
		1월	2월	3월	4월	5월	6월	7월	8월	9월	10월	11월
9	10	1.00	1.50	1.50	0.7	0.8	0.5	0.5	0.6	0.9	0.5	0.8

*1년=365일로 전제함.(윤년 고려하지 말 것.)

<자료 8> 지역·개별요인 및 기타참조사항

1. 지역요인(골프장 이용객들이 주로 거주하는 기준지로부터의 거리임)

구 분	대상	사례A	사례B	사례C
거리	130km	100km	120km	150km

2. 개별요인은 개발지면적비율을 기준한다. (다른 개별요인은 동일함)

3. 클럽하우스와 부설창고의 가격비율은 7 : 3 으로 판단된다.

4. 사례A는 군사용으로 내부거래가능성이 높다.

5. 지가변동률을 제외한 각종 지수는 월을 기준한다.

6. 시장이자율(투하자본이자율)은 월 1%이다.

매각평가, 부가가치세 산정 [논점정리]

【종합문제 09】 감정평가사인 당신은 ○○공사에서 시행하는 택지개발사업구역 □□지구 내 토지 등에 대하여 아래와 같은 감정평가를 의뢰 받았다. 주어진 조건과 자료를 참고하여 다음 물음에 답하시오. (35점)

물음 1) ○○공사가 시행 중인 □□지구 개발사업과 관련하여 준주거지역 내 소재 조성완공 예정인 A블럭 2필지(A-1, A-2)의 분양(매각)예정 가격을 평가하시오. 기준시점은 2023.01.01임.

물음 2) (주)SW건설과 이◇◇은 2023.03.03 □□지구 A블럭 2필지(A-1, A-2)를 입찰을 통해 분양 받아, 건축허가를 받고 근린생활시설 및 아파트(주상복합)를 건립하여 분양하고자 한다. 이에 근린생활시설 부분에 해당하는 (부가가치세 산정을 위한 대상) 토지 건물 가격을 평가를 의뢰 받았는바, 감정평가액을 결정하고, 감정평가액으로 토지 건물 가액을 안분하여 누릴 부가가치세 절세 효과를 산정하시오. 단, 기준시점은 공급계약일 2023.09.06 이며, 아파트 부분은 전용면적 85m² 미만으로 부가가치세는 면세 대상임.

<자료 1> 평가대상 토지 개요

1. 지구명 : □□지구 택지개발사업구역

2. 사업 추진 경위
   1) 지구지정 고시 : 2022.01.03.
   2) 보상계획공고 : 2022.03.03.
   3) 공사착공 : 2022.06.01.
   4) 조성공사 완료 : 2023.09.01

3. 토지개요

기호	사업지구	블럭지번	면적(m²)	용도지역	비고(확정지번)
1	□□지구	A-1	3,300	준주거	□□동 1000
2	□□지구	A-2	4,000	준주거	□□동 1000-1

<자료 2> 조사사항

1. 2023.01.01 기준시점 관련

1) 사전조사사항

① 토지대장, 지적도 등 : 현재 ○○공사에서 조성사업 중으로 발급받지 못함

2) 현장조사사항

① 위치 및 부근상황

□□동 400번지 일원에 위치한 □□지구는 북서측으로 LH공사에서 조성 중인 공공주택 사업 ○○지구(P동) 인근에 위치하고 있음.

본건은 □□지구 내에 위치하고 있는 주상복합용지로서 부근은 현재 택지개발 조성공사가 진행 중인 상태로 제반 입지조건 및 환경은 대체로 무난한 편임.

② 형태 및 이용상황

지구계획도서상 본건 기호(1)은 사다리형, 기호(2)는 정방형의 토지로서 현장조사일 현재 부지조성 공사예정 중에 있는 주상복합 예정부지임.

④ 도로상태

계발계획상 본건 공히 남측으로 정비된 도로(중로)와 접하고 있음.

2. 2023.09.06 기준시점 관련

⑴ 사전조사사항

① 토지등기부등본 및 토지대장등본 :

토지소재	지번	토지표시			소유자
		지목	면적	사유	
□□동	1000	대	3,300m²	신규	이◇◇
□□동	1001	대	4,000m²	신규	(주)SW건설

② 건물등기부등본 : 해당사항 없음.

③ 토지이용계획확인원 및 지적도 : 종전과 동일

④ 건축물대장등본 : 건축허가 사항에 따라 착공하였으나 건축중으로 공정률 60%로 미사용승인 상태임.

⑤ 건축허가신청서 사본(요약)

대지위치	□□동 □□지구 A-1 외		
대지면적	7,300m²	건축 규모	지하4층 / 지상10층
건축면적	5,000m²	연면적	70,000m²
지상층 연면적	50,000m²	용도	근린생활시설 및 아파트
용도별 분양면적	1층 근린생활시설 7,000m² 2층이상 아파트 63,000m²	건축 구조	철골철근콘크리트조

⑥ 분양예정가격

층	용도	부가가치세 포함 분양가격	분양면적(m²)	해당 대지권 면적 합계(m²)
1층	근린 생활시설	100억원 (총 1세대)	7,000	730
2-10층	아파트	세대당 3억원 (총100세대)	63,000	6,570

(2) 현장조사사항

① 위치 및 부근 상황

□□ 지구는 부근은 현재 택지 조성공사가 완료되어, 건축물의 건축이 완료되거나 건축 중에 있는 토지가 대부분이며, 점차 시가지의 형태를 갖춰가고 있음.

② 형태 및 이용상황

부지 조성공사는 완료되어 있었으며, 주상복합 건물의 건축 중에 있음.

③ 대상토지 상에 건물신축을 위해 임시사용승인을 받은 경량 철골조 철판지붕 단층 작업장(바닥면적 : 100m²)이 소재함.

④ 기타 토지에 관한 사항 : 2023.5.1에 지번이 부여된 상태이며, 토지 형상(부정형), 지세, 도로 조건 등의 변경은 없는 상태임.

(3) 기타 조사사항

본건 토지에 대한 공급계약일 현재 토지 개별공시지가(기준시가)는 550,000원/m², 건물의 기준시가는 850,000원/m²으로 공시되었음.

<자료 3> 가격결정을 위한 참고자료

1. 표준지 공시지가 적용(현장조사일과 감정평가서 작성완료일은 동일하고 공시지가 공시기준일은 매년 1월 1일, 공시일은 매년 3월 1일임)

2. 2022.01.01 비교 표준지 공시지가

① P동 ○○ 지구 내 공시지가

연번	소재지	면적 (m²)	지목	이용 상황	용도 지역	도로교통	형상·지세	주위환경	공시지가 (원/m²)
1	A-1	3,000	대	주상용	준주거	중로한면	세장형,평지	성숙중택지	420,000
2	B-1	700	대	주상용	2종일주	소로한면	세장형,평지	성숙중택지	410,000

② □□동 □□지구 내 공시지가

연번	소재지	면적 (m²)	지목	이용 상황	용도지역	도로교통	형상·지세	주위환경	공시지가 (원/m²)
3	401	455	전	단독	준주거	중로각지	세장형,평지	개발예정	420,000
4	402	766	전	전	2종일주	소로한면	세장형,평지	개발예정	310,000

3. 2023.01.01 비교 표준지 공시지가

① P동 ○○ 지구 내 공시지가

연번	소재지	면적 (m²)	지목	이용 상황	용도 지역	도로교통	형상·지세	주위환경	공시지가 (원/m²)
1	A-1	3,000	대	주상용	준주거	중로각지	세장형,평지	성숙중택지	620,000
2	B-1	700	대	주상용	2종일주	소로한면	세장형,평지	성숙중택지	500,000

② □□동 □□지구 내 공시지가

연번	소재지	면적 (m²)	지목	이용 상황	용도 지역	도로교통	형상·지세	주위환경	공시지가 (원/m²)
3	C-1	4,000	대	주상용	2종일주	중로한면	세장형,평지	성숙중택지	520,000
4	D-1	3,300	대	주상용	준주거	중로한면	사다리,평지	성숙중택지	610,000

③ □□동 □□지구 외 인근 공시지가

연번	소재지	면적 (m²)	지목	이용 상황	용도지역	도로교통	형상·지세	주위환경	공시지가 (원/m²)
5	500	455	전	단독	준주거	중로각지	세장형,평지	도시근교	200,000
6	501	700	대	주상용	2종일주	소로한면	세장형,평지	기존주상	500,000

4. 적용할 지가변동률(월말에 해당 월 변동률을 발표한다고 간주, 단위 : %)

지가변동률은 2022년1월1일 이후 계속 보합세인 것으로 봄.

5. 지역요인

대상이 속한 □□동 □□ 지구는 유사지역인 P동 ○○ 지구 대비 50% 우세함.

6. 개별요인 : 이용상황이 동일하면 별도의 지목감가는 하지 아니함.

① 도로접면 (각지는 5%가산)

구분	중로한면	소로한면	세로(가)
중로한면	1.00	0.93	0.86
소로한면	1.07	1.00	0.92
세로(가)	1.16	1.09	1.00

② 형상

구분	정방형	장방형	사다리형	부정형
정방형	1.00	0.99	0.98	0.95
장방형	1.01	1.00	0.99	0.96
사다리형	1.02	1.01	1.00	0.97
부정형	1.05	1.04	1.03	1.00

③ 기타 : 2023년 공시기준일 현재 해당 사업구역 내 표준지의 조성정도가 상당한 수준에 이르러 대상토지와 공정률의 격차는 편의 상 대등한 것으로 가정함.

7. 가격자료 및 기타사항

① 신뢰할 만한 평가선례자료는 다음과 같음.

연번	소재지	면적 (m²)	지목	이용 상황	용도 지역	평가 목적	기준 시점	평가가격 (원/m²)	비고
1	P동 A-2	1,000	대	주상용	준주거	매각	2022.6.20	450,000	○○지구
2	□□동 D-5	2,000	대	주상용	준주거	매각	2023.6.20	700,000	□□지구
3	□□동 415	200	전	전	준주거	경매	2022.6.20	400,000	□□지구

② 공시지가, 평가선례 및 기타자료 등을 종합 검토한 바 그밖의 요인 보정 필요성이 제기되었으며, 각 평가선례는 적용비교표준지와 개별요인 비교치는 대등한 것으로 판단됨.

8. 건물신축단가표 (부가가치세 불포함)

① 표준단가

용도	구조	급수	표준단가(원/m²)	내용년수
근린생활시설	철골철근콘크리트조 슬래브	2	700,000	55
아파트	철근콘크리트조 슬래브	2	1,000,000	55

② 부대설비 보정단가

내역	가격(원/m²)
전기설비, 위생·급배수 설비, 냉난방·소화설비, 승강기 에스컬레이터 설비, 기타설비 등 포함	150,000

③ 근린생활시설 및 아파트의 부대설비 보정단가는 동일한 것으로 보고, 지하층과 지상층은 동일 단가를 적용

<자료 4> 기타사항

1. 부가가치세법시행령 발췌

> 제64조(토지와 건물 등을 함께 공급하는 경우 건물 등의 공급가액 계산) 법 제29조제9항
> 단서에 따라 실지거래가액(분양가액) 중 토지의 가액과 건물 또는 구축물 등의 가액
> 의 구분이 불분명한 경우에는 다음 각 호의 구분에 따라 계산한 금액을 공급가액으
> 로 한다.
> 1. 토지와 건물등에 대한 「소득세법」 제99조에 따른 기준시가(개별공시지가)(이하
>   이 조에서 "기준시가"라 한다)가 모두 있는 경우: 공급계약일 현재의 기준시가에
>   따라 계산한 가액에 비례하여 안분(按分) 계산한 금액
>   다만, 감정평가가액(「부동산가격공시 및 감정평가에 관한 법률」에 따른 감정평가
>   법인이 평가한 감정평가가액을 말한다)이 있는 경우에는 그 가액에 비례하여 안
>   분 계산한 금액으로 한다.

 ※ 절세효과는 기준시가 기준 부가가치세와 감정평가액 기준 부가가치세를 기준의 차이
   로 산정하되, 감정평가수수료를 고려하지 않음. 부가가치세율은 10%.

2. 감정평가조건에 대한 의견은 간기 할 것.

정비사업(종합) [논점정리]

【종합문제 10】 감정평가사 K씨는 A 주택재건축조합으로부터 정비사업과 관련한 각종 평가를 의뢰받아 아래의 자료를 조사·수집하였다. 제시된 평가대상 토지 목록 중 각 물음별 해당 필지에 대하여 각 평가조건에 따른 감정평가액을 산정하시오. (60점)

(물음 1) 제시된 평가목록 중 「도시 및 주거환경 정비법」 제97조에 따라 용도폐지 되는 정비기반 시설에 해당하는 토지의 감정평가액을 산정하시오.

(물음 2) 제시된 평가목록 중 「도시 및 주거환경 정비법」 제97조에 따라 새로이설 치되는 정비기반 시설에 해당하는 토지의 감정평가액을 산정하시오.
(단, 물음1의 용도폐지되는 정비기반 시설은 중복 산정하지 않음.)

(물음 3) 제시된 평가목록 중 「도시 및 주거환경 정비법」 제98조에 따라 사업시행 인가고시일 3년 이내 점유자에게 매각되는 국공유재산의 감정평가액을 산정하시오.

(물음 4) 제시된 평가목록 중 「도시 및 주거환경 정비법」 제98조에 따라 사업시행인 가고시일 3년 이내 사업시행자에게 매각되는 국공유재산의 감정평가액을 산정하시오.

(물음 5) 해당 사업 절차에도 불구하고 제시된 평가목록 중 200-20번지가 「도시 및 주거환경 정비법」 제98조 제6항 단서에 따라 시행자에게 매각되는 국공유재 산으로 상정한 감정평가액을 산정하시오.

(물음 6) 제시된 평가목록 중 甲 소유 부동산을 관리처분계획 수립을 위한 종전자산 의 평가 목적으로 감정평가액을 산정하시오.

(물음 7) 제시된 평가목록 중 甲 소유 부동산을 현금청산을 목적으로 감정평가액을 산정하시오.

(물음 8) 해당 사업 절차에도 불구하고 제시된 평가목록 중 甲 소유 부동산을 해당 사업이 재개발인 경우를 상정하여 현금청산을 목적으로 감정평가액을 산정하시오.

<자료 1> 재건축사업 계획

1. 사업일정

1) 정비구역지정 고시일 : 2020.7.1.
2) 주택재건축조합 설립인가일 : 2021.3.1.
3) 주택재건축사업시행인가 고시일 : 2022.8.1.
4) 분양신청만료일 : 2023.7.1.
5) 관리처분계획 인가일 : 2023.8.31

    (현금청산대상자 기준시점은 상기일자와 동일)

6) 준공 인가일 : 2024.12.31.

2. 정비구역 지정현황

위치	면적(m²)	비고
○○시 ○○동 100번지 일원	97,600	제2종 및 제3종 일반주거지역

구 분	구역 지정 내용		
구역 면적	2종일주	3종일주	구성비(%)
기정 면적(m²)	97,600.0	-	100.0
변경 후 면적(m²)	10,000.0	87,600.0	100.0

3. 토지이용 계획

구분			명칭	면적(m²)	비율(%)	비고
합계				97,600	100.0	
토지이용 계획	정비 기반 시설 등		소계	24,800	25.4	.
			도로	6,700	6.9	확장
			공원	18,100	18.5	신설
	획지		소계	72,800	74.6	.
			획지1	70,500	72.2	공동주택 및 부대시설
			획지2	2,300	2.4	종교시설

4. 건축 계획

구분		내용
밀도	건폐율	18.20%(공동주택 : 15.60%, 부대시설 : 2.60%)
	용적률	229.00%
규모		공동주택 22개동 1,550세대(16층~22층)

5. 구역 개황도

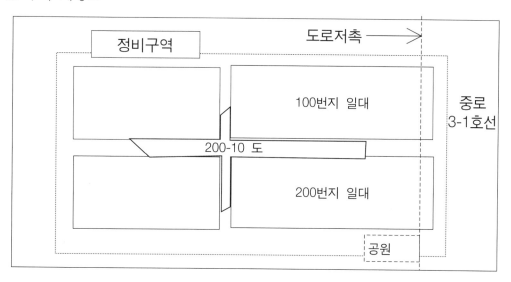

<자료 2> 조합 제시 사업구역 내 자산 목록(일부)

1. 토지 목록

일련 번호	지번	지목	공부 면적(m²)	현 용도지역	소유자	공법상 제한 등
1	100-1	대	150	3종일주	甲	중로 3-1호선 (확장) 도로 15%(22.5m²)저촉
2	100-2	도	10.0	3종일주	甲	
3	100-3	도	20	3종일주	○○시	
4	200-10	도	200	3종일주	○○시	(기존) 도시계획시설 도로
5	200-20	대	200	3종일주	○○시	근린공원 (신설) 공원50%(100m²)저촉

2. 건축물 등

일련 번호	지번	물건 종류	구조 등	면적(m²) (수량)	용도	소유자	신축일자 등
가	100-1	건물	벽돌조	50	근린생활 시설	甲	2017.7.30
나	100-1	건물	벽돌조	20	근린생활 시설	甲	2019.7.30 무허가건축물
다	100-1	영업 손실	-	1식	-	甲	적법건물 내 적법영업
라	200-20	건물	벽돌조	200	주민센터	○○시	2017.7.30

<자료 3> 현장조사 사항 등

1. 정비구역 내 현황 등

대상 정비구역은 대부분 단독주택지대로 형성된 지역으로 구역 동측 중로(3-1
호)변에 주민센터 및 상업용 건물이 일부 소재하며, 그 외 노후화된 주택지대임.

2. 형상 등

대상 사업구역은 등고 평탄한 지역으로 100-1, 100-2, 100-3은 각각 사다리형,
200-10은 부정형, 200-20은 가장형임.

3. 기타사항

① 토지 목록 중 100-2는 100-1의 통행을 위한 도로로 이용 중이며 도로개설 당
시 소유자의 의사에 따라 자기 편익을 위해 설치한 도로임.

② 토지 목록 중 100-3은 현재 100-1번지 소유자 甲이 점유하고 있는 토지로서
해당 토지는 점유자에게 우선 매각의 대상이 됨.

③ 가격조사 및 현장조사 기간은 2023.8.25부터 2023.8.31임.

<자료 4> 인근지역의 표준지 공시지가 자료

일련 번호	소재지 지번	면적 (m²)	지목	이용 상황	용도 지역	도로 상황	형상지세	비고
1	OO동 100	250	대	단독 주택	3종 일주	세로 (가)	가장형 평지	해당 지구 내
2	OO동 200	200	대	상업용	3종 일주	중로 한면	세장형 평지	해당 지구 내
3	OO동 400	200	대	상업용	2종 일주	소로 한면	세장형 평지	지구 외
4	OO동 500	300	대	단독 주택	2종 일주	세로 (가)	사다리 평지	지구 외

일련번호	공시지가(원/m²)			
	2020년	2021년	2022년	2023년
1	1,200,000	1,300,000	1,400,000	1,500,000
2	2,000,000	2,100,000	2,200,000	2,300,000
3	1,900,000	2,000,000	2,300,000	2,400,000
3	1,000,000	1,100,000	1,200,000	1,300,000

※ 그 밖의 요인 보정치는 적정사례 분석결과 1.30을 적용하기로 함.

<자료 5> 영업이익에 관한 자료

1. 부가가치세 과세표준액 기준 매출액 등

매출액(원)	매입비용, 임차료, 인건비 등	기준경비비율(%)
150,000,000	70,000,000	10

2. 고정적 비용 등

고정적 비용 1,000,000원, 이전비 및 감손액 1,000,000원, 부대비용 1,000,000원을 적용하는 것이 적정함.

<자료 6> 건물신축단가 등

구분	블럭조 슬레이트지붕	블럭조 기와지붕	조적조 슬래브지붕
내용년수(년)	40	40	40
신축단가(원/m²)	400,000	450,000	700,000

<자료 7> 개별요인 비교

1. 형상

구분	가장형	정방형	세장형형	사다리형	부정형
격차율	1.00	0.98	0.95	0.90	0.70

2. 도시계획시설 저촉

구분	일반	도로	공원
격차율	1.00	0.85	0.60

3. 사실상 사도의 평가기준을 적용하는 경우에는 그에 따르고 그 외 형상이 불량한 등 사유로 감가요인이 필요한 경우 상기 형상의 부정형의 격차를 반영하도록 함.

<자료 8> 기타

1. 지가변동률은 보합세로 봄.

2. 국공유재산의 감정평가 시 심사평가사로부터 현재의 용도지역을 기준으로 평가하도록 요청 받았고, 새로이 설치되는 정비기반시설의 경우 별도 평가 대상 면적 사정이 필요하며 재건축 현금청산 시 무허가건축물의 조서를 제시받지 못함.

3. 물음5에서는 현 사업시행인가 시점을 고려할 필요없이 사업시행인가고시 이후 3년이 경과한 것을 전제함.

보상평가 연습문제

토지보상(적용공시지가 선택, 지가변동률) [논점정리]

【연습문제 01】 감정평가사 A는 2023.8.20자로 중앙토지수용위원회로부터 평가의뢰를 받고 사전조사 및 실지조사를 통하여 <자료 1> 내지 <자료 8>을 수집하였다. 이 자료를 활용하여 다음 물음에 답하시오. (20점)

(1) 가격시점을 정하고 그 이유를 설명하시오.

(2) 대상토지의 평가를 위한 적정한 비교표준지 하나를 선정하고 그 이유를 설명하시오.

(3) 선정된 비교표준지의 연도별 공시지가 중 적정한 것 하나를 선택하고 그 이유를 설명하시오.

(4) 대상토지의 평가를 위한 시점수정치를 구하시오.

(5) 선정된 비교표준지와 대상토지의 지역요인 및 개별요인을 비교하고 격차율을 구하시오.

(6) <자료 3>을 참고하여 대상토지의 평가를 위한 그 밖의 요인 보정치를 구하고 그 이유를 설명하시오.

(7) 대상토지의 적정보상평가액을 도출하시오. (단위면적당 가격은 "10원" 단위에서 반올림)

<자료 1> 감정평가의뢰서

- 사업명 : △△ 택지개발사업 (사업면적 300,000m2)
- 사업시행자 : ○○공사 사장
- 수용재결일자 : 2023.7.1.
- 이의재결예정일 : 2023.9.1
- 평가목적 : 이의재결

- 지구지정을 위한 주민공람공고일 : 2021.1.2
- 지구지정 고시일 : 2022.7.1
- 택지개발사업실시계획 승인고시일 : 2023.3.20.
- 토지조서

소재지	지번	지목	면적(m²)		비고
			공부	편입	
S시 P구 K동	105	전	1,200	1,200	

<자료 2> 표준지의 공시지가

일련 번호	소재지	면적 (m²)	지목	이용 상황	용도 지역	도로 교통	형상 지세	공시지가(원/m²)		
								2021.1.1	2022.1.1	2023.1.1
121	S시 P구 K동 115	1,105	전	전	자연 녹지	세로(가)	부정형 평지	130,000	138,000	145,000
122	S시 P구 K동 150	330	대	주거 나지	자연 녹지	세로(가)	부정형 평지	210,000	230,000	250,000
123	S시 P구 K동 200	250	대	주상용	1종 일주	소로 한면	세장형 평지	330,000	350,000	370,000

※ 위 표준지들은 모두 대상토지의 인근지역에 소재하며, 당해 택지개발사업지구 안에 위치하고 있다.

※ 표준지 공시지가 변동률 (P구는 비자치구임)

구분	변동률		
	2021.1.1.~2022.1.1	2022.1.1.~2023.1.1	2021.1.1.~2023.1.1
구역 내 전체 표준지	5%	4%	9%
P구 전체	10%	8%	18%
S시 전체	7%	7%	15%

<자료 3> 토지에 대한 조사·확인사항

현지조사일(2023.8.26) 현재 감정평가사 A가 토지에 대하여 조사·확인한 사항은 다음과 같다.

- 이용상황 : 토지소유자가 2019년 5월경 국토의 계획 및 이용에 관한 법률 제46조의 규정에 의한 토지형질변경 및 농지법 제36조의 규정에 의한 농지전용허가 등을 받지 아니한 상태에서 성토를 한 후 무허가건물을 건립하여 일부는 주택 및 간이 음식점 부지로 이용하고 있고 나머지는 나지상태로 있다.
- 도시계획사항 : S시 도시계획구역에 속하며, 당초 자연녹지지역에 속하였으나 2023.3.20 자로 당해 지구지정이 고시됨에 따라 1종일반주거지역으로 용도지역이 변경되었다.
- 기타사항 : 택지개발지구로 지정됨에 따른 행위제한 등으로 공법상 제한이 10% 반영된 것으로 조사되었으며, 2022.1.1. 및 2023.1.1자 공시지가에는 인근 광역 GTX 개발 착공(2023.5.1.).에 따른 개발이익 10%는 반영되지 않은 것으로 조사되었다.

<자료 4> 시점수정자료

- 지가변동률

구분 기간별	행정구역별	지가변동률(%)				
		주거	녹지	전	대	
					주거용	상업용
2021년도 (2021.1.1~12.31)	S시	2.0	7.0	9.0	2.5	1.5
	S시 P구	4.0	10.0	13.0	5.0	2.5
2022년도 (2022.1.1~12.31)	S시	1.0	3.0	4.0	0.9	0.9
	S시 P구	2.0	4.0	7.0	2.0	2.0
2023년도 6월 누계 (2023.1.1~6.30)	S시	0.5	0.5	0.7	0.1	-0.1
	S시 P구	0.00	0.7	1.3	0.6	-0.1
2023년도 6월	S시	0.1	0.5	0.7	0.2	0.2
	S시 P구	0.01	0.00	0.01	0.01	0.01

※ 2023. 7월 이후 지가변동률은 조사·발표되지 아니하였으며, S시는 광역자치단체가 아니다.

※ S시 P구의 사업인정고시일로부터 가격시점까지 녹지지역 지가변동률은 3%, S시가 속한 X도의 사업인정고시일로부터 가격시점까지 주거 및 녹지지역의 지가변동률은 10%임.

※ 인근 시군구의 평균지가변동률

기간	2021.1.1.부터 가격시점까지	2022.1.1.부터 가격시점까지	2023.1.1.부터 가격시점까지
지가변동률	4.728 %	3.512 %	1.010%

• 생산자물가상승률(한국은행 조사 "생산자물가지수" 기준)

2020년 12월 지수	2021년 1월 지수	2021년 12월 지수	2022년 1월 지수
119.6	119.2	120.6	121.5

2022년 12월 지수	2023년 1월 지수	2023년 6월 지수	2023년 7월 지수
121.6	122.2	123.1	123.2

<자료 5> 개별요인 비교자료

현지조사결과 등에 의하여 <자료 2>의 표준지들과 평가대상토지의 개별요인을 비교하여 보면 다음과 같다.

• 일련번호 121 표준지에 비하여 평가대상토지는 다른 조건은 유사하나, 가로조건에서 2% 우세, 접근조건에서 2% 열세, 획지조건에서 5% 우세로 조사되었다.(대상토지를 자연녹지지역내 "전"으로 본 경우이다)

• 일련번호 122 표준지에 비하여 평가대상토지는 다른 조건은 유사하나, 접근조건에서 5% 열세, 환경조건에서 3% 열세, 획지조건에서 7% 열세, 행정적조건에서 15% 열세로 조사되었다.(대상토지를 자연녹지지역내 "대"로 본 경우이다.)

• 일련번호 123 표준지에 비하여 평가대상토지는 다른 조건은 유사하나, 가로조건 5% 열세, 접근조건 5% 열세, 환경조건 2% 열세, 획지조건 15% 열세, 행정적 조건 20% 열세로 조사되었다.(대상토지를 일반주거지역 내 "대"로 본 경우이다.)

토지보상(적용공시지가 선택, 지가변동률, 그 밖의 요인 보정) [논점정리]

【연습문제 02】 감정평가사 김씨는 사업시행자로부터 OO 일반산업단지(사업면적 25만m²)에 편입되는 일부 토지의 보상평가액을 산정하시오. (20점)

<자료 1> OO 산업단지 개발 사업의 개요

1. OO 일반산업단지 지정 열람 공고 : 2021.05.02

2. OO 일반산업단지 지정고시 : 2022.06.09

3. 실시계획의 승인 : 2023.01.10

4. 해당사업의 보상계획의 공고일 : 2023.06.01.

5. 계약체결예정일 : 2023.08.31

<자료 2> 토지조서 및 현황

기호	지번	지목	편입면적	현 용도지역	종전 용도지역
1	12	전	200m²	미지정	농림지역

※ 대상 토지는 세로가, 세장형, 평지이며, 현 용도지역 미지정 지역은 해당 사업으로 인한 변경임.

<자료 3> 인근지역 표준지

1. 사업구역 내 표준지

일련	소재지 지번	면적 (m²)	지목	이용 상황	2023 용도지역	종전 용도지역	도로교통	형상 지세
1	○○리 45-25	2,995	답	답	미지정	농림	맹지	부정형/평지
2	○○리 109-2	965	대	단독	계획관리	관리	세로(가)	부정형/완경사
3	○○리 257-2	413	대	단독	미지정	농림	세로(가)	사다리/완경사

일련	2023년	2022년	2021년	상승률 2023/2022	상승률 2022/2021
1	32,000	29,000	24,000	10%	21%
2	91,000	83,000	70,000	10%	19%
3	72,000	64,000	56,000	13%	14%
사업구역 내 모든 표준지 평균상승률				10%	16%

※ 사업지구가 속한 □□군 표준지 전체의 상승률은 2021~2022년이 16%, 2022~2023년 이 10% 임.

2. 용도지역 변경

현재 미지정 지역은 "산업 입지 및 개발에 관한 법률"의 산업단지 지정고시 (2022.6.9)로 인하여 변경되었음.

<자료 4> 인근 보상평가 사례

기호	소재지	지번	용도 지역	이용 상황	가격시점	평가단가 A법인	평가단가 B법인	지역 요인	개별요인 (대상/사례)
A	○○리	100	농림	전	2021.01.01	49,000	51,000	1	0.97
B	○○리	200	농림	전	2022.01.01	59,000	61,000	1	0.98

<자료 5> 지가변동률 등

1. ~2023.3.31 지가변동률

기간	□□군 평균	□□군 농림	□□군 관리
2020.1.1~2020.12.31	9.0%	12.0%	15.0%
2021.1.1~2021.12.31	8.0%	10.0%	12.0%
2022.1.1~2022.12.31	8.0%	10.0%	10.0%
2023.1.1~2023.3.31	5.0%	5.0%	
2023.1.1~2023.8.31	5.0%	7.0%	

기간	지가영향이 없는 인접 시, 군, 구 평균		
	평균	농림	관리
2020.1.1~2020.12.31	3.0%	3.0%	3.0%
2021.1.1~2021.12.31	3.0%	2.0%	3.0%
2022.1.1~2022.12.31	3.0%	3.0%	2.0%
2023.1.1~2023.3.31	1.0%	2.0%	–
2023.1.1~2023.8.31	2.0%	3.0%	–

2. □□군의 지가상황은 해당 국가산업단지의 영향으로 국가산정단지의 지정고시 후 전반적으로 지속적인 상승국면에 있으며, 최근 6개월 동안도 5% 이상 변동된 상태이다. 또한 해당시가 속한 충청남도의 지가변동과 비교하여도 40% 이상 격차를 보이고 있어 지가안정을 위한 부동산 대책이 요구되고 있다.

<자료 6> 기타자료

1. 형상 : 정방형 120, 가장형 110, 세장형 105, 삼각형 90, 부정형 85

2. 도로접면 : 중로한면 115, 소로한면 110, 세로(가) 105, 세로(불) 100, 맹지 85, 각지는 3% 가산

3. 지세 : 평지 100, 완경사 85, 급경사 70, 저지 60

토지보상(도시계획시설사업) [논점정리]

【연습문제 03】 공공사업 시행과 관련하여 다음과 같은 보상평가를 의뢰받았다. 질의 사항에 유의하여 답안을 작성하되 산출과정을 기재하시오. (20점)   감정평가사 7회 기출

(물음 1) 도시계획도로 개설에 따른 협의보상 평가가 의뢰되었다. 주어진 자료를 이용하여 다음 질문에 답하시오.

가. 토지보상평가시 적용할 연도별 공시지가를 선택하고, 그 선택사유를 약술하시오.

나. 보상대상필지의 보상평가액 토지단가를 결정하시오(단, 보상평가액 단가는 유효숫자 세자리까지 표시하되, 이하는 반올림함).

다. 대상토지에 대한 보상평가서 작성시 기재하여야 할 평가의견의 주요 내용을 서술해보시오(예시 : 1. 본건 토지는 부동산가격공시에 관한 법률의 규정에 의한 공시지가를 기준으로 하되,…).

<자료 1> 기본적 사항

• 사업명 : OO-OO 간 도시계획도로 개설사업

• 도시계획결정 : 2021.10.1

• 도시계획사업 실시계획인가 고시일 : 2022.9.18

• 평가의뢰일 : 2023.8.31

• 가격시점 : 2023.8.24

<자료 2> 대상토지 및 공시지가의 위치도

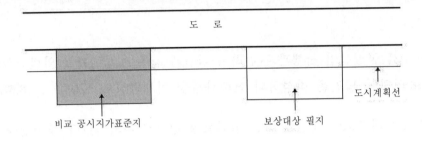

<자료 3> 공시지가 자료

• 연도별 공시지가 현황

구 분	2021.1.1	2022.1.1	2023.1.1
공시지가	910,000	970,000	1,050,000

• 도시계획시설(도로) 저촉률 : 20 %

<자료 4> 보상대상필지의 조사사항

• 도시계획시설(도로) 저촉률 : 35%

<자료 5> 가격평가자료

• 도시계획시설(도로) 저촉부분의 가격 감액률 : 15%

• 공시기준일로부터 가격시점까지의 지가변동률

기 간	변동률(%)
2021.1.1 ~ 2023.8.24	0.31
2022.1.1 ~ 2023.8.24	0.08
2023.1.1 ~ 2023.8.24	0.02

- 생산자물가지수

기 간	물가지수(총지수)상승률(%)
2021.1.1~2023.7.31	4.67
2022.1.1~2023.7.31	2.87
2023.1.1~2023.7.31	0.78

- 지역요인 비교 : 인근지역 내에 소재하여 지역요인은 동일함.

- 개별요인 비교 : 보상대상 필지가 비교 공시지가표준지에 비해 획지조건 등에서 약 20% 우세

- 기타조사 사항 : 최근 보상대상 필지 남동측 직선거리 약 100m지점에 위치한 나지에 도시계획시설(시장)이 결정·고시되어 약 15%의 가격증가 요인이 발생.

(물음 2) OO시 근린공원조성사업에 편입되는 공장용지(대상토지)의 보상평가시 공시지가를 기준으로 평가한 결과, 인근 유사토지의 보상선례가격(A도로 개설사업에 기 편입된 토지의 보상가격)과 형평성이 결여되는 것으로 판단되어 보상선례가격과의 가격격차를 그 밖의 요인으로 보정하려고 한다. 보상선례를 참작한 그 밖의 요인 보정치를 산출하고, 산출방법을 약술하시오.

<자료 1> 기본자료

- 평가대상 토지의 가격시점 : 2023.6.30

- 보상선례·공시지가·평가대상토지의 용도지역은 동일함.

- 비교표준지의 2023년도 공시지가 : @260,000원/m²

- 보상선례 보상일자 : 2022.10.1

- 보상선례가격 : @210,000원/m²

<자료 2> 시점수정에 적용할 지가변동률

기 간	변동률(%)
2022. 1/4분기	0.37
2022. 2/4분기	0.30
2022. 3/4분기	0.18
2022. 4/4분기	0.15
2023. 1/4분기	0.21
2023. 2/4분기	0.56

<자료 3> 보상선례·공시지가 및 평가대상토지의 지역·개별요인비교치

구 분	공시지가		평가대상토지	
	지역요인	개별요인	지역요인	개별요인
보상선례(1.0)	1.0	1.4	1.1	1.54

<자료 4> 공시지가와 평가대상토지의 지역·개별요인 비교치

구 분	평가대상 토지	
	지역요인	개별요인
공시지가(1.0)	1.1	1.1

<자료 5> 기타사항

- 그 밖의 요인 보정치는 소수점 이하 둘째자리 %까지 산출하되, 이하는 반올림할 것

- 지가변동률은 소수점 이하 셋째자리 %까지 산출하되, 이하는 반올림할 것

- 토지단가(원/m²)는 유효숫자 셋째자리까지 구하여 적용하되, 이하는 반올림할 것

토지보상(불법형질변경, 미지급용지) [논점정리]

【연습문제 04】 감정평가사 A씨는 일단의 택지개발사업과 관련하여 이에 편입되는 토지 및 물건에 대한 보상평가를 의뢰받고, 공부조사와 실지조사를 거쳐 아래의 자료를 수집하였다. 다음 물음에 답하시오. (20점)

(물음 1) 해당 토지에 대한 평가시 적용할 "적용공시지가"를 선택하고 "비교표준지"를 선정하되 그 사유를 명기하시오. (불법형질변경토지, 미지급용지 등의 보상평가기준을 부가하여 제시할 것)

(물음 2) 의뢰된 토지 및 물건에 대한 보상평가액을 산정하시오.

<자료1> 토지조서

기호	소재지	지목		형상 (가로×세로)	편입면적 (m²)	비 고
		공부	실제			
1	A동 123	대	대	15×10	150	주거용건물의 부지
2	A동 123-1	전	도로	15×4	60	미지급용지(94년 8월 도로사업에 편입)

1. 기호1과 기호2 토지는 본래 1필지로 이용되던 토지로서, "전"으로 이용하고 있었으나 소유자가 94년 1월경 불법으로 형질변경하여 나대지로 만든 후 지상건물을 지으려던 차에 94년 8월 15일 도로사업에 기호2 토지가 편입되었고, 그 후 2015년 5월 적법한 분필절차를 거쳐 기호1 토지를 "대지"로 지목변경한 것이다.

2. 해당 도로사업은 2014년 1월 3일 완공되었다.

3. 가격시점현재 "전"을 "대"로 형질변경하는데 소요되는 비용은 80,000원/m²이 소요된다.

<자료 2> 지적도

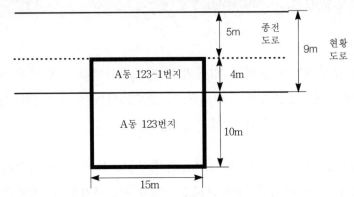

<자료 3> 물건조서

기호	소재지	종류	면적(m²)	비고
1	A동 123	주거용 건물	89	–
2	A동 123	창고	25	무허가건물

<자료 4> 건물 관련자료

구 분		건설사례	기호1	기호2
준공시점		가격시점	2016. 7. 15	2022. 3. 15
건축연면적(m²)		110	89	25
가격시점현재 잔존내용년수	주체부분	50	–	–
	부대부분	30	–	–
개별요인		100	95	50
건축비(건축시점)		450,000원/m²	–	–

※ 기호 1, 2 건물 모두 이전이 현저히 곤란하며, 건설사례의 건축비는 가격시점현재 해당 지역의 표준적인 수준을 나타내고 있다고 판단된다.

※ 감가수정은 정액법, 만년감가, 최종잔가율 0%를 적용하고, 건축비의 연평균상승률은 5%이다.

※ 주체부분과 부대부분의 건축비 구성비는 "7 : 3"이다.

※ 건설사례는 "벽돌조 슬라브즙"으로 이는 기호 1, 2 건물과 동일한 구조이다.

<자료 5> 해당 지역의 개황 및 택지개발사업의 개요

1. 지역개황

해당지역인 A지역은 수도권 인근에 소재하는 지역으로 주택과 농지가 혼용되어 있으며, 도시화되어 가는 지역으로 전형적인 전원도시성격의 지역이다. 국토이용계획에 의해 관리지역으로 지정되어 있었으나, 수도권 인구의 분산배치를 목적으로 2023년 택지개발예정지구로 지정함과 동시에 도시계획구역으로 지정됨으로써 관리지역에서 "제1종일반주거지역"으로 도시계획에 의한 용도지역을 변경하여 택지개발사업이 시행되고 있는 지역이다.

2. 대상 택지개발사업의 개요

　(1) 2021년 2월 28일 : 주민공고공람 및 일반주거지역으로 변경

　(2) 2023년 1월 23일 : 택지개발을 위한 예정지구지정 및 개발계획승인고시일

　(3) 2023년 4월 25일 : 재결신청

　(4) 2023년 9월 1일 : 재결예정일(수용재결)

3. 주민공고공람 등으로 인한 공시지가의 현저한 변동은 없는 것으로 분석되었음.

<자료 6> 인근 공시지가

기호	소재지	면적 (m²)	지목	이용 상황	용도 지역	지형 지세	도로 조건	공시지가(원/m²)	
								2022.1.1	2023.1.1
1	B동 125	300	대	단독주택	1종일주	정방형 평지	소로한면	871,000	870,000
2	A동 67	1,000	전	—	관리	장방형 평지	소로각지	596,000	600,000
3	B동 175	350	전	전	1종일주	장방형 평지	세로(가)	551,000	550,000
4	A동 80	1,200	전	전	관리	정방형 평지	세로(불)	407,000	410,000

※ 기호2는 "단독주택"과 "전"으로 구분하여 이용되고 있으며, 대지면적은 전체면적의 40%에 해당한다.

※ 기호2의 "대"인 토지와 "전"인 토지의 단가비는 2022년에는 "1.4 : 1"이며, 2023년에는 "1.5 : 1"이다.

\<자료 7> 지가변동률

1. 주거지역

2022년 1월부터 12월까지 지가변동률 누계치 : 4.5%

2023년 7월 지가변동률 : 0.214%

2023년 1월부터 7월까지의 지가변동률 누계치 : 2.314%

2. 관리지역

2022년 1월부터 12월까지 지가변동률 누계치 : 2.3%

2023년 7월 지가변동률 : 0.115%

2023년 1월부터 7월까지의 지가변동률 누계치 : 1.105%

\<자료 8> 요인비교자료

1. 지역요인 : A동은 B동에 비하여 10%열세이다.

2. 개별요인

(1) 도로조건

구 분	중로한면	소로한면	세로(가)	세로(불)
중로한면	1.00	0.91	0.83	0.75
소로한면	1.10	1.00	0.91	0.83
세로(가)	1.20	1.10	1.00	0.91
세로(불)	1.30	1.20	1.10	1.00

※ 각지는 한면에 비하여 5% 우세하다.

(2) 형상

구 분	정방형	장방형	부정형
정방형	1.00	0.91	0.83
장방형	1.10	1.00	0.91
부정형	1.20	1.10	1.00

(3) 지세 : 평지는 완경사지에 비하여 5% 우세하다.

토지보상(미보상 토지) [논점정리]

【연습문제 05】도시계획시설의 사업시행자인 지방자치단체는 현재 공원으로 이용 중인 토지에 대하여 2023. 4. 1을 계약체결일로 하여 보상을 실시하려고 감정평가를 요청하였다. 자료를 참고하여 보상평가액을 산정하시오. (15점)

<자료 1> 공원사업의 개요

1. 사업의 종류 : ○○지구 공원조성사업

2. 도시군계획결정고시 및 지형도면 고시 : 2010. 2. 1

3. 실시계획인가고시 : 2011. 1. 2

4. 공원사업의 준공 : 2022. 1. 2

<자료 2> 토지조서

기호	소재지	면적(m²)		지목	비고
		공부	편입		
1	○○동 00	1,000	1,000	임야	

<자료 3> 현장 조사사항

1. 대상토지에 관한 조사 결과 공원사업은 이미 준공되었으나 해당 토지는 보상금 이 지급되지 않은 것으로 조사되었음.

2. 대상 토지는 종전의 공익사업에 편입되기 전에는 지목이 임야이고, 1970년경부 터 무허가건물부지로 이용되던 10,000m²의 토지의 일부였으나, 종전의 공익사업 으로 1,000m²는 공원으로 이용 중이며 나머지 토지는 보상되어 9,000m²는 공원 사업 중 비공원시설 아파트 부지 및 그 진입도로로 이용 중이며, 의뢰된 토지는 공원으로 이용 중인 부분임

3. 대상 토지는 현재는 중로에 접하는 장방형의 토지이나, 이는 종전의 공익사업의 시행으로 새로운 도로가 개설되었기 때문이며, 분할되기 이전의 토지는 완만한 경사를 이루고 있는 부정형으로 세로에 접하는 토지였음

4. 종전의 공익사업이 시행되기 이전에는 제1종일반주거지역이었으나, 종전의 공익사업으로 인하여 대상토지만 자연녹지지역으로 용도지역이 변경되었음

5. 대상토지 주변은 당시 미개발지대로서 남측 근거리의 불량주택지대를 포함하여 재개발사업을 시행하였음

<자료 4> 인근의 공시지가 표준지 현황

1. 대상 토지 인근지역에 소재하며 표준적인 이용상황의 표준지는 다음과 같음

일련 번호	소재지	면적 (m²)	지목	이용 상황	용도 지역	도로 교통	형상 지세	공시지가(원/m²)	
								2011년	2023년
1	○○동 201	1,000	대	단독	1종 일주	소로 한면	장방형 평지	600,000	1,000,000
2	○○동 202	1,000	대	단독	자연 녹지	소로 한면	장방형 평지	200,000	300,000
3	○○동 산1	10,000	임야	자연림	1종 일주	세로 (가)	부정형 완경사	120,000	200,000
4	○○동 산2	10,000	임야	자연림	자연 녹지	세로 (가)	부정형 완경사	20,000	30,000

2. 표준지 일련번호 1, 2는 2010년경 구획정리사업(환지방식)으로 개발된 주거지대 내에 소재함.

<자료 5> 시점 수정자료

1. 2011. 1. 1에서 2023. 4. 1까지의 지가변동률은 60%임

2. 2023. 1. 1에서 2023. 4. 1까지의 지가변동률은 0%임

3. 2010년 12월에서 2023년 3월까지의 생산자물가지수 변동률은 40%임

4. 2022년 12월에서 2023년 3월까지의 생산자물가지수 변동률은 1%임

<자료 6> 각종 격차율

1. 9,000~10,000m²의 대지는 1,000m²　대지의 85% 수준임

2. 부정형의 토지는 장방형 토지의 95% 수준임

3. 대지인 경우 평지는 완경사지의 110% 수준임

4. 중로에 접하는 토지는 세로에 접하는 토지의 120% 수준임

5. 소로에 접하는 토지는 세로에 접하는 토지의 105% 수준임

6. 정비된 주택지대와 미개발 주택지대의 지가수준은 기반시설 설치 등의 차이에
   따라 40% 정도의 차이가 있음.

<자료 7> 기타

인근의 평가선례, 매매사례 등과 비교시 비교표준지의 공시지가는 인근지가 수준과
같은 수준으로 판단되며, 개별요인 비교는 가로·접근·환경·획지·행정적 조건 등으
로 비교할 것.

토지보상(공법상제한) [논점정리]

【연습문제 06】 감정평가사인 당신은 K시로부터 공익사업에 편입되는 토지에 대한 보상평가를 의뢰받고 공부조사와 실지조사를 마친 후 다음과 같은 자료를 수집하였다. 제시된 자료를 바탕으로 대상 토지에 대한 적정한 손실보상액을 산정하시오. (15점)

<자료1> 평가의뢰내역

1. 대상사업 : 도시공원조성사업

2. 평가의뢰인 : K시장

3. 사업인정고시일 : 2023년 2월 1일

4. 가격시점 : 2023년 9월 1일

5. 특이사항 : K시장은 토지보상가격의 단가사정시 "중토위 재결평가시의 기준"으로 요청하였다.

<자료2> 대상부동산

1. 소재지 : K시 S동 350번지 대 600m²

2. 이용상황 : 현재 나지상태이나, 주위 토지 이용상황으로 보아 상업용으로 이용함이 가장 타당한 것으로 판단된다.

3. 해당 토지는 지적 고시된 도시계획도로에 아래의 그림과 같이 저촉되어 있다.

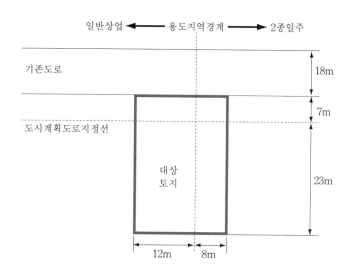

<자료 3> 비교표준지

(공시기준일 : 2023. 1. 1)

기호	소재지	지목	이용상황	용도지역	도로교통	형상·지세	공시지가 (원/m²)
1	K시 S동 111	대	상업용	일반상업	중로한면	정방형 평지	1,000,000
2	K시 S동 230	대	상업용	2종일주	소로한면	정방형 평지	500,000

<자료 4> 지가변동률(2023년도)

(단위 : %)

구 분	1월	2월	3월	4월	5월	6월	7월
주거지역	−0.512	−0.405	−0.110	1.020	1.320	1.540	1.770
상업지역	−1.010	−0.444	−0.371	−0.140	0.123	0.357	0.490

<자료 5> 기타사항 및 요인비교자료

1. 가격시점현재 기준으로 본 도시계획도로의 기능·개설예정시기 등과 대상토지의 위치·형상 등을 고려할 때, "계획도로 폭의 확대로 인한 증가분의 50%정도"만 기타조건으로 반영하기로 한다.

2. 개별요인

구 분	대상	표준지1	표준지2	비 고
평 점	100	98	97	도로조건은 제외한 상태이다.

3. 도로조건

구 분	광대로	중로	소로
평 점	105	100	95

<자료 6> 참고자료

중앙토지수용위원회가 의뢰한 재결평가 업무시 토지 등의 단가 산출기준 준수 요청
(중토위 58342- 1202) : 토지 등의 단가는 100원 단위까지 산출할 것
(다만, 토지 등의 가액이 100원 단위 이하인 경우에는 10원 단위까지 산출).

토지보상(공법상제한) [논점정리]

【연습문제 07】감정평가사 L은 다음 토지에 대한 보상평가액의 산정을 의뢰받았다. 보상관련법령 및 제반평가지침에 의거 아래 물음에 답하시오. (20점)

(물음 1) 둘 이상의 용도지역에 속한 토지의 보상평가기준을 약술하시오.

(물음 2) 용도지역 사이에 있는 토지의 보상평가기준을 약술하시오.

(물음 3) 보상액 산정의 기준이 되는 비교표준지를 선정하고 그 사유를 기재하시오.

(물음 4) 대상토지의 보상액을 산정하시오.

<자료 1> 평가개요

1. 평가목적 : 보상(수용재결)

2. 가격시점 : 2023년 2월 28일

<자료 2> 대상토지

1. 토지조서

일련번호	소재지	용도지역	지목	편입면적	전체면적	이용상황
1	S시 A동 230번지	–	대	300	300	대(단독주택)
2	S시 A동 245번지	준주거지역 개발제한(자연녹지)	대	400	400	대(단독주택)

2. 토지조서 일련번호1 토지는 제1종일반주거지역과 녹지지역 사이에 위치한 용도지역이 미지정된 토지로서 소로한면, 장방형, 평지임.

3. 토지조서 일련번호2 토지는 준주거지역(150m²), 자연녹지지역(개발제한구역, 250m²)
   에 속하는 소로각지, 부정형, 완경사지로서 용도지역을 달리하는 두 부분이 모두
   가격형성에 영향을 미침.

<자료 3> 공시지가

(공시기준일 : 2023년 1월 1일)

기호	소재지	면적 (m²)	지목	이용 상황	용도지역	도로교통	형상	지세	공시지가 (원/m²)
1	S시 A동	156	대	단독	자연녹지	소로한면	정방형	평지	800,000
2	S시 A동	160	대	단독	준주거지역	중로한면	정방형	평지	1,500,000
3	S시 A동	200	대	단독	1종일주	소로각지	부정형	완경사	1,380,000
4	S시 A동	250	대	단독	개발제한	소로한면	부정형	평지	700,000

<자료 4> 지가변동률(S시 2023년)

(단위 : %)

구 분	2023년 1월	2023년 2월
주거지역	0.100	0.400
상업지역	1.006	1.011
공업지역	1.013	1.020
녹지지역	0.340	0.400

<자료 5> 개별요인

1. 도로교통

구 분	대로	중로	소로	세로	비 고
평점	100	95	90	85	각지는 한면에 비하여 10% 우세함.

2. 형상

구　분	정방형	장방형	부정형
평　점	100	95	690

3. 지세

구　분	평지	완경사지	급경사지
평　점	100	90	80

토지보상(현실 이용상황 도로) [논점정리]

【연습문제 08】 감정평가사 김○○은 W시 N구청장으로부터 도시계획시설(도로)사업과 관련하여 토지의 보상평가를 의뢰받았다. 관련 법규 및 이론을 참작하고 제시된 자료를 활용하여 다음 각 조건에 따른 대상토지의 보상평가액을 산정하시오.
(20점)   감정평가사 28회 기출 변형

물음 1) 아래 조건(조건1)에 따른 감정평가액을 산정하시오.

1. 사업시행자인 N구청장은 대상 토지가 미지급용지임을 보상평가의뢰서에 명기하였음

2. 본건 토지는 종전 공익사업의 시행으로 M동 100번지에서 분필된 토지로 현재 도로로 이용중인 사다리형 토지이나, 종전 편입당시에는 부정형, 맹지인 토지였음

3. 본건 토지는 종전 공익사업 시행이전에는 제2종일반주거지역 이었으나, 종전의 공익사업으로 인하여 준주거지역으로 변경되었음

4. 본건 토지의 지목은 종전의 공익사업에 편입되기 전에도 "전" 이었으나, 당시 주변 토지의 표준적 이용상황 등을 고려할 때 종전 편입당시의 이용상황은 주거나지였음을 사업시행자로부터 확인하였음

5. 개별요인 비교시 도로접면과 형상을 제외한 토지 특성은 모두 동일한 것으로 봄

6. 비교표준지, 보상 평가사례 및 거래사례에는 종전 공익사업에 따른 가치변동이 포함되어 있지 아니함.

물음 2) 아래 조건(조건2)에 따른 감정평가액을 산정하시오.

1. 사업시행자인 N구청장은 대상 토지가 사실상 사도임을 보상평가의뢰서에 명기하였음

2. 인접한 M동 100-2번지 소유권자는 대상 토지와 동일한 홍길동이고, 1994년 8월부터 홍길동은 M동 100-2번지의 건축허가를 위하여 대상 토지를 도로로 개설한 것으로 확인이 되었는바, 대상 토지는 M동 100-2번지의 효용증진에 기여하고 있음

3. 대상 토지 평가시 기준이 되는 인근토지 및 인근토지의 토지 특성은 주어진 자료를 활용하여 판단할 것

4. 개별요인 비교시 도로접면과 형상을 제외한 토지 특성은 모두 동일한 것으로 봄

물음 3) 아래 조건(조건3) 에 따른 감정평가액을 산정하시오.

---

1. 사업시행자인 N구청장은 대상 토지가 예정공도임을 보상평가의뢰서에 명기하였음

2. 인접한 M동 100-2번지 소유권자는 대상 토지와 동일한 홍길동이며, 당해 도시계획시설 사업 시행절차 등이 없는 상태에서 M동 100-2번지의 건축허가를 위하여 2018년 8월부 터 도로로 개설한 후, 사실상 불특정 다수인의 통행에 이용 중임을 사업시행자로부터 확 인하였음

3. 인근지역의 표준적인 이용상황은 주어진 자료를 활용하여 판단할 것

4. 개별요인 비교시 도로접면과 형상을 제외한 토지 특성은 모두 동일한 것으로 보며, 당해 도로의 개설로 인한 개발이익은 30%임

<자료1> 사업의 개요 등

1) 사업시행지 : W시 N구 M동 100-4번지 일원

2) 사업의 종류 : 도시계획시설(도로)사업(소로2-60호선) 개설공사

3) 사업시행자 : W시 N구청장

4) 사업의 착수 예정일 및 준공예정일 : 인가일 ~ 2024.03.31.

5) 사업추진일정

구분	일정
• 도시계획시설(도로)결정일	2016.08.21
• 도시계획시설(도로)사업 실시계획인가고시일	2022.12.15
• 보상계획공고일	2023.03.31
• 현장조사완료일	2023.06.01

※ 보상의뢰서상 가격시점 요구일 : 2023.07.01

<자료 2> 대상토지의 개요(가격시점 현재)

기호	소재지	편입면적 (m²)	지목	현실 이용상황	용도지역	비고(소유자)
1	W시 N구 M동 100-4번지	381	전	도로	준주거	홍길동

<자료3> 표준지 공시지가 자료

기호	소재지	면적 (m²)	지목	이용 상황	용도 지역	도로 교통	형상 지세	공시지가(원/m²) 2022.01.01	공시지가(원/m²) 2023.01.01
A	N구M동 105번지	400	대	주거 나지	2종 일주	세로 (불)	가장형 평지	770,000	860,000
B	N구M동 103번지	420	대	다세대	준주거	세로 (가)	정방형 평지	1,050,000	1,160,000
C	N구M동 101번지	450	대	주상용	준주거	소로 한면	사다리 평지	1,100,000	1,210,000

<자료 4> 시점수정자료(W시 N구 주거지역)

구분	지가변동률(%)	비고
2022.01.01~2022.12.31	3.257	2022년 12월 누계
2023.01.01~2023.05.31	1.426	2023년 5월 누계
2023.05.01~2023.05.31	0.431	2023년 5월 변동률

※ 2023년 6월 이후의 지가변동률은 현재 미고시인 상태로 직전월인 2023년 5월 지가 변동률을 연장적용 하기로 함

<자료 5> 개별요인 품등 비교자료

1) 형상

구분	정방형	가장형	세장형	사다리	부정형	자루형
정방형	1.00	1.02	1.00	0.99	0.94	0.89
가장형	0.98	1.00	0.98	0.97	0.92	0.87
세장형	1.00	1.02	1.00	0.99	0.94	0.89
사다리	1.01	1.03	1.01	1.00	0.95	0.90
부정형	1.06	1.09	1.06	1.05	1.00	0.94
자루형	1.12	1.15	1.12	1.11	1.06	1.00

※ 부정형 : 삼각형 포함
※ 자루형 : 역삼각형 포함

2) 도로접면

구분	중로한면	소로한면	세로(가)	세로(불)	맹지
중로한면	1.00	0.92	0.82	0.78	0.70
소로한면	1.09	1.00	0.89	0.85	0.79
세로(가)	1.22	1.12	1.00	0.95	0.88
세로(불)	1.28	1.18	1.05	1.00	0.93
맹지	1.43	1.27	1.13	1.07	1.00

<자료 6> 그 밖의 요인 보정치 산정을 위한 자료

1) 보상 평가사례

기호	소재지	면적 (m²)	지목	이용 상황	용도 지역	도로 교통	형상 지세	단가 (원/m²)	가격시점
ㄱ	N구M동 200번지	300	대	주거 나지	일반 상업	소로 한면	부정형 평지	2,500,000	2023.01.01
ㄴ	N구M동 250번지	350	대	다세대	준주거	세로 (가)	세장형 평지	1,500,000	2023.01.01
ㄷ	N구M동 300번지	380	대	주상용	준주거	소로 한면	사다리 평지	1,800,000	2023.01.01

2) 거래사례(토지만의 정상 거래사례임)

기호	소재지	면적 (m²)	지목	이용 상황	용도 지역	도로 교통	형상 지세	단가 (원/m²)	거래시점
ㄹ	N구M동 400번지	400	대	주상 나지	2종 일주	중로 한면	부정형 평지	1,600,000	2023.01.01
ㅁ	N구M동 420번지	380	대	상업 나지	준주거	중로 한면	세장형 평지	2,200,000	2023.01.01
ㅂ	N구M동 500번지	350	대	주거 나지	2종 일주	세로 (가)	사다리 평지	1,000,000	2023.01.01

<자료 7> 현장조사내용

1) 대상토지 주변은 도심지내 기존 주택지를 중심으로 형성된 소규모 점포주택과 단독주택 및 다세대주택 등이 혼재하는 지역으로 조사되었음

2) 비교표준지, 보상 평가사례 및 거래사례는 인근지역에 소재하며, 당해 도시계획시설(도로)사업에 따른 개발이익이 포함되어 있지 않은 것으로 조사되었음

3) 대상 토지 주변 지적현황(축척 없음)

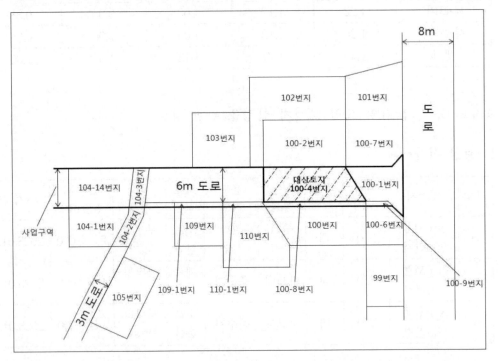

토지보상(택지개발촉진법) [논점정리]

【연습문제 09】S시는 택지개발사업을 하기 위하여 감정평가사 甲에게 아래와 같은 보상평가를 의뢰하게 되었다. 甲은 현장조사 및 공부확인을 통하여 다음과 같은 자료를 수집하였다. (60점)

(물음 1) 다음의 토지평가시 적용 공시지가를 선택하고, 그 사유를 명기하시오.

(물음 2) 적용할 비교표준지를 선정하고, 선정사유를 기재하시오.

(물음 3) 각각의 토지평가시 적용할 시점수정치를 결정하고, 그 결정이유를 설명하시오.

(물음 4) 다음의 의뢰물건 토지 중에서 기호 1,5,13,14,16의 보상평가액을 산정하고, 토지 기호 12에 대하여 개인별보상원칙하에 적정보상액을 구하시오.

<자료 1> 평가의뢰내역

1. 사업명 : S시 XX택지개발사업

2. 사업시행자 : OO공사

3. 의뢰서 접수일 : 2023. 8. 1

4. 가격조사 및 현장조사기간 : 2023. 8. 10 ~ 2023. 8. 15

5. 가격시점 : 2023. 8. 31

6. 사업추진현황
   - 택지개발사업 주민공고공람 : 2021. 12. 20
   - 택지개발사업 예정지구지정고시(개발계획수립) : 2022. 9. 30
   - 택지개발사업 예정지구변경고시 : 2023. 1. 31
   - 보상계획공고 : J일보, Q신문
   - 보상평가 : 현재

7. 해당 공익사업으로 인해 취득할 토지의 지가의 변동(공시지가)은 없는 것으로 본다.

<자료 2> 의뢰물건(지장물조서)

기호	소재지	물건의 종류	구조 및 면적	면적(m²)		실제이용상황
				공부	편입	
1	S시 E동 18	주택	벽돌조슬라브즙	95	95	무허가 주택건물 88년 10월에 신축됨
2	S시 E동 25	주택	벽돌조슬라브즙	80	80	무허가 주택건물 89년 10월에 신축됨
3	S시 E동 35	주택	경량철골조 판넬즙	200	200	97년 S시장으로부터 도시계획법에 근거하여 허가를 득하고 신축한 가설건축물임

<자료 3> 의뢰물건(토지조서)

기호	소재지	지번	지목	면적(m²)		용도지역	실제이용상황	비고
				공부	편입			
1	E동	10	대	200	200	일반주거 자연녹지	주거용건부지	2023. 1. 31 토지세목 추가고시일
2	E동	10-1	전	300	300	일반주거	채소경작	
3	E동	11	대	300	300	일반주거	20m²을 시금치경작	
4	E동	38-2	대	30	30	일반주거	도로	
5	E동	18	전	850	850	자연녹지	무허가건물(#1) 자연취락지구임	세로 가장형
6	E동	135	답	300	300	자연녹지	잡종지	
7	E동	25	전	875	875	자연녹지	무허가건물(#2)	
8	E동	35	전	450	450	자연녹지	가설건축물부지(#3)	
9	E동	250	전	125	123	자연녹지	도로	
10	E동	산 300	임야	250	250	자연녹지		
11	E동	산 302	임야	80	80	자연녹지	묘지	
12	E동	산 310	임야	1,000	1,000	자연녹지	전	
13	E동	42	대	300	300	일반주거	가장형평지 세로한면	
14	W동	40	대	400	400	일반주거	정방형평지(주거용)	
15	W동	130	대	250	250	일반주거	정방형평지(주거용)	
16	H동	150	전	1,300	1,300	생산녹지	부정형평지 세로한면	무허가

<자료 4> 공시지가표준지

기호	소재지	지번	면적 (m²)	지목	이용 상황	용도 지역	도로 교통	형상 지세	공시지가	
									2022.1	2023.1
1	E동	40	150	대	단독	일반주거	세로(가)	가장형 평지	100,000	110,000
2	E동	50	250	전	전	일반주거	세로(가)	부정형 평지	40,000	45,000
3	E동	69	330	답	답창고	자연녹지	소로한면	세장형 평지	60,000	63,000
4	E동	70-1	250	전	전	자연녹지	세로(가)	세장형 평지	42,000	49,000
5	E동	80	350	답	답	자연녹지	맹지	세장형 평지	35,000	38,000
6	E동	140	300	대	단독	자연녹지	세로(가)	가장형 평지	70,000	80,000
7	E동	산 200	1,200	임	자연림	자연녹지	맹지	부정형 완경사	7,000	7,500
8	E동	산 250	90	묘	묘지	보존녹지	맹지	부정형 완경사	6,000	6,500
9	E동	산 40	2,500	임	자연림	개발제한	세로(불)	부정형 급경사	3,500	4,000
10	W동	110	400	대	단독	일반주거	세로(가)	정방형 평지	143,000	145,000
11	W동	250	300	대	상업용	일반주거	소로한면	장방형 평지	150,000	170,000
12	H동	200	600	전	전	생산녹지	세로(가)	부정형 평지	65,000	75,000
13	H동	150	350	대	단독	생산녹지	세로(가)	가장형 평지	95,000	100,000
14	W동	100	150	전	전	자연녹지	세로(가)	세장형 평지	60,000	70,000
15	W동	39	150	대	전	개발제한	세로(가)	가장형 평지	105,000	110,000

※ 기호 1 표준지는 전체면적의 20%가 도시계획시설도로에 저촉(2022년 5월), 저촉감가율 30%.
※ 기호 1은 현장조사 결과 건부감가요인이 19% 발생하고 있는 것으로 파악된다.
※ 공익사업의 계획·공고·고시 등으로 인한 공시지가의 가격 변동은 없는 것으로 본다.

<자료 5> 평가의뢰된 토지의 현장조사 내역

1. 기호 1 토지는 일반주거지역과 자연녹지지역에 걸치는 토지로서, 토지중 $10m^2$이 자연녹지지역에 걸쳐있다. 소로한면에 접하며, 정방형평지임.

2. 기호 2 토지는 해당 택지개발사업을 위하여 2021년 3월 1일부로 자연녹지지역에서 일반주거지역으로 용도지역이 변경되었다.
   ※ 기호 1과 2는 사업의 확장에 따라 토지세목이 추가고시된 지역임.

3. 기호 3 토지는 조성된 나지로서 현재 전으로 이용중이나, 주위는 기존 주택지대이다. 또한 이 토지는 해당 택지개발사업구역에 포함된 것으로서 토지세목고시 당시 누락된 것을 추가로 고시한 토지이다.

4. 기호 4 토지는 종전 38-1(지목 대)의 일부였으나, 도시계획도로로 시설결정이 되고, 사실상 불특정다수인의 통행에 이용되고 있다. 그러나 아직 도시계획사업이 시행된 것은 아니다.

5. 기호 5 토지는 사업시행자가 현황측량하여 $237.5m^2$를 '대'로 평가하도록 의뢰하였다.

6. 기호 6 토지는 종전의 노면보다 약 1.5M 저지인 답이었으나, 94년 10월에 허가없이 매립되어 현재는 노면과 평탄한 창고부지로 이용중에 있다.

7. 기호 9의 토지는 농어촌도로정비법에 의한 농어촌도로로 조사되고 있다.

8. 기호 10의 토지는 2018년 5월에 축사신축을 위하여 형질변경허가를 득하였고, 2021년 3월경에 형질변경을 완료하였으나, 해당 사업으로 인하여 준공검사를 득하지 못한 상태이다.

9. 기호 11의 토지는 약 15년 전에 임야인 토지를 분할하여 분묘를 조성한 것이다.

10. 기호 12 토지는 S시의 소유로서, A씨가 97년 7월에 S시로부터 허가를 득하여 개간한 후, 전으로 경작하고 있다. 가격시점 현재의 개간에 소요되는 통상의 비용은 35,000원/m^2으로 추정된다. 이 토지는 세로(가)에 접하며 부정형 완경사(조성후 평지)이다.

11. 기호 13 토지는 현재 이용상황은 대지로 이용되고 있으며, 종전의 택지개발사업 (2019년 시행) 당시에 보상금이 지급되지 않은 토지이다. 종전의 이용상황은 전이며, 기타 개별요인은 지금과 같고, 종전 택지개발사업당시의 용도지역은 녹지지역이다. 녹지지역에서 주거지역으로의 변경은 해당사업과 무관하게 변동된 경우이다.

12. 기호 14, 15의 토지는 해당 택지개발계획승인고시일 전 2021년 1월 1일에 다음 그림과 같이 도시계획도로로 시설결정이 있었으며, 년차별 집행계획에 따라 2022년 10월 1일에 실시계획인가를 받아 도로공사를 시행하고자 한다.

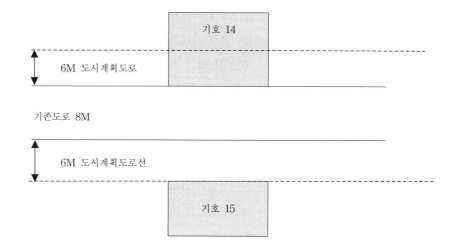

13. 기호 16 토지에는 무허가 건물(건축면적 : 100m²)이 있으며, 해당 건물의 신축년도는 88년 10월이고 대상지역은 농지보전부담금 부과대상지역으로 농지보전부담금은 14,000원/m²이다. 현재 상황은 건물이 존재하며, 사업시행자가 현황측량하여 ① 대 : 500m² ② 전 : 800m²으로 구분평가 의뢰하였다.

<자료 6> 시점수정자료

1. 생산자 물가지수

2021.12	2022.1	2022.12	2023.1	2023.4	2023.7
100	104	108	112	115	117

2. 지가변동률

구 분		D구				S구				B구			
		주거지역		녹지지역		주거지역		녹지지역		주거지역		녹지지역	
		당월	누계	당월	누계	당월	누계	당월	누계	당월	누계	당월	누계
2022년	1월	0.200	0.200	0.030	0.030	0.050	0.050	0.030	0.030	0.200	0.200	0.400	0.400
	2월	0.200	0.400	0.030	0.060	0.060	0.110	0.040	0.070	0.150	0.350	0.500	0.902
	3월	0.100	0.501	0.040	0.100	0.070	0.180	0.030	0.100	0.150	0.501	0.300	1.205
	4월	0.070	0.571	0.100	0.200	0.070	0.250	0.100	0.200	0.200	0.702	0.500	1.711
	5월	0.070	0.642	0.090	0.290	0.060	0.310	0.150	0.350	0.300	1.004	0.600	2.321
	6월	0.060	0.702	0.110	0.401	0.070	0.381	0.150	0.501	0.200	1.206	0.400	2.730
	7월	0.100	0.803	0.300	0.702	0.080	0.461	0.700	1.204	0.150	1.358	0.600	3.347
	8월	0.100	0.903	0.300	1.004	0.090	0.551	0.600	1.812	0.200	1.560	0.700	4.070
	9월	0.100	1.004	0.200	1.206	0.080	0.632	0.700	2.524	0.150	1.713	0.500	4.590
	10월	0.200	1.206	0.300	1.510	0.100	0.732	0.160	2.688	0.100	1.815	0.030	4.622
	11월	0.300	1.510	0.400	1.916	0.100	0.833	0.150	2.842	0.150	1.967	0.040	4.664
	12월	0.100	1.611	0.300	2.221	0.100	0.934	0.190	3.038	0.150	2.120	0.030	4.695
2023년	1월	0.200	0.200	0.400	0.400	0.060	0.060	0.200	0.200	0.100	0.100	0.050	0.050
	2월	0.300	0.501	0.500	0.902	0.070	0.130	0.300	0.501	0.120	0.220	0.040	0.090
	3월	0.300	0.802	0.300	1.205	0.050	0.180	0.100	0.601	0.180	0.401	0.050	0.140
	4월	0.150	0.953	0.500	1.711	0.070	0.250	0.100	0.702	0.300	0.702	0.070	0.210
	5월	0.100	1.054	0.600	2.321	0.070	0.320	0.100	0.802	0.250	0.953	0.070	0.280
	6월	0.150	1.206	0.400	2.730	0.080	0.401	0.100	0.903	0.250	1.206	0.060	0.340
	7월	0.160	1.368	0.400	3.141	0.090	0.491	0.070	0.974	0.160	1.368	0.090	0.431

※ 비교표준지는 D구에 속하며, D구의 녹지지역은 사업인정고시로 인하여 지가가 변동된 것으로 판단된다.

※ D구는 S구와 B구에 인접하고 있으며, 해당 사업의 영향이 없는 것으로 판단된다. 단, S구는 재개발사업으로 인한 개발이익이 있는 것으로 평가사 甲은 판단한다.

\<자료 7\> 토지가격비준표

1. 도로접면

구 분	광대한면	중로한면	소로한면	세로한면
광대한면	1.00	0.94	0.86	0.83
중로한면	1.07	1.00	0.92	0.89
소로한면	1.16	1.09	1.00	0.96
세로한면	1.21	1.20	1.15	1.00
맹지	1.40	1.30	1.20	1.15

2. 형상

구 분	정방형	장방형	사다리형	부정형	자루형
정방형	1.00	0.98	0.98	0.95	0.90
장방형	1.02	1.00	1.00	0.95	0.90
사다리형	1.02	1.00	1.00	0.97	0.90
부정형	1.05	1.05	1.03	1.00	0.92
자루형	1.11	1.11	1.09	1.06	0.95

3. 기타 개별요인은 대상 토지와 표준지는 같다고 전제한다.

4. 도시계획 도로에 접한부분의 증가요인을 기타조건(장래 기타 동향)으로 반영하여야 하나 가치상승분이 현실화 된 것으로 보고 예외적으로 도로조건에 적용한다.

개발제한구역 내 토지보상 [논점정리]

【연습문제 10】 감정평가사 K씨는 중앙토지수용위원회로부터 OO택지개발사업지구에 편입되는 토지에 대한 이의재결 보상평가를 의뢰 받고 현장조사를 통하여 다음의 자료를 확보하였다. 조사된 자료를 활용하고 보상관련규정의 제 규정을 참작하여 토지보상액을 평가하시오.(30점)

<자료 1> 평가의뢰내역

1. 공익사업명 : OO택지개발사업
2. 사업시행자 : XX개발공사
3. 택지개발 주민공람공고일 : 2018. 6. 20
4. 개발제한구역의 해제 : 2021. 6. 30
5. 택지개발예정지구 고시일 : 2023. 3. 20
6. 택지개발 실시계획고시일 : 2023. 8. 1
7. 수용재결일 : 2023. 8. 31
8. 이의재결일 : 2023. 9. 31

<자료 2> 토지조서

기호	소재지	지번	지목	면적(m^2)	용도지역	현실이용상황	비고
1	X동	11	전	1,000	자연녹지	대	89.1.24이전 무허가건물부지
2	X동	12	전	200	자연녹지	전	조정가능지역
3	X동	13	전	200	자연녹지	전	우선해제대상지역
4	X동	14	전	200	자연녹지	전	우선해제대상지역
5	X동	15	대	200	자연녹지	대	우선해제대상지역
6	X동	16	대	200	자연녹지	대	우선해제대상지역
7	X동	17	대	200	자연녹지	대	우선해제대상지역

※ 사업시행자는 기호(1)토지와 관련하여, 현황측량 결과 '대' 80m^2, '전' 920m^2으로 구분하여 평가하여 줄 것을 요구하였다.

\<자료 3\> 토지에 대한 조사내용

1. 대상 토지의 토지이용계획사항

⑴ 대상 토지의 종전의 용도지역은 개발제한구역(1974년도 지정), 자연녹지지역이었으나, 2021.6.30 택지개발사업을 위하여 개발제한구역이 해제되었음.

⑵ 본건 중 기호(1, 2)는 광역도시계획수립지침에 의한 조정가능지역에 속한 토지이며, 기호(2)는 국가정책사업 및 지역현안사업에 필요하여 조정가능지역으로 지정된 토지로 관할 시장의 확인을 받아 의뢰되었음.

⑶ 기호(3, 4, 5)는 집단취락우선해제지역에 속한 토지임.

　1) 기호(3)은 2021. 5에 우선해제를 위한 도시관리계획안의 주요내용이 공고됨.

　2) 기호(4)는 우선해제절차와 동시조치사항으로 지구단위계획이 수립되었으며 지구단위계획상의 예정 용도지역은 1종 일반주거지역임.

　3) 기호(5)는 우선해제를 위한 도시관리계획안의 주요내용이 공고되지 않았으나, 해당 공익사업의 시행을 위하여 개발제한구역이 해제되지 않았다면 우선해제를 위한 도시관리계획안의 주요내용이 공고되었을 것이라고 시장의 확인을 받아 의뢰되었음.

⑷ 기호(6, 7)은 국민임대주택 사업을 위하여 우선해제대상지역에 속한 토지로서, 광역도시계획수립지침에 따른 조정가능지역 대상으로 인정되는 것으로 시장의 확인을 받았음. 다만, 기호(7)은 사업시행지가 시장으로부터 국가정책사업 및 지역현안사업에 필요한 지역에 해당하는 것으로 확인받아 평가의뢰되었음.

2. 각 토지별 조사사항

기호	개별요인		기타
	가로조건	획지조건	
1	세로(가)	장방형	본 토지 일부 지상에 GB가 지정된 지 15년이 경과된 시점에 면적 약 80m²의 무허가 주택 건물이 소재함. (인근의 표준적인 대지 면적은 약 200m², 건폐율 40%이고, 마당 및 주택까지의 통로를 포함한 울타리 면적은 160m²임) 본 토지는 농지보전부담금 부과대상이며 본 토지의 개별공시지가는 65,000원/m²임.
2	세로(가)	장방형	전으로 이용 중임.
3	세로(가)	장방형	전으로 이용 중임.
4	세로(가)	장방형	전으로 이용 중임.
5	세로(가)	장방형	지상에 면적 약 200m²의 주택 건물이 소재함
6	세로(가)	장방형	지상에 면적 약 200m²의 상가 건물이 소재함
7	세로(가)	장방형	지상에 면적 약 200m²의 주택 건물이 소재함

※ 기호 1번에 관하여 사업시행자가 현황측량하여 면적을 제시하고 있음.

<자료 4> 인근의 공시지가 표준지

일련번호	소재지	면적(m²)	지목	이용상황	용도지역	도로교통	형상	공시지가 (원/m²) 2022년	공시지가 (원/m²) 2023년
1	X동 1	1,000	전	전	개발제한	세로(가)	장방형	60,000	65,000
2	X동 2	200	대	상업용	개발제한	세로(가)	장방형	200,000	220,000
3	X동 3	200	대	단독	개발제한	세로(가)	장방형	120,000	130,000
4	X동 4	1,000	전	전	자연녹지	세로(가)	장방형	120,000	130,000
5	X동 5	200	대	상업용	자연녹지	세로(가)	장방형	400,000	440,000
6	X동 6	200	대	단독	자연녹지	세로(가)	장방형	240,000	260,000
7	X동 7	1,000	전	전	개발제한	세로(가)	장방형	60,000	120,000
8	X동 8	200	대	상업용	개발제한	세로(가)	장방형	200,000	400,000
9	X동 9	200	대	단독	개발제한	세로(가)	장방형	120,000	240,000
10	X동 10	1,000	대	전	1종일주	세로(가)	장방형	240,000	260,000
11	X동 11	200	대	상업용	1종일주	세로(가)	장방형	800,000	880,000
12	X동 12	200	대	단독	1종일주	세로(가)	장방형	480,000	520,000

※ 본 공시지가 표준지는 해당 사업지구밖에 소재하며 해당 공익사업으로 인한 지가의 영향은 없음. 일련번호(1~3)는 개발제한구역으로 보존하는 지역에 속함.

※ 기호(7~9)는 집단취락우선해제지역에 속하며, 이에 대한 도시관리계획안의 주요내용은 2022. 3에 공고되었음.

※ 인근지역의 조정가능지역은 약 5년 후에 개발제한구역이 해제될 예정인 것으로 조사됨.

※ 기호(1),(4),(7),(10) / 기호(2),(5),(8),(11) / 기호(3),(6),(9),(12) 는 용도지역을 제외한 다른 요인은 동일함.

<자료 5> 지가변동률

구 분	평균	용도지역별 주거	용도지역별 상업	용도지역별 녹지	용도지역별 관리	용도지역별 농림	이용상황별 전	이용상황별 답	이용상황별 주거	이용상황별 상업	이용상황별 임야
2022년 12월	0.087	0.054	0.164	0.117	0.037	0.252	0.588	0.442	0.339	0.174	0.416
	3.287	3.182	3.475	3.694	8.076	2.051	7.089	5.596	2.847	1.679	3.385
2023년 6월	0.196	0.000	0.262	0.404	0.234	0.175	0.425	0.057	0.041	0.414	0.197
	2.544	5.116	1.555	3.068	2.087	2.689	3.838	2.246	2.736	2.692	1.136

※ 하단은 해당 월까지의 누계임.

<자료 6> 기타 참고사항

1. 공익사업의 계획·시행공고·고시 등으로 인하여 공시지가의 변동은 없는 것으로 분석되었다.

2. 본건 주위 토지의 일반적인 할인율은 연간 10%로 조사됨.

3. 보상단가는 백원단위까지 표시할 것.

4. $(1.10)^5 = 1.61$

도시계획시설(공원) [논점정리]

【연습문제 11】A감정평가법인에 근무 중인 감정평가사 甲은 B도 C시장으로부터 보상목적의 감정평가를 의뢰받아 사전조사 및 현장조사를 마쳤는바, 관련법규 및 이론을 참작하고 제시된 자료를 활용하여 감정평가액을 산출 및 결정하시오. (20점)

<자료 1> 감정평가 의뢰 내역(요약)

1. 의뢰인 : B도 C시장

2. 의뢰일자 : 2023. 05. 10

3. 가격시점 : 2023. 06. 29

4. 공익사업의 명칭 : OOO공원 조성사업

5. 의뢰목록(일부 발췌)

일련 번호	소재지	지번	지목(실제)	면적(m²)	용도지역	비고
1	B도 C시 D동	148	전(전)	1,000.0	자연녹지	공원 100%

<자료 2> 사업개요

1. 사업계획의 개요
   1) 사업명칭 : OOO공원 조성사업
   2) 사업시행자 : B도 C시장
   3) 위치 : B도 C시 D동 100번지 일원
   4) 사업면적 : 1,028,520 m²(1단계 462,800 m², 2단계 565,720 m² 중 1단계)
   5) 사업기간 : 2022. 10. 01~2024. 12. 31

2. 사업추진 주요 경과

  1) 1978. 01. 10 : OOO공원 도시계획 결정고시 및 지형도면고시

  2) 2022. 05. 30 : OOO공원 도시계획 결정(변경) 및 지형도면 고시

  3) 2023. 03. 01 : 보상계획 열람 공고

  ※ 「도시공원 및 녹지등에 관한 법률」 상 일몰제(결정 실효) 적용이 없는 것으로 전제
  한다.

<자료 3> 공시지가 표준지, 매매사례 및 평가사례

1. 사업구역 및 인근의 공시지가 표준지 내역

기호	소재지	면적 (m²)	지목	이용 상황	용도 지역	도로	형상 지세	공시 기준일	공시지가 (원/m²)	비고
①	D동 121	1,452	전	전	자연 녹지	맹지	부정형 완경사	2022.01.01	150,000	사업 구역 내 (공원 100%)
								2023.01.01	156,000	
②	D동 214-1	2,564	과수원	과수원	자연 녹지	세로 (불)	부정형 완경사	2022.01.01	166,000	사업 구역 내 (공원 100%)
								2023.01.01	171,000	
③	D동 산72-4	4,028	임야	자연림	자연 녹지	맹지	부정형 완경사	2022.01.01	28,000	사업 구역 내 (공원 100%)
								2023.01.01	29,000	

※ 본 사업구역 내에 소재하는 공시지가 표준지는 모두 3개로, 표준지 기호 ①과 ③은 1단
  계 사업지 내에 그리고 기호 ②는 2단계 사업지 내에 각각 소재함

※ 2022. 01. 01~2023. 01. 01 기간 중 B도 C시의 표준지 공시지가 평균변동률은 7.216
  %임

2. 매매사례

기호	소재지	거래일자	지목	용도 지역	면적 (m²)	이용 상황	거래가액 (원/m²)
가	D동 137	2023. 01. 01	전	자연녹지	1,208.0	전	280,000
나	D동 648	2023. 01. 01	전	자연녹지	1,532.0	전기타	360,000

※ 기호 가 : 사업구역 내(공원 100%) 토지로, 본건 토지보다 제반 개별요인 우세함

※ 기호 나 : 사업구역 외 토지로, 인근의 매매가격 수준 및 평가사례 등에 비추어 정상적
  인 매매로서 당해 사업으로 인한 영향을 받지 아니한 것으로 판단됨

3. 평가사례

기호	소재지	기준시점	평가목적 (사업명칭)	지목	면적 (m²)	용도 지역	평가액 (원/m²)
ㄱ	A동 1207	2023. 01. 01	보상(△△테마공원 주차장조성사업)	전	2,004.0	자연 녹지	320,000
ㄴ	E동 36	2023. 01. 01	보상(중로 3-XX호 개설공사)	전	1,082.0	자연 녹지	380,000

※ 기호 ㄱ : 전체 65필지 중 협의체결률은 약 45 %로서, 가격조사일 현재 나머지 필지는 수용재결 절차에 있는 것으로 조사됨

※ 기호 ㄴ : 본 사업구역이 소재하는 D동과 인근의 E동을 남북으로 연결하는 도로사업임

<자료 4> 지가변동률 등

기간	변동률(%)		비고
	평균	녹지	
2022. 01. 01~2023. 06. 29	4.108	4.202	C시
2022. 10. 01~2023. 06. 29	2.567	2.718	C시
2022. 10. 01~2023. 06. 29	2.479	2.692	B도
2022. 01. 06~2023. 06. 29	3.549	3.892	C시
2022. 04. 08~2023. 06. 29	3.002	3.112	C시
2022. 09. 01~2023. 06. 29	2.651	2.847	C시
2023. 01. 01~2023. 06. 29	1.000	0.000	C시

※ 생산자물가상승률은 인근지역의 적정한 지가변동을 반영하고 있지 아니하다고 판단하여 검토 생략

<자료 5> 요인비교 자료

1. 지역요인 : 본건 및 공시지가 표준지, 매매사례 및 평가사례는 모두 인근지역에 소재하여 지역요인 대등함

2. 개별요인

(공시지가 표준지 : 1.00)

공시지가 표준지	본건 (연번 1)	매매사례		평가사례	
		가	나	ㄱ	ㄴ
①	1.00	1.04	1.08	1.00	1.12
②	0.95	0.98	0.95	0.95	0.95
③	4.00	4.10	4.05	4.00	4.00

※ 상기 개별요인 비교 자료는 도시계획시설 공원 저촉에 따른 제한을 반영하지 않은 수치이며 인근지역에 대한 매매사례 기타 평가사례 등에 대한 조사 결과, 도시계획시설 공원에 저촉된 것에 비해 저촉되지 아니한 상태로의 가치 상승률은 50 %를 적용하여, 필요 시 공원 저촉 여부에 따른 추가 요인비교를 행함

토지 및 지장물보상 [논점정리]

【연습문제 12】감정평가사 J는 K씨로부터 OO천 정비사업과 관련하여 보상목적의 감정평가를 의뢰받았다. 주어진 자료를 활용하고 보상 관련법규의 제 규정을 참작하여 토지의 보상평가액을 결정하시오.(20점)

<자료 1> 감정평가 의뢰내역

1. 사업명 : OO천 정비사업

2. 시행자 : K시장

3. 실시계획 인가고시일 : 2023.5.1

4. 가격시점 : 2023.8.28.

<자료 2> 토지조서

일련 번호	소재지 지번	지목	면적(m²)		실제이용 상황	소유 자	관계인	
			공부	편입			성명	권리내역
1	K시P구 I동151	답	2,200	300	전	A	—	
2	K시P구 I동152	전	800	150	전	A	한국전력공사	구분 지상권
3	K시P구 I동153	전	200	120	전	B	—	
4	K시P구 I동154	대	400	100	관리사 및 전	C	OO농협	근저당권

<자료 3> 토지에 대한 조사·확인 자료

현장조사일 현재 감정평가사 J가 토지에 대해 조사·확인한 자료는 다음과 같음.

1. 토지이용 및 접면도로 상태

일련번호 \ 구분	이용상황	접면도로	비고
1	하우스 작물 재배	세로(가)	
2	노지 채소 재배	세로(불)	
3	전(휴경지)	세로(가)	
4	관리사 및 파 재배	세로(가)	

2. 토지에 대한 기타사항

① 본건 토지 일대는 광역도시계획수립지침에 의한 환경보전가치가 2등급지 내지 3등급지인 것으로 확인됨.

② 일련번호2 토지의 구분지상권 설정사항에 대하여 한국전력공사에 문의한 결과 다음과 같은 내용을 통보 받음

송전선로 명칭	선하지 면적	구분지상권 내역	
		설정시기	보상금액
OO 구간 35KV	200m²	2021.4.1	2,400,000원

일련번호2 토지의 선하지 면적 중 해당사업에 편입된 부분은 80m²임.

③ 일련번호3 토지는 2022.11.20 농업용창고 신축허가(철골조, 100m²)를 적법하게 받은 상태이며 가격시점 현재 동일 종류의 허가를 받는데 소요되는 비용은 5,000원/m²인 것으로 조사됨

- 본건 일대에서 농업용창고 신축허가를 받은 상태의 "전"은 그렇지 아니한 "전"보다 약 15% 정도 높게 거래되는 것이 일반적임.

④ 일련번호4 토지의 OO농협 근저당권 설정액은 45,000,000원임.

- 본건 토지는 개발제한구역지정 당시부터 지목이 "대"임
- 본건 토지를 대지로 조성하는데 소요되는 적정비용은 12,000원/m²인 것으로 조사됨.

<자료 4> 표준지공시지가 자료

일련 번호	소재지 지번	면적 (m²)	지목	이용 상황	용도지역	도로 교통	형상 지세	공시지가(원/m²) 2022.1.1	공시지가(원/m²) 2023.1.1
가	K시 P구 I동 101	350	대	주거 나지	개발제한	세로 (가)	사다리 평지	120,000	150,000
나	K시 P구 I동 159	1,000	답	전	개발제한	세로 (불)	부정형 평지	45,000	58,000
다	K시 P구 M동 20	400	대	단독	개발제한	세로 (가)	사다리 평지	180,000	210,000
라	K시 P구 M동 150	1,200	전	전	개발제한	세로 (가)	부정형 평지	40,000	50,000

※ I동과 M동은 유사지역임

<자료 5> 시점수정 자료

• 지가변동률(『지가동향』, K시 P구)

(단위 : %)

지가 \ 구분	P구 평균	녹지지역	전	답	대(주거용)
2021.4.1~12.31	0.62	0.66	0.32	0.24	0.99
2022.1.1~12.31	20.68	23.28	24.27	23.61	19.02
2022.7.1~12.31	14.14	15.04	16.23	16.22	13.13
2023.1.1~3.31	1.36	1.17	1.33	0.0	1.99
2023.4.1~6.30	1.13	1.95	2.28	0.79	1.02
2023.1.1~6.30	2.51	3.14	3.64	0.79	3.03

※ 2023년 6월 이후 지가변동률은 조사·발표되지 않았음

• 생산자 물가상승률(한국은행조사, 『생산자물가지수』기준, 2016＝100)

2021.3	2021.4	2021.12	2022.12	2023.1	2023.7
122.9	123.2	120.8	126.4	127.7	128.8

<자료 6> 감가율 산정자료

- 입체이용배분율표(공중부분 사용에 따른 토지의 이용이 입체적으로 저해되는 정도)

해당지역 이용률구분	고층시가지 용적률 800% 이상	중층시가지 550~750%	저층시가지 200~500%	주택지 100% 내외	농지·임지 100% 이하
건물의 이용률(α)	0.8	0.75	0.75	0.7	0.8
지하 이용률(β)	0.15	0.10	0.10	0.15	0.10
그 밖의 이용률(γ)	0.05	0.15	0.15	0.15	0.10
γ의 상하 배분비율	1:1~2:1	1:1~3:1	1:1~3:1	1:1~3:1	1:1~4:1

※ γ의 상하배분비는 최고치를 적용함

- 감정평가사 J는 송전선로 건설로 인한 선하지의 공중부분 사용에 따른 사용료 평가시 입체이용저해 외에 토지의 경제적 가치가 감소되는 정도에 대한 적용보정률을 다음과 같이 판단함.

추가보정률	송전선요인	개별요인	그 밖의 요인
20%	4%	12%	4%

※ 추가보정률 중 개별요인에는 영구사용에 따른 보정률을 4%가 포함되어 있음.

<자료 7> 그 밖의 요인 보정자료

1. 거래사례

소재지 지번	지목	이용 상황	면적 (m²)	금액(원)	거래시점	비　고
M시 P구 I동 140	답	전	1,200	91,200,000	2023.04.01	1) 거래내용에 대해 조사한바 마을 　주민간의 정상적 거래로 판단됨 2) 대상토지(일련번호1)는 사례대비 　개별요인 3% 열세임

2. 보상평가 선례

소재지 지번	지목	이용상황	편입면적(m²)	금액(원)	가격시점	사업명
M시 P구 H동 130	전	전	100	7,500,000	2022.07.01	OO도로공사

※ 대상토지(일련번호1)는 보상평가선례와 비교할 때 개별요인에서 5% 열세임.

※ I동은 H동보다 지역요인에서 10% 열세임.

<자료 8> 토지특성에 따른 격차율 자료

- 대상토지는 개발제한구역 내 "전" 지대에 소재하는 토지로서 비교표준지 대비 지목·접면도로 이외의 요인은 유사함

지목		대	전	답
	대	1.00	0.80	0.78
	전	1.25	1.00	0.98
	답	1.28	1.02	1.00

접면도로		소로한면	세로(가)	세로(불)
	소로한면	1.00	0.97	0.92
	세로(가)	1.03	1.00	0.95
	세로(불)	1.08	1.05	1.00

소유권외 권리(구분지상권) [논점정리]

【연습문제 13】 감정평가사 김공정은 택지개발사업과 관련하여 보상목적의 감정 평가를 의뢰받았다. 주어진 자료를 활용하여 대상물건인 구분지상권의 보상액을 구하되, 적용가능한 방법을 모두 활용한 후 시산가액의 조정을 통해 결정하시오. (20점)

<자료 1> 공익사업에 관한 사항

1. 사업명 : ○○지구 택지개발사업(공익사업 근거법 : 택지개발촉진법)

2. 사업지구면적 : 180,000m²

3. 사업시행자 : G지방공사

4. 사업추진일정
   1) 택지개발지구지정·고시일 : 2019. 09. 09
   2) 보상계획공고일 : 2020. 02. 20
   3) 실시계획승인·고시일 : 2021. 04. 04

<자료 2> 감정평가의 기본적 사항

1. 대상물건 : 경기도 A시 B읍 C리 1번지의 구분지상권

2. 감정평가목적 : 보상

3. 가격시점 : 2023. 09. 02

<자료 3> 토지에 관한 사항

1. 소재지 : 경기도 A시 B읍 C리 1번지

2. 면적 : 300m², 지목 : 전, 실제 이용상황 : 전, 폭 6m의 도로와 접함

3. 토지이용계획의 변동사항

  1) 2018. 01. 01~2021. 04. 03 : 자연녹지지역

  2) 2021. 04. 04~2023. 09. 02 : 제1종일반주거지역(택지개발사업으로 인해 변경)

<자료 4> 구분지상권에 관한 사항

1. 구분지상권자 : H전력공사

2. 구분지상권의 목적 : 154 kV 가공 송전선로 건설

  ※ 가공 송전선로 : 송전철탑을 통해 공중으로 설치한 송전선로

3. 구분지상권의 범위 : 경기도 A시 B읍 C리 1번지 토지 상공 15m에서 30m까지의
   공중공간(선하지면적 : 300m^2)

  ※ 선하지면적은 구분지상권 설정면적을 말함

4. 구분지상권의 존속기간 : 해당 송전선로 존속시까지

5. 구분지상권 설정일 : 2018. 03. 03

6. 당시 보상액(구분지상권 설정대가) : 14,000,000원

7. 특약사항 : 존속기간 동안 구분지상권 설정대가의 증감은 없음

8. 기타사항 : 송전선로가 필지의 중앙을 통과함

<자료 5> 주변지역 현황

1. 구분지상권이 설정된 토지(경기도 A시 B읍 C리 1번지 토지) 주변은 송전선 건
  설 당시 농지지대에서 주택지대로 전환되는 중이었고(단독주택이 지속적으로 건
  설되고 있었음), 당시 인근지역에 속한 토지로서 ○○ 택지개발지구 인근의 지구
  밖 토지 대부분은 기준시점 현재 단독주택부지로 이용하고 있음

2. 조사결과 기준시점 현재 ○○택지개발지구와 접한 지구 밖 토지의 표준적 이용은
  2층의 단독주택부지이며, 주택의 표준적인 각 층의 층고는 3.5m임

\<자료 6\> 표준지 공시지가 자료

기호	소재지 지번	면적 (m²)	지목	이용상황	도로교통	형상지세
가	B읍 C리 10	360	답	과수원	세로(불)	세장형 완경사
나	B읍 C리 250	280	대	주거나지	세로(가)	세장형 평지

※ 표준지 '가' '나'는 모두 동일수급권내에 소재함

기 호	용도 지역	공시지가(원/m²)		비 고
		공시기준일	공시지가	
가	자연녹지	2019.01.01	300,000	○○지구 택지개발사업지구 내의 토지로 도시계획시설 도로에 40% 저촉함
		2021.01.01	380,000	
	1종일주	2023.01.01	480,000	
나	자연녹지	2019.01.01	340,000	○○지구 택지개발사업지구 내의 토지로 가공송전선으로 인해 구분지상권이 설정되어 있음
		2021.01.01	420,000	
	1종일주	2023.01.01	500,000	

\<자료 7\> 시점수정 자료 : 경기도 A시 지가변동률

기 간	지가변동률(단위 : %)	
	주거지역	녹지지역
2019. 01. 01 ~ 기준시점(누계)	8.555	10.677
2021. 01. 01 ~ 기준시점(누계)	4.001	3.085
2023. 01. 01 ~ 기준시점(누계)	2.060	2.072

\<자료 8\> 지가형성요인 비교 자료

1. 지역요인 비교치 : 표준지와 비교한 B읍 C리 1번지의 비교치

표준지 '가'	표준지 '나'
1.00	1.00

※ 비교치는 표준지공시지가의 공시기준일이 상이해도 동일하게 적용함

2. 개별요인 비교치 : 표준지와 비교한 B읍 C리 1번지의 비교치

표준지 '가'	표준지 '나'
1.10	0.90

※ 비교치는 표준지공시지가의 공시기준일이 상이해도 동일하게 적용함

3. 그 밖의 요인 보정치

   토지의 감정평가에 적용할 그 밖의 요인 보정치는 공시기준일에 상관없이 표준지 '가'~'나' 모두 1.30으로 적용함

<자료 9> 보정률 산정 자료

1. 건조물의 이격거리

   건조물은 가공전선의 전압 35kV 이하는 3m, 35kV를 초과하는 경우에는 초과하는 10kV 또는 그 단수마다 15cm를 가산한 수치씩 이격하여야 함

2. 주택지대의 층별효용지수

   1층 : 100, 2층 : 100

3. 입체이용률 배분표

구분	건물이용률 (α)	지하이용률 (β)	그 밖의 이용률(γ)	γ의상하 배분비율
주택지대·택지후보지지대	0.7	0.15	0.15	3:1
농지지대	0.8	0.1	0.1	4:1

<자료 10> 기타 자료

1. 일시금운용이율(또는 환원율) : 연 5.0%

2. 토지보상법 시행규칙 제28조에 따라 소유권외 권리의 평가는 동 규칙 제31조가 직접 근거가 될 수 없으나 예외적으로 동 규칙 제31조를 준용하기로 함.

잔여지·잔여건축물 보상 [논점정리]

【연습문제 14】 이대한씨는 甲구 乙동에 근린생활시설을 소유하고 있다. 대상 토지는 제1종 주거지역 내 정방형의 대(지목)로서 $250m^2$ 중 $50m^2$가 , 건축물은 연면적 $381.6m^2$ 중 $24m^2$가 공익사업인 자동차 전용 도로개설사업에 편입되어 보상협의요청서를 받았으나 토지 및 건축물에 대하여는 협의에 응하지 않고 재결의 신청을 청구하였는바, 사업시행자로부터 재결서 정본을 수령하였다. 재결에 불복한 이대한씨는 이의신청과 동시에 잔여지 및 잔여건축물의 손실에 대하여도 손실보상을 청구하기로 하였다. 다음의 자료를 검토, 분석 후 물음에 답하시오. (20점)

(물음 1) 잔여지 및 잔여건축물에 대한 손실보상을 받기 위한 요건을 약술하시오.

(물음 2) 잔여지 및 잔여건축물 손실보상의 종류와 각각의 종류에 따른 보상액 산정방법을 설명하되, 자료를 활용하여 산정 가능한 범위 내에서 이대한씨가 청구할 수 있는 손실보상액을 산정하시오.

<자료 1> 손실보상금 지급내역서 (요약)

1) 토지

소재지	지번	면적	편입면적	단가(원/m^2)	금액(원)
甲구 乙동	123-1	250	$50m^2$	1,500,000	75,000,000

2) 건물

소재지	지번	구조	편입면적	단가(원/m^2)	금액(원)
甲구 乙동	123-1	철근콘크리트	$24m^2$	1,052,000	25,248,000

※ 영업손실의 보상금은 협의를 위한 보상협의 요청시 수령하였음.

<자료 2> 대상 부동산의 상황 등

1) 도로개설공사 완료일 : 2023년 9월 5일

2) 본 건의 사업인정고시일 : 2022년 1월 1일

3) 본 사업으로 인한 인근지역의 지가변동은 없는 것으로 조사되었음.

4) 잔여지 200㎡는 자동차 전용도로가 잔여지의 전면부를 통과하여 맹지가 되어 건축이 불가능한 상태임.

5) 가격조사 결과 공익사업시행 후, 잔여지 매매가능가액은 700,000원/㎡ 내외로 파악되었음.

6) 일부 편입 건축물
   ① 용도 : 상가, 지상3층
   ② 건축물 구조 : 철근콘크리트
   ③ 건축면적 : 1층 바닥 면적(가로 15.9m×세로 8m＝)127.2㎡
   ④ 연면적 381.6㎡
   ⑤ 측면 층별 높이 : 3m(전체 높이9m)
   ⑥ 세부상황
      - 철근콘크리트조의 기둥(단위별 3m×0.5m×0.5m)이 있음.
      - 벽면은 철근콘크리트임.
      - 출입문은 스텐레스문(2.4m×1.2m)으로 재사용이 불가능한 경우임
   ⑦ 편입상태
      - 측면편입
      - 편입면적 : 각층 (8m × 1m＝)8㎡
        총 편입 면적 (8㎡ × 3＝)24㎡

7) 건물 보상액 산정에 참고할 자료

　① 철근콘크리트조 적용 건물 단가 : @1,052,000원/m²

　② 벽면적 수리단가 : 건물 단가의 50%

　③ 기둥단가 : 기둥 규격 3m×0.5m×0.5m의 단가 2,159,000원

　④ 출입문 적용 단가 : 175,000원/m²

　⑤ 상업용 건물의 보수비는 개산견적에 의함.

　⑥ 측면벽의 면적을 산정하는 경우, 기둥에서 반영되는 기둥너비는 제외할 것.

8) 편입상태(도면)

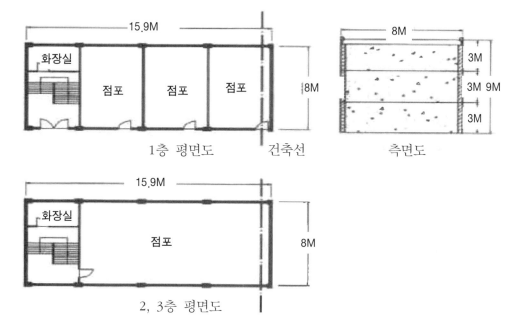

1층 평면도　　건축선　　　측면도

2, 3층 평면도

잔여지 및 잔여건축물 [논점정리]

【연습문제 15】 감정평가사 A씨는 S시장으로부터 도시계획시설도로에 편입된 토지와 지장물에 대한 보상평가를 의뢰받았다. 다음의 물음에 답하시오. (30점)

(물음 1) 토지의 보상액 및 잔여지의 보상액을 산정하시오.

(물음 2) 지장물 조서상의 기호 1, 2, 3이 보상의 대상이 될 수 있는지에 대하여 건축시점과 관련하여 기술하시오.

(물음 3) 기호 4의 잔여부분 감가보상을 할 것인지 여부를 설명하고 보상액을 산정하시오.

<자료 1> 평가의뢰내역

1. 사업의 종류 : 도시계획시설도로 개설사업

2. 가격시점 : 2023년 9월 1일

3. 도시관리계획결정고시일 : 2022년 12월 1일

4. 실시계획인가고시 : 2023년 1월 28일

<자료 2> 의뢰물건의 내역

1. 토지조서

기호	소재지	지목	면적(m²)	용도지역	비고
1	G구 S동 250	대	400	자연녹지	일부편입(140m²)

2. 지장물조서

기호	소재지	물건의 종류	구조 및 규격	면적(m²)	비고
1	S동 58	주택	블록조슬레트즙	70	무허가건물(2007년 2월 신축)
2	S동 70	주택	블록조기와즙	80	무허가건물(2021년 2월 신축)
3	S동 90	주택	블록조슬레트즙	100	무허가건물(2023년 2월 신축)
4	S동 250	점포	철골조	500	

<자료 3> 공시지가자료(S시 G구 : 2023년 1월 1일)

기호	소재지	면적(m²)	지목	이용상황	용도지역	도로교통	형상지세	공시지가(원/m²)
1	B동 12	450	대	단독주택	자연녹지	세로(가)	정방형 평지	750,000
2	S동 9	400	대	상업용	자연녹지	소로한면	장방형 평지	950,000

<자료 4> 토지 및 지장물에 대한 조사사항

1. 토지조서 1 및 지장물조서 4

　(1) 토지 및 건물의 도면내용

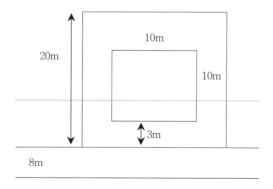

　(2) 해당 토지는 정방형이며, 해당 도로사업으로 인해 15m의 도로로 확장된다.

　(3) 본 건물의 잔여부분은 보수 후 재사용이 가능한 것으로 판단된다.

　(4) 건물은 가로×세로×높이=10m×10m×5m 이다.

　(5) 건물의 편입부분 보상단가는 m³당 50,000원, 보수비는 m²당 10,000원이다.

<자료 5> 시점수정자료

1. 지가변동률(S시 G구)

구 분		주거지역		상업지역		공업지역		녹지지역	
		당월	누계	당월	누계	당월	누계	당월	누계
2023년	1월	0.200	0.200	0.650	0.650	0.050	0.050	0.700	0.700
	2월	0.200	0.400	0.550	1.204	0.060	0.110	0.650	1.355
	3월	0.550	0.953	0.800	2.013	0.070	0.180	0.550	1.912
	4월	0.800	1.760	0.100	2.115	0.650	0.831	0.800	2.727
	5월	0.770	2.544	0.090	2.207	0.550	1.386	0.770	3.518
	6월	0.500	3.056	0.110	2.320	0.800	2.197	0.500	4.036
	7월	0.100	3.160	0.300	2.627	0.080	2.279	1.000	5.076

※ 상기 표에서 "누계"는 해당년도의 1월부터 해당월까지의 누계를 의미한다.
(예 2023년 7월 누계 : 2023년 1월~7월까지의 누계)

2. 생산자물가지수

2022. 12	2023. 1	2023. 6	2023. 8
117	118	123	125

<자료 6> 요인비교자료

1. 지역요인 : B동과 S동은 G구에 소재하며, B동은 S동에 비해 5% 우세하다.

2. 개별요인

(1) 도로교통 : 중로한면(1.2), 소로한면(1), 세로가(0.9), 맹지(0.8)

(2) 형상 : 정방형(1), 장방형(0.95), 사다리형(0.9)

(3) 규모 : 300~500m^2(1), 300m^2 미만(0.9)

(4) 기타

대상편입전	공시지가 1	공시지가 2	잔여지부분
100	95	92	90

환매토지 [논점정리]

【연습문제 16】 감정평가사 정××씨 토지는 2008. 8. 31 에 공원시설사업에 편입되었으나, 공원시설사업의 변경으로 인하여 대상 토지가 필요 없게 되었다. 이에 정××씨는 환매권을 행사하려고 하였으나, 이미 환매권 행사기간이 도과하여 환매권 행사를 하지 못하게 되었다. 이에 정××씨는 "감정평가 및 보상법규"을 공부했던 이전 기억을 되살려, 환매대상토지가 되었다는 통지를 하지 아니한 사업시행자에게 불법행위로 인한 손해배상을 청구하였다. 다음의 물음에 답하시오. (20점)

(물음 1) 사업시행자가 단순히 통지를 하지 아니한 상태에서 환매권 행사기간이 도과하여 환매권행사가 불가능하게 된 정 ××씨의 손해배상청구소송에 관하여 <判例>의 태도를 언급하고, 이때 손해배상액의 산정방법에 관하여 설명하시오.

(물음 2) 정 ××씨의 주장이 인용된 경우에, 적정한 손해배상액을 산정하시오.

<자료 1> 조사사항

1. 토지조사사항
   1) 소재지 : K도 N시 B면 C리 111번지
   2) 면적 및 개별요인 : 300m², 장방형 평지 소로한면
   3) 용도지역 : 주거지역
   ※ 환매토지를 포함한 해당 지역은 공원시설사업과 무관하게 2009년도에 토지이용계획의 변경으로 인근토지의 용도지역이 자연녹지지역에서 제1종일반주거지역으로 변경된 것으로 확인되었다.

2. 공원시설사업 실시계획인가고시일 : 2008. 4. 1

3. 수용재결일 : 2008. 8. 26

4. 환매권 상실 당시 : 2023. 8. 26

<자료 2> 표준지 공시지가 자료

기호	소재지	지목	면적 (m²)	이용상황	용도지역	도로교통	형상지세	공시지가(원/m²)			
								2007	2008	2009	2023
1	C리22	전	260	전	1종일주	소로각지	장방형 평지	430,000	590,000	590,000	600,000
2	C리33	대	200	단독	자연녹지	중로한면	정방형 평지	600,000	610,000	650,000	800,000
3	C리44	전	250	전	자연녹지	소로한면	부정형 평지	180,000	200,000	250,000	310,000
4	S리12	전	228	전	1종일주	세로(가)	정방형 평지	219,000	400,000	420,000	580,000
5	S리90	전	323	전	1종일주	세로(가)	장방형 평지	221,000	250,000	410,000	560,000
6	S리23	대	234	단독	자연녹지	소로각지	장방형 평지	350,000	360,000	400,000	510,000
7	S리34	전	315	전	자연녹지	세로(가)	부정형 평지	220,000	250,000	280,000	360,000

* 상기의 공시지가 중 C리 소재 공시지가에는 공원시설사업으로 인한 개발이익이 포함되어 있는 것으로 조사됨.
* 기호5는 2009년 1월 1일에 자연녹지에서 제1종일반주거지역으로 용도지역이 변경된 것으로 확인되었으며, 나머지 표준지의제 사항은 97년도 이후로 변동이 없는 것으로 확인됨.

<자료 3> 지가변동률

(단위 : %)

구 분	2008.	2023.7
녹지	−	0.031
(누계)	2	(1.001)
주거	−	0.065
(누계)	3	(4.067)

<자료 4> 지역요인 및 개별요인 비교자료

1. C리는 S리보다 약 5% 열세됨.

2. 도로교통비교치 : 세로(가) (90), 소로(95), 중로(100)
   * 각지는 한면보다 10% 우세함.

3. 형상지세 : 장방형(95), 정방형(100), 부정형(90)

<자료 5> 기타사항

1. 공원시설사업은 C리 전체 토지의 가격에 영향을 미쳤고, 2023. 8. 26 현재 해당 사업으로 인한 개발이익은 대상토지가격의 약 40%를 차지하고 있는 것으로 판단됨.

2. 대상토지의 공부상 지목은 공원시설사업 편입 후 얼마 뒤에 '전'에서 '대'로 변경되었으나, '대'로 이용될 가능성은 앞으로도 전혀 없는 것으로 판단된다. 한편, 환매권을 행사하는 경우에도 용도지역은 계속 주거지역으로 존재할 것이 확실시 됨.

3. 지급받은 보상금(수용재결일 : 2008. 8. 26)
   81,000,000원(단가 : 270,000원/m²)

관상수 및 과수목 [논점정리]

【연습문제 17】감정평가사 K씨는 대한주택공사로부터 OO택지개발사업지구에 편입되는 토지상에 식재되어 있는 관상수 및 배나무에 대한 보상평가를 의뢰 받은 후 현장조사를 통하여 다음의 자료를 확보하였다. 다음 자료를 참고하여 보상액을 산정하시오. 단 관상수에 대한 보상액은 이식품셈에 의하는 경우와 소량평가임을 고려하여 총액으로 산정하는 경우로 구분하여 산정한 후 최종 보상액을 결정하시오. (가격시점 2023. 8. 31) (20점)

<자료 1> 수목의 내역

1. 관상수
   1) 수종 및 주수 : 은행나무, 6주
   2) 규격 : 수고 4.0m, 흉고직경 10.0cm
   3) 이식가능성 : 이식 가능한 것으로 조사됨.
   4) 이식적기 : 2월~7월

2. 과수
   1) 수종, 수령 및 주수 : 일반 배, 10년생, 200주
   2) 수고 : 2.8m
   3) 재배면적 : 5,000m²

<자료 2> 관상수 이전비용관련 자료

1. 수고 4.0m, 흉고직경 10.0cm인 은행나무의 1주당 품셈 등은 다음과 같음

구 분	품 셈	비 고
굴취비	조경공 : 0.63인, 보통인부 : 0.08인	조경공 : 74,000/일 목도공 : 75,000/일 보통인부 : 53,000/일 굴삭기(0.4m³) : 80,000/일
상하차비	목도공 : 0.075인	
식재비	조경공 : 0.43인, 보통인부 : 0.21, 굴삭기(0.4m³) : 0.32	

2. 운반비는 동일 규격 은행나무의 경우 2.5톤 트럭의 경우는 7주, 4.5톤의 경우에는 14주, 8톤의 경우에는 26주가 최대 적재량이며, 트럭사용료는 2.5톤은 75,000원, 4.5톤은 95,000원, 8톤은 125,000원임.

3. 재료비는 굴취비와 식재비의 5%, 부대비용은 굴취비, 운반비, 상하차비, 식재비, 재료비의 10%를 적용함.

4. 본 은행나무의 수목가격은 주당 80,000원으로 조사됨.

5. 천원 미만은 절사

<자료 3> 배나무 관련자료

1. 가격자료

구 분	10a당 순수익	10a당 가격	주당 가격
일반 배, 10년생	551,000	4,620,000	140,000

※ 위 자료는 표준 재식주수를 기준으로 한 것임.

2. 이식비 관련자료

수고(m)	굴취비	운반비	상하차비	식재비	재료비	부대비용
2.6~3.0	10,000	2,500	500	21,000	1,600	3,600

3. 감수율

이식1차년도 : 100%, 이식2차년도 : 80%, 이식3차년도 : 40%

4. 이식가능수령 : 7년

5. 이식적기 : 2월 하순~3월 하순, 11월

주거용건축물 및 과수목 [논점정리]

【연습문제 18】 Y시로부터 보상평가 의뢰를 받고 다음과 같은 자료를 수집하였다. 보상평가 관련 제 규정에 의하여 적정 보상평가액을 산정하시오. (10점) 감정평가사 17회 기출

<자료 1> 감정개요

1. 사업명 : 근린공원조성사업

2. 평가대상

(1) 주택(토지는 사유지)

소재지	지번	건물구조	면적(m²)	신축일자
Y시 K동	10	목조 기와지붕 단층(한식구조)	100	1991.1.12

(2) Y시 K동 12번지 지상 배나무 50주(근원경 10, 수고 4, 이식가능수령 내)

3. 사업인정 고시일 : 2023.2.5

4. 가격시점 : 2023.8.27

<자료 2> 해당 공공사업의 이주대책

1. 해당 공공사업에 편입된 주거용 건물 소유자에 대해 주택입주권 부여

2. 주택입주권 가치 : 30,000,000원

<자료 3> 이전공사비율

공사비내역 구조 및 용도	신축공사비 (원/m²)	이전공사비율				내용 년수
		해체공사	운반공사	보충자재	재축공사	
목조한식지붕틀 한식기와잇기 주택	630,000	0.142	0.030	0.168	0.538	45
목조지붕틀 시멘트기와잇기 주택	549,000	0.114	0.023	0.169	0.589	35
철골조철골지붕틀 칼라피복철판잇기 공장	524,000	0.168	0.014	0.170	0.502	35

공사비내역 구조 및 용도	신축공사비 (원/m²)	이전공사비율				내용년수
		해체공사	운반공사	보충자재	재축공사	
통나무구조 －풀너치방식 주택－	988,000	0.086		0.064	0.277	45
통나무구조 －포스트앤빔 주택－	943,000	0.094		0.097	0.273	45
스틸하우스 －주택－	865,000	0.139	0.021	0.212	0.388	40

<자료 4> 해당 공공사업지구 내 주택 거래사례

1. 사례물건 : Y시 K동 15번지 주택(토지는 사유지)

2. 사례건물 내용

건물구조	면적(m²)	신축일자
목조 기와지붕 단층(한식구조)	105	1992.12.5

3. 거래가격 : 80,000,000원

4. 거래시점 : 2023.5.1(거래 이후 인근지역 주택가격 변동은 없음)

5. 건물개별요인 비교치(면적비교 제외) : 0.95

<자료 5> 이식비 품셈표

규격	굴취		운반	상하차비 (원)	식재		재료비	부대 비용	수익액 (원)	수목 가격(원)
	조경공	보통인부			조경공	보통인부	주1)	주2)		
H2.0R6	0.11	0.01	0.008	357	0.11	0.07	주1)	주2)	10,000	55,000
H3.0R8	0.19	0.02	0.015	1,017	0.23	0.14	주1)	주2)	15,000	80,000
H4.0R10	0.30	0.04	0.030	2,000	0.40	0.25	주1)	주2)	20,000	120,000

* 주1) 재료비＝(굴취비＋식재비)×10%

* 주2) 부대비용＝전체 이식비의 20%

<자료 6> 수목이식 관련자료

1. 정부노임단가 : 조경공 45,000원, 보통인부 30,000원

2. 구역화물자동차운임 : 43,000원(4.5t, 30Km내)

<자료 7> 수종별 이식적기 및 고손율

구 분	이식적기	고손율	비고
일반사과	2월 하순~3월 하순	15% 이하	
왜성사과	2월 하순~3월 하순, 11월	20% 이하	
배	2월 하순~3월 하순, 11월	10% 이하	
복숭아	2월 하순~3월 하순, 11월	15% 이하	
포도	2월 하순~3월 하순, 11월	10% 이하	
감귤	6월 장마기, 11월, 12월 하순~3월 하순	10% 이하	그 밖의 수종은 유사 수종에 준하여 적용
감	2월 하순~3월 하순, 11월	20% 이하	
밤	11월 상순~12월 상순	20% 이하	
자두	2월 하순~3월 하순, 11월	10% 이하	
호두	2월 하순~3월 하순, 11월	10% 이하	
살구	2월 하순~3월 하순, 11월	10% 이하	

광업권 [논점정리]

【연습문제 19】일단의 공업단지 조성사업에 편입되어 광업권이 소멸하는 경우, 다음 광업권에 대한 보상평가액을 구하시오. (10점)

<자료 1> 평가의뢰내용

1. 소재지 : 강원도 태백시 화정동 산 10

2. 광산종류 : 석탄광산

3. 가격시점 : 2023. 6. 1

<자료 2> 가격시점의 자산가액

(단위 : 원)

구 분	장부가액	평가가액	처분가능가격	이전비	비 고
토지	18,000,000	58,000,000	58,000,000	—	
건물	10,000,000	8,000,000	8,000,000	9,000,000	
기계기구	28,000,000	20,000,000	15,000,000	10,000,000	
구축물	2,000,000	1,000,000	1,000,000	1,000,000	
차량운반구	2,000,000	1,500,000		0	
공구비품 등	1,000,000	500,000	200,000	100,000	

※ 토지를 제외하고는 모두 이전·전용이 가능함.

<자료 3> 대상광산의 수익산정 자료

1. 매장량

  (1) 확정광량 : 4,200,000 ton

  (2) 추정광량 : 2,400,000 ton

2. 월간 생산량 : 30,000 ton(150,000원 / ton)

3. 가행월수 : 12개월

4. 가채율 : 광업권보상평가지침 제6조제3항제4호에 근거한다.

5. 제경비(원/년) : 아래의 비용항목은 상호 별개의 비용계정임.

   (1) 채광비 : 36,960,000,000

   (2) 선광제련비 : 3,336,000,000

   (3) 판매관리비 : 4,920,000,000

   (4) 감가상각비 : 540,000,000

   (5) 운영자금이자 : 144,000,000

<자료 4> 장래투하비용 등

1. 장래투자비용은 상각 전 제경비의 12%로 예상되며 가행년도 말에 일괄지급하는 것으로
   가정한다.

2. 전년도 광업부문 상장법인의 배당률은 29%이며 세율(법인세 등)은 20%이다.

3. 1년 만기 정기예금 이자율은 연 11.5%이다.

4. 현가화에 필요한 할인율은 연 12.5%를 적용한다.

어업손실 [논점정리]

【연습문제 20】 남해안에 위치한 S시 일대에 새로운 수출자유지역이 설치됨으로 인하여 대규모의 간척사업 대상지역이 확정됨에 따라 이 사업에 편입되는 지역에서의 어업관련행위 등은 불가능하게 되었다. 다음의 주어진 자료를 활용하여, 지급할 적정한 손실보상액을 개인별로 산정하시오.(단, 시설물 등에 대한 甲씨와 乙씨의 보상신청이 있었다.) (30점)

(물음 1) 피보상자 甲씨의 면허어업에 대한 손실보상평가액을 산정하시오.

(물음 2) 피보상자 乙씨의 허가어업에 대한 손실보상평가액을 산정하시오.

<자료 1> 해당 평가에 관한 사항

1. 해당 공익사업의 근거법률 : 수출자유지역설치법

2. 가격시점 : 2023. 7. 1

3. 평가목적 : 어업권 등의 어업손실 평가

4. 본건 보상관련 처분일자 : 2022. 10. 15

5. 피보상자

피보상자	어업종류	면허·허가·등록
甲 씨	새우양식업	2015년 7월 1일
乙 씨	원양어업	2021년 1월 1일

<자료 2> "甲씨"에 관한 조사내역

1. 면허일자 : 2015년 7월 1일자로 10년간 면허획득

2. 해당 양식장의 과거 생산실적

기 간	생산량(kg)	비 고
2017. 1. 1~2017. 12. 31	11,000	—
2018. 1. 1~2018. 12. 31	5,000	부기사항 ① 참조
2019. 1. 1~2019. 12. 31	12,000	—
2020. 1. 1~2020. 12. 31	4,500	부기사항 ② 참조
2021. 1. 1~2021. 12. 31	11,000	—
2022. 1. 1~2022. 12. 31	12,000	—

※ 부기사항

① 2018년 7월 1일은 해당 어장을 개장한지 3년이 경과된 시기로서 해당 어장의 운영 효율을 제고하기 위한 "재정비작업"을 진행하느라 6개월간 휴업하였다.

② 2020년 5월 25일, 인근해양에서의 적조현상으로 다수의 새우들이 호흡에 필요한 산소가 부족하여 폐사하는 사고가 발생하였으며, 이로 인해 해당 양식장의 생산량 실적은 평소보다 현저히 떨어졌으며, 그 영향은 5개월간 지속된 후 사라졌다.

3. "S위판장"의 품목별 거래내역(새우품목)

연도	분기	판매량(kg)	평균판매단가(원/kg)	비고
2021	3/4	260,000	17,500	—
	4/4	240,000	19,000	—
2022	1/4	250,000	20,000	—
	2/4	245,000	20,500	—
	3/4	115,000	39,000	부기사항 ① 참조
	4/4	110,000	44,000	
2023	1/4	120,000	50,000	
	2/4	250,000	22,000	—

※ 부기사항

① 2022년 8월부터 2023년 3월까지 "S위판장"에서 거래되는 새우품목의 생산량이 흉작으로 인하여 일시적으로 감소했는데, 이는 해당 어장의 생산량실적과는 무관한 것으로서 이 시기에 해당 어장의 생산량은 평소의 수준을 유지하고 있던 것으로 조사되었다.

4. 수산물계통출하판매가격 전국변동률(2022.7/1부터 2023.7/1) : 1.69%

5. 해당 어장에의 시설 투자내역

(해당 어장에서 있었던 "재정비작업" 종료 후 재가동시점 기준의 내역임)

  (1) 양식장시설 : 350,000,000원(내용년수 20년)

  (2) 하역시설 : 100,000,000원(내용년수 10년)

  (3) 부대시설 : 80,000,000원(내용년수 20년)

  (4) 잔존가치 산정시 감가수정은 정액법(만년감가)을 적용하며, 최종잔가율은 10%이다.

  (5) 건설비 상승률 (완공시부터 가격시점까지) : 11.76%

6. 해당 어장의 어업경영에 필요한 소요비용

본 경비자료는 평가시점 현재 기준 소급기산한 1년간의 경비자료임.

  (1) 새우종묘대 등 각종 경비 : 84,050,000원

  (2) 인건비 : 30,000,000원(자가노임 10,000,000원을 포함한 금액임.)

  (3) 시설물에 대한 감가상각비는 불포함되어 별도 산정

<자료 3> "乙씨"에 관한 조사내역

1. 원양자망업으로 2021년 1월 1일자로 5년간 유효함.

2. 어획량 및 판매단가 산출 자료

  (1) 해당어장의 실적기간 중의 어획량

기 간	어획량(kg)	비 고
2021. 1. 1~2021. 12. 31	550,000	−
2022. 1. 1~2022. 12. 31	520,000	−
2023. 1. 1~2023. 7. 1	300,000	−

  (2) 동일규모의 동종어업의 어획량(2개소의 평균)

기 간	어획량(kg)	비 고
2019. 1. 1~2019. 12. 31	450,000	−
2020. 1. 1~2020. 12. 31	440,000	−
2021. 1. 1~2021. 12. 31	450,000	−
2022. 1. 1~2022. 12. 31	480,000	−
2023. 1. 1~2023. 7. 1	320,000	−

⑶ 해당지역 인근 수산업협동조합의 위판가격 : @ 1,350원/kg

3. 가격시점 현재 해당 어업의 연간 어업경영에 필요한 경비

　⑴ 시설보수·유지관리비 : 90,000,000원

　⑵ 인건비 : 100,000,000원(자가노임 20,000,000원 포함됨)

　⑶ 어업시설자재 구입 및 설치비 : 55,000,000원

　⑷ 기타 경비 : 50,000,000원(시설물에 대한 감가상각비 불포함)

4. 시설투자내역(2021년 1월 1일자로 전액투자함)

　⑴ 선박 : 투자액은 가격시점 2,800,000원/ton이며, 잔존가치율은 10%이고 내용
　　년수는 15년이다. 시설투자당시의 재조달 원가는 2,000,000원/ton인 것으로
　　조사되었으며, 공부조사 결과 현재규모는 130ton인 것으로 조사되었다.

　⑵ 부대시설 : 투자액 규모는 가격시점 현재를 기준으로 100,000,000원이며 잔존
　　가치율은 0%이고, 내용년수는 20년이다.

　⑶ 잔존가치 산정시 감가수정방법은 선박의 경우 정률법으로, 부대시설의 경우
　　정액법으로 하며 만년감가를 기준으로 한다.

5. 사업시행으로 해당 원양어업을 더 이상 계속할 수 없는 상태이다.

<자료 4> 기타 평가관련사항

1. 새우양식장의 종합환원율 : 25%

2. 다음의 수치를 참고하시오.

- $0.9^{\frac{1}{15}} ≒ 0.9930$
- $0.9^{\frac{1}{20}} = 0.9947$

영업손실 [논점정리]

【연습문제 21】 감정평가사 L씨는 택지개발예정지구로 지정고시된 지역의 보상에 대하여 중앙토지수용위원회로부터 이의재결평가 의뢰를 받았다. 아래 조건에 따라 영업손실보상액을 산정하되, 구체적인 산출근거를 제시하시오. (20점)

(물음 1) 영업허가를 득하고 영업장소가 적법인 경우

(물음 2) 영업허가를 득하고 영업장소가 무허가 건축물인 경우

(물음 3) 무허가 영업이고 영업장소가 적법인 경우

(물음 4) 무허가 영업이고 영업장소가 무허가 건축물인 경우

<자료 1> 사업개요

1. 사업의 종류 : OO택지개발사업

2. 택지개발사업 주민공고, 공람일 : 2018. 04. 05

3. 택지개발사업 예정지구 고시일 : 2022. 10. 24

4. 재결일 : 2023. 08. 25

5. 이의재결시점 : 2023. 10. 25

<자료 2> 의뢰물건 내용

소재지	물건의 종류	구조·규격	수량	비고
○○동 210	제일안경	—	1식	영업권

<자료 3> 영업이익 관련 자료

1. 대상건물의 임차인은 개인사업자로서 2018.12.01부터 안경점을 운영하여 왔음.

2. 재무제표에 의한 영업이익 산정

(단위 : 원)

구 분	2019년	2020년	2021년	2022년
매출액	180,000,000	200,000,000	240,000,000	150,000,000
매출원가	87,000,000	95,000,000	113,000,000	65,000,000
판매 및 일반관리비	35,000,000	40,000,000	50,000,000	40,000,000

※ 2022년 매출액은 택지개발사업 개발승인이 고시됨으로써 매출액이 감소된 것으로 조사됨.

3. 부가가치세 과세표준액 기준 매출액 등

구 분	매출액(원)	경비비율(%)
2019년	110,000,000	80
2020년	120,000,000	80
2021년	150,000,000	80
2022년	90,000,000	80

4. 인근동종 유사규모 업종의 영업이익 수준

대상물건을 포함한 인근지역 내 동종유사규모 업종의 매출액을 탐문조사한 바 연간 220,000,000원 수준이고 매출액 대비 영업이익률은 약30%인 것으로 조사되었음.

5. 기타자료

   1) 제조부분 보통인부 노임단가 : 50,000원/일

2) 도시근로자 월평균 가계지출비

구 분	월평균 가계지출비
2인	2,500,000
3인	3,000,000
4인	3,500,000
5인	4,000,000
6인	4,500,000

6. 영업이익은 만원단위에서 반올림하여 사정함.

<자료 4> 이전비 관련 자료

1. 상품재고액 : 30,000,000원

2. 상품운반비 : 3,000,000원

3. 영업시설 등의 이전비 : 2,000,000원

4. 상품의 이전에 따른 감손상당액 : 상품가액의 10%

5. 고정적 비용 : 임차인은 영업과 관련된 차량에 대한 자동차세 600,000원과 매달 임대료로 500,000원을, 종업원(소득세 원천징수 안함)은 2인으로서 각각 1,200,000원/월을 지급하고 있으며 휴업기간 중에는 1인만 필요함.

6. 이전광고비 및 개업비 등 부대비용 : 2,000,000원

영업손실(일부편입) [논점정리]

【연습문제 22】 감정평가사 甲은 S시장으로부터 '도시계획시설도로 개설사업'에 일부 편입되는 소규모 봉제공장에 대하여 '영업의 휴업손실'에 대한 보상평가를 의뢰받았다. 한편, 이 공장의 관계 법령에 의하면, 일부 편입에 따른 잔여시설 보수 후 재사용이 가능한 경우에 해당되는 바, 제시된 자료를 참조하여 영업장소를 이전하는 경우와 비교하여 보상평가액을 산정하시오. (10점)

<자료 1> 공통사항

1. 사업인정고시 의제일 : 2022년 7월 1일

2. 본 공장의 가동일 : 2017년 7월 1일 (적법한 허가취득)

3. 가격시점 : 2023년 7월 1일

4. 사업시행자 : S시장

5. 휴업기간 및 잔여시설 보수기간 : 4개월

<자료 2> 조사내용

1. 연간 영업이익 : 60,000,000원

2. 영업장소 이전 후 발생하는 영업이익 감소액 : 연간 영업이익의 20%

3. 월간 고정적 비용항목 : 2,000,000원

4. 전체 이전비 및 감손상당액 : 4,000,000원

5. 개업비 등의 부대비용 : 1,000,000원

6. 해당시설의 보수비 : 18,000,000원

7. 영업규모 축소에 따른 고정자산 등의 매각손실액 : 5,000,000원

영업손실 [논점정리]

【연습문제 23】 감정평가사 K씨는 G구청장으로부터 "△△도시계획도로사업"에 편입되는 영업에 대한 보상평가를 의뢰받아 현장조사를 통하여 다음과 같은 사항을 조사하였다.

의뢰된 각 영업별 평가방법을 「공익사업을 위한 토지 등의 취득 및 보상에 관한 법률」 시행규칙 제45조, 제46조, 제47조, 제52조 및 조사사항을 분석하여 각 영업에 대한 보상액을 산정하시오. (30점)

<자료 1> 평가의뢰내역

1. 공익사업명 : △△도시계획도로사업

2. 사업시행자 : G구

3. 도시계획시설결정고시일 : 2021. 3. 20

4. 실시계획인가고시일 : 2023. 3. 20

5. 보상계획공고일 : 2023. 5. 12

6. 가격시점 : 2023. 8. 31

7. 사업인정 전 협의를 위한 보상계획공고는 없었던 것으로 확인

<자료 2> 공통자료(기호 1~8)

건물 일부에는 그 건물 영업자(가족수 7인)가 소규모 식당을 운영하고 있으며, 현지 조사시에 영업장소 이전에 따른 휴업 등에 대한 손실보상을 요구하고 있다. 조사된 영업상황은 다음과 같다.

1. 영업의 종류 : 식품위생법상 일반음식점

2. 영업개시일 : 2020년 1월

3. 영업행위 관련 허가 또는 신고 이행 여부 : 영업개시 당시 부가가치세법 제5조 규정에 의한 사업자등록은 되어 있으며, 조사사항 외에는 별도의 허가·신고 등은 하지 않은 것으로 조사되었다.

4. 최근 3년간 연간 평균소득 : 36,000,000원

   ※ 최근 3년간 연간 평균소득에는 영업을 하고 있는 임차자 부부의 연간 자가노력비상당액 12,000,000원이 포함되어 있다.

5. 이전시 적정휴업기간 : 4월

6. 휴업기간 중 고정적 비용 계속지출 예상액(화재보험료 등) : 4,000,000원

7. 영업시설 및 재고자산 등의 이전비 : 3,600,000원

   ※ 이전 이후 규모에 맞게 추가시설분 시설비 상당액 600,000원이 포함되어 있다.

8. 재고자산의 이전에 따른 감손상당액 : 700,000원

9. 기타 부대비용 : 500,000

\<자료 3\> 물건조서

기호	소재지	지번	물건의 종류	수량	상호	비고
1	S동	11	영업의 휴업	1식	A상회	무허가 건축물
2	S동	12	영업의 휴업	1식	B상회	무허가 건축물
3	S동	13	영업의 휴업	1식	C상회	무허가 건축물
4	S동	14	영업의 휴업	1식	D상회	무허가 건축물
5	S동	15	영업의 휴업	1식	E상회	사업인정 후 허가영업
6	S동	16	영업의 휴업	1식	F상회	무허가 건축물 무허가 영업
7	S동	17	영업의 휴업	1식	G상회	무허가 건축물 무허가 영업
8	S동	18	영업의 휴업	1식	H상회	무허가 건축물 무허가 영업
9	S동	19	영업의 휴업	1식	I상회	자유업
10	S동	20	영업의 휴업	1식	J상회	－

\<자료 4\> 도시근로자 월평균 가계지출비(통계청 자료)

명 수	2023 1/4	2022 4/4
1인	1,709,905	1,770,686
2인	2,185,680	2,074,077
3인	2,915,554	2,669,931
4인	3,201,063	3,083,879
5인	3,497,926	3,279,154
6인	4,088,779	3,287,643
7인	4,564,554	3,591,035
8인	5,040,329	3,894,426

\<자료 5\> 영업에 대한 조사사항

1. 기호 1, 2

자유업에 해당하며 건물 소유자가 영업을 행하고 있다. 기호 1은 88년 1월 6일 건축되었으나, 기호 2는 92년 4월 8일 건축되었다.

2. 기호 3, 4

자유업이 해당하며 건물 임차인이 영업을 행하고 있다. 기호 3은 88년 1월 6일 건축되었으나, 기호 4는 92년 4월 8일 건축되었다.

3. 기호 5

허가업종이나 영업개시당시 별도의 허가를 받지 아니한 채, 2023년 6월 1일에야 비로소 허가를 득하고 현재 소유자가 영업 중이다.

4. 기호 6, 7, 8

허가업종이나 무허가로 소유자가 직접 영업 중이며, 기호6은 87년 12월에, 기호 7은 88년 12월에, 기호 8은 89년 8월에 각각 건축된 무허가 건축물 내 영업이다. 특히 기호 7의 경우 이미 배우자가 동일사업지구 내에서 영업보상액을 지급받은 것으로 확인되었다.

5. 기호 9

자유업에 해당하는 영업으로 소유자가 직접 영업을 행하였으나, 규모가 작아 매월 2,000,000원의 영업이익을 확인하였으며 기타 내용은 공통자료와 같다.

6. 기호 10

해당건물은 92년도 이후에 건축되었으며, 현재 XX대학 부설 유치원으로 운영되고 있다. 유치원 시설이전비는 30,000,000원이고 이전하는 동안 고정적비용은 4,500,000원이 소요되는 것으로 조사되었다.

농업손실 [논점정리]

【연습문제 24】 감정평가사 김공정씨는 ○○ 택지개발사업지구로 지정고시된 지역의 보상에 대하여 중앙토지수용위원회로부터 이의재결 평가를 의뢰받았다. 관련법규를 참작하고 제시된 자료를 활용하여 관련법규에 의거 농업손실보상대상 여부를 검토하고 보상대상자별로 농업손실보상액을 산정하시오. (10점)

<자료 1> 사업의 개요

1. 사업추진일정

택지개발사업 주민등의 의견청취 공고일	2021. 06. 19
택지개발지구지정·고시일	2022. 01. 02
보상계획공고일	2023. 02. 05
재결일	2023. 08. 25
현장조사완료일	2023. 09. 19
이의재결일	2023. 10. 05

<자료 2> 의뢰물건 내용

1. 물건조서

기호	소재지 지번	물건의 유형	물건의 종류	구조 및 규격	수량	단위
1-1	P시 A동 10	농업손실 보상	당근	-	1	식

<자료 3> 현장 조사내용

1. 경작하고 있는 토지에 관한 사항

기호	소재지 지번	지목	공부면적(m²)	편입면적(m²)	비고(소유자)
1	P시 A동 10	임	1,200	1,200	이대한

2. 상기 토지는 토지소유자 이대한씨가 2013년 이전부터 산지전용허가를 받지 아니하고 형질변경하여 경작해오다 건강악화로 김민국과 임대차계약서를 작성하고, 2021년 2월부터 김민국씨가 당근을 재배하고 있음

3. 이대한씨와 김민국씨는 모두 해당지역에 거주하는 「농지법」에서 정하는 농민으로, 농업보상에 대한 협의가 성립되지 아니한 상태임

<자료 4> 농업보상 자료

1. 통계청 농가경제조사 통계자료(도별 연간 농가평균 단위경작면적당 농작물 총수입)

(단위 : 원, m²)

행정구역	농작물 총수입(원)	경지면적 (m²)	농작물총수입/ 경지면적(원/m²)	2년분 농업손실보상액(원/m²)
K도	18,855,086	11,086.12	1,701	3,402

2. 실제소득인정기준에서 정하는 기관(농협)에서 발급받은 거래실적 자료

출하주	출하처	품목	중량 (kg)	평균판매단가 (원/kg)	판매금액 (원)	발급 기관	비고
김민국	L마트 외 4개소	당근	6,521	1,050	6,847,050	농협	연평균

※ 김민국씨는 P시 A동 10번지 토지에서만 당근을 경작함

3. 농축산물소득자료집 중 작목별 평균소득

(기준 연1기작/1,000m²)

	수량(kg)	단가(원)	금액(원)	비고
조수입	4,184	832	3,481,088	-
생산비	-	-	1,595,346	종자비, 비료비 등
소득	-	-	1,885,742	소득률 54.2%

생활보상 [논점정리]

【연습문제 25】 감정평가사 A는 공공사업에 편입되는 다음 토지와 지장물에 대한 보상평가를 의뢰받았다. 개인별보상 원칙에 따라 적절한 소유자별 보상액을 산정하되, 생활보상관련조항에 의한 생활보상을 고려하시오. (35점)

<자료 1> 평가개요

1. 사업인정고시일 : 2023년 1월 15일
2. 가격시점 : 2023년 8월 20일
3. 평가대상(사업면적 : 325,000m²)

   (1) 토지조서

기호	소재지	지번	지목	면적(m²) 실제	면적(m²) 편입	용도지역	실제이용상황	소유자
1	S군 A리	100	전	800	800	관리지역	단독주택	甲
2	S군 A리	105	대	100	100	관리지역	단독주택	丙
3	S군 A리	110	대	300	300	관리지역	단독주택	丁

   (2) 물건조서

기호	소재지	지번	물건의 종류	구조, 규격	면적 (m²)	신축년도	소유자
1	S군 A리	100	주택	블록조슬레트지붕 단층	75	1988.2.10	甲
2	S군 A리	105	주택	블록조 기와지붕 단층	40	1989.10.1	乙
3	S군 A리	105	수목	감나무(이식부적기)	2그루	–	乙
4	S군 A리	110	주택	목조 기와지붕 단층	100	2009.4.5	丁

※ 기호1은 무허가 건물로 판명되었으며, 사업시행자가 현황측량하여 ① 대 : 375m² ② 전 : 425m²으로 구분평가 의뢰 하였다.

※ 건축물의 효용성을 감안하여 경제적 내용년수가 모두 경과되더라도 최소 잔존 내용년수는 3년으로 본다.

<자료 2> 공시지가

일련 번호	소재지	지번	면적 (m²)	지목	이용상황	용도지역	공시지가(원/m²)	
							2023.1.1	2022.1.1
1	S군 A리	42-5	150	대	단독주택	관리지역	85,000	83,000
2	S군 A리	56-7	253	전	전	관리지역	40,000	38,000
3	S군 A리	73-1	353	답	답창고	관리지역	60,000	59,000

<자료 3> 거래사례

1. 거래사례 1

(1) 소재지 : D군 B리 200번지, 전 300m², 관리지역

(2) 거래일자 : 2023. 2. 15

(3) 거래금액 : 12,300,000원

(4) 위 거래는 친인척 간의 거래로서, 보통 시세보다 약 5% 저가로 거래된 사례이다.

2. 거래사례 2

건물(블럭조 기와지붕, 45m², 2011. 1. 1 신축)을 포함한 표준지1 전체가 2023년 1월 1일 17,934,000원에 매매되었으며, 이는 정상적인 거래로 판단된다.

<자료 4> 지가변동률

(단위 : %)

구 분		A도				S군				D군			
		용도지역별		이용상황별		용도지역별		이용상황별		용도지역별		이용상황별	
		관리지역		대		관리지역		대		관리지역		대	
		당월	누계	당월	누계	당월	누계	당월	누계	당월	누계	당월	누계
2022년	12월	0.100	1.611	0.300	2.221	0.100	0.934	0.190	3.038	0.150	2.120	0.030	4.695
2023년	1월	0.500	0.500	0.500	0.500	0.900	0.900	0.500	0.500	0.300	0.300	0.400	0.400
	2월	0.600	1.103	0.600	1.103	0.800	1.707	0.600	1.103	0.400	0.701	0.300	0.701
	3월	0.400	1.507	0.400	1.507	0.800	2.521	0.400	1.507	0.300	1.003	0.300	1.003
	4월	0.700	2.218	0.700	2.218	1.100	3.649	0.700	2.218	0.500	1.508	0.400	1.407
	5월	0.600	2.831	0.600	2.831	0.900	4.581	0.600	2.831	0.500	2.016	0.600	2.016
	6월	0.700	3.551	0.700	3.551	1.000	5.627	0.700	3.551	0.500	2.526	0.500	2.526

※ 상기 표에서 "누계"는 해당년도의 1월부터 해당월까지의 누계를 의미한다.
  (예 2022년 12월 누계 : 2022년 1월~12월까지의 누계)
※ D군은 S군에 인접하여 있으며, 현저한 지가의 변동여부는 토지보상법 시행령 제37조
  제3항 내용을 기준으로 판단한다.

<자료 5> 요인자료

1. 지역요인

  S군 A리는 D군 B리보다 10% 열세함

2. 토지 개별요인(지목외의 요인만 고려)

구분	토지1	토지2	토지3	표준지1	표준지2	표준지3	거래1
평점	105	100	105	95	100	100	95

3. 건물 개별요인(구조외의 요인만 고려)

구 분	기호1	기호2	기호4	거래2
평점	105	102	104	100

※ 건물의 개별요인비교평점에는 잔가율에 대한 비교도 고려되어 있다.

<자료 6> 건물가격자료

1. 건축비(가격시점 현재 기준)

구 분	블록조 슬레이트	블록조 기와	목조 기와
건축비(원/m²)	250,000	200,000	150,000
내용년수	30	30	25

※ 2023년 1월 1일 이후, 건축비는 보합세를 유지하고 있다. 또한 감가수정은 정액법에 의함.

2. 이전비 산정자료

  건물은 이전 가능하며, 자료를 조사한 결과 이전비 내역은 아래와 같다.
  (1) 해체 및 철거비 : 20,000원/m²

(2) 운반비 : 30,000원/m²

(3) 재축비

　　① 블록조 슬레이트 : 50,000원/m²

　　② 블록조 기와 : 40,000원/m²

　　③ 목조 기와 : 25,000원/m²

(4) 보충자재비 : 30,000원/m²

(5) 부대비용 : 20,000원/m²

(6) 시설개선비 : 25,000,000원

<자료 7> 과수에 관한 자료

1. 물건 기호3은 15년생 감나무로서 수익을 조사한 결과, 주당 50,000원으로서 이는 표준적이라고 인정된다.

2. 고손율은 이식시기가 2월 하순에서 5월 하순인 경우 9%이며, 그 외는 18%이다.

3. 15년생 감나무의 주당가격은 100,000원이다.

4. 이식비는 주당 25,000원이다.

<자료 8> 기타자료

1. 丁의 의견내용

　丁은 12년전, 도시계획사업에 의하여 자신이 소유하던 주거용 건물이 편입되어 보상을 받고, 지금 소유하고 있는 부동산을 매입하여 살고 있었다. 이에 따라, 별도의 가산금 지급을 요구하고 있다.

2. 기타 위에서 제시되지 않은 자료는 관계법령 등에 따른다.

3. 공익사업의 계획·공고·고시로 인한 표준지 공시지가의 변동은 없는 것으로 본다.

4. 제시된 표준지 공시지가는 인근 시세를 충분히 반영하고 있다.

주거이전비 및 이사비 [논점정리]

【연습문제 26】감정평가사 K씨는 중앙토지수용위원회로부터 도시계획시설사업(근린공원조성사업)에 편입되는 무허가 주거용건축물 등 지장물 외 주거이전비 및 이사비에 관한 감정평가를 의뢰 받고 다음의 자료를 확보하였다. 조사된 자료를 활용하여 주거이전비 및 이사비를 산정하시오. (15점)

<자료1> 평가의뢰내역

1. 공익사업명 : △△근린공원조성
2. 사업시행자 : ○○구청장
3. 보상계획공고일 : 2022. 4. 13
4. 사업인정일 : 2022. 8. 3
5. 가격시점 : 2023. 8. 31
6. 제출기한 : 2023. 8. 4
7. 평가대상 : 지장물건 1건(XX시 ○○구), 사업시행자의 안내를 받아 반드시 소유자 입회하에 평가할 것.

<자료2> 사업시행자의 제시자료

연번	소재지번	주택면적(m²)	주거형태	가족수(명)	비고
1	S동 산 35	60m²	소유자	3명	
2	S동 산 35	31m²	소유자	1명	
3	S동 산 35	80m²	소유자	2명	89.1.24 이후
4	S동 산 35	128m²	소유자	4명	
5	S동 산 36	33m²	소유자	3명	89.1.24 이후
6	S동 산 36	19m²	세입자	2명	
7	S동 산 35	17m²	소유자	2명	추가분

※ 무허가건물대장에 기재된 사항이 없음.
※ 89년 1월 25일자 항측사진에서 연번 3, 5, 7번을 발견할 수 없었음.
※ 연번7은 협의보상과정에서 누락되어 재결평가시 이는 추가목록으로 되었음.

<자료 3> 연번7에 관한 조사내용

사업시행자는 항측촬영결과에 나타나지 아니하므로 89년 1월 24일 이전의 무허가 건축물로 볼 수 없다고 판단하였으나, 중앙토지수용위원회 담당 주무관은 이미 85년 당시에 주민등록 및 전입신고를 마쳤으므로 주거이전비 지급대상으로 판단하고 있음. 이에 아직까지 확실한 결론나지 않은 상황임.

<자료 4> 한국물가협회 평가시점 현재 시중노임 공사부분 물가자료

번호	직 종 명	2022. 9	2022. 5	2021. 9	2021. 5	2020. 9	2020. 5
74	특별인부	74,230	72,914	70,264	67,570	66,422	66,586
75	보통인부	57,820	56,822	55,252	53,090	52,585	52,565
76	건설기계운전기사	80,166	78,468	77,953	76,364	77,606	77,604

<자료 5> 한국교통연구원 화물자동차 운임

(단위 : 원)

구 분	2.0t 이상	5.0t	7.0t
1일8시간 기준	50,000	104,840	130,000

<자료 6> 통계청 가구원수별 근로자가구 가계수지항목

명수	2023 1/4 가계지출	2022 4/4 가계지출
1인	1,709,905	1,770,686
2인	2,185,680	2,074,077
3인	2,915,554	2,669,931
4인	3,201,063	3,083,879
5인	3,497,926	3,279,154
6인	4,088,779	3,287,643
7인	4,564,554	3,591,035
8인	5,040,329	3,894,426

<자료 7> 기타사항

1. 상기 조사된 자료는 평가시점 현재 조사사항임.

2. 토지보상법 시행규칙 제55조 제2항에 따른 별표4 기준은 다음과 같음.

[별표 4] 이사비 기준(제55조제2항관련)

주택건평기준	이 사 비			비고
	노임	차량운임	포장비	
1. 33m² 미만	3인분	1대분	(노임＋차량운임) × 0.15	1. 노임은 「통계법」 제3조제3호에 따른 통계작성기관이 같은 법 제18조에 따른 승인을 받아 작성·공표한 공사부문 보통인부의 노임을 기준으로 한다. 2. 차량운임은 한국교통연구원이 발표하는 최대적재량이 5톤인 화물자동차의 1일 8시간 운임을 기준으로 한다. 3. 한 주택에서 여러 세대가 거주하는 경우 주택연면적기준은 세대별 점유면적에 따라 각 세대별로 계산·적용한다
2. 33m² 이상 49.5m² 미만	4인분	2대분	(노임＋차량운임) × 0.15	
3. 49.5m² 이상 66m²미만	5인분	2.5대분	(노임＋차량운임) × 0.15	
4. 66m² 이상 99m² 미만	6인분	3대분	(노임＋차량운임) × 0.15	
5. 99m² 이상	8인분	4대분	(노임＋차량운임) × 0.15	

3. 세입자는 해당 건축물의 준공시점부터 거주하고 있음.

주거이전비 및 재편입가산금 [논점정리]

【연습문제 27】 감정평가사 K씨는 OO개발공사로부터 △△택지개발사업지구에 편입되는 지장물 등에 대한 보상평가를 의뢰받고 현장조사를 통하여 다음의 자료를 확보하였다. 조사된 자료를 활용하여 다음 물음에 답하시오. (15점)

(물음 1) 기호 1, 2, 3에서의 소유자와 임차인에 대한 「공익사업을 위한 토지 등의 취득 및 보상에 관한 법률」 시행규칙 제54조의 주거이전비 지급대상 여부를 판단하시오. (10점)

(물음 2) 기호 4, 5, 6에서의 「공익사업을 위한 토지 등의 취득 및 보상에 관한 법률」 시행규칙 제58조 2항의 재편입가산금 지급대상 여부를 설명하시오. (5점)

<자료 1> 평가의뢰내역

1. 공익사업명 : △△택지개발사업

2. 사업시행자 : OO개발공사

3. 택지개발예정지구 공람공고일 : 2018. 1. 20

4. 택지개발예정지구 고시일 : 2021. 12. 20

5. 개발계획 고시일 : 2022. 10. 20

6. 보상계획 공고일 : 2023. 5. 30

7. 가격시점 : 2023. 8. 31

<자료 2> 물건에 대한 조사사항

기호	조 사 사 항
1	88.1에 건축된 무허가건물이며, 재조달원가는 600,000원/m², 경제적 내용년수는 50년으로 조사됨. (임차인은 2017.9.1부터, 소유자는 2023.1.1부터 거주로 확인)
2	92.2에 건축된 무허가건물이며 재조달원가 등은 기호 1과 같음. (임차인은 2017.1.1부터, 소유자는 건축당시부터 현재까지 거주로 확인)
3	2와 동일함. (임차인은 2017.9.1부터 거주, 소유자는 거주하지 않는 것으로 확인)
4	소유자가 당시 다른 공익사업의 보상금으로 2004.9에 본인이 소유하고 있던 토지에 적법하게 신축하였으며, 거주하지 않음. (재조달원가는 600,000원/m², 경제적 내용년수는 50년으로 조사됨)
5	소유자가 당시 다른 공익사업의 보상금으로 2006.5에 본인이 소유하고 있던 토지에 무허가로 신축하였으나, 거주하고 있음. (재조달원가는 600,000원/m², 경제적 내용년수는 50년으로 조사됨)
6	소유자가 당시 다른 공익사업의 보상금으로 2020.3에 본인이 소유하고 있던 토지에 신축하였으며, 거주하고 있음. (재조달원가는 600,000원/m², 경제적 내용년수는 50년으로 조사됨)

보상평가 종합문제

토지, 건축물 보상 [논점정리]

【종합문제 01】 감정평가사 L씨는 택지개발예정지구로 지정고시된 지역의 보상에 대하여 중앙토지수용위원회로부터 이의재결평가 의뢰를 받았다. 보상 관련법규의 제 규정 등을 참작하고 제시된 자료를 활용하여 보상액을 산정하시오. (35점)

물음 1) 의뢰토지에 대한 가격시점 결정 및 비교표준지 선정사유를 설명하고, 기호 3을 제외한 나머지 토지의 보상감정평가액을 산정하시오.

물음 2) 건물의 보상감정평가액을 산정하시오.

<자료 1> 사업개요

1) 사업의 종류 : ○○택지개발사업 (사업면적 300,000m2)

2) 택지개발사업 주민 공람·공고일 : 2021. 04. 05.

3) 택지개발사업 지구지정고시일 : 2022. 01. 24.

4) 택지개발사업 지구지정변경고시일 : 2023. 03. 24

5) 협의평가 가격시점 : 2023. 05. 21.

6) 재결일 : 2023. 08. 31.

7) 현장조사 완료일 : 2023. 09. 21.

8) 이의재결시점 : 2023. 10. 25

9) 당해 사업지구의 용도지역이 기존에는 자연녹지(개발제한구역)였으나 공익사업 시행에 따른 절차로서 제2종일반주거지역으로 변경되었음.

10) 지구지정 변경 고시에 따른 사업의 확장(확장 면적 5,000m2)은 기존 지구지정 과 사업의 동일성이 없는 것으로 간주함.

<자료 2> 의뢰물건 내용

1) 토지조서

기호	소재지	면적		지목	비고
		공부	편입		
1	서초구 ○○동 210	450	350	대	
2	서초구 ○○동 221	600	450	대	
3	서초구 ○○동 230	2,000	2,000	임야	
4	서초구 ○○동 240	900	900	전	

2) 지장물조서

기호	소재지	물건의 종류	구조·규격	수량	비고
가	○○동 210	주택	시멘트벽돌조 슬래브지붕 단층	50m²	20m²편입
나	○○동 210	점포	블록조 스레트지붕 단층	40m²	전부편입

※ 상기 건축물은 건축물대장에 미등재된 상태임.

<자료 3> 인근지역의 표준지 공시지가 현황

기호	소재지	면적 (m²)	지목	이용 상황	2023 용도지역	도로 교통	형상 지세	공시지가(원/m²)		
								2021년	2022년	2023년
A	○○동 125	300	대	단독	2종일주	소로한면	세장형 평지	900,000	900,000	950,000
B	○○동 130	900	전	전	2종일주	세로(가)	부정형 완경사	600,000	600,000	650,000
C	○○동 산15	3,000	임야	토지 임야	개발제한	맹지	부정형 완경사	10,000	12,000	15,000
D	○○동 233	450	대	단독	2종일주	세로(가)	가장형 평지	450,000	500,000	600,000
E	○○동 245	450	대	주거나지	2종일주	세로(가)	세장형 평지	280,000	300,000	350,000
F	○○동 280	1,000	전	전	개발제한	세로(불)	부정형 평지	130,000	140,000	180,000
G	○○동 300	1,000	전	전창고	개발제한	세로(불)	부정형 완경사	135,000	150,000	200,000

※ 표준지 A, B, C는 해당 사업구역 외, D,E,F,G는 사업구역 내에 소재.

※ 상기 D, E, F, G 용도지역은 2023년 현재 용도지역임.

※ 표준지 A, D는 2021년 부터 도시계획도로에 20% 저촉됨.

※ 전년 대비 서초구 전체 표준지 공시지가 상승률은 2022년 10%, 2023년 5%임.

<자료 4> 지가변동률

1) 서초구, 서울시 평균 용도지역별 지가변동률(단위 : %)

구분	서초구		서울시 평균	
	주거지역	녹지지역	주거지역	녹지지역
2021.01.01~12.31	5.000	8.000	5.000	7.000
2022.01.01~12.31	6.000	7.000	2.000	6.999
2023.01.01~08.31	9.524	11.319	7.787	10.655
2023년 1월	1.100	1.325	1.111	1.351
2023년 2월	1.125	1.355	1.052	1.222
2023년 3월	1.130	1.335	1.122	1.331
2023년 4월	1.145	1.375	1.021	1.327
2023년 5월	1.145	1.375	1.031	1.275
2023년 6월	1.150	1.350	0.125	1.352
2023년 7월	1.100	1.325	1.113	1.021
2023년 8월	1.125	1.355	1.022	1.311

※ 2023년 9월 및 10월의 지가변동률은 미고시된 상태임.

2) 강남구, 동작구, 성남시 수정구 용도지역별 지가변동률(단위 : %)

구분	강남구		동작구		성남시 수정구	
	주거지역	녹지지역	주거지역	녹지지역	주거지역	녹지지역
2021.1.1~12.31	2.000	3.000	2.100	2.700	2.100	2.700
2022.1.1~12.31	2.350	3.555	2.150	2.750	2.750	2.180
2023.1.1~6.30	1.125	2.373	1.145	1.504	1.130	1.565
2023년 7월	0.230	0.335	0.140	0.235	0.120	0.225
2023년 8월	0.245	0.385	0.130	0.275	0.115	0.275

※ 2023년 9월 및 10월의 지가변동률은 미고시된 상태임.

<자료 5> 대상물건 조사사항

1) 토지

① 위치 및 부근 상황 : 대상물건은 서초구 ○○동 속칭 장수리마을 내에 소재하며 부근은 자연부락 내의 단독주택, 농경지, 임야 등으로 형성되어 있음.

② 토지특성

	기호 1	기호 2	기호 3	기호 4
이용상황	주상용 (무허가건부지)	주거나지	전	전
형태	사다리/완경사	가장형/평지	부정형/완경사	세장형/평지
접면도로	노폭 8m 및 2m	노폭 2m	노폭 2m	노폭 4m

※ 기호1~4) 모두 제2종일반주거지역, 택지개발예정지구, 도시계획도로에 20% 정도 저촉됨.

※ 기호2) 건축허가를 득하였으나 공사착공 전에 사업부지에 편입됨.

※ 기호3) 2016.03.05에 불법으로 형질변경하여 전으로 이용중임.

※ 기호4) 사업구역이 확장되면서 추가로 편입됨.

2) 건물

① 기초자료

구분		기호 가)	기호 나)	비고
사용승인일자		89.01.02	78.10.01	
건물 내용년수		45년	40년	
유효 잔존 년수		26년	11년	현장 조사 결과 반영
기격시점 현재 재조달원가(원/m²)		550,000	450,000	
이전비 (원)	해체비	4,000,000	2,000,000	
	운반비	1,500,000	1,200,000	
	정지비	1,200,000	1,000,000	
	재건축비	20,000,000	15,000,000	개량비용 각 5,000,000원 포함
	보충자재비	5,000,000	3,000,000	
	부대비용	5,000,000	3,000,000	

② 건물 조사내용

    - 본 건물의 이전비는 전체 건물을 기준으로 한 것임.

    - 기호 가) 건물은 기둥이 없는 구조임.

    - 건물높이는 2m이며 벽면적은 반올림하여 소수점 첫째자리까지 사정함.

    - 건축 보수비용은 400,000원/m²을 적용함.

    - 화장실은 편입되어 재설치되어야 하고 위생설비 설치비용은 전체면적을 기준으로 하여 50,000원/m²을 적용함.

    - 위생설비 이외에는 추가적인 설비공사는 없음.

    - 건물단가는 천원미만은 절사함.

    - 건축허가 관련 비용 : 12,000,000원

    - 기호 가) 건물 단면도

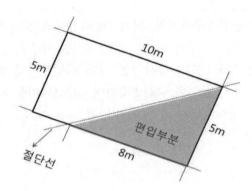

<자료 6> 요인비교 자료

1) 표준지와 보상선례의 지역요인은 동일함.

2) 이용상황

구분	주거용	주상용
주거용	1.00	1.20
주상용	0.83	1.00

3) 도로접면

구분	소로각지	소로한면	세로가	세로(불)	맹지
소로각지	1.00	0.96	0.86	0.80	0.70
소로한면	1.04	1.00	0.90	0.85	0.75
세로가	1.16	1.05	1.00	0.95	0.83
세로(불)	1.25	1.15	1.11	1.00	0.88
맹지	1.43	1.33	1.20	1.13	1.00

4) 형상

구분	가장형	세장형	사다리형	부정형
가장형	1.00	0.97	0.92	0.85
세장형	1.03	1.00	0.95	0.88
사다리형	1.09	1.05	1.00	0.92
부정형	1.18	1.14	1.08	1.00

5) 지세

구분	평지	완경사
평지	1.00	0.90
반경사	1.10	1.00

6) 도시계획시설

구분	비저촉	저촉
비저촉	1.00	0.97
저촉	1.03	1.00

<자료 7> 보상평가선례

1) 사업명 : ○○ 테크노 밸리 사업

2) 가격시점 : 2023. 01. 24

3) 소재지 : 강남구 세곡동 424-5번지

4) 용도지역 : 자연녹지지역(개발제한구역)

5) 시점수정치는 1.10000을 적용함

6) 보상단가 등

구분		424-5번지	500번지
지목		대	전
단가(원/m²)		800,000	240,000
토지특성	이용상황	주상용	전
	도로접면	비교표준지와 대등	비교표준지와 대등
	형상		
	지세		
	도시계획도로	저촉	비저촉

※ 상기 공익사업 지구는 해당 공익사업에 따른 영향권 밖에 소재하는 것으로 분석됨.

<자료 8> 참고자료

아래의 실거래사례는 인근 실거래가를 대표할 수 있는 사례로서 해당 개발사업의 진행 절차에 따른 가격시점 현재 시세를 충분히 반영하고 있다. 단, 개별요인 비교를 적용하는 경우에는 비교표준지와 개별요인 비교치가 대등한 것으로 본다.

용도지역	이용상황	거래시점	평가액 (원/m²)	비고
개발제한	주상용	2023.01.01	850,000	토지 배분 단가
개발제한	전	2023.01.01	350,000	-

토지, 건축물, 영업손실 [논점정리]

【종합문제 02】 감정평가사 K씨는 S시장으로부터 도시계획도로에 편입된 토지 및 지장물에 대한 보상감정평가액 산정을 의뢰받았다. 다음의 자료를 활용하고 보상 관련 제규정을 참작하여 다음 물음에 답하시오. (30점)

(물음 1) 토지의 보상감정평가액을 구하시오.

(물음 2) 건축물의 보상감정평가액을 구하시오.

(물음 3) 영업과 관련한 손실보상액을 산정하시오.

(물음 4) 만약 대상 건물이 2000년 1월에 신축된 경우라면, 이때 소유자인 경우와 임차자인 경우의 영업과 관련한 손실보상액을 산정하시오.

<자료 1> 감정평가의뢰 내역

1. 사업의 종류 : ○○도시계획도로 개설

2. 도시계획시설 결정고시일 : 2022. 5. 20

3. 도시계획 실시계획의 고시일 : 2023. 5. 5

4. 보상계획 공고일 : 2023. 8. 1

5. 가격시점 : 2023. 8. 31

<자료 2> 감정평가의뢰 조서

1. 토지조서

기호	소재지	지번	지목	면적(m²)	용도지역
1	S시 M동	29-5	전	350	자연녹지

2. 지장물 조서

기호	소재지	지번	물건의 종류	구조·규격	수량	비고
1	S시 M동	29-5	점포	블록조 스레트지붕 단층	80m²	무허가건물 88년 1월 신축
2	S시 M동	29-5	한솔슈퍼	–	1식	영업손실

<자료 3> 인근지역의 공시지가 표준지 현황

기호	소재지	지번	면적 (m²)	지목	이용 상황	용도 지역	도로 교통	형상 지세	2022.1.1 공시지가 (원/m²)	2023.1.1 공시지가 (원/m²)
A	S시 M동	47-3	300	전	전	자연 녹지	세로 (가)	부정형 평지	280,000	320,000
B	S시 M동	60-5	375	전	전창고	자연 녹지	소로 한면	부정형 평지	300,000	350,000
C	S시 M동	100-7	120	대	단독 주택	자연 녹지	세로 (가)	가장형 평지	520,000	630,000
D	S시 M동	123-4	150	대	상업용	자연 녹지	소로 한면	정방형 평지	950,000	1,100,000

※ 도시계획 실시계획의 고시로 인하여 S시 지역 전반적으로 20%의 지가가 상승한 것으로 인정된다. 이러한 지가 상승은 해당 사업으로 인한 것으로 확인되었다.

<자료 4> 지가변동률(S시, %)

구 분	평균	용도지역별					이용상황별				
		주거	상업	녹지	관리	농림	전	답	주거	상업	임야
2022년 5월	0.087	0.054	0.164	0.117	0.037	0.252	0.128	0.112	0.133	0.142	0.219
	1.585	1.155	1.779	1.638	1.032	2.051	3.009	2.456	1.245	1.007	1.815
2022년 12월	1.287	1.054	1.164	1.117	1.037	4.252	0.588	0.442	0.339	0.174	0.416
	3.287	3.182	3.475	3.694	2.076	8.051	7.089	5.596	2.847	1.679	3.385
2023년 6월	0.296	0.000	0.262	0.404	0.234	0.175	0.425	0.057	0.041	0.414	0.197
	2.544	5.116	1.555	3.068	2.087	2.689	3.838	2.246	2.736	2.692	1.136

※ 하단은 해당 월까지의 누계임.

<자료5> 대상토지 및 보상평가선례에 대한 조사사항

1. 대상 토지는 무허가건축물(점포) 부지로 이용중임.

2. 현장조사 결과 공부상 지목과 상이하여 사업시행자에게 조회한 결과, 현실적 이용상황을 감안하여 평가하되, 지적측량에 의한 면적을 '대'로 보고 평가해 줄 것을 요구함.

3. 대상 토지는 소로한면에 접하며, 형상은 가로장방형, 지세는 평지임.

4. 인근지역 보상선례
　　(1) 사업명 : △△도시계획도로 개설
　　(2) 가격시점 : 2022. 5. 7
　　(3) 소재지 : S시 M동 142-5번지
　　(4) 지목 및 면적 : 대, 600m²
　　(5) 용도지역 : 자연녹지지역
　　(6) 토지특성 : 상업용, 소로한면에 접하며 형상은 부정형, 지세는 평지임.
　　(7) 보상단가 : 1,250,000원/m²
　　(8) 보상선례와의 균형을 위해서 적정한 보정이 필요함.

<자료6> 토지특성에 따른 격차율

1. 도로접면

	중로한면	소로한면	세로(가)	세로(불)
중로한면	1.00	0.85	0.70	0.60
소로한면	1.18	1.00	0.80	0.65
세로(가)	1.43	1.25	1.00	0.76
세로(불)	1.67	1.53	1.32	1.00

2. 형상

	정방형	가로장방형	부정형
정방형	1.00	1.05	0.85
가로장방형	0.95	1.00	0.80
부정형	1.18	1.25	1.00

<자료 7> 건설사례 등

	건설사례A	건설사례B	대상건물
사용승인일	2023.4.20	–	–
연면적	$100m^2$	$90m^2$	$80m^2$
가격시점현재의 내용년수	40	35	–
건물개별요인	98	125	100
건축비(신축당시)	39,000,000	45,000,000	27,000,000
적법여부	적법	무허가	무허가

<자료 8> 건물구조 등

1. 건설사례A, B는 표준적인 건축비로 판단됨.

2. 건설사례A와 대상건물은 동일한 구조이나 건설사례B는 철근콘크리트구조임.

3. 건축비지수는 변동이 없는 것으로 가정함.

4. 대상건물은 소유자의 이해관계인이 건축하여 다소 저가의 건축비로 판명되었음.

5. 본건 대상건물의 이전비용은 건설사례B의 재조달원가의 45%로 산정되었음.

6. 대상건물은 관리상태, 시공상태 등을 고려할 때 유효잔존년수는 7년임.

<자료 9> 영업보상 관련자료

1. 본 건물 소유자(가족수 7인)가 2014년 5월경부터 부가가치세법 제5조의 사업자 등록을 행한 후 슈퍼마켓(자유업)을 영업해오고 있었음.

2. 본건 점포의 부가가치세 과세표준액 기준 매출액 등

   (1) 기간별 매출액

기간	매출액(원)
2019.1.1 ~ 2019.12.31	123,251,000
2020.1.1 ~ 2020.12.31	159,446,000
2021.1.1 ~ 2021.12.31	172,075,000
2022.1.1 ~ 2022.12.31	180,246,000

   (2) 경비비율 : 92.8%

3. 인근 동종 유사규모업종의 영업이익 수준

   본건을 포함하여 인근지역 내 동종 유사규모업종의 매출액(외형)을 탐문조사한 바 월평균 약 15,000,000~17,000,000원 수준이고 매출액 대비 영업이익률은 약 10%인 것으로 조사됨.

4. 이전 관련자료

   (1) 상품재고액 : 5,000,000원

   (2) 상품운반비 : 1,200,000원

   (3) 진열대 등 해체, 운반, 설치비 : 850,000원

   (4) 진열대 증설비 : 300,000원

   (5) 상품의 이전에 따른 감손상당액 : 상품가액의 10%

   (6) 간판 : 장부상가격 200,000원, 이전비 350,000원

   (7) 현 사업장에 소재하는 상품 등에 대하여 1년간 보험료 200,000원을 2022. 12.27자로 지출하였음.

<자료 10> 도시근로자 월평균 가계지출비(통계청 자료)

명 수	2022년	2022 4/4(분기)
1인	1,709,905	1,770,686
2인	2,185,680	2,074,077
3인	2,915,554	2,669,931
4인	3,201,063	3,083,879
5인	3,497,926	3,279,154
6인	4,088,779	3,287,643
7인	4,564,554	3,591,035
8인	5,040,329	3,894,426

공공주택사업 [논점정리]

【종합문제 03】 사업시행자인 경기도도시개발공사부터 공공주택사업에 편입되는 토지에 대한 보상에 대하여 중앙토지수용위원회로부터 이의재결평가를 의뢰 받고 다음 자료를 수집하였다. 보상관련 법령을 참작하여 다음의 물음에 답하시오. (25점)

(물음 1) 적용공시지가 및 비교표준지 선택을 하시오.

(물음 2) 시점수정치를 산정하시오.

(물음 3) 토지 기호1, 4의 보상평가액을 산정하시오.

<자료 1> 사업의 개요

1. 주민 등의 의견청취 공고 : 2021. 1. 21

2. 지구지정 고시 : 2022. 1. 3 (지구지정 면적 : 200,000m²)

3. 지구계획승인 고시 : 2022. 2. 2

4. 보상계획 공고 : 2022. 3. 31

5. 협의평가 가격시점 : 2022. 05. 21.

6. 재결일 : 2023. 08. 31.

7. 이의재결시점 : 2023. 10. 25

8. 토지조서

기호	소재지	면적		지목	비고
		공부	편입		
1	성남시 SC구 S동 210	450	350	대	
2	성남시 SC구 S동 221	600	450	대	
3	성남시 SC구 S동 230	2,000	2,000	임야	
4	성남시 SC구 S동 240	900	900	전	

<자료 2> 현장조사사항(가격조사기간 : 2023년 8월 20일~8월 25일)

1. 사업지의 개요

(1) 지리적 위치 및 주위환경

본건 사업지는 성남시 SC구 S동에 분포된 지역으로서 경부고속도로 OO나들목 남동측에 소재하여 해당 사업지구의 남서측으로는 경부고속도로가 위치한 상태임. 본 사업지구의 경계선상에는 △△산길변, 청룡마을과 △△로 남측의 탑성마을, 홍씨마을 등의 단독주택단지가 조성되어 있으며 사업지구의 남측으로는 음식점등의 상업시설이 성숙중에 있음.

(2) 도시계획 등 공법적 제한 상태

현재 사업지구 편입부분(본건 및 표준지 전체)은 이미 개발제한구역이 해제되고 사업용도에 따른 용도지역이 지정된 상태이나, 개발제한구역의 해제가 본 사업(지구지정2022.1.3)을 직접 목적으로 하여 이루어졌으며, 전체 대상토지는 도시계획도로에 20% 저촉됨.

2. 기타 현장조사사항

(1) 기호 1 : 사다리형의 토지로서 남측 인접필지보다 다소 고지이며 주변은 완만한 경사를 이루고 있으며 주상용 건물부지로 이용중임.

(2) 기호 2 : 가장형의 토지로서 인접필지와 등고 평탄하며 주거나지로 이용중으로, 건축허가를 득하였으나 공사 착공 전에 사업부지에 편입됨.

(3) 기호 3 : 부정형의 토지로서 서하향의 완경사를 이루고 있으며, 2017년에 토석채취 허가를 득한 채석장으로 현재 '잡종지'수준의 토지로 조사되었으며, 지목을 '임야'에서 '전'으로 변경 신청을 하였으나 아직 변경 결정이 없음.

(4) 기호4 : 세장형의 토지로서 인접필지와 등고 평탄하며 전으로 이용중임.

<자료 3> 표준지공시지가 자료

1. 사업지구 내 표준지 공시지가 및 증감률

일련번호	소재지	지번	지목	현황	현용도지역	2021 공시지가 (C)	2022 공시지가 (D)	2023 공시지가 (E)	상승률		
									D/C	E/D	E/C
1	S동	170-13	대	주상용	2종일주	−	−	390,000			
2	S동	171-2	대	단독주택	개발제한	220,000	244,000	293,000	1.11	1.33	1.48
3	S동	178-2	대	주거나지	개발제한	160,000	200,000	270,000	1.25	1.35	1.69
4	S동	240	전	전	2종일주	−	120,000	162,000		1.35	
5	S동	320	답	답	2종일주	43,000	45,000	75,000	1.05	1.67	1.74
6	S동	400	과수원	전	2종일주	110,000	110,000	149,000	1.00	1.35	1.35
7	S동	산 4	임	자연림	2종일주	30,000	32,000	52,000	1.07	1.63	1.73
8	S동	493	임	토지임야	2종일주	50,000	53,000	86,000	1.06	1.62	1.72
평균상승률									1.09	1.47	1.62

※ 상기 표준지는 사업지구 내의 것으로 모든 표준지가 협의 평가시 감정평가의 기준이 되었음.

2. 사업지구 밖 인근지역 표준지 공시지가 및 증감률

일련번호	소재지	지번	지목	현황	용도지역	2021 공시지가 (C)	2022 공시지가 (D)	2023 공시지가 (E)	상승률		
									D/C	E/D	E/C
9	S동	402	대	주상용	개발제한	285,000	311,000	367,000	1.09	1.18	1.29
10	S동	425	대	주거나지	개발제한	160,000	200,000	270,000	1.25	1.35	1.69
11	S동	537	전	전	자연녹지	92,000	110,000	125,000	1.20	1.14	1.36
12	S동	755-1	전	전	자연녹지	80,000	94,000	120,000	1.18	1.28	1.50
평균상승률									1.18	1.24	1.46

※ 상기의 표준지는 사업지구의 경계에 인접하여 있음.

3. 표준지 공시지가 증감률

(1) 성남시 SC구

구분	2021~2022년 표준지 공시지가 증감률	2022~2023년 표준지 공시지가 증감률	2021~2023년 표준지 공시지가 증감률	비고
녹지지역	9%	5%	13%	-
주거지역	11%	1%	7%	-
상업지역	11%	1%	9%	-
개발제한	9%	5%	11%	-
전체	10%	3%	10%	

(2) 성남시 전체

구분	2021~2022년 표준지 공시지가 증감률	2022~2023년 표준지 공시지가 증감률	2021~2023년 표준지 공시지가 증감률	비고
녹지지역	5%	5%	10%	-
주거지역	5%	5%	10%	-
상업지역	7%	5%	12%	-
개발제한	7%	5%	12%	-
전체	6%	5%	11%	

4. 해당 표준지는 인근의 보상선례 및 거래사례를 종합 검토한 결과 정당보상을 위한 그 밖의 요인비교치는 2021년도 공시지가는 1.5, 2022년도 공시지가는 1.55, 2023년 공시지가는 1.40을 적용하는 것으로 한다.

<자료 4> 시점수정 자료

1. 지가변동률

1) 성남시 SC구, 성남시, 경기도 평균 용도지역별 지가변동률

(단위 : %)

구 분	SC구		성남시		경기도	
	주거	녹지	주거	녹지	주거	녹지
2021.01.01~06.30	4.000	5.000	4.000	4.000	2.000	2.675
2021.01.01~12.31	8.350	10.750	8.350	9.750	2.350	2.675
2022.01.01~06.30	4.300	5.750	4.300	5.550	1.350	3.000
2022.01.01~12.31	8.350	10.750	8.000	10.550	2.350	8.675
2023년 1월	1.100	1.325	1.100	1.300	0.150	0.235
2023년 2월	1.125	1.355	1.120	1.300	0.100	0.325
2023년 3월	1.130	1.335	1.130	1.300	0.125	0.234
2023년 4월	1.145	1.375	1.100	1.370	0.130	0.235
2023년 5월	1.145	1.375	1.100	1.370	0.145	0.325
2023년 6월	1.150	1.350	1.150	1.300	0.125	0.234
2023년 7월	1.100	1.325	1.100	1.320	0.130	0.225
2023년 8월	1.125	1.355	1.100	1.350	0.145	0.285

※ 2023년 9월 및 10월의 지가변동률은 미고시된 상태이며, 상기의 자료를 분석한 결과 지가변동률의 경우 지가의 현저한 변동이 있었던 것으로 분석됨.

2) 인접 GN구, DJ구 용도지역별 지가변동률

(단위 : %)

구 분	GN구		DJ구	
	주거지역	녹지지역	주거지역	녹지지역
2021.01.01~12.31	2.000	3.000	2.150	3.000
2022.01.01~12.31	2.350	3.000	2.150	3.000
2023.01.01~06.30	1.125	2.000	1.145	2.000
2023년 7월	0.230	1.000	0.140	0.300
2023년 8월	0.245	0.000	0.130	0.000

※ 2023년 9월 및 10월의 지가변동률은 미고시된 상태임.

2. 생산자물가 상승률

연도	2020.12	2021.01	2021.12	2022.01	2022.12	2023.01
지수	128.8	129.2	130.2	130.5	132.5	132.7
연도	2023.02	2023.03	2023.07	2023.08		
지수	132.8	133.0	133.4	133.5	-	

<자료 5> 요인비교 자료

본건 표준지와 대상의 지역요인, 개별요인은 동일함.

<자료 6> 기타자료

1. 표준지 공시지가 선정시 사업지구 밖의 표준지를 선정하는 경우 그 사유를 기재할 것.

2. 본 평가는 토지보상법 및 공공주택건설 등에 관한 특별법에 의하되 상기 적용규정이 없는 경우 토지보상평가지침에 따를 것.

3. 관련규정

공공주택건설 등에 관한 특별법

법 제27조(토지의 수용등) ⑤ 제10조제1항에 따른 **주민 등의 의견청취 공고로 인하여** 취득하여야 할 토지가격이 변동되었다고 인정되는 등 대통령령으로 정하는 요건에 해당하는 경우에는 「공익사업을 위한 토지 등의 취득 및 보상에 관한 법률」 제70조제1항에 따른 공시지가는 같은 법 제70조제3항부터 제5항까지의 규정에도 불구하고 제10조제1항에 따른 **주민 등의 의견청취 공고일 전의 시점을 공시기준일로 하는 공시지가**로서 해당 토지의 가격시점 당시 공시된 공시지가 중 같은 항에 따른 주민 등의 의견청취 공고일에 가장 가까운 시점에 공시된 공시지가로 한다.

동법 시행령 제15조(토지등의 수용 등) ① 법 제27조제5항에서 "취득하여야 할 **토지가격이 변동되었다고 인정**되는 등 대통령령으로 정하는 요건에 해당하는 경우"란 주택지구에 대한 **감정평가의 기준이 되는 표준지공시지가**(「부동산 가격공시에 관한 법률」에 따른 표준지공시지가를 말한다. 이하 같다)의 **평균변동률**이 해당 주택지구가 속하는 **특별자치도, 시·군 또는 구 전체**

표준지공시지가의 평균변동률보다 30퍼센트 이상 높은 경우를 말한다.

② 제1항에 따른 평균변동률이란 법 제10조제1항에 따른 주민 등의 의견청취 공고일 당시 공시된 공시지가 중 그 공고일에 가장 가까운 시점에 공시된 공시지가의 공시기준일부터 법 제12조제1항에 따른 주택지구 지정의 고시일 당시 공시된 공시지가 중 그 고시일에 가장 가까운 시점에 공시된 공시지가의 공시기준일까지의 변동률을 말한다.

③ 제1항에 따른 평균변동률을 산정할 때 주택지구가 둘 이상의 시·군 또는 구에 속하는 경우에는 해당 주택지구가 속한 시·군 또는 구별로 평균변동률을 산정한 후 이를 해당 시·군 또는 구에 속한 주택지구 면적의 비율로 가중평균(加重平均)한다.

토지 및 농업손실(일반산업단지) [논점정리]

【종합문제 04】 감정평가사 김씨는 사업시행자로부터 OO 일반산업단지 개발사업에 편입되는 일부 토지 및 지장물에 대한 보상평가를 의뢰 받았다. 다음 물음에 답하시오. (40점)

(물음 1) 토지의 보상평가액을 산정하시오.

(물음 2) 농업손실보상에 대하여 설명하시오.

(물음 3) 농업손실보상 등 관련 지장물 보상액을 산정하시오.

<자료 1> OO 일반산업단지 개발 사업의 개요

1. OO 일반산업단지 지정 열람 공고 : 2021.05.02. (사업면적 300,000m2)

2. OO 일반산업단지 지정고시 : 2022.06.09

3. 실시계획의 승인 : 2023.01.10

4. 해당사업의 보상계획의 공고일 : 2023.06.01.

5. 계약체결예정일 : 2023.08.31

<자료 2> 토지 및 지장물조서

1. 토지조서

기호	소재지	지번	지목	면적	현 용도지역	종전 용도지역
1	ABC리	12	전	200	미지정	농림지역
2		19	대	400	미지정	관리지역
3		산15	임야	1,000	계획관리지역	관리지역

2. 지장물 조서

기호	소재지	지번	지목	경작 면적(m^2)	물건의 종류	비고
가	ABC리	12	전	200	농업손실보상	'난' 재배
나	ABC리	600	전	324	농업손실보상	'방울토마토' 재배
다	ABC리	산15	임야	400	농업손실보상	'일반 채소류' 재배

<자료 3> 인근지역 표준지

1. 사업구역 내 표준지

일련	소재지 지번	면적 (m^2)	지목	이용 상황	2023 용도지역	종전 용도지역	도로교통	형상 지세
1	ABC리 45-25	2,995	답	답	미지정	농림	맹지	부정형/평지
2	ABC리 94-2	671	대	단독	미지정	관리	세로(가)	사다리/완경사
3	ABC리 108-11	2,303	전	답	미지정	관리	세로(가)	부정형/완경사
4	ABC리 109-2	965	대	단독	계획관리	관리	세로(가)	부정형/완경사
5	ABC리 136	813	대	단독	계획관리	관리	세로(가)	부정형/완경사
6	ABC리 257-2	413	대	단독	미지정	농림	세로(가)	사다리/완경사
7	ABC리 산1-97	6,645	임야	자연림	일반공업	농림	맹지	부정형/완경사

일련	2023년	2022년	2021년	상승률 2023/2022	상승률 2022/2021
1	32,000	29,000	24,000	10%	21%
2	91,000	83,000	70,000	10%	19%
3	91,000	60,000	50,000	10%	20%
4	91,000	83,000	70,000	10%	19%
5	78,000	70,000	64,000	11%	9%
6	72,000	64,000	56,000	13%	14%
7	64,000	59,000	55,000	8%	7%
평균상승률				10%	16%

2. 사업 구역 외 표준지

일련	소재지 지번	면적 (m²)	지목	이용 상황	2023 용도지역	종전 용도지역	도로교통	형상 지세
8	ABC리 1-16	400	대	주상용	미지정	관리	소로각지	부정형/평지
9	ABC리 11	2,502	전	전	일반공업	일반공업	세로(불)	부정형/완경사
10	ABC리 16-1	267	대	공장용	일반공업	일반공업	세로(가)	부정평/평지
11	ABC리 38-21	1,570	전	전	계획관리	관리	세로(가)	부정형/완경사
12	ABC리 108-11	2,303	전	답	미지정	관리	세로(가)	부정형/완경사
13	ABC리 산 52	34,000	임야	임야	계획관리	관리	세로(가)	부정형/완경사

일련	2023년	2022년	2021년	상승률 2023/2022	상승률 2022/2021
8	200,000	180,000	–	11%	–
9	89,000	82,000	70,000	9%	17%
10	140,000	137,000	115,000	2%	19%
11	77,000	70,000	65,000	10%	8%
12	66,000	60,000	50,000	10%	20%
13	40,000	35,000	–	14%	–
평균상승률				9%	16%

※ □□군 전체의 상승률은 2021~2022년이 16% 2022~2023년이 10% 임.

3. 용도지역 변경

현재 미지정 지역은 "산업 입지 및 개발에 관한 법률"의 산업단지 지정고시 (2022.6.9)로 인하여 변경되었으며, 계획관리지역은 해당 사업과 무관한 관리지역의 세분화과정에서 변경된 것임.

<자료 4> 실지조사사항

1. 토지에 대한 조사내용

구 분	내 용
교통상황	대상물건 인근까지 차량접근이 가능하고 인근에 시내버스정류장이 소재하여 일반적인 대중교통사정은 보통임
도로 및 형상 지세	기호1) 세로가, 세장형, 평지 기호2) 세로가, 부정형, 평지 기호3) 세로가, 부정형, 완경사
토지 이용관계	미지정 지역은 해당 사업으로 인한 변경임.
기타 참고사항	기호2) 주상용으로 이용중으로 2022년 7월 10일에 지번분할로 인하여 추가 세목고시가 되었다. 분할 전에는 세로(가) 세장형, 평지. 기호3) '05년부터 농작물 경작(전)을 한 사실이 있으나, 산지관리법상 산지전용허가를 득하지 않은 것으로 확인되었으며, 지목변경이 이루어지지 않았음.

2. 지장물에 대한 조사내용

(1) 지장물 (가) 관련

① 현장조사시점 현재 비닐하우스에서 화훼농가가 화분에 난을 재배하고 있고 및 판매시설도 갖추어 판매영업(개인영업, 자유업)을 겸하고 있음. 화훼농장을 하는 소유자는 영농손실 보상을 요구하고 있음.

② 해당 화훼업의 경우 연간 단위 경작면적당 실제소득은 20,000원으로 농축산물소득자료집의 작목별 평균소득의 2배를 초과하는 것은 아님을 확인했다.

③ 시설이전비는 2,600,000원, 이전에 따른 감손상당액은 1,000,000원으로 조사됨.

(2) 지장물 (나) 관련

① 경작관계에 있어 임차인 A씨가 자기 소유의 방울토마토를 재배하고 있으며, 농민인 농지소유자 B씨와 영농손실에 대한 협의가 이루어지지 않았다.

② 아래와 같이 농작물실제소득산정기준에서 정하는 기관으로부터 발급받은 거래실적 증명서류를 제출하였음.

기간	출하주	출하처	품목	중량(kg)	평균판매 단가(원)	판매 금액(원)
2020.6.1~2021.5.31	A	서울청과 외	방울토마토	6,600	2,000	13,200,000
2021.6.1~2022.5.31	A	A공판장	방울토마토	6,500	2,000	13,000,000
2022.6.1~2023.5.31	A	B공판장	방울토마토	6,500	3,000	19,500,000

(3) 지장물 (다) 관련

지목이 '임야' 「산지관리법」 상 '준보전산지'이나 측량결과 400m²는 '농지'로 이용중인 토지로서 지목변경을 하지 못한 상태로 2016.1.21 이전부터 경작을 해온 토지로서, 농지원부에 등재된 상태임.

<자료 5> 평가선례 등

1. 보상평가선례 내역

기호	소재지	지번	용도지역	이용상황	가격시점	평가단가		지역요인	개별요인 (대상/사례)
						A법인	B법인		
A	ABC리	100	관리	단독주택	2021.09.05	205,000	195,000	1	0.97
B	ABC리	200	농림	전	2022.01.01	59,000	61,000	1	0.98
C	ABC리	300	농림	전	2022.10.02	100,000	100,000	1	0.98

2. 보상선례에는 해당 사업지에 인접하여 해당 사업에 따른 개발이익이 반영될 수 있는 것으로 판단되며, 보상선례는 편의상 적정한 선례 하나를 선정하여 그 밖의 요인 보정을 요하는 토지에 적용한다. 전을 제외한 임야 및 주거용, 주상용부지의 경우 공시지가는 적정시세를 반영하고 있어 그 밖의 요인 보정을 요하지 않는다.

<자료 6> 지가변동률 등

1. 지가변동률

기간	□□군				
	평균	농림	관리	계획관리	공업
2020.1.1~2020.12.31	9.0%	12.0%	15.0%	–	3.0%
2021.1.1~2021.12.31	8.0%	10.0%	12.0%	–	5.0%
2022.1.1~2022.12.31	8.0%	10.0%	10.0%	–	6.0%
2023.1.1~2023.3.31	5.0%	5.0%		5.0%	3.0%
2023.1.1~2023.8.31	5.0%	7.0%		6.0%	12.0%

기간	지가영향이 없는 인접 시, 군, 구 평균				
	평균	농림	관리	계획관리	공업
2020.1.1~2020.12.31	3.0%	3.0%	3.0%	–	2.0%
2021.1.1~2021.12.31	3.0%	2.0%	3.0%	–	1.0%
2022.1.1~2022.12.31	3.0%	3.0%	2.0%	–	1.0%
2023.1.1~2023.3.31	1.0%	2.0%	–	1.0%	1.5%
2023.1.1~2023.8.31	2.0%	3.0%	–	2.0%	2.0%

2. □□군의 지가상황은 해당 국가산업단지의 영향으로 국가산정단지의 지정고시 후 전반적으로 지속적인 상승국면에 있으며, 최근 6개월 동안도 5% 이상 변동된 상태이다. 또한 해당시가 속한 경기도의 지가변동과 비교하여도 40% 이상 격차를 보이고 있어 지가안정을 위한 부동산 대책이 요구되고 있다.

<자료 7> 통계청 농가경제조사 통계자료

1. 년간 수입자료

(단위 : 천원)

도 별	항목	2018	2019	2020	2021	2022
평균	농업총수입	23,611	26,623	26,496	27,322	26,102
	농작물수입	18,414	21,456	19,952	20,067	20,307
경기도	농업총수입	26,045	27,313	29,665	31,093	28,332
	농작물수입	18,131	19,190	20,622	19,479	19,625

2. 표본농가경지면적

(단위 : m²)

도별	2018	2019	2020	2021	2022
평균	16,293.05	16,237.83	15,846.28	16,067.81	16,132.70
경기도	15,122.06	15,216.39	15,612.19	14,821.09	15,261.84

3. 농축산물소득자료집 내 농축산물 소득자료 총괄표 발췌

(기준 : 년 1기작/10a)

작목	수량(kg)	조수입(원)	경영비(원)	소득(원)	소득률(%)	비고
토마토(촉성)	10,511	17,164,463	8,688,140	8,476,323	49.4	2022년
토마토(촉성)	8,456	12,843,169	6,739,008	6,104,161	47.5	2023년
방울토마토	7,385	15,811,285	10,033,073	5,778,212	36.5	2022년
방울토마토	9,078	16,447,569	9,786,622	6,660,947	40.5	2023년

<자료 8> 기타자료

1. 형상 : 정방형 120, 가장형 110, 세장형 105, 삼각형 90, 부정형 85

2. 도로접면 : 중로한면 115, 소로한면 110, 세로(가) 105, 세로(불) 100, 맹지 85, 각지는 3% 가산

3. 지세 : 평지 100, 완경사 85, 급경사 70, 저지 60

4. 농업손실보상 대상 기준 판단시 개별법 상 행위제한일에도 불구하고 사업인정의 제일을 적용.

5. 표준지 선정시 이용상황의 동일성에 유의하여 선정하고, 시점수정은 같은 용도지역의 지가변동률을 적용하는 것이 불가능하거나 적절하지 아니하다고 판단되는 경우에는 용도지역별 평균 지가변동률을 적용할 것.

정비사업(재개발등 현금청산) [논점정리]

【종합문제 05】 서울시 ○○구 D동 100번지 일대 ○○도시환경정비사업에 편입되는 토지 및 건물 등 중 현금 청산을 위한 (협의 목적) 감정평가 의뢰를 받았다. 「도시 및 주거환경정비법」, 「공익사업을 위한 토지 등의 취득 및 보상에 관한 법률」 등 관계법령의 규정과 제반감정평가이론을 적용하여 토지 보상 감정평가액을 산정하시오. (20점)

<자료 1> 도시환경정비사업 추진 일정

- 2020.10.15 : 구역 지정 신청
- 2020.11.06 : ○○도시환경정비구역 지정 (면적 210,000m²)
- 2020.11.25 : 제34차 서울시 건축위원회 심의
- 2021.12.19 : 사업시행인가 신청
- 2021.12.17 : 사업시행인가 공람공고(○○구 공고 제803호)
- 2021.12.24 : ○○도시환경정비사업 시행인가고시
- 2022.11.30 : 보상계획공고

<자료 2> 사업시행자 제시 토지 조서

일련번호	지번	지목	공부면적 (m²)	비고	소유자
1	100	대	70.0	지분 1/2	김○○
2	100	대	70.0	지분 1/4	이○○
3	100	대	70.0	지분 1/4	박○○
4	101	대	6.0	지분 1/2	김○○
5	101	대	6.0	지분 1/4	이○○
6	101	대	6.0	지분 1/4	박○○

※ 상기 토지 지상 건축물

지번	물건의 종류	구조 및 규격, 수량	성명	관계인	
				구분	성명
100 및 101	건물	철근콘크리트 스라브4층 300m²	최○○ (사망)	상속인	김○○
				상속인	이○○
				상속인	박○○

<자료 3> 대상토지 조사사항

1) 100번지 : 가장형의 토지로서 상업용 건물부지로 이용중임.

　　　　　　서측으로 노폭 약 8m 포장도로에 접하고 있음

2) 101번지 : 가장형의 협소면적 토지로서 상업용 건물부지로 이용중임.

　　　　　　동측으로 노폭 약 12m 포장도로에 접함

3) 상기의 토지 특성은 1필지(지번별)로 조사하였음. 일대는 모두 평지임.

<자료 4> 인근지역의 표준지 공시지가 현황

기호	지번	면적 (m²)	지목	이용 상황	용도지역	도로 교통	공시지가(원/m²)		비고
							2020년	2021년	
A	11	300	대	업무용	일반상업	중로 각지	14,000,000	14,100,000	사업 구역 내
B	119	125	대	상업용	일반상업	세로 (가)	8,440,000	8,500,000	사업 구역 내
C	2-3	200	대	상업용	일반상업	중로 각지	14,000,000	14,500,000	사업구역 외

※ 상기 표준지 공시지가의 2020년 대비 2021년의 평균 상승률은 1.6% 임.

※ 해당 사업구역이 소재하는 ○○구 2020년 대비 2021년 표준지 공시지가 평균 상승률
　은 0.6% 임.

<자료 5> 지가변동률 (○○구, 단위 %)

해당 사업구역이 소재하는 ○○구 상업지역 지가변동률은 2020년부터 보합세(지가 변동이 없음)이며, 서울특별시의 변동률은 매월 0.1% 변동되었음.

<자료 6> 기타 가격자료 등

1. 보상평가선례

　1) 사업명 : 종로 도시정비사업

　2) 용도지역 : 일반상업지역

　3) 그밖의요인 보정치 산정을 위한 시점수정치는 1.00000을 적용함

　4) 보상선례 (가격시점 : 2022. 0.1 24)

구 분		424-5번지	500번지
단가(원/m²)	A 감정평가법인	22,200,000	19,000,000
	B 감정평가법인	22,100,000	18,500,000
	C 감정평가법인	22,000,000	18,900,000
토지특성	이용상황	상업용	상업용
	도시계획도로	저촉	비저촉
	문화재보호구역	비저촉	저촉

2. 인근 실거래 수준

　대상부동산 및 보상선례와 유사한 실거래가 수준은 @18,000,000 ~ 23,000,000원/m² 내외 수준을 형성하고 있음.

<자료 7> 요인비교 자료

1) 지가변동률은 보합세이며, 지역요인은 동일함.

2) 도로저촉은 15%, 문화재보호구역은 30%의 보정을 요함.

3) 비교 대상의 상기 외 토지특성에 따른 개별요인은 대등한 것으로 봄.

<자료 8> 기타 참고 자료

1) 정비구역 지정으로 인하여 해당 사업에 따른 개발이익이 일부 발생한 것으로 보이며, 사업시행자가 제시한 계약체결 예정일은 2023년 4월 21일임.

2) 정비구역 지정 고시일은 「공익사업을 위한 토지등의 취득 및 보상에 관한 법률 시행규칙」 제45조 제1호의 "사업인정고시일등"으로 본다.

토지(잔여지) [논점정리]

【종합문제 06】이대한씨는 甲구 乙동에 부동산을 소유하고 있다. 대상 토지는 장방형의 대(지목)로서 250m² 중 50m²가, 건축물은 연면적 200.0m² 중 200.0m²가 공익사업인 자동차 전용 도로개설사업에 편입되어 보상협의요청서를 받았으나 토지에 대하여는 협의에 응하지 않고 재결의 신청을 청구하였는바, 사업시행자로부터 재결서 정본을 수령하였다. 재결에 불복한 이대한씨는 이의신청과 동시에 잔여지의 손실에 대하여도 손실보상을 청구하기로 하였다. 다음의 자료를 검토·분석 후 물음에 답하시오. (25점)

(물음 1) 잔여지의 가치하락 등에 따른 손실액의 감정평가 시 조사사항을 기재하고 이대한씨의 주장하는 사항에 대한 적정성 여부를 검토하시오.

(물음 2) 잔여지의 손실보상의 종류에 따른 보상액을 제시된 자료를 활용하여 산정 가능한 범위 내에서 이대한씨가 청구할 수 있는 손실보상액을 산정하시오.

<자료 1> 토지조서

기호	소재지	지목		당초면적 (m²)	편입면적 (m²)	비 고
		공부	실제			
1	甲구 乙동 123-1	대	대	250	50	잔여지 보상 포함

※ 해당 토지는 당초 123번지(250m²)에서 해당 사업으로 인해 분할되어 123-1번지 (50m²)가 되었음.

<자료 2> 해당 토지 상 지장물

기호	소재지	종류	편입면적(m²)
1	甲구 乙동 123	근린생활시설 철근콘크리트조건물	200

<자료 3> 지적도

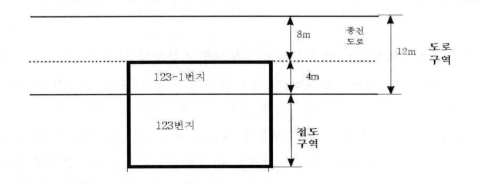

<자료 4> 잔여지 가치하락에 대한 이대한씨의 주장

1. 해당 공익사업의 시행으로 인해 설치된 도로로부터 발생하는 소음·진동·일조 침해가 예상되는 바 이에 대한 손실액을 보상하여야 함.

2. 해당 사업에 따른 도로와 관련하여 '접도구역'이 설정되는 바 이용가치 및 교환가치 등의 하락요인이 발생하는 바 이에 대한 손실액을 보상하여야 함.

<자료 5> 해당 공익사업의 개요

1. 지역개황

   해당지역은 당초 「공공주택특별법」에 의한 공공주택사업에 편입된 지역이었다. 그러나 이후 대상을 포함한 일부가 해당 지구에서 제외되었고 「도로법」상 도로사업에 편입되었다. 공공주택사업 편입당시에는 개발제한구역(자연녹지지역)이었으며 공공주택사업 지구 내 현재 용도지역은 제2종일반주거지역인 상태이다.

2. 대상 사업(◇◇도로사업)의 개요

   ⑴ 2021년 2월 28일 : 주민등의 의견청취

   ⑵ 2022년 1월 23일 : 도로구역 결정 고시

   ⑶ 2023년 2월 25일 : 협의에 의한 취득

   ⑷ 2023년 6월 30일 : 수용재결일

⑸ 2023년 7월 30일 : 이의재결일

⑹ 2023년 7월 30일 : 사업 완료 예정일

<자료 6> 대상 부동산의 상황 등

1. 잔여지는 자동차 전용도로가 잔여지의 전면부를 통과하여 맹지가 되어 건축이 불가능한 상태임. 다만, 가치하락에 따른 보상을 하는 경우 후면으로 통행 가능한 도로(폭4M)를 사업시행자 부담으로 설치되 그 비용은 총액 3천만원으로 산출됨.

2. 해당 중앙토지수용위원회에서는 잔여지의 가치하락 또는 수용에 따른 평가액까지 제시해 줄 것을 요청하였음.

3. 지장물은 수용재결 평가와 동일한 금액이 산출된 것으로 봄.

<자료 7> 인근 공시지가

기호	소재지	면적 (m²)	지목	이용 상황	용도 지역	지형 지세	도로 조건	공시지가(원/m²)		
								2021.1.1	2022.1.1	2023.1.1
1	乙동 25	300	대	상업 나지	2종 일주	가장형 평지	소로 한면	861,000	871,000	870,000
2	乙동 67	1,000	대	상업용	개발 제한	가장형 평지	소로 한면	556,000	580,000	650,000
3	乙동 75	350	대	상업 나지	자연 녹지	가장형 평지	소로 한면	591,000	650,000	750,000

<자료 8> 지가변동률(%)

구 분	평균	주거지역	녹지지역
2021.1.1.부터 가격시점	1.5	1.0	2.0
2022.1.1.부터 가격시점	0.7	0.5	1.0
2023.1.1.부터 가격시점	0.2	0.3	0.0

<자료 9> 개별 요인비교자료

1. 도로조건

구 분	중로한면	소로한면	세로(가)	세로(불)	맹지
평점	120	110	100	90	80

※ 각지는 한면에 비하여 5% 우세하다.

2. 형상

구 분	정방형	장방형	부정형
평점	110	95	80

3. 소음등에 따른 가치하락

해당 도로사업과 동일한 규모의 유사 사례로부터 소음 등에 따른 유해상황 전·후의 매매사례들을 분석한 결과 소음 등으로 인한 가치하락은 5% 내외 수준으로 있을 것으로 추정되나 가격시점 현재 도로 개설 공사에 착수하지 않은 상태임.

4. 접도구역에 따른 가치하락

해당 도로사업과 유사 사례로부터 접도구역 설정 전·후의 매매사례를 분석하고 표준지공시지가 및 토지가격비준표를 검토한 결과 접도구역에 따른 감가율은 '택지'는 5%, '농경지'는 3%, '임야'는 0.2% 수준인 것으로 조사됨.

<자료 10> 보상평가선례

1. 사업명 : OO 도로사업

2. 가격시점 : 2023. 01. 24

3. 소재지 : 甲구 丙동

4. 그 밖의 요인 보정치 산정을 위한 시점수정치는 1.00000을 적용함.

5. 공공주택 사업지구의 해제에 따라 당초의 용도지역 및 개발제한구역이 환원된 상태임.

6. 보상단가 등

구 분		기호 '가'	기호 '나'	기호 '다'
지목		대	대	대
단가(원/m²)		1,000,000	900,000	850,000
토지 특성	용도지역	자연녹지	자연녹지	개발제한
	도로접면	소로한면	소로한면	소로한면
	형상	가장형	가장형	가장형
	도로구역	저촉	비저촉	비저촉
	접도구역	비저촉	저촉	비저촉

토지(현황평가의 예외) [논점정리]

【종합문제 07】 감정평가사 K씨는 중앙토지수용위원회로부터 ○○택지개발사업지구에 편입된 토지에 대한 재결평가를 의뢰받고 실지조사를 완료하였다. 주어진 자료를 활용하고 보상관련 법규의 제 규정을 참작하여 다음 물음에 답하시오. (25점)

물음 1) 현황 평가의 예외로서 아래 자료를 참고하여 대상 토지와 관련된 보상평가 방법을 약술하고, 일련번호 (3)의 해당 현황평가 예외 규정이 적용되는지 여부를 판례의 태도에 따라 검토하시오.

물음 2) 사업시행자가 대상 토지를 이용상황을 현황과 달리 판단하는 경우에 입증 책임에 대해 공익사업을 위한 토지 등의 취득 및 보상에 관한 법률 제27조 규정에 의한 토지조서의 효력 및 공익사업을 위한 토지등의 취득 및 보상에 관한 법률 제70조 제2항 규정에 의한 현황평가주의와 관련하여 설명하시오.

물음 3) 일련번호 (1),(2),(3)의 보상평가액을 산정하시오.

<자료 1> 감정평가 의뢰내역

① 사업명 : ○○택지개발사업

② 시행자 : △△공사

③ 택지개발예정지구지정 고시일 : 2022.12.5

④ 택지개발계획 수립일 : 2023.1.20

⑤ 협의 취득일 : 2023.5.20

⑥ 수용재결(예정)일 : 2023.6.30.

<자료 2> 토지조서

일련번호	소재지 지번	지목	면적(m²)		편입 당시 용도지역
			공부	편입	
1	S시 L동 14	전	500	500	계획관리
2	S시 L동 15	전	500	500	계획관리
3	S시 L동 16	전	500	500	계획관리

※ 토지 관련 건축물 현황

일련번호	소재지 지번	구조	면적(m²)		완공일
			연면적	바닥면적	
1	S시 L동 14	철근콘크리트 (주택)	500	250	2002.2.1
2	S시 L동 15		500	250	1989.1.1
3	S시 L동 16		500	250	2022.12.31

<자료 3> 가격산정을 위한 자료

① 표준지 공시지가

일련 번호	소재지 지번	면적 (m²)	지목	이용 상황	용도 지역	도로 교통	공시지가 (원/m²)	
							2022.1.1	2023.1.1
1	S시 L동 200	100	전	단독	계획관리	세로 (불)	50,000	53,000
2	S시 L동 190	150	전	전	계획관리	세로 (가)	30,000	33,000

② 시점수정치 : 해당 공익사업에 따른 지가의 변동은 없으며 관련 지가변동률은 보합세임.

③ 요인비교치 : 비교표준지 및 대상 등은 모두 대등함.

④ 그 밖의 요인 보정 : 인근 보상평가사례 및 실거래를 분석한 결과 표준지 공시지가는 적정 시세 등을 반영하고 있는 것으로 분석됨.

<자료 4> 실지조사사항 등

① 대상 토지 상 지장물(건물)은 확인 결과 건축물 대장이 없는 상태임.

② 대상 토지 상 지장물 일련번호 (1),(2)는 건축 관련 허가 또는 신고가 없는 상태이고, 일련번호 (3)은 건축 허가를 득하였으나 허가 받은 바닥면적(200m²)과 완공 면적(250m²)이 상이하여 사용승인을 득하지 못한 상태임.

③ 「공익사업을 위한 토지 등의 취득 및 보상에 관한 법률 시행규칙」 부칙(건설교통부령 제344호) 제5조 제1항에 따라 적법한 건축물로 보는 무허가건축물등에 대한 보상을 하는 경우 해당 무허가건축물등의 부지 면적은「국토의 계획 및 이용에 관한 법률」 제77조에 따른 건폐율(40%)을 적용하여 산정한 면적과 해당 건물 바닥 면적 중 큰 면적을 적용할 것을 관할 토지수용위원회로부터 요청 받았음.

토지 및 지장물(재편입가산금 등) [논점정리]

【종합문제 08】OO공사가 시행하는 택지개발사업지구에 편입된 토지 및 지장물에 대한 보상평가가 의뢰되었다. <자료 2>의 보상평가 및 <자료 3> 피수용자 면담 사항에 따라 사업시행자 OO공사가 K씨에게 지급하여야 할 총보상금액을 산정하시오. (20점)

<자료 1> 택지개발사업 개요

1) 택지개발사업 주민공고공람일 : 2021.06.22

2) 택지개발사업 예정지구고시일 : 2021.08.03

3) 계약체결 예정일 : 2023.01.20

<자료 2> 편입대상물건 조서 및 현황

1) 토지

   가. 소재지 : B시 C구 D동 71, 대, 500m²(토지대장상 면적)

   나. 용도지역 : 자연녹지지역

   다. 기타제한 : 군사시설보호구역, 도시계획시설 도로 저촉(저촉비율은 전체면적
      의 약 15%)

   라. 형상, 고저 : 사다리, 완경사

   마. 접면도로상태 : 세로한면

2) 지장물

기호	용도	공부	현황	건축년도
1	주택	적벽돌조 슬래브 50m²	시멘벽돌조 슬래브 45m²	2006.09.01
2	축사	—	블록조 슬레이트 155m²	2012.08.20 무허가

<자료 3> 피수용자의 면담 사항 등

A도 B시 C구 D동에 사는 K씨는 3년 전 자신의 주택이 산업단지 조성사업에 편입되어 손실보상을 받고 인접지로 이주하였다. 그 후 K씨가 새로 이주한 주택이 다시에 편입되었는 바 이에 상당한 보상금 지급을 요청하였고, 현재 주택에 가구원수 3인이 거주하고 있었으며 이에 따른 주거생활의 불안 및 이주대책 등을 요청하고 있다. 단. 사업시행자는 이주대책을 수립할 수 없는 상황에 있다.

<자료 4> 공시지가 표준지 현황 등

1) 택지개발사업지구 내 표준지

(단위 : 원/m²)

기호	소재지	지번	면적 (m²)	이용 상황	용도 지역	도로 교통	형상 지세	공법상 제한사항	2021	2022	2023
1	D동	19	429	전	자연 녹지	세로 한면	세장형 저지	군사시설보호 구역, 도로저촉	130,000	150,000	170,000
2	D동	53	501	주거기타 (교회)	자연 녹지	세로 한면	세장형 완경사	군사시설보호 구역	150,000	180,000	198,000

(헤더: 각 연도별 공시지가 — 2021, 2022, 2023)

2) 택지개발사업지구외 인근지역 표준지

(단위 : 원/m²)

기호	소재지	지번	면적 (m²)	이용 상황	용도 지역	도로 교통	형상 지세	공법상 제한사항	2021	2022	2023
3	D동	201	853	단독	자연 녹지	세로 한면	세장형 평지	군사시설보호 구역, 도로저촉	145,000	148,000	151,000
4	D동	256	428	주거기타 (교회)	자연 녹지	세로 각지	부정형 평지	-	150,000	153,000	158,000

(헤더: 각 연도별 공시지가 — 2021, 2022, 2023)

※ 상기 표준지의 도로저촉은 택지개발사업과 관련 없는 별도의 도시계획시설 사업임.

3) 택지개발사업에 따른 기대심리로 주민공고공람일 이후 지구내의 토지가격이 상당히 상승하였고, 이와는 별도로 2022.12.20자 정부의 도로사업(○○고속화도로 건설공사) 계획 발표로 인하여 사업지구를 포함한 인근지역의 토지가격이 약 10% 상승하였다.

<자료 5> 지가변동률

구 분	행정구역	상업지역	주거지역	녹지지역	공업지역
2021년	B시 C구	2.945	3.051	2.365	2.197
2022년	B시 C구	1.425	2.208	3.016	1.511
2023년 1월~3월 누계	B시 C구	1.425	1.097	2.333	0.997
2023년 4월	B시 C구	0.162	0.136	1.231	0.674
2023년 5월	B시 C구	0.201	0.601	0.337	0.354
2023년 6월	B시 C구	0.152	0.238	0.601	0.784

<자료 6> 지역요인

각 표준시와 대상지의 지역요인은 동일함

<자료 7> 개별요인

1) 접면도로

세로 불	세로 한면	세로 각지
1.00	1.07	1.10

2) 형상

부정형	사다리	세장형	정방형, 가장형
1.00	1.05	1.08	1.10

3) 고저

완경사	평지	저지
1.00	1.05	1.01

<자료 8> 이전공사 항목(재조달원가 대비 비율)

기호	구 분	노무비	해체비	이전비	자재비	폐자재 처분익	설치비	재조달 원가 (원/m²)	내용 년수
1	적벽돌슬래브조 주택	0.213	0.157	0.138	0.213	0.086	0.160	680,000	40
2	시멘벽돌조슬래브 주택	0.207	0.143	0.135	0.208	0.053	0.168	520,000	35
3	블래조 슬레이트 축사	0.115	0.142	0.140	0.110	0.014	0.169	150,000	20

<자료 9> 통계청 가구원수별 근로자가구 가계수지항목

명수(인원)	2022 가계지출(명목)	2022 가계지출(실질)
2인	2,185,000	2,074,000
3인	3,000,000	2,700,000
4인	3,200,000	3,000,000

<자료 10> 이사비 기준(제55조제2항관련)

주택건평기준	이 사 비		
	노임	차량운임	포장비
1. 33m² 미만	3인분	1대분	(노임＋차량운임)× 0.15
2. 33m² 이상 49.5m² 미만	4인분	2대분	(노임＋차량운임)× 0.15
3. 49.5m² 이상 66m²미만	5인분	2.5대분	(노임＋차량운임)× 0.15

※ 노임단가는 100,000원/인, 차량운임은 5T트럭기준 1일 150,000원임.

토지보상(도로법 상 도로사업) [논점정리]

【종합문제 09】 감정평가사 K씨는 OO지방국토관리청장으로부터 도로건설공사에 편입된 토지 및 지장물에 대한 보상평가를 의뢰받았다. 다음의 자료를 활용하고 보상관련 법령의 제규정을 참작하여 다음 물음에 답하시오. (40점)

(물음 1) 의뢰된 토지의 평가시 적용할 비교표준지를 선정하고 그 선정사유를 설명하시오.

(물음 2) 의뢰된 토지의 평가시 적용할 시점수정치를 결정하고 그 사유를 설명하시오.

(물음 3) 보상선례 등을 검토하여 토지의 평가시 적용할 그 밖의 요인 보정치를 의뢰된 토지별로 산출하시오(비교표준지가 동일할 경우 한 개만 산출하여도 무방함).

(물음 4) 의뢰된 토지의 보상평가액을 산정하시오.

<자료 1> 감정평가 의뢰내역 등

1. 사업명 : □□북부우회도로 건설공사

2. 시행자 : OO지방국토관리청장

3. 도로구역 결정고시 : 2019년 11월 15일

4. 도로구역 (변경)결정고시 : 2021년 8월 30일

5. 지형도면고시 : 2023년 12월 9일

6. 현장조사일 : 2023년 12월 05일~2023년 12월 07일

7. 계약체결이 예상되는 시점 : 2023년 12월 18일

<자료 2> 토지조서(일부 발췌)

일련 번호	소재지	지번		지목	현황	용도 지역	면적 (m²)
		당초	편입				
①	P시 B동	99-12	99-8	대	대	자연녹지	120
②	P시 B동	84-7	84-7	전	도로	자연녹지	15
③	P시 B동	90-1	90-4	전	대	자연녹지	150
④	A시 C리	6-13	6-24	대	대	1종일주	200

※ 상기 중 일련번호④는 2020년 2월 11일 (K도 고시 제2020-47호)자로 용도지역이 변경되었으며, 변경 전 용도지역은 관리지역임.

<자료 3> 실지조사내용

1. P시와 A시는 인접하여 위치하며, 대상사업은 상기 행정구역도에서와 같이 P시 B동(도로 북쪽 부분)과 A시 K면 C리(도로 남쪽 부분)의 경계부근의 동서간 연결된 현 국도구간에 대한 확포장 사업임.

2. 토지조서의 일련번호①은 편의점, 자동차수리점 등이 입점한 근린생활시설부지 'B동 99-1 및 99-12'에서 분할되어 해당 도로사업에 편입되었으며 편입당시 토지특성은 중로각지, 가장형, 평지임.

3. 토지조서의 일련번호②는 도시계획사업에 의한 도로가 아니라 수년간 주민들의 통행로로 사용되면서 자연발생적으로 도로화된 토지임.

4. 토지조서의 일련번호③은 B동 90-1(본건표준지)에서 직권분할 되었고, 최종 조서작성시 전이었으나, 현장조사시점 현재 평탄하게 조성된 현황 대지 상태(무허가 점포건물 1동 지상 소재)의 등고 평탄한 부정형 토지로 중로각지에 접함.

5. 토지조서의 일련번호④는 제1종일반주거지역 내 의류아울렛(소매점)으로 이용되고 있는 'A시 K면 C리 6-13번지'에서 분할되었으며 당초 기준 중로한면에 접한 부정형, 평지 토지임.

<자료 4> 표준지공시지가

1. P시 소재 표준지

일련 번호	소재지	면적 (m²)	지 목	이용 상황	용도 지역	도로 교통	형상 지세	공시지가(천원/m²)				
								2019	2020	2021	2022	2023
1	A동 361-8	393	대	단독 주택	1종 일주	중로 한면	부정형 평지	310	326	355	380	388
2	A동 769	199.5	대	단독 주택	1종 일주	소로 각지	정방형 평지	600	630	687	735	750
3	B동 82-3	400	대	상업용	자연 녹지	중로 한면	사다리 평지	250	265	275	292	300
4	B동 90-1	949	전	전	자연 녹지	중로 각지	부정형 평지	145	152	166	178	182
5	B동 142-2	860	전	전	자연 녹지	맹지	사다리 평지	48	50	55	59	60

※ 일련번호 3와 일련번호 4은 해당 도로확포장 사업구간에 접하여 있음.
※ 일련번호 1~2은 B동과 인접하여 있는 A동 내 표준지로서 평가대상 토지가 소재하는
   지역과의 관계에서 일련번호 1은 인근지역의 범위에 있으나 일련번호2는 상대적으로
   원거리에 소재하여 인근지역의 범위를 벗어나 동일수급권내 유사지역의 범위에 속하는
   것으로 판단됨.

2. A시 소재 표준지

일련 번호	소재지	면적 (m²)	지 목	이용 상황	도로 교통	형상 지세	용도지역		공시지가(천원/m²)				
							—	2021 이후	2019	2020	2021	2022	2023
6	C리 6-7	1,899	답	답	중로 한면	부정형 평지	관리 지역	자연 녹지	100	105	113	122	129
7	C리 140-6	423	대	단독 주택	세로 (가)	부정형 평지	관리 지역	자연 녹지	55	58	63	68	72

<자료 5> 인근 보상평가선례

기호	소재지	지목	현황	용도지역	도로교통	형상지세	단가(원/m²)	가격시점
							사 업 명	
1	P시 B동 14-8	전	전	자연녹지	소로한면	사다리완경사	240,000	2023.09.08
							△△배수지 확장사업	
2	P시 B동 32-6	대	단독주택	자연녹지	소로각지	사다리평지	350,000	2021.10.15
							B초교부근 도로개설공사	
3	P시 B동 198-1	전	전	관리지역	맹지	부정형저지	125,000	2023.08.09
							A천-하천 정비사업	
4	P시 B동 284-65	대	상업용	자연녹지	중로한면	사다리완경사	415,000	2023.05.15
							××지구 택지개발사업	

<자료 6> 지가변동률 (단위 : %)

1. P시

구 분		평균		주거		상업		녹지		관리		농림	
연도	월	평균	누계	주거	누계	상업	누계	녹지	누계	관리	누계	공업	누계
2023	10	0.329	6.210	0.243	5.509	0.116	5.497	0.361	7.266	0.453	5.990	0.481	13.133
	9	0.553	5.862	0.570	5.253	0.523	5.375	0.613	6.880	0.560	5.512	0.946	12.591
	8	0.762	5.280	0.646	4.656	0.688	4.827	0.864	6.229	0.834	4.924	1.466	11.536
	7	0.809	4.484	0.636	3.984	0.668	4.111	0.871	5.319	0.891	4.056	2.103	9.925
	6	0.786	3.646	0.739	3.327	0.763	3.420	1.025	4.410	0.744	3.137	1.411	7.661
	5	0.835	2.838	0.818	2.569	0.816	2.637	0.966	3.351	0.777	2.375	1.874	6.163
	4	0.573	1.986	0.592	1.737	0.702	1.806	0.723	2.362	0.472	1.586	0.798	4.210
	3	0.576	1.405	0.616	1.138	0.541	1.096	0.713	1.627	0.367	1.109	1.138	3.385
	2	0.387	0.824	0.216	0.519	0.261	0.552	0.437	0.908	0.355	0.739	1.091	2.222
	1	0.435	0.435	0.302	0.302	0.290	0.290	0.469	0.469	0.383	0.383	1.119	1.119
2022			4.982		3.496		3.359		5.812		5.637		6.769
2021			8.932		7.211		6.154		9.742		10.757		7.057
2020			12.550		7.537		9.817		13.936		15.204		5.975
2019			11.540		7.530		6.980		12.980		13.640		5.900

2. A시

구 분		평균		주거		상업		녹지		관리		농림	
연도	월	평균	누계	주거	누계	상업	누계	녹지	누계	관리	누계	공업	누계
2023	10	0.136	3.047	0.122	1.939	0.066	1.631	0.171	3.765	0.114	2.723	0.091	2.870
	9	0.256	2.907	0.228	1.815	0.197	1.564	0.331	3.588	0.217	2.606	0.166	2.776
	8	0.345	2.644	0.158	1.583	0.123	1.364	0.455	3.246	0.327	2.384	0.293	2.606
	7	0.350	2.291	0.171	1.423	0.125	1.239	0.434	2.778	0.368	2.050	0.328	2.306
	6	0.342	1.934	0.212	1.250	0.147	1.113	0.396	2.334	0.315	1.675	0.363	1.972
	5	0.378	1.587	0.203	1.036	0.268	0.965	0.432	1.930	0.377	1.356	0.439	1.603
	4	0.385	1.204	0.246	0.831	0.187	0.695	0.454	1.492	0.385	0.975	0.405	1.159
	3	0.282	0.816	0.198	0.584	0.301	0.507	0.341	1.033	0.227	0.588	0.246	0.751
	2	0.247	0.532	0.122	0.385	0.103	0.205	0.311	0.690	0.185	0.360	0.280	0.504
	1	0.284	0.284	0.263	0.263	0.102	0.102	0.378	0.378	0.175	0.175	0.223	0.223
2022			4.626		2.100		1.343		5.377		4.308		6.276
2021			5.382		2.813		2.532		5.544		4.989		8.040
2020			8.344		3.111		1.667		14.860		7.483		10.323
2019			6.650		3.120		0.810		7.950		8.200		6.080

<자료 7> 생산자물가지수(2019=100 기준)

구 분	2018.12	2019.12	2020.12	2021.12	2022.12	2023.11
지수	99.5	100.2	100.2	100.5	104.1	111.8

<자료 8> 격차율 관련

1. 도로접면

	중로한면	중로각지	소로한면	소로각지	세로가	세각가	세로불	세각불	맹지
중로한면	1.00	1.04	0.93	0.97	0.89	0.91	0.84	0.85	0.81
중로각지	0.96	1.00	0.89	0.93	0.85	0.87	0.81	0.82	0.78
소로한면	1.08	1.12	1.00	1.04	0.96	0.98	0.91	0.92	0.88
소로각지	1.03	1.08	0.96	1.00	0.91	0.94	0.87	0.88	0.84

2. 토지용도

	주거용	상업용	주상복합	공업용	전	답
주거용	1.00	1.23	1.21	1.04	0.74	0.72

3. 형상

	정방형	가로장방	세로장방	사다리형	부정형	자루형
정방형	1.00	1.02	0.99	0.99	0.96	0.95
가로장방	0.98	1.00	0.97	0.97	0.94	0.93
세로장방	1.01	1.03	1.00	1.00	0.97	0.96
사다리형	1.01	1.03	1.00	1.00	0.97	0.96
부정형	1.04	1.06	1.03	1.03	1.00	0.99
자루형	1.05	1.07	1.04	1.04	1.01	1.00

4. 고저

	저지	평지	완경사
저지	1.00	1.16	0.90
평지	0.86	1.00	0.78
완경사	1.11	1.29	1.00

5. 도시계획시설 저촉

	일반	도로	주차장
일반	1.00	0.85	0.85

<자료 9> 감정평가관련 추가 고려 사항

1. A시는 2020년 2월 11일자(K도 고시 제2020-47호)로 시 전체 면적의 23% 정도가 대대적으로 도시지역으로 신규 편입되었음.

2. 선정된 비교표준지는 보상대상 필지의 인근지역에 위치한 것으로 간주함.

3. 감정평가사 K씨의 표준지 공시지가 수준 검토 결과, A동 소재 표준지의 경우 각 공시기준일별로 당시의 시세를 적절히 반영하고 있으나 여타 표준지의 경우에는 현실화가 다소 미흡한 것으로 판단되었음.

<자료 10> 관련사업의 고시

1. 도로구역결정(변경)의 고시 : 2019년 11월 15일

OO지방국토관리청 고시 제2019-213호

　도로법 제25조의 규정에 의하여 도로의 구역을 아래와 같이 결정(변경)하여 이를 고시합니다.

OO지방국토관리청장

1. 도로구역결정(변경) 내용

① 구분	② 종류	③ 노선명	④ 구 간	⑤ 총연장 km	⑥ 중 요 경 과 지	⑦구역결정 (변경)이유	⑧비고
확장	일반 국도	△△ 호선	K도 P시 B동~ K동 A시 K면 J리	1.62	P시 B동, A시 K면 J리	□□북부우회 도로건설공사	

2. 사업시행기간 : 2019.11.~2021.12.
3. 설계도서, 자금계획 등의 공람기간 및 장소 :
　- 공람기간 : 사업시행기간 중
　- 장　　소 : OO지방국토관리청 및 현장사무소

2. 도로구역결정(변경) 고시 : 2021년 8월 30일

OO지방국토관리청 고시 제2021-158호

　도로법 제25조의 규정에 의하여 당초 고시된 세목에 대한 내역변경 및 추가사항이 발생되어 이를 다음과 같이 고시합니다.

OO지방국토관리청장

1. 사 업 명　　　: □□북부우회도로건설공사
2. 사업시행자　　: OO지방국토관리청
3. 변 경 내 용　　: 토지세목의 변경(추가) 고시
4. 사업시행시기 : 2019.11.~2024.10.
5. 수용 또는 사용할 토지의 지번, 지목, 지적 및 소유권 권리명세서 : 별항
6. 공익사업을위한토지등의취득및보상에관한법률 제22조에 의한 소유(관계)인의 주소 : 별항
7. 기타 사업의 내용 등은 종전 고시와 같음.

3. 지형도면 지정고시 : 2023년 12월 9일

OO지방국토관리청 고시 제2023-283호

　토지이용규제기본법 제8조에 의거 OO지방국토관리청에서 시행하는 아래 도로사업의 도로구역 및 접도구역에 대한 지형도면을 고시합니다.

　지형도면을 국토교통부 OO지방국토관리청 및 현장사무소에 비치하고 일반인에게 보입니다.

OO지방국토관리청장

ㅇ 도로구역 : □□북부우회도로건설공사구간

---

4. 변경 고시 사유 검토

　OO지방국토관리청 고시(이하 생략) 제2021-158호의 경우 해당 도로사업 사업시행 기간을 연장하여 고시하였고, 제2023-283호의 경우 해당 도로구역에 대한 편입여부확인 등의 절차가 실질적으로 마무리되어 토지대장상 분할, 합병 등 토지 세목사항을 확정적으로 반영한 도로구역 및 접도구역에 대한 지형도면을 고시하였음.

선하지(전원개발촉진법 등) [논점정리]

【종합문제 10】감정평가사 K씨는 한국전력공사 OO전력관리처장으로부터 지장철탑 이설 공사에 따른 철탑미건립선하지에 대한 보상평가 및 사용료 미지급분에 대한 부당이득금 산정을 함께 의뢰받았다. 또 동일 토지가 선하지 보상 후 도시계획시설 사업에 편입됨에 따른 보상액을 각각 산정하시오. (30점)

(물음 1) 기설선하지의 보상액 및 사용료 미지급에 따른 부당이득금(사용료)을 산정하시오.

(1-1) 영구사용 보상평가액의 산정

(1-2) 부당이득금(사용료)의 산정

(물음 2) 동일 토지가 선하지 보상 후 도시계획시설 도로사업에 편입시 보상액을 산정하시오.

<자료 1> 감정평가 의뢰내역

<자료 1-1> 보상평가 의뢰서 및 기설선하지 사업의 개요

고시 제 OOO-208호 관련하여 A시 B면 C리 기설선하지 및 신설선하지 보상액 산정을 의뢰합니다.			
사업시행자	기관명등 명칭	한국전력공사장	
	대표자	OOO	
	주소	OO시 OOO	
사업의 종류	전력	평가서제출기한	2023.6.5
가격시점	평가일(평가일 현재)	고시일자	공고 제 OOO-208호

1. 사업시행자 : 한국전력공사 OO전력관리처

2. 사업의 종류 : 154kV △△ T/L No.58~61(기설), NO. 80~83(신설) 지장철탑이
설공사

3. 가격시점 : 2023년 5월 31일(부당이득금 산정기간 : 설정시점 부터 2023.05.31 까지)

4. 평가조건 및 참고사항

(1) 본건은 선하지에 대한 평가건으로서 미보상지의 부당이득금사용료 평가건도
포함되어 있으므로 미보상지(기설선하지)에 대하여는 과거사용료 포함하여 평
가함. (단, 현재의 소유자가 소유권을 취득한 시점 또는 채권시효를 고려)

(2) 송전선로 존치기간까지 평가(신설 철탑의 경우 50년간 사용이 일반적임.)

(3) 부당이득금(사용료) 산정관련

---

① 과거 사용료 산정시 적산법에 의한 적산임대료로 산정하며, 임대기간내에 특별한 임대조건
과 경비는 없는 것으로 간주함.

② "과거사용료"는 일반민사채권의 소멸시효 범위인 10년내에서 산정하되, 소유권 이전시
기존 소유자의 사용료 채권은 소멸되는 것으로 함.

③ 기대이율의 경우 본건 토지의 용도, 실제이용상황, 지역여건 등을 종합적으로 고려하여
농경지는 3%, 대지는 5%로 결정함.

④ 적산법을 적용한 기간별 사용료의 단순 합계로 결정하며, 시간의 가치를 고려한 할인율
적용 등은 하지 않음.

⑤ 매기간 사용료 산정시 매년 초일을 기산시점으로 하되, 첫해년도는 최초 개시시점을 기준으로 함.

---

5. 기설 선하지 보상 토지조서

지지물		지번	지목		용지유형	지적(m²)		지상고 (m)	비 고 (평가기간)
번호			지목	현황		원지적	편입		
59	60	361-25	대	대	선하지	990	미제시	30	기설 선하지

※ 미제시 편입면적에 대한 구체적인 산정이 요구됨.

<자료 1-2> 도시계획시설사업의 개요

1. 실시계획인가고시 2023.06.01

2. 가격시점 : 2023.08.31

3. 토지조서

| 지번 | 지목 | | 지적(m²) | | 비 고 |
	지목	현황	원지적	편입	(관계인)
361-25	대	대	990	990	구분지상권(한국전력)

※ 개인별 보상원칙에 의거 토지소유자 및 구분지상권자에 대한 보상액을 따로 산정해 줄 것을 요구하였음.

<자료 2> 현장 조사내역

본건은 상업지역과 인접한 저층시가지로, 7층 주상용으로 이용함이 최유효이용에 해당한다. 가로 33m 세로 30m 토지, '대'로서 대체로 평탄하며, 7M 도로에 접한다.

※ 송전선로의 폭은 2m, 층고는 건축법 기준 4m임.

[선하지 면적 결정 기준]

송전선로의 건설을 위한 토지의 공중부분 사용에 따른 사용료의 평가시에 적용할 선하지 면적은 전기사업자가 다음에서 정하는 기준에 따라 산정하여 제시한 면적으로 한다.
1. 송전선로의 양측 최외선으로부터 수평으로 3m를 더한 범위안의 직하 토지의 면적으로 함을 원칙으로 한다.
2. 택지 및 택지예정지로서 해당 토지의 최유효이용을 상정한 건축물의 최고높이가 전기설비기준 제140조제1항에서 정한 전압별 측방이격거리(3m에 35,000V를 넘는 10,000V 또는 그 단수마다 15cm를 더한 값의 거리를 말한다)의 전선 최하높이 보다 높은 경우에는 송전선로의 양측 최외선으로부터 그 이격거리를 수평으로 더한 범위안에서 정한 직하 토지의 면적으로 한다.

<자료 3> 공부 조사내역

1. 2023년 5월 31일자 각종 관련공부(토지대장, 토지이용계획확인서, 등기사항전부
증명서)를 통한 조사내역.

지번	지목	면적 (m²)	용도지역	소유자	소유권취득일
361-25	대	990	용도미지정지역	병	2022년 6월 1일

2. 도시관리계획 결정 고시 1

A시 공고 제2018-000호

도시관리계획 변경 결정 공고
- 용도지역 변경 결정 고시 -

1. 『국토의 계획 및 이용에 관한 법률』 제28조 및 같은 법 시행령 제22조 제2항 규정에 도
시관리계획을 결정에 대한 공고를 시행합니다.

..... 중략 ....

2018년 12월 31일
A시장

도시관리계획 결정
   1) 용도지역 · 지구 : 농림지역에서 관리지역으로 변경
   2) 용도지역 결정(변경)
      - 용도지역 결정조서

구 분	용도지역	위 치
변경	관리지역	A시 B군 C리 일대

---

3. 도시관리계획 결정 고시 2

A시 공고 제2022-000호

도시관리계획 변경 결정 공고
- 용도지역 변경 결정 고시 -

1.『국토의계획 및 이용에 관한 법률』제28조 및 같은 법 시행령 제22조 제2항 규정에 도시
관리계획을 결정에 대한 공고를 시행합니다.

2022년 12월 31일
A시장

도시관리계획 결정
1) 용도지역·지구 : 관리지역에서 도시지역(미지정지역)으로 변경
2) 용도지역 결정(변경)
- 용도지역 결정조서

구 분	용도지역	위 치
변경	도시지역	A시 B군 C리 일대

※ 용도지역의 변경은 해당 사업과 직접 관련성은 없음.

<자료 4> 표준지공시지가(A시 B면 C리 소재)

1. 공시기준일 2019년 1월 1일~2022년 1월 1일

(단위 원/m²)

지번	면적(m²)	지목	이용상황	용도지역	도로교통	형상지세
226-2	3,068.0	답	답	농림지역	세로(불)	세장형 평지
347-1	532.0	대	단독주택	관리지역	세로(가)	부정형 평지

지번 ＼ 연도	2019	2020	2021	2022
226-2	11,000	12,000	19,000	32,000
347-1	42,000	65,000	115,000	140,000

2. 공시기준일 2023년 1월 1일

(단위 원/m²)

지번	면적(m²)	지목	이용상황	용도지역	도로교통	형상지세	공시지가 (원/m²)
226-2	3,068.0	답	답	미정지역	세로(불)	세장형 평지	38,000
349-5	391.0	대	단독주택	미정지역	세로(가)	부정형 평지	156,000

3. 그 밖의 요인 보정치

인근 시세, 거래가격 및 평가전례 등 각종 가격자료를 조사한 결과 2023년의 공시지가는 정상적인 가격수준 대비 80% 수준이며, 그 전에는 70% 수준이었던 것으로 판단됨.

<자료 5> 보정률 산정에 관한 자료

1. 입체이용배분표

해당지역 이용률	고층시가지	중층시가지	저층시가지	주택지	농지, 임지
용적률	800%	550~750	200~500	100%	100% 이하
건물의 이용률	0.80	0.75	0.75	0.70	0.80
지하부분의 이용률	0.15	0.10	0.10	0.15	0.10
그 밖의 이용률	0.05	0.15	0.15	0.15	0.10
그 밖의 이용률의 상하배분비	1:1-2:1	1:1-3:1	1:1-3:1	1:1-3:1	1:1-4:1

※ 그 밖의 이용률은 상하배분비율의 최고치를 적용

2. 층별효용비율표

층	B1	1	2	3	4~16
층별효용비율	91	109	100	100	77

3. 건축가능층수기준표

건축구분 \ 토피	5m 이상	10m 이상	15m 이상	20m 이상
지상	6	10	13	15
지하	1	1	1	1

4. 심도별 지하이용저해율

한계심도	40m		35m		30m		20m	
체감률 토피심도	P	B × P 0.15 × P	P	B × P 0.10 × P	P	B × P 0.10 × P	P	B × P 0.10 × P
0 ~ 5 미만	1.000	0.150	1.000	0.100	1.000	0.100	1.000	0.100
5 ~ 10	0.875	0.131	0.857	0.086	0.883	0.088	0.750	0.075
10 ~ 15	0.750	0.113	0.714	0.071	0.667	0.067	0.500	0.050
15 ~ 20	0.625	0.094	0.571	0.057	0.500	0.050	0.250	0.025
20 ~ 25	0.500	0.075	0.429	0.043	0.333	0.033		
25 ~ 30	0.375	0.056	0.286	0.029	0.167	0.017		
30 ~ 35	0.250	0.038	0.143	0.014				
35 ~ 40	0.125	0.019						

※ 고층지역의 한계심도는 40m임.

5. 추가보정률 산정기준표

(1) 154KV

감가요인 항목		택지	농지	임지
송전선로 요인 (a)	회선 수	8 ~ 12%	5 ~ 10%	5 ~ 8%
	송전선높이			
	해당 토지의 철탑 건립 여부			
	주변 철탑 수			
	철탑 거리			
	철탑으로 인한 일조 장애			
	송전선 통과 위치			
개별요인 (b)	용도지역, 고저, 경사도, 형상	8 ~ 17%*	6 ~ 13%*	6 ~ 8%*
	필지면적			
	도로접면			
	간선도로 거리			
	구분지상권 설정여부*			
그 밖의 요인 (C)	인구수준(인구수, 인구 순유입), 경제 활성화 정도, 장래의 동향 등	5% 이내	3% 이내	3% 이내
추가보정률 합계		16 ~ 43%	11 ~ 31%	11 ~ 21%

* 구분지상권이 설정되는 경우(5%)를 기준으로 한 범위이며, 미설정시 해당범위에서 -5%를 일괄 적용한다.

(2) 송전선로 요인에서는 대상의 회선수 송전선 높이 등을 고려한 결과 중위치 수준의 저해가 있으며, 개별요인에서는 구분지상권 설정여부 외의 5%의 감가요인이 있으며, 해당 시군구의 인구수준등은 최대치를 적용함.

<자료 6> 지가변동률

1. 2017년~2021년

구 분		2017	2018	2019	2020	2021
용도지역별	녹지지역	6.70	5.14	10.122	7.036	6.389
	관리지역	7.01	5.08	9.307	6.734	5.155

2. 2022년 이후

구분	년도	2022	2023	2023	2023	2023
	월	12	1	2	3	4
녹지지역	녹지	−2.396	0.339	0.376	0.373	0.384
	누계	1.466	0.339	0.716	1.092	1.480
관리지역	관리	−2.041	0.440	0.477	0.446	0.467
	누계	2.684	0.440	0.919	1.369	1.842

※ 2023년 4월 이후 5월부터는 시점수정의 편의상 지가변동이 없는 것을 전제함.

<자료 7> 토지의 개별요인 자료

1. 도로접면

소로한면	소로각지	세로가	세각가	세로불	세각불	맹지
89	93	85	87	81	82	78

2. 토지용도

주거용	상업업무	주상복합	공업용	전	답	임야
100	123	121	104	74	72	40

3. 형상

정방형	장방형	사다리형	부정형	자루형
100	100	99	96	95

<자료 8> 기타사항

1. 각종 요인비교치 및 보정률은 소수점 셋째자리까지 산정(반올림).

2. 토지의 기초가액 단가는 유효숫자 세자리, 선하지 보상액 단가 결정시 원단위 미만에서 절사하고, 최종평가금액은 십원단위 미만에서 절사함.

3. 도시계획시설 도로사업에 따른 소유권 외 권리인 구분지상권의 평가방법은 아래와 같이 한다.
   (1) 1방법 : 입체이용저해율을 기준하는 방법(추가보정률은 제외하여 보정률을 산정)
   (2) 2방법 : 기 지급한 보상금 또는 권리설정계약을 기준으로 하는 방법. 즉 용익물권으로서 전세금과 같이 기지급한 보상금액으로 하는 방법
   (3) 결정 : 각 방식에 의한 금액의 평균치로 구분지상권자의 권리액을 결정함.

하천보상 [논점정리]

【종합문제 11】 감정평가사 K씨는 지방토지수용위원회위원장으로부터 K시 OO천 정비사업에 편입되는 토지 등에 대한 보상평가액의 산정을 의뢰받고 관련서류를 검토하고 현장조사를 완료하였다. 보상관련 법령 등의 제규정을 참작하여 아래의 물음에 답하시오. (25점)

(물음 1) 토지의 보상평가액 산정의 기준이 되는 비교표준지를 선정하시오.

(물음 2) 아래의 산식에 적용할 개별요인비교치를 구하되, 한 필지 내에서 구분평가 하는 경우 별도로 산정하시오.

(물음 3) 토지의 보상평가액을 산정하시오.

(물음 4) 토지소유자의 잔여지 수용 청구시 잔여지 취득 요건에 대하여 토지 종별 로 구분하여 간단히 설명하시오.

<자료 1> 감정평가 의뢰서

1. 사업시행자
   가. 성명 및 명칭 : K시장
   나. 주소 : K시 B동 205번지 외

2. 공익사업의 종류 및 명칭 : K시 소하천정비사업 [OO천 정비사업]

<자료 2> 해당 사업의 세부 추진 연혁

1. 소하천예정지의 고시 : 2020.05.03

2. 소하천정비종합계획의 수립 : 2021.02.11

3. 소하천정비중기계획의 수립 : 2021.11.15

4. 소하천정비시행계획의 수립 및 공고 : 2022.12.15

5. 보상계획의 공고 : 2022.12.15

6. 협의시점 : 2023.01.07.

7. 소하천정비사업 착공 : 2023.02.12.

8. 수용재결예정일 : 2023.04.14.

9. 소하천정비사업 준공(예정) : 2023.08.11

<자료 3> 토지조서

순번	소재지	지번		종전면적 (m²)	지목		편입면적 (m²)	기호	소유자	비고
		종전	편입		공부	현실				
1	K시 A동	134	134-1	823	전	하천	100	㉡	이○○	잔여지 수용청구
						전	400	–		
						하천	30	㉢		
2	K시 A동	135	135-1	671	전	하천	100	㉡	이○○	
						전	300	–		

* 상기 기호㉡, ㉢은 아래 지적 측량 현황 결과도의 해당 부분 참조 요망.

<자료 4> 현장조사내역

1. 형상, 지세 및 토지이용상황 등

대부분(측량성과도상 ㉠부분)은 부정형의 대체로 평탄한 지세의 현황 '전'이며 세부 현황은 아래와 같음.

가. 기호1의 ㉡부분은 현황 '물이 흐르는 토지'이고 ㉢부분은 '제방'으로서 남동측으로 접한 부분은 현황 하천임.

나. 기호2의 ㉡부분은 제시조서와 같이 '제방'으로서 남동측으로 접한 부분은 현황 하천임.

2. 토지이용계획사항

　토지이용계획확인서 상 용도지역은 모두 「자연녹지지역」임.

<자료 5> 지적현황 측량 결과도(사업시행자제시)

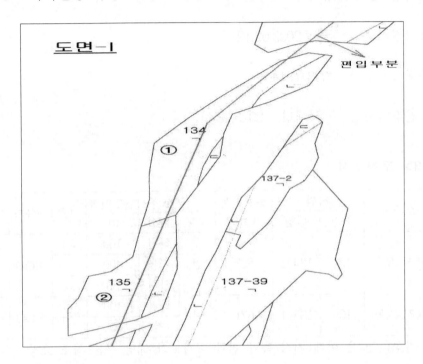

<자료 6> 표준지 공시지가

기호	소재지	면적 (m²)	지목	이용 상황	용도 지역	2023년	2021년	용도지구 기타제한
						2022년	2020년	
가	K시 A동 465	873	답	전	자연 녹지	90,000	80,000	토지거래허가구역
						85,000	77,000	
나	K시 A동 493	741	전	전	자연 녹지	240,000	210,000	주거개발진흥지구 토지거래허가구역
						230,000	160,000	
다	K시 A동 496-1	430	대지	단독 주택	자연 녹지	420,000	270,000	주거개발진흥지구 토지거래허가구역
						360,000	210,000	

<자료 7> 소유자 이OO의 이의신청서

본 토지는 전으로 사용하는 토지로서 시에서 추진하는 하천공사에 거의 대부분이 편입되고 일부만 남게 되어, 차후 주거 및 다른 용도로 사용할 수 없어 잔여지로 매입하여 줄 것을 요청함.

<자료 8> 개별요인 비교치

1. 아래는 해당 비교표준지 대비 대상토지의 비교내용으로서 개별요인 항목단위에서의 격차이며, 대상토지의 이용상황은 편입 전 필지의 주된 이용상황을 기준임.

　가. 기호1

　　대상은 비교표준지에 비하여 "취락과의 접근성에서 15% 우세, 농로의 상태에서 15% 우세, 일조·통풍·토양·토질의 양부에서 10% 우세, 관개 및 배수의 양부에서 15% 우세, 경사도 및 경사의 방향에서 10% 우세, 형상부정 및 장애물에 의한 장애의 정도에서 8% 우세하고 기타 제반조건에서 대등함.

　나. 기호2

　　대상은 비교표준지에 비하여 "취락과의 접근성에서 12% 우세, 농로의 상태에서 15% 우세, 일조·통풍·토양·토질의 양부에서 10% 우세, 관개 및 배수의 양부에서 15% 우세, 경사도 및 경사의 방향에서 10% 우세, 형상부정 및 장애물에 의한 장애의 정도에서 8% 우세하고 기타 제반조건에서 대등함.

2. 보상평가전례 대비 비교표준지의 개별요인 격차는 대등함.

<자료 9> 보상평가전례

기호	소재지	지목	현황	용도지역	단가(원/m²)	가격시점
					사 업 명	
1	K시 C동 32-6	답	전	자연녹지	180,000	2021.06.15
					B초교부근 도로개설공사	
2	K시 B동 200-1	전	전	자연녹지	140,000	2021.09.10
					C동사무소 부지 매입	

<자료 10> 기타사항

1. 시점수정치는 보합세를 전제함.

2. K시의 A동은 B동에 비하여 5% 열세하며, C동과는 부동산 시장 내에서 다른 지역적 수급관계의 지위에 있음.

3. 그 밖의 요인 보정치는 선정된 표준지 별로 산정하여 적용함.

4. 각종 요인비교치는 소수점 이하 셋째자리까지 산정하며, 조건간 상승식, 항목·세항목간 총화식을 적용함.

5. 소하천 정비계획수립 공고일을 사업인정의제일로 함.

6. [참고자료] 토지보상평가지침상 이용상황별 일정비율

구분 이용상황별		일 정 비 율	
		도시지역안	도시지역밖
농경지(전, 답 등)		인근토지에 대한 적정가격의 2분의 1 이내	인근토지에 대한 적정가격의 10분의 7 이내
제방	제외지측과 접한 부분이 농경지인 경우	인근토지에 대한 적정가격의 2분의 1 이내	인근토지에 대한 적정가격의 10분의 7 이내
	제외지측과 접한 부분이 농경지가 아닌 경우	인근토지에 대한 적정가격의 4분의 1 이내	인근토지에 대한 적정가격의 3분의 1 이내
고수부지		인근토지에 대한 적정가격의 4분의 1 이내	인근토지에 대한 적정가격의 3분의 1 이내
모래밭·개펄		인근토지에 대한 적정가격의 7분의 1 이내	인근토지에 대한 적정가격의 5분의 1 이내
물이 계속 흐르는 토지		인근토지에 대한 적정가격의 10분의 1 이내	인근토지에 대한 적정가격의 7분의 1 이내

공익사업의 일부 해제 [논점정리]

【종합문제 12】 감정평가사 甲씨는 한국토지주택공사 OO사업본부에서 시행하는 공공주택사업 및 도시계획시설사업에 편입되는 토지에 대한 보상평가를 각각 의뢰받고 다음 자료를 수집하였다. 보상관련 법령을 참작하여 토지에 대한 보상액을 산정하시오.(30점)

물음 1) 공공주택사업에 편입된 토지의 보상액을 산정하고, 기호1토지 상 건물 소유자가 보상을 주장하고 있는바 이에 대한 의견을 기술하시오.

물음 2) 도시계획시설(도로)사업에 편입된 토지의 보상액을 산정하시오.

<자료 1> 사업추진 경위

1. 공공주택건설 사업추진 경위
   - 2018.04.01~4.14 : 주민공람
   - 2019.05.26 : 지구지정 고시(국토부 고시 제2019-316호)
   - 2020.10.13 : 지구계획 승인(국토부 고시 제2020-570)
   - 2020.11.12 : 지구지정 변경고시(국토부 고시 제2020-581호)
   - 2020.12.28 : 지구계획 변경승인(국토부 고시 제2020-11호)
   - 2021.12.29 : 공공주택건설 사업계획 승인
   - 2022.09.30 : 지구계획변경 승인(국토부 고시 제2022-566)
   - 2023.06.30 : 보상 계약체결 예정일

※ 국토부 고시 제2020-581호 발췌 (구역의 변경(축소))

소재지	당초편입면적(m²)	변경 면적(m²)	비고
OO동 300	300	100	일부 해제

2. K시 도시계획시설사업 추진 경위
 - 사업명: K도시계획시설도로사업
 - 실시계획인가고시일: 2020.12.31
 - 협의보상예정일: 2023.06.30.

<자료 2> 토지조서(K도 Y시)(일부 발췌)

1. 공공주택사업 편입조서

기호	소재지	면적(m²)		지목	비고(소유자)
		공부	편입		
1	OO동 447-5	400	400	전	국
2	OO동 371-1	200	200	전	김갑동
3	OO동 21-1	800	800	전	이을동
4	OO동 300	300	100	임야	박병동

2. 도시계획시설사업 편입조서

기호	소재지	면적(m²)		지목	비고(소유자)
		공부	편입		
5	OO동 300	300	200	임야	박병동

<자료 3> 대상물건 조사사항

1. 위치 및 주위환경

본건은 K도 Y시 P구 OO동 300번지 일원으로서, "남성초등학교" 남측 인근에 소재하고 있음. 본건 남측으로 YY신도시가 소재하며, 북동측으로 JJ신도시가, 북측 및 동측으로 각각 P공공예정지구 및 A공공예정지구 등이 소재하는 등 주택지구로서의 주위환경은 무난한 편임.

2. 필지별 조사사항

1) 기호 1

현황 단독주택부지 및 전으로 이용 중에 있으며 가장형, 평지임. 가격시점 현재 토지는 Y시가 소유하고 있으며, 건물소유자인 乙씨는 Y시와 대부료 관련 협의 등이 없이 무허가로 주택을 신축(신축시점 2018.12.10)하여 현재까지 사용 중에 있는 것으로 조사됨.

2) 기호 2

2017년 경 적법절차에 의거하여 허가를 득하였으며, 이후 농지전용허가를 받아 농지조성비 등을 납부한 후 2017년 12월에 공장용지로 형질변경 후 공장설립 및 변경신고를 하였으나, 지목변경절차를 거치지 아니한 상태의 부정형, 평지상태 토지임.

3) 기호 3

해당 토지는 토지지상에 154KV의 송전선이 지나가고 있는 상태(선하지 면적 200m²)이며, 이와 관련하여 각종 공부상에 송전선로 설치와 관련하여 구분지상권 내지는 임대차 계약 등이 확인되지 않는 상태(사용료 보상이 미지급된 상태)의 가장형, 평지 토지임.

4) 기호 4

본 토지는 현황 임야상태이며 부정형, 완경사임. 또한 잔여부분은 상기 국토부 고시 제2020-180호에 의거, 기존의 공공주택지정이 해제되고, 도로사업에 편입되었으며, 당해 사업의 보상평가이외에 도시계획시설사업에 편입됨(기호 5)에 따른 정당보상액을 산정해 줄 것을 동시에 의뢰하였음.

3. 토지이용계획

기호 1~4는 당해 공공주택사업에 의해 개발제한구역(자연녹지)에서 제3종일반주거지역으로 해제되었음. OO동 300번지는 공공주택지구 해제 이후 용도지역은 원상회복되었으나 개발제한구역은 원복되지 않는 것으로 도시관리계획 결정이 있었음.

<자료 4> 요인비교자료

보상대상 필지와 표준지의 지역·개별요인은 공히 동일함.

<자료 5> 기타

이용상황의 확정은 감정평가사의 현장조사 시 수정사항이 있다면 이를 반영함..

<자료 6> 인근지역의 표준지 공시지가 현황

1. 감정평가의 기준이 되는 표준지 및 증감률

일련번호	소재지	지목	이용상황	가격시점 용도지역
1	OO동 200-1	전	전	3종일주
2	OO동 311-3	임야	임야	3종일주
3	OO동 401	대	단독	3종일주
4	OO동 408	공장	공장	3종일주
5	OO동 419-1	대	상업용	3종일주
6	OO동 420-3	전	전	자연녹지
7	OO동 산20-1	임야	임야	자연녹지

일련번호	2023년 공시지가	2022년 공시지가	2020년 공시지가	2019년 공시지가(A)	2018년 공시지가(B)
1	230,000	210,000	198,000	191,000	184,000
2	68,000	65,000	63,000	60,000	57,800
3	1,430,000	1,410,000	1,380,000	1,310,000	1,293,000
4	1,620,000	1,600,000	1,540,000	1,520,000	1,500,000
5	3,210,000	3,200,000	3,000,000	2,900,000	2,820,000
6	1,150,000	1,100,000	1,000,000	900,000	890,000
7	89,000	84,000	72,000	66,000	63,600

※ 상기 제3종일반주거지역 표준지는 당해 사업에 따라 개발제한구역에서 용도지역이 변경됨.

※ 상기 A/B 의 공시지가 변동률은 3% 수준임.

2. K도 Y시 P구 공시지가 평균증감률

변동률 (%)	K도 Y시 P구	
	주거지역	녹지지역
2019/2018	2.94	2.90

<자료 7> 지가변동률(%)

1. K도 평균, Y시 P구

Y시 P구	K도
▶ 2019.05.26. ~ 2023.06.30. 　- 주거지역 : 5.661 　- 녹지지역 : 3.626 ▶ 2019.01.01. ~ 2023.06.30. 　- 주거지역 : 6.332 　- 녹지지역 : 4.001 ▶ 2019.05.26. ~ 2019.11.26. 　- 주거지역 : 3.222 　- 녹지지역 : 1.001 ▶ 2020.1.1. ~ 2023.06.30. 　- 주거지역 : 3.333 　- 녹지지역 : 2.111 ▶ 2023.1.1. ~ 2023.7.1 　- 주거지역 : 0.000 　- 녹지지역 : 1.669	▶ 2019.05.26. ~ 2023.06.30. 　- 주거지역 : 4.081 　- 녹지지역 : 3.626 ▶ 2019.01.01. ~ 2023.06.30. 　- 주거지역 : 5.333 　- 녹지지역 : 3.911 ▶ 2019.05.26. ~ 2019.11.26. 　- 주거지역 : 3.211 　- 녹지지역 : 1.033 ▶ 2020.1.1. ~ 2023.06.30. 　- 주거지역 : 3.251 　- 녹지지역 : 2.212 ▶ 2023.1.1 ~ 2023.7.1 　- 주거지역 : 0.000 　- 녹지지역 : 1.557

<자료 8> 인근 보상선례

사업지구	사업개요	용도지역	이용상황	보상단가 (원/m²)
A	ZZ도시계획도로사업 (1) 주민공고공람일 : 2011.4.7 (2) 실시계획인가고시일 : 2017.4.1 (3) 협의취득일 : 2018.12.7	개발제한 (자연녹지)	전	300,000
B	XX도시계획도로사업 (1) 주민공고공람일 : 2018.4.7 (2) 실시계획인가고시일 : 2019.1.1 (3) 협의취득일 : 2019.2.7	자연녹지	임야	150,000
C	CC공공주택사업 (1) 주민공고공람일 : 2017.7.8 (2) 택지개발예정지구고시일 : 2018.7.7 (3) 수용재결일 : 2023.4.2	개발제한 (자연녹지)	전	500,000

※ 보상선례에 적용할 시점수정치는 1.00000임.

※ 상기 보상선례는 모두 Y시 P구에 소재하는 것으로 해당 사업에 따른 지가변동의 영향권
  내에 있는 것으로 봄.

※ 선정된 보상선례와 표준지간의 개별요인 격차는 없는 것으로 봄.

※ 용도지역 등이 상이한 경우 표준지의 시세반영 격차등은 상이하나, 이용상황에는 관계
  없이 동일 격차율을 적용함.

【종합문제 13】 감정평가사 K씨는 H동 도시계획시설 도로개설 공사에 편입되는 지장물 등에 대한 보상평가를 의뢰받은 후, 현장조사 및 각종 공부조사 등을 거쳐 다음의 자료를 정리하였다. <자료 2>의 사업시행자 제시조서에서 의뢰된 지장물에 대한 소유자별 보상액을 산정하되, 현장조사 결과 반영에 유의하시오. (25점)

<자료 1> 감정평가 의뢰내역

1. 사업명 / 시행자 : H동 도시계획시설 도로개설 공사 / S시장

2. 평가대상 : 편입 지장물 등

3. 의뢰일 : 2023년 5월 25일

4. 현장조사일 : 2023년 5월 28일

5. 계약체결 예정일 : 2023년 6월 1일

6. 실시계획인가고시일 : 2022년 3월 20일

<자료 2> 사업시행자 제시조서

일련번호	소재지	지번	물건의 종류	구조 및 규격	수 량	소유자
1	H동	150	건물	–	318.83m²	A
			담장	블럭	4.5m	
2	H동	150-2	건물	–	427.36m²	D
			담장	연와조	7.5m	
3	H동	150-6	건물	–	현장조사 사항 참조	F

<자료 3> 건축물 대장 관련사항

1. 일련번호#1 내역

(1) 위치 : S시 H동 150번지

(2) 건물 층별 내역

구분	구조	면적	용도
1층	철근콘크리트조	96.75m²	근린생활시설
2층	철근콘크리트조	96.75m²	주택
3층	철근콘크리트조	28.58m²	주택
지층	철근콘크리트조	96.75m²	근린생활시설

(3) 기타

2012년 4월 1일에 사용승인을 득하였으며, 6개월 후 3층 부분을 증축하여 전체 연면적은 318.83m²에 이름.

2. 일련번호#2 내역

(1) 위치 : S시 H동 150-2번지

(2) 건물 층별 내역

구 분	구 조	면 적	용 도
1층	철근콘크리트조	106.84m²	근린생활시설
2층	철근콘크리트조	106.84m²	근린생활시설
3층	철근콘크리트조	106.84m²	주택
지층	철근콘크리트조	106.84m²	근린생활시설

(3) 기타 : 일반건축물대장상 사용승인일은 1988년 1월 15일임.

3. 일련번호#3 내역

(1) 위치 : S시 H동 150-6번지

(2) 건물 층별 내역

구 분	구 조	면 적	용 도
지층	철근콘크리트조	1,077.0m²	근린생활시설
1층	철근콘크리트조	345.0m²	근린생활시설
2층	철근콘크리트조	677.6m²	근린생활시설
3층	철근콘크리트조	716.2m²	근린생활시설
4층	철근콘크리트조	716.2m²	주택
옥탑1층	철근콘크리트조	70.0m²	계단실 및 창고
옥탑2층	철근콘크리트조	59.0m²	계단실 및 창고

(3) 기타 : 일반건축물대장상 사용승인일은 2019년 9월 30일임.

<자료 4> 현장조사 후 정리내용

1. 물건 일련번호#1 관련

　가. 건물 전체적으로 품등수준은 중급이고, 소유자는 옥상에 '블록조 스레트지붕 간이창고'를 1년 전에 4.25m²가 설치하였으며, 건물 전체 난방에 사용되는 보일러의 연료통(기름탱크 ϕ1500mm × L4000mm, ϕ : 지름, L : 길이)이 장치되어 있어 물건목록에 추가하였음.

　나. 조서상 수량은 길이를 나타내며 현황은 조립식 담장(높이 : 1.6m)으로 조사되었음.

　다. 대상건물 내에 영업보상 검토 대상이 있으며, 관련사항은 <자료 7> 참조.

2. 물건 일련번호#2 관련

　가. 건물 전체적으로 품등수준은 하급이나, 관리상태 양호한 수준으로 잔존 내용년수는 23년 정도로 판단됨.

　나. 담장의 조서상 수량은 길이를 나타내며 현황 높이 : 1.4m, 두께 : 0.2m임.

　다. 대상건물 내에 영업보상 검토 대상이 있으며, 관련사항은 조서 참조.

3. 물건 일련번호#3 관련

　가. 건물 전체적으로 품등수준은 상급임.

나. 현장조사시 본건 건물과 도시계획시설 경계선과의 저촉 상태 등을 검토하고
현장조사시 동반한 사업시행자측과의 회의 결과 일부 편입의 경우를 우선적
으로 고려하기로 하였으며 이를 반영한 추가적인 측량 결과는 다음과 같음.

구분	연면적(m²)	편입면적(m²)	잔여면적(m²)	층고(m)
지층	1,077.0	289.9	787.1	4.1
1층	345.0	180.5	164.5	4.5
2층	677.6	215.6	462.0	3.3
3층	716.2	254.2	462.0	3.3
4층	716.2	254.2	462.0	3.3
옥탑1층	70.0	4.4	65.6	3.3
옥탑2층	59.0	3.3	55.7	2.5
합 계	3,661.0	1,202.1	2,458.9	

<자료 5> 건축물 관련사항

구분	품등별 재조달원가(원/m²)			용도	내용년수	비고
	상	중	하			
철근 콘크리트조	650,000	600,000	550,000	근린상가	50	이전불가능
	750,000	690,000	630,000	주택	50	이전불가능
	500,000	450,000	400,000	창고 및 기타	50	이전불가능
벽돌조	650,000	600,000	550,000	주택	45	이전가능
블럭조	460,000	430,000	400,000	창고 및 기타	40	이전가능

※ 상기 재조달원가는 지상층 기준이며, 지하층 및 옥탑층은 지상층의 75% 수준을 적용
하고 이전비는 바닥면적당 벽돌조 @400,000원/m², 블록조 @250,000원/m²임.

<자료 6> 철거 및 보수·보강 소요액 산정내역(물건#3 일부 편입시 소요되는 비용임)

1. 철거

구분	금액(원)	비 고
Steel-support 설치	9,598,000	
기계사용철거, 부수기	37,933,000	
천정철거	5,899,000	

2. 보수·보강

구분	금액(원)	비 고
지하층 기초 및 옹벽공사	54,965,000	
지상층 골조공사	32,831,000	
절단부분 마감공사	47,686,000	
승강시설 이전공사	78,397,000	

<자료 7> 물건 관련 기타 고려사항

1. 건축물의 내용년수만료시 최종잔가율은 0%이며, 감가수정시 만년감가함.

2. 물건#1 관련 '기름탱크'의 이전비는 지지대부분을 포함하여 입방미터(m^3)당 @32,000원이며, 취득전제시 400,000원임.

3. 물건#3의 경우 건축물의 일부가 공익사업에 편입됨으로 인하여 잔여 건축물의 형태, 이용효율 및 쾌적성 등이 기존 보다 열세하게 되어 이에 따른 가치의 하락이 예상되며, 손실률은 편입전 잔여건축물의 가격을 기준으로 15% 수준으로 판단됨.

<자료 8> 담장 관련 자료

구분	블럭조	조립식	연와조	비고
금액(원)	50,000	30,000	70,000	L : 1m×H : 1m 기준

※ 상기 금액은 경과년수 등에 의한 적정 감가 후의 가격임.

<자료 9> 보증금 관련사항

1. 인근 임대 관행상 보증금의 월세로의 전환이율은 1%/월임.

2. 인근 지역 내에서 일반적으로 적용되는 임대보증금 운용이율은 5%/년임.

수목보상 등 [논점정리]

【종합문제 14】 감정평가사 K씨는 OO택지개발지구 조성사업에 편입된 토지 및 지장물에 대한 보상평가를 의뢰받은 후, 지장물 중 수목에 대한 보상액 산정을 위하여 다음의 자료를 수집하였다. 보상관련 법령의 제규정을 참작하여 물음에 답하시오. (40점)

(물음 1) 다음의 수목평가 관련 용어에 대하여 간단히 설명하시오.
　① 고손율(枯損率)　② 감수율(減收率)

(물음 2) 공익사업을 위한 토지 등의 취득 및 보상에 관한 법률 시행규칙 제39조에서는 입목 등의 평가에 대하여 규정하고 있다. 동 조항에서 말하는 "조림된 용재림"의 요건에 대하여 약술하고, 조림된 용재림으로서 보상시 손실이 없는 것으로 간주되는 경우에 대하여 제시하시오.

(물음 3) 의뢰된 대상 물건에 대한 보상평가액을 산정하시오.

(물음 4) 수목보상과 영농손실보상과의 관계를 간단히 설명하시오.

<자료 1> 감정평가 의뢰내역

1. 사업명 : OO택지개발지구 조성사업

2. 시행자 : △△지방공사

3. 평가대상 : 편입 토지, 지장물

4. 가격시점 : 평가일

5. 의뢰일 : 2023년 5월 15일

6. 계약체결 예정일 : 2023년 6월 1일

<자료 2> 물건조서(수목관련 발췌)

1. 물건-30

가. 소재지 : D시 H읍 A리 998번지 과수원 5,000m²

나. 물건의 종류 / 수량 : 왜성사과나무 400주

다. 기타사항 : 상기 토지(과수원)는 면적이 5,000m²로서 전체를 과수원으로 사용 중이며, 지상의 과수목의 세부 내역은 아래와 같음.

<수령 10년생, 수고 3m, 근원직경 12cm, M26 대목 반밀식(4.25×2.5), 비옥지>

2. 물건-41

가. 소재지 : D시 H읍 A리 1001번지 과수원

나. 물건의 종류 / 수량 : 왜성사과나무 500주

다. 기타사항 : 상기 토지(과수원)는 면적이 5,000m²로서 전체를 과수원으로 사용 중이며, 지상의 과수목의 세부 내역은 아래와 같음.

<수령 11년생, 수고 3m, 근원직경 12cm, M26 대목 반밀식(4.25 × 2.5), 비옥지>

3. 물건-101~106

가. 소재지 : D시 H읍 B리 125번지 S묘목농원

나 물건의 종류, 수량 등

구분	수종	규격(H)	이식가능여부	본수	기타사항
관상수	무궁화	1.2	이식 적기	1,000	상품화 가능
	왕벚나무	1.2	이식 적기	500	상품화 불가능
	장미	0.7	이식 적기	2,000	상품화 불가능
	느티나무	1.7	이식 적기	4,000	상품화 불가능
과수	사과	1.0	이식 적기	200	상품화 불가능
	배	0.9	이식 부적기	300	상품화 불가능

다. 기타사항

(1) 상기 수목은 S묘목농원에 식재되어 있는 묘목으로서 품질등급은 모두 '상 묘'임.

(2) 배의 수령은 10년생임.

4. 물건-311

　가. 소재지 : D시 H읍 C리 산15번지

　나. 물건의 종류, 수량 등

　　(1) 임상 및 수종 : 침엽수림, 낙엽송

　　(2) 수령 : 23년

　　(3) 흉고직경(DBH) : 28cm

　　(4) 수고 : 18m / 규격 3.6m

　　(5) 입목본수 : 900본(ha당 300본)

　　(6) 임지의 경사도 : 20도

　　(7) 임지면적 : 3ha

<자료 3> 과수목 관련 자료

1. 수종별·수령별 취득가격(수종 : 왜성사과)

수 령	8	9	10	11	12
10a가격(원)	5,785,000	6,942,000	7,209,000	7,298,000	7,476,000
1주 가격(원)	65,000	78,000	81,000	82,000	84,000

2. 과수별 표준 재식거리·재식주수(수종 : 왜성사과)

지 력	대 목	재식거리	10a당 재식주수
고	M9	3.8 × 1.8	146
	M26	4.5 × 2.5	89
	M7	3.0 × 5.0	67
	MM106	3.0 × 5.0	67
	스퍼타입	3.0 × 5.0	67
	MMI11	3.0 × 5.0	67
중	중간대목(M8,M9)	3.5 × 1.5	190
	M26	4.0 × 2.0	125
	M7	3.0 × 5.0	67
	MM106	3.0 × 5.0	67
	스퍼타입	3.0 × 5.0	67
	MMI11	4.0 × 6.0	42

3. 수종별 이식가능수령, 이식적기, 고손율 및 감수율 기준

    – 토지보상법 시행규칙 [별표2] 중 일부 발췌

구분	이식가능 수령	이식적기	고손율	감수율
일반사과	5년 이하	2월 하순~3월 하순	15% 이하	이식1차년 : 100%
왜성사과	3년 이하	2월 하순~3월 하순, 11월	20% 이하	이식2차년 : 80%
배	7년 이하	2월 하순~3월 하순, 11월	10% 이하	이식3차년 : 40%

<자료 4> 묘목 관련 자료

1. 묘목 이식품셈표(100본 기준, 단위 : 원)

수종	규격	굴취비	운반비	상하차비	식재비	재료비	부대비용
관상수	0.9H 이하	7,441	2,500	2,657	7,441	744	738
	0.9H~1.5H 이하	14,881	5,000	5,314	26,042	2,418	5,328
	1.5H 초과	22,322	12,500	13,284	37,203	3,348	8,829
과수	0.9H 이하	14,881	5,000	2,657	26,042	2,046	4,762
	0.9H~1.5H 이하	22,322	10,000	5,314	37,203	2,976	7,782
	1.5H 초과	29,762	18,750	13,284	48,364	3,906	11,407

2. 묘목가격

(1본 기준, 단위 : 원)

구분	수종	상묘	특묘	특대묘
관상수	무궁화(아욱과)	800	1,500	2,000
	왕벚나무(장미과)	1,200	1,500	2,000
	장미(장미과)	500	2,000	3,000
	느티나무(느티나무과)	250	500	1,000
과수	사과	3,000	4,000	5,000
	배	2,000	3,000	4,000

<자료 5> 입목 관련 자료

1. 낙엽송의 본당 입목재적표

수고 \ 흉고직경	20	22	24	26	28	30
16	0.2366	0.2817	0.3300	0.3811	0.4350	0.4916
17	0.2530	0.3014	0.3531	0.4079	0.4657	0.5264
18	0.2694	0.3210	0.3762	0.4348	0.4966	0.5614
19	0.2859	0.3408	0.3995	0.4618	0.5275	0.5965
20	0.3024	0.3605	0.4227	0.4888	0.5585	0.6317

2. 국산 원목 가격

(단위 : 원/m³)

수종 / 규격	유통구분	2023년 1월	2023년 3월	2023년 5월
낙엽송/15−30cm × 1.8m 이상	생산지	92,670	94,670	94,670
	소비지	135,000	165,000	165,000
낙엽송/15−30cm × 2.7m 이상	생산지	114,400	114,400	114,400
	소비지	202,500	217,500	217,500
낙엽송/15−30cm × 3.6m 이상	생산지	119,200	119,200	119,200
	소비지	210,000	225,000	225,000
낙엽송/30cm × 2.7m 이상	생산지	138,000	138,000	138,000
	소비지	300,000	300,000	300,000
낙엽송/30cm × 3.6m 이상	생산지	138,000	138,000	138,000
	소비지	300,000	300,000	300,000

(자료 출처 http : //www.forestinfo.or.kr)

3. 국산 제재목 가격

(단위 : 원/m³)

수종/규격	유통구분	2023년 1월	2023년 3월	2023년 5월
낙엽송/3.9cm × 5.1cm × 2.7m	생산지	198,000	232,000	232,500

(자료 출처 http : //www.forestinfo.or.kr)

4. 벌채공정

　가. 본 공정은 기계톱 1인 1일 벌도 조재작업량(단위 : m³)으로서 입목상태를 기준으로 한 작업량이고 벌목 및 조재작업이 포함되었음.

　　(1) 임상 – 침엽수림

본당재적(평균) ＼ 헥타당벌채입목재적	30m³ 이하	50m³ 이하	70m³ 이하	100m³ 이하	150m³ 이하	200m³ 이하
0.30m³ 이하	10.3	10.83	11.26	11.79	12.64	13.7
0.40m³ 이하	11.24	11.77	12.2	12.73	13.57	14.63
0.50m³ 이하	12.18	12.71	13.13	13.65	14.51	15.57
0.60m³ 이하	13.12	13.65	14.07	14.65	15.45	16.51
0.70m³ 이하	14.06	14.59	15.01	15.54	16.39	17.45

＊ 본당 평균재적은 입목재적/본수임
＊ ha당 벌채재적은 작업종별 벌채입목재적/면적임

　　(2) 임상 – 활엽수림

본당재적(평균) ＼ 헥타당벌채입목재적	30m³ 이하	50m³ 이하	70m³ 이하	100m³ 이하	150m³ 이하	200m³ 이하
0.30m³ 이하	9.85	10.36	10.77	11.27	12.09	13.10
0.40m³ 이하	10.75	11.26	11.67	12.17	12.98	13.99
0.50m³ 이하	11.65	12.15	12.56	13.05	13.88	14.89
0.60m³ 이하	12.55	13.05	13.46	14.01	14.78	15.79
0.70m³ 이하	13.45	13.95	14.35	14.86	15.67	16.69

　　(3) 임상 – 혼효림

본당재적(평균) ＼ 헥타당벌채입목재적	30m³ 이하	50m³ 이하	70m³ 이하	100m³ 이하	150m³ 이하	200m³ 이하
0.30m³ 이하	10.08	10.6	11.02	11.54	12.37	13.41
0.40m³ 이하	11	11.52	11.94	12.46	13.28	14.32
0.50m³ 이하	11.92	12.44	12.85	13.36	14.2	15.24
0.60m³ 이하	12.84	13.36	13.77	14.34	15.12	16.16
0.70m³ 이하	13.76	14.28	14.69	15.21	16.04	17.08

　　나. 상기 자료는 개벌 및 택벌시 경사 15도~30도에 적용되는 "보통" 지형에 대한 수치로서 "쉬움(경사 15도 미만)"의 경우 +23%, "어려움(경사 30도 초과)"의 경우 −23%를 상기 수치에 대한 비율로 가감하여 적용하며, 현재 벌목부 노임단가는 1인 1일당 @79,326원임.

　　다. 벌채비용에는 벌목공의 인건비 외에 "기계경비 및 유류대"가 추가되며, 이는 기계톱에 대한 감가상각비 및 유지관리비 등과 휘발유, 오일비용으로서 입목 재적당 @1,879원임.

5. 운반공정

　　가. 본 공정은 "굴삭기 그래플(Grapple)"과 "11ton 트럭"을 사용한 상하차 작업 및 운반 작업으로서 현재 1대 1일당 임대단가는 운전기사 노임을 포함하여 각각 @340,000원과 @160,000원임.

　　나. 굴삭기 그래플(Grapple)은 현재의 임도 및 임지의 경사도 등을 고려하여 1일 기준 20.5m³의 입목집재가 가능할 것으로 판단되며, 1일당 2대를 동시에 작업하는 것으로 가정함.

　　다. 11ton 트럭 기준 1회 13.8m³의 원목 운반이 가능한 것으로 조사되고, 운반거리와 시간을 고려하여 1일 2회 왕복을 기준하며, 굴삭기 그래플(Grapple)과 같이 1일당 2대를 동시에 작업하는 것으로 가정함.

<자료 6> 기준벌기령

－ 산림자원의 조성 및 관리에 관한 법률 시행규칙 별표3
　가. 일반기준벌기령

구분	국유림	공·사유림	기업경영림
소나무(춘양목보호림단지)	70년(100년)	50년(100년)	30년
잣나무	70년	60년	40년
리기다소나무	35년	25년	20년
낙엽송	60년	40년	20년
삼나무	60년	40년	30년
편백	70년	50년	30년
참나무류	70년	50년	20년
포플러류	15년	15년	

　　나. 특수용도기준벌기령

　　　　펄프·갱목·표고·영지·천마재배·목공예용 및 목탄·목초액·섬유판의 용도
　　　　로 사용하고자 할 경우에는 일반기준벌기령 중 기업경영림의 기준벌기령
　　　　을 적용한다. 다만, 소나무의 경우에는 특수용도기준벌기령을 적용하지
　　　　아니한다.

　　다. 비고

　　　　기준벌기령이 명시되지 아니한 수종 중 침엽수류의 경우에는 편백의 기준벌기령
　　　　을, 활엽수류의 경우에는 참나무류의 기준벌기령을 각각 적용한다. 다만, 불량림
　　　　의 수종갱신을 위한 벌채·피해목·옻나무 또는 지장목의 벌채와 간이산림토양도
　　　　상의 비옥도 Ⅰ급지 내지 Ⅲ급지인 지역에서 리기다소나무를 벌채하는 경우에는
　　　　기준벌기령을 적용하지 아니한다.

<자료 7> 추가자료

1. 낙엽송의 경우 수형 등을 고려하여 입목간재적에 대한 원목재적의 비율인 '조재
　　율(造材率)'을 80%로 적용함.

2. <자료 5>에서 유통구분의 "생산지"는 산림조합 목재집하장에서의 원목 구매가
　　격이고, "소비지"는 목재집하장에서 소비자에게 판매하는 가격을 나타냄.

▌저자약력 ▌

▪ 김 사 왕

• 제일감정평가법인 본사 이사
• 한국감정평가사협회 감정평가기준위원회 간사
• 국방부 국유재산자문 위원
• 국토교통부 부동산조사평가협의회 위원
• 국토교통부 중앙토지수용위원회 검토평가사
• 국토교통부 중앙토지수용위원회아카데미 강사
• SH공사 보상자문 위원
• 하우패스감정평가사학원 실무강사

〈편저〉
• 플러스 감정평가실무연습 입문 · 중급 · 기출
• 감정평가실무 분석

▪ 김 승 연

• 하나감정평가법인 이사
• 한국감정평가사협회 미래위원회 위원
• 하우패스감정평가사학원 실무강사

▪ 황 현 아

• 하나감정평가법인 본사 감정평가사
• 성균관대학교 한문교육학과
• 하우패스감정평가사학원 실무강사

[제6판]
PLUS 중급 감정평가실무연습 I (문제편)

2009년   7월 14일 초판 발행
2011년 10월 10일 제2판 발행
2014년 12월   2일 제3판 발행
2018년   3월 22일 제4판 발행
2020년   2월 20일 제5판 발행
2021년   4월 28일 제5판 2쇄 발행
2022년   4월 11일 제6판 1쇄 발행

저 자 / 김사왕 · 김승연 · 황현아
발행인 / 이 진 근
발행처 / **회 경 사**
          서울시 구로구 디지털로33길 11, 1008호
          (구로동 에이스테크노타워 8차)
전   화 / (02)2025-7840, 7841   FAX/(02) 2025-7842
등   록 / 1993년 8월 17일 제16-447호
홈페이지 http://www.macc.co.kr
e-mail/macc7@macc.co.kr

정가 34,000원
ISBN 978-89-6044-243-6   14320
ISBN 978-89-6044-242-9   14320(전2권)